永康文献丛书

吕公望集

八

吕公望 著

卢礼阳 邵余安 编校

浙江省长公署行政诉愿决定书第五号

决定程增淦呈为永嘉县罗浮龟山下涂地案不服
县公署前后判押处分提起诉愿由

诉愿人：程增淦，年四十九岁，永嘉县人。

右诉愿人对于中华民国四年十二月，永嘉县公署为罗浮龟山下涂地案押缴赔偿草价银七十元，并勒缴前判私垦罚金四百五十元处分不服，在前民政厅提起诉愿，经本公署审查决定如左。

决定主文

永嘉县公署前后之处分，全部撤销之，即由永嘉县知事另行分别秉公查明，拟办具报。

诉愿之事实

案缘该诉愿人与余昌铭控争永嘉县北乡罗浮龟山下沙涂一案，奉经前提法司指定前临海县检厅提起公诉，旋因改组，由前临海县初级审厅移交前第六地审厅审讯。该诉愿人未遵赴厅投候审判，即乘临海法院撤销之时，与余昌铭私和分垦。《国有荒地承垦条例》公布施行后，亦未遵限在县补缴地价，维曾经在该县婴堂朦报入册，并有由该县据涂租经收员呈请派役追租情事。嗣因有叶蓁等以该诉愿人承垦手续未备，赴县呈请领垦。该县饬据自治委员余炳光查复，有询诸地邻耆民，金云此涂前有程增淦与余茂荣相争，至今尚无定主。吊查县卷，复有余昌铭与该诉愿人控争该涂一案，前经县法院咨送临海县核办后,未准送还原案,派员驰往调阅余昌铭等所执凭据,一面咨催临海县送还卷宗,随据该诉愿人以凭中处息,报经入册,承佃输租,并奉饬催等情,开具花名状诉。及准临海送还原卷,查得该涂并未判决给照升科,粘抄完租各户,县卷又无其名。饬令涂租经收员查复,据复前请催租,系询诸徐绅象严及涂邻,并为婴堂裕费起见各情,判将该涂收回国有,免其科罚,仍准该诉愿人等照章领垦。旋据该诉愿人及余昌铭等联名具禀辩论,并缴公债票洋十五元,又现洋五元一角,作为保证金,请领证书,声明该诉愿人领四等地九十二亩四分二厘、五等地五十二亩五分八厘,余昌铭领四等地三十七亩、五等地十九亩,又以该涂经委员丈明,共有草白涂一百五十亩零,黄沙未经并丈,姑念讼经多年,费有工本,核准提出草白涂一百亩归该诉愿人具领承垦,其余五十亩归叶蓁等领垦,均限三日内另备呈请书,并应缴保证金到县。迭谕遵办,该诉愿人不服,提起抗告,经高等分庭驳回,亦不遵行。该县恐他人效尤纷争,取销谕准领垦百亩原案,照《国有荒地承垦条例》第二十四条,拟将该诉愿人传案处罚及追历年所获草利归公,并以涂租经收员失察之咎,业据自行检举从宽记过罚薪,并自请从严议处,详奉前按署批准按照《条例》第二十四条办理,免追历年所获草利,复经出示晓谕,并票追缴私垦罚金四百五十元。该诉愿人迄未遵办,迭控不已。至上年十二月,因叶蓁等在县呈控该诉愿人强割涂草一案,该诉愿人投讯,奉判押追赔偿强割草价洋七十元,并前追私垦罚金洋四百五十元,在押七个月,因病保释来省,向前民政厅提起诉愿,请予调卷研核撤销原详,提讯集究,回复原涂,并遵厅批在县缮递诉愿副本,一面来署呈明并补呈理由。现据该县现任知事郑彤雯检齐卷宗,附具辩明书送署,应即照案决定。

决定之理由

查此案该诉愿人藉口之点,无非以该县前后知事于经收涂租员禀请催租时,未先查明原案,辄据情批以"案经和解,租应完纳"等语,并经派役催追,直至该诉愿人被控声辩,始行查究,并将涂地分给叶蓁等承垦,认为徇情抑夺。虽该诉愿人前此与余昌铭控争该涂之案续陈理由呈内,亦自认未递和息状,其该涂所有权明系未经确定。然其私垦是否在《国有荒地承垦条例》施行以后,未据查明,遽照同《条例》第二十四条处分,且判罚巨金,并不报明省署核准,又因另案押追并缴,殊不足以昭折服。至叶蓁等禀控该诉愿人纠众强割涂草一案,该县更未查有纠割实据,乃以据有叶蓁等禀控及庭讯供词,强项遽下押追赔偿草价处分,尤有未是。基此理由,并照《诉愿法》第十四条,就书状决定如主文。

中华民国五年十二月一日

(原载《浙江公报》第一千六百九十八号,一九一六年十二月四日,二三至二四页,判词)

浙江督军署咨省长公署

为发给故兵唐春桂第二年遗族年金由

浙江督军署为咨复事。

十一月二十九日准贵公署咨,"为故兵唐春桂应领第二年年抚金一案,即请察核办理,并希见复,以便转咨"等由,并附抄江西督军公署原咨过署。准此,查故兵唐春桂原籍湖南益阳县,曾寄住本省临海县南乡唐家湾。二年十二月间因在天台县捕匪殒命,呈奉大总统核准,照《陆军平时恤赏表》第二号,二等兵阶级优给一次恤金四十五元,遗族年金三年,每年计洋三十五元,业将一次恤金暨第一年遗族年金发讫在案。兹既准江西督军咨明,该故兵遗族移住江西雩都县,自应将第二年遗族年金三十五元,由本署汇解江西督军公署转发,以示体恤。除咨达外,相应备文咨复贵公署,请烦查照。此咨

浙江省长

浙江督军吕公望

中华民国五年十二月二日

（原载《浙江公报》第一千六百九十九号，一九一六年十二月五日，三页，咨）

浙江督军署咨江西督军

为发给故兵唐春桂第二年遗族年金由

浙江督军署为咨行事。

案查前浙江右路巡防队第七营故兵唐春桂，于民国二年十二月间，在天台县捕匪殒命，呈奉大总统核准优给一次恤金四十五元，遗族年金三年，每年计洋三十五元，业将一次恤金暨第一年遗族年金发讫在案。兹查该故兵遗族现已移居贵省雩都县，所有应领第二年遗族年金三十五元，兹由中国银行汇寄贵督军查收，转发具领，并请于给与令上注明"第二年发讫"字样，以凭查考。如应领人犯有别项事实，在取销年金之列者，应请咨明本署核办。相应咨达贵督军，请烦查照办理，见复施行。此咨

江西督军李①

计汇洋三十五元。

浙江督军吕公望

中华民国五年十二月二日

（原载《浙江公报》第一千六百九十九号，三至四页，咨）

---

① 江西督军李，指李纯（1867—1920），字秀山，直隶省天津府（今天津市）人，民国二年九月至民国六年八月任江西督军。

浙江省长公署委任令第六十五号

令委徐忍茹办理疏浚西湖工程事宜由

令徐忍茹

照得疏浚西湖工程事务所委员陈瀚，业经辞职，原有机关亦已决行裁撤，并经另行派员前往接收，造具表册，连同接收各物件一并呈核在案。此项工程关系重要，仍应遴员接办。兹查有该员堪以委充，为此填就委任状一道，令仰该员即便祗领具报，并应即日到差任事毋延。所需襄理人员，准其在原有人员中酌留监工员一名，月支薪水二十四元。至该员薪水，每月准支七十元，并仰知照。此令。

计发委任状一道。

中华民国五年十二月一日

省长吕公望

（原载《浙江公报》第一千六百九十九号，五页，训令）

浙江省长公署训令第一千六百一十号

令各县知事准铨叙局咨文官普通考试
展期举行请饬属示谕周知由

令各县知事

案准铨叙局咨开，"查文官普通考试现由院呈请展缓至明年三月举行，于本年十月二十五日奉大总统指令：'准其展期举行。此令'等因。相应抄录原呈咨行查照，并请转饬所属一体出示晓谕，以期周知可也"等因，附钞原呈一件到署。准此，除分令外，合行照抄原呈令发该知事查照，仰即出示晓谕，俾众周知。此令。

计抄呈。

中华民国五年十二月二日

省长吕公望

附国务院原呈

呈为文官普通考试拟请展期举行事。

铨叙局呈称，"前奉明令定于本年十二月举行文官普通考试，自应遵照办理。惟查《文官考试规则》内载，考试事务处应于考试月份三个月前成立，现在办理文官高等考试及文官甄用，甫经竣事，核计时期，距普通考试开试之日仅一月有余，举凡编制预算、筹备试场以及设处报名、审查资格等事，头绪纷繁，恐非仓猝所能毕事。拟请将文官普通考试试期酌量展缓至明年三月举行，以资筹备而臻周协。谨呈请转呈"等情前来，理合具文呈请钧鉴批示遵行。谨呈。

（原载《浙江公报》第一千七百零一号，一九一六年十二月七日，八页，训令）

浙江省长公署训令第一千六百一十三号

令各属准督军署咨混成旅二团二营额外
连附黄在中准予撤差由

令警务处、财政厅、高等审检两厅、宁波警察厅、永嘉警察局、各县知事

十一月十六日准浙江督军署咨开，"据暂编浙江陆军混成旅旅长俞炜呈称，'据第二团团长郑炳垣呈称，据职团第二营营长周肇昌函称，前奉旅部派分八连额外连附黄在中，迄未到差，殊属不解。所有十月分薪水，应否呈报截旷，本月分该额外连附应否填入饷册，候示遵行等情前来。据此，查该额外连附黄在中，于本年九月二十四日奉令派分二营八连服务，延未到差，已隔月余，除函饬该营将该员十月分薪水呈报截旷外，应如何办理之处，理合具文呈请，仰祈旅长察核施行等情到旅。据此，查该额外连附黄在中奉差至今已逾一月之久，既不告假，又不到差，实属疲玩已极。除指令即予撤差外，理合备文呈报鉴核'

等情到署,除指令准予撤差并分令外,相应咨达贵公署,请烦查照,转令所属一体知照"等因。准此,除咨复暨分令外,合亟令仰该处、该厅、该局、该县知照,并饬所属一体知照。此令。(刊登《公报》,不另行文)

中华民国五年十二月一日

省长吕公望

(原载《浙江公报》第一千六百九十九号,五至六页,训令)

浙江省长公署训令第同上号

令各属准督军署咨第二师师附尉官蒋松生准予撤差由

令警务处、财政厅、高等审检两厅、宁波警察厅、永嘉警察局、各县知事

十一月十六日准浙江督军署咨开,"据陆军第二师师长张载阳呈称,'本月九日据职师师附尉官蒋松生禀请,窃浙江开办陆军军学补习所,补习人员实施在即。盖成立补习所者,原为完全军人资格及教育程度为目的,人皆求之不得,尉官虽有意思而未敢表示行为者,有种种之障碍,陈述如下:民国开始之际,我浙民军出发南京,攻击敌人,尉官亦在其中,乘风雨,冒枪林,遂成寒湿症,忘其身,切其齿,以克复南京。回浙后,奖名誉,赏功绩,并升职养病,班班可稽。至于今旧病复发,系肝胃气痛,咳嗽不止,身部下寒湿烂疮,实无完肤,并有家务上种种障碍,万难补习。为此请求师长,准予免入军官补习所,请核准等情。据此,查该师附尉官蒋松平日志气颓靡,前经职师呈报钧署选送陆军军学补习所肄业,以期振作,兹据该员所禀并历述患病情形,碍难入学,实属不堪造就,自夸功绩,尤为谬妄。似此滥竽充职,即留在军中,亦属无用,拟请即予撤差,并请转令军学补习所查照除名,以示惩戒。理合备文呈请察核令遵'等情。除指令准予撤差并分令外,相应咨达贵公署,请烦查照转令所属一体知照"等因。准此,除咨复暨分令外,合亟令仰该处、该厅、该局、该县知照并饬所属一体

知照。此令。(刊登《公报》,不另行文)

中华民国五年十二月一日

省长吕公望

(原载《浙江公报》第一千六百九十九号,六至七页,训令)

浙江省长公署指令第四千三百二十二号

令高等检察厅长殷汝熊

呈一件萧山审检所呈报义桥济泰典被劫获盗
破案情形请令诸暨县协缉逸盗由

呈、件均悉。仰该厅迅予转饬诸暨县严行协缉,务获解究,毋稍
延纵,切切。此令。十二月一日

附原呈

呈为获盗破案谨将讯供情形并请令饬诸暨县知事协缉在逃
各盗仰祈察核事。

本年十一月三日据该典经理吴季侯禀称,二日夜间,义桥镇
济泰典被盗抢劫一案,业经亲赴诣勘,分别呈报,一面勒饬探警
悬赏购线,严缉是案真正赃盗在案。旋于本月十三日,据县探警
王顺法在诸暨县属西乡龙珠庵窑厂缉获正盗陈仁普一名,嫌疑
盗犯汪显周、汪恩田等二名,请诸暨县知事派警协解前来。当经
预审,据盗犯陈仁普供称,临海县人,于阴历十月初五日,项长老
即老小来叫民同去抢劫义桥当,阿宝银匠及杨阿堂做眼线,项长
老、屈老张为首,从诸暨晚浦村落船,到该处分二路,有去打警察
所的,有去抢当的。抢当用梯扒墙,而进扒墙的人是周士仁、杨
阿堂、傅阿梅等。洋炮是丁裕祥家所藏的,约七八枝,后膛枪是
前年抢瓜沥民团局得来的。抢毕从陆路而回,至诸暨坑瑪山二
庄分赃,每人约分得二三斤银器,衣服抢得不多,民分得银器二

斤多些,最多是屈老张,他有五六斤银器,同伙有阿幼、张小猪、张阿扭、章福有、杨宁寿、盛小弟、张桂庆、应方海等,均在诸暨,惟陈阿楚系桐庐人等供。其余汪显周、汪恩田二名,只供帮陈仁普做瓦,并未同场抢劫。又,本月十七日据义桥警佐周任呈送盗犯杨阿奎一名、土枪一支、银镯二副、银项圈一根,嫌疑盗犯袁新梅即新茂、杨贤堂等二名,并黏抄杨茂云等禀一纸到所。讯据杨阿奎供称,住诸暨藏金岭庙杨家坞村,杨廷生即小高生,亦名小连生,俞炳祥,杨先金等三人,确系著名盗匪,抢劫济泰当,均同伙在场。于阴历十月初七日,杨连生来叫民去抢义桥当,民不肯去,他就拿小洋炮吓民,并要民的洋炮借他,民只得将洋炮借给他,迨他抢来后,给民银镯二副、银项圈一根,嘱民不要说出来等供。又据杨贤堂、袁新梅即新茂等供称,杨连生即小高生、俞炳祥、杨先金等三人,闻说抢劫济泰当,均在场的,民不去同他抢劫等供。又,本月十八日据县警探王顺法复在诸暨县属西乡草塔过桥张家村缉获盗犯张阿扭一名、抬枪一枝,虽未供认,查于此案确有关系。兹据各犯所供,本案正盗多在诸暨县属,除将嫌疑犯汪显周等四名再饬密查,研讯确实诉究,一面勒饬探警购线严缉余盗务获解究外,理合将获盗讯供情形并另开各逸盗姓名、住址及抄杨茂云等禀各一纸,备文呈报,仰祈省长察核,准予令饬诸暨县知事,按照单开各逸盗一体协缉务获,解送讯办,实为公便。除呈高等审、检两厅外,谨呈。

（原载《浙江公报》第一千六百九十九号,一五至一六页,指令）

浙江省长公署指令第四千三百二十三号

令高等检察厅长殷汝熊

　　呈一件呈陆宗赟等未便遽准以管狱员尽先任用由

呈悉。监狱官吏既经该厅妥定专章分别甄录,该生等未经与试,遽请尽先任用,自难照准。惟该生等既造就在先,且任事多年,颇著成绩,概予屏弃,既属可惜。又原呈所引章程、事实,亦属不无理由,仰该厅将甄录原章酌加修改,俾该生等得与甄录考试,不使独抱向隅可也。此令。十二月一日

附原呈

呈为陆宗赞等未便遽准以管狱员尽先任用妥议具复仰祈鉴核施行事。

案奉钧署第三四〇七号指令,陆宗赞等呈请令知高检厅一律以管狱员尽先任用由,内开,“呈及附件均悉。查此次规定管狱员考试资格,须在监狱学校二年以上毕业,该生等毕业年限既未及格,自未便准其与试。惟据称该生等均系曾任监狱官吏,于狱务颇有经验,且与部定免试资格相符,能否酌予变通,俾免向隅,仰该厅妥议具复,以凭察夺”等因,并抄发原呈一件到厅。奉查此次甄用管狱员,原为整顿狱务起见,既取资格,复重经验,是以严订章程,厉行考试,自经考试之后,遇有各县管狱员缺出,即按此次免试及考试合格人员榜列姓名循次委任,以昭大公,曾定委任办法呈报钧长鉴核,并布告周知各在案。该员等既非此次甄用合格人员,未便遽准以管狱员尽先任用,以免效尤而符定章。兹奉前因,理合妥议备文具复,仰祈钧长鉴核施行。谨呈。

(原载《浙江公报》第一千六百九十九号,一六至一七页,指令)

浙江省长公署指令第四千三百二十七号

令於潜县知事

呈一件呈报缉获邻境盗犯李小教等由

呈悉。该县警备队哨官周光铺,此次缉获邻境盗犯李小教等四名,尚见缉捕勤奋,殊堪嘉许。既据解送孝丰县,应俟该县审实后,再

行酌量给奖,仰即转行知照。此令。十二月一日

（原载《浙江公报》第一千六百九十九号,一七页,指令）

浙江省长公署指令第四千三百二十八号

令桐庐县知事

呈一件为添委掾属请注册由

准予注册。履历存。此令。十二月一日

附原呈

呈为呈报添委掾属襄办检察事务缮具履历送乞钧鉴事。

窃属县公署办事人员,业经缮具履历,报请前巡按使核准注册在案。兹查审检所自本年九月奉令组织成立,知事兼行检察职务,法定手续较前更多,行政事繁,时虞不及兼顾,拟于政务科内添设掾属一员,襄办检察事务,仍由知事完全负责,所有薪水在知事俸给项下开支。查有钱人骏,法学精深,经验宏当①,堪以委任斯职。除由知事给委任事外,理合缮具履历备文呈报,仰祈省长察核备案。谨呈。

（原载《浙江公报》第一千六百九十九号,一七至一八页,指令）

浙江省长公署指令第四千三百二十九号

令遂安县知事

呈一件为呈报委任掾属请注册由

现值各县学务委员裁撤,劝学所尚未成立之时,所有教育行政事务自应由县署特设专科办理,业经通令在案。该县教育事务并入政务科办理,已与通令不合,且所委助理员亦与规定资格不符,所请未

---

① 宏当,疑为"宏富"之误。

便照准,应即查照前令,另行改组,呈候核夺。履历发还。此令。十二月一日

计发还履历表一纸。

（原载《浙江公报》第一千六百九十九号,一八页,指令）

浙江省长公署指令第四千三百三十二号

令警务处长夏超

呈一件据前警政厅呈据外海厅呈荐督队官葛焕猷
兼充警察队总队长并送履历请核示由

据前警政厅呈据外海厅呈荐督队官葛焕猷兼充警察总队长等情均悉。既据称该外海水上警察厅长以冬令防务吃紧,警察队总队长一职实难兼理,应准以葛焕猷升充警察队总队长,照少校八成支薪,仍兼督队官,不支兼薪,任命状一纸随发,仰即转给祗领,并将任事日期呈报备查。履历存。此令。十二月一日

（原载《浙江公报》第一千六百九十九号,一八页,指令）

吕督军电

询岑西林起居并欢迎来杭由

上海哈同花园岑西林先生鉴:闻公莅沪,近切瞻依,起居如何,良深驰企。若蒙旌节来杭,俾承教益,尤所忻忻,伫聆清诲,专布鄙忱。命驾有期,并乞先示。吕公望叩。卅。印。（中华民国五年十一月三十日）

（原载《浙江公报》第一千六百九十九号,一九页,电）

吕督军电陆军部

为考绩表于各人出身后之经历应记何处请电示照办由

北京陆军部鉴:卷查陆军军职考绩,曾经贵部颁发规则、表式。本届十二月,浙省应送之表现正办理,第以各员所补现充之官既应记于经

历栏内,其于出身栏内应记之补某官,是否仅记初补之官,又出身前之经历系另列一栏,而经历栏内只记补现官后历充之军职,其在出身后补现官以前之经历及补某官应记何处,特此奉询,祈即电示,以便饬属照办。吕公望。东。印。(中华民国五年十二月一日)

(原载《浙江公报》第一千六百九十九号,一九页,电)

浙江督军公署训令第五五九号
浙江省长公署训令第一六一七号

令各属保护日人速水笃治郎等赴浙游历由

令特派交涉员、温州交涉员、宁波交涉员、警务处处长、各县知事、暂编第一师师长、暂编第二师师长、混成旅旅长、嘉湖镇守使、宁台镇守使

本年十一月二十五日准江苏省公署咨开,"案据特派江苏交涉员杨晟呈称,'顷准日本国总领事函,以速水笃治郎、马场伴治郎赴江苏、江西、浙江、安徽、山东、山西、陕西、直隶、湖南、湖北、河南、四川、福建、广东游历,缮给护照请盖印前来。除将护照印发外,理合呈请省长察照,转饬各属,俟该日本人到境呈验护照时,照约保护'等情。据此,除训令各属保护并分咨外,相应咨请贵省长查照,希即转行各属照约一体保护"等由。准此,除分令外,合行令仰该　　即便转令所属一体照约保护,并将该二日人出境入境日期及在境行为具报备查。此令。(刊登《公报》,不另行文)

中华民国五年十二月一日

督军兼署省长吕公望

(原载《浙江公报》第一千七百号,一九一六年十二月六日,三页,训令)

浙江督军公署训令第五六〇号
浙江省长公署训令第一六一八号

令各属保护日人北田中次郎等赴浙游历由

令特派交涉员、温州交涉员、宁波交涉员、警务处处长、各县知事、暂编第一师师长、暂编第二师师长、混成旅旅长、嘉湖镇守使、宁台镇守使

本年十一月二十五日准江苏省公署咨开,"案据特派江苏交涉员杨晟呈称,'顷准日本国总领事函,以北田中次郎、高木显达/冈松安次郎、大田立/仁木熙赴江苏、浙江、安徽、山东、直隶、湖北、湖南/江苏、湖南、湖北、四川、云南、广东、广西游历,缮给护照请盖印前来。除将护照印发外,理合呈请省长察照,转饬各属,俟该日本人到境呈验护照时,照约保护'等情。据此,除训令各属保护并分咨外,相应咨请贵省长查照,希即转行各属照约一体保护"等由。准此,除分令外,合行令仰该　　即便转令所属一体照约保护,并将该日人等出境入境日期及在境行为具报备查。此令。(刊登《公报》,不另行文)

中华民国五年十二月一日

督军兼署省长吕公望

(原载《浙江公报》第一千七百号,三至四页,训令)

浙江督军公署训令第五六一号
浙江省长公署训令第一六一九号

令各属保护日人生田松造赴浙游历由

令特派交涉员、温州交涉员、宁波交涉员、警务处处长、各县知事、暂编第一师师长、暂编第二师师长、混成旅旅长、嘉湖镇守使、宁台镇守使

本年十一月二十五日准江苏省公署咨开,"案据江苏交涉员杨晟呈称,'顷准民国五年十一月十日接驻日本领事池永林一函称,敝国人生田松造现自苏州欲赴安徽、浙江、湖北、福建、江苏、湖南、直隶、山东通商游历,请领执照前来。相应填请盖印,即希赐交来役带回,以便转给,并请移文经过地方文武员弁一体妥为保护等由。当将送到第七号执照即予加盖交还转给,并函复日领事饬知该领照人,凡所至地点,将照呈由地方官验明,以便接洽保护,如遇不靖地方,均勿前往,期免疏虞外,合亟呈请仰祈省长鉴核俯赐,分别咨明通令一体照约办理'等情。据此,除训令各属保护并分咨外,相应咨请贵省长查照,希即转行各属照约一体保护"等由。准此,除分令外,合行令仰该

即便转令所属一体照约保护,并将该日人出境入境日期及在境行为具报备查。此令。(刊登《公报》,不另行文)

中华民国五年十二月一日
督军兼署省长吕公望

(原载《浙江公报》第一千七百号,四至五页,训令)

浙江督军公署训令第五六二号
浙江省长公署训令第一六二〇号

令各属保护英人达克特赴浙游历由

令特派交涉员、温州交涉员、宁波交涉员、警务处处长、各县知事、暂编第一师师长、暂编第二师师长、混成旅旅长、嘉湖镇守使、宁台镇守使

本年十一月二十五日准江苏省公署咨开,"案据特派江苏交涉员杨晟呈称,'顷准英国总领事函,以东方汇理银行伙达克特赴江苏、浙江、安徽游历,缮给护照请盖印前来。除将护照印发外,理合呈请省长察照,转饬各属,俟该英人到境呈验护照时照约保护'等情。据此,除训令各属保护并分咨外,相应咨请贵省长查照,希即转行各属照约

一体保护"等由。准此,除分令外,合行令仰该　　即便转令所属一体照约保护,并将该英人出境入境日期具报备查。此令。(刊登《公报》,不另行文)

中华民国五年十二月一日

督军兼署省长吕公望

(原载《浙江公报》第一千七百号,五页,训令)

浙江督军公署训令第五六三号
浙江省长公署训令第一六二一号

令各属保护日人中苦文作赴浙游历由

令特派交涉员、温州交涉员、宁波交涉员、警务处处长、各县知事、暂编第一师师长、暂编第二师师长、混成旅旅长、嘉湖镇守使、宁台镇守使

本年十一月二十七日准江苏省公署咨开,"案据特派江苏交涉员杨晟呈称,'顷准日本国总领事函,以中苦文作赴江苏、江西、浙江、山东、山西、陕西、湖南、湖北、河南、直隶,中材重三郎赴江苏游历,缮给护照请盖印前来。除将护照印发外,理合呈请省长察照,转饬各属,俟该日人到境呈验护照时照约保护'等情。据此,除训令各属保护并分咨外,相应咨请贵省长查照,希即转行各属照约一体保护"等由。准此,除分令外,合行令仰该　　即便转令所属一体照约保护,并将该日人在境行为及出境入境日期具报备查。此令。(刊登《公报》,不另行文)

中华民国五年十二月一日

督军兼署省长吕公望

(原载《浙江公报》第一千七百号,五至六页,训令)

浙江督军公署训令第五六四号
浙江省长公署训令第一六二二号

令各属保护法人笪喇谟赴浙游历由

令特派交涉员、温州交涉员、宁波交涉员、警务处处长、各县知事、暂编第一师师长、暂编第二师师长、混成旅旅长、嘉湖镇守使、宁台镇守使

本年十一月二十七日准江苏省公署咨开，"案据特派江苏交涉员杨晟呈称，'顷准法国总领事函，以笪喇谟赴江苏、浙江、安徽游历缮给护照请盖印前来。除将护照印发外，理合呈请省长察照，转饬各属，俟该法人到境呈验护照时照约保护'等情。据此，除训令各属保护并分咨外，相应咨请贵省长查照，希即转行各属照约一体保护"等由。准此，除分令外，合行令仰该　　即便转令所属一体照约保护，并将该法人出境入境日期具报备查。此令。（刊登《公报》，不另行文）

中华民国五年十二月一日

督军兼署省长吕公望

（原载《浙江公报》第一千七百号，六至七页，训令）

浙江省长公署指令第四千三百三十八号

令警务处长夏超

呈一件呈报四区五营拿获黄岩梁锦虞家
被劫案犯沈亨暖沈亨登二名由

据前警政厅呈报，"警备队第四区五营二哨拿获黄岩梁锦虞等家劫案盗犯沈亨暖即金清二头、沈亨登即三妹，送县讯办"等情已悉。仰该处督属将被拔梁通虞之女赶急设法追回，并严缉余盗真赃，务获究报。此令。十二月一日

（原载《浙江公报》第一千七百号，一〇页，指令）

浙江省长公署指令第四千三百三十九号

令警务处长夏超

呈一件前警政厅呈复核议四区四营管带李治光处分情形由

据前警政厅呈复查明警备队四区四营管带李治光一案,据称于袁祥兰等电,请以"该管带兼理知事一节,知情不阻,复于著名揭帖、开会驱官之潘颂清获案时,为之出头函保,核其情节,殊属不知引嫌"等语,本应严予惩儆,惟既据称该管带平日缉捕盗匪,保护地方,尚能尽职,姑从宽记大过一次,以示薄惩。嗣后当加意谨慎,毋自干咎。仰该处转令遵照,并令行天台县知事知照。此令。十二月一日

（原载《浙江公报》第一千七百号,一〇页,指令）

浙江省长公署指令第四千三百四十号

令警务处长夏超

呈一件呈报五区四营侦获积匪张林水一名请准照案给赏由

据前警政厅呈报警备队五区四营侦获积匪张林水一名,查该匪系前东阳知事张寅详经前巡按使核准悬赏五十元通缉之犯,现既由营拿获,仰该处饬县照案给赏,并将该匪严讯法办。此令。十二月一日

附原呈

呈为转报警备队第五区四营侦获积匪张林水一名送县讯办情形仰祈察核事。

本年十一月十日,据警备队第五区兼带童必挥呈称,"窃据职区第四营管带董永安呈称,'据第三哨副兵派充侦探安克文报告,探得上年焚署劫狱东邑积匪、曾经悬赏购缉之张林水,现今回籍,潜匿二十都大岭头柴磴地方,图谋不轨,请派兵同往捉拿

等语。当飞令驻周村第二哨哨官文前庆不动声色,就近往拿去后。兹据该哨官报称,奉令即时带队,星夜驰抵距周村三十五里之柴磴地方茅屋内,由该探引导指点,将张林水一名缉获解送等情前来。查张林水屡犯重案,罪恶贯盈,经张前东阳县知事于上年清乡期内详准给赏五十元通缉在案,节经职营严缉,讵该匪消息灵通,此拿彼窜,此次幸罹法网,除将该匪函送东阳县公署严讯究办,以彰法纪而靖地方,并请将所有赏格银元照发转给,以昭征信。该副兵派充侦探安克文,侦查得力,传谕奖励外,为此将侦获积匪张林水情形备文呈报,仰祈察核俯赐转呈'等情。据此,查该犯张林水系上年焚署劫狱东邑积匪,且迭犯重案,经该县详准悬赏通缉在案。此次缉获送县讯办,由该营副兵安克文侦查得力,自应遇缺即予提升。除指令外,理合备文呈报,仰祈察核施行"等情。据此,查张林水一名,确系著匪,曾经前东阳县知事张寅详准前巡按使核准悬赏洋五十元通缉有案。现既由营拿获解县收讯,似应准予饬县照案给赏,俾资鼓励。据呈前情,除指令外,理合备文呈报,仰祈省长察核施行。谨呈。

(原载《浙江公报》第一千七百号,一〇至一一页,指令)

浙江省长公署指令第四千三百五十号

令海盐县知事

呈一件呈请悬赏澉浦抢劫警所铺户案内盗犯由

呈悉。澉浦地方海盗抢劫警所并连劫铺户九家,案情自是重大。惟查《巨盗积匪悬赏购缉办法》业经通行,仰详检该项《办法》,按照酌拟另文呈候核夺。此令。十二月一日

(原载《浙江公报》第一千七百号,一一页,指令)

浙江省长公署指令第四千三百五十一号

令衢县知事

呈一件呈拟订邻县会哨日期并请拨款犒劳列表请核示由

呈、表均悉。候令行警务处查核具复令遵。表存。此令。十二月一日

（原载《浙江公报》第一千七百号，一一至一二页，指令）

浙江省长公署指令第四千三百五十四号

令海盐县知事

呈一件为据商民吴鸿等请设茧行呈送图结由

呈及附件均悉。查西塘桥、角里堰两处，业据该县呈准张瑞等开设茧行在案，吴鸿等及沈华等所请同一地点，自应毋庸置议。至白苎地方，以水道计，由白苎桥至西塘桥不及十一里，顾高等所请在白苎开设茧行，核例不符，碍难照准。其在《条例》未公布以前，呈请设行之陈锡嘏等，仅以一纸呈文到县，虽经该县转呈本公署，并未准予备案，当然不生效力。仰即分别转饬遵照。附件发还。此令。十二月二日

（原载《浙江公报》第一千七百号，一二页，指令）

浙江省长公署指令第四千三百五十九号

令财政厅长莫永贞

呈一件据吴兴县呈商民吴德增请在西庄桥改设茧行由

呈、件均悉。该丝厂拟以奉准在西庄桥附设之分行，改为公益恒有灶茧行，公推吴德增为牙户，既据该县查明合例，应予照准。仰财政厅查照给帖，并转令该县知事知照。图、结存。旧帖并销。抄呈连同申请书并发。此令。十二月二日

附钞原呈及申请书。

（原载《浙江公报》第一千七百号，一二页，指令）

浙江省长公署指令第四千三百六十三号

令海盐县知事

呈一件为商人张遂初等开设茧行附送图结由

呈及附件均悉。查白苎地方,该县既据顾高等呈请开设茧行转呈在先,何以不候核示,复将呈请在后之张遂初等图、结转呈,殊觉取巧。至斜桥距西塘桥水路不及十里,核与规定里数相差甚远,该县不先查明,复予徐颂慈等转呈,尤属不合,所请不准。图、结均发还。此令。十二月二日

（原载《浙江公报》第一千七百号,一二至一三页,指令）

浙江省长公署指令第四千三百六十九号

令海宁县知事

呈一件为送黄亦政等请在袁花镇开设茧行图说由

呈、图均悉。查此案前据该县来呈,当以"业据转呈许震等请在袁花镇开设茧行在先,所请不准"等语指令。嗣据该县补送许震等图说,即予照准,经指令财政厅给帖并转令送照各在案。兹复为黄亦政等呈送图说,殊属取巧,所请仍不准行,仰即转行知照。图发还。此令。十二月二日

（原载《浙江公报》第一千七百号,一三页,指令）

浙江省长公署指令第四千三百八十四号

令警务处长夏超

呈一件呈奉令据新昌县电蔡墺校长唐荣邦
被匪掳去请拨兵缉拿由

呈悉。现据新昌县知事晋电,蔡墺校长唐荣邦业已归家,惟是案各匪未据缉获,仰令区迅饬由嵊属晋溪移驻该县黄泽镇之二营一哨

三、四两棚,并嵊县及该县原有各警队,一体协同侦缉,务获究报。此令。十二月二日

(原载《浙江公报》第一千七百号,一三页,指令)

浙江省长公署批第一千零十七号

原具呈人嘉兴机业周浩如等

　　呈一件为嘉属各商违例纷设茧行请派员测量取缔由

呈、摺均悉。查各县茧商请设茧行,应由县按照《条例》查明转呈,本公署酌量准驳,自有权衡,该机户等何得越渎。且各地距离里数按籍可稽,无待测量。所请应毋庸议,仰即知照。摺姑存。此批。十二月二日

(原载《浙江公报》第一千七百零二号,一九一六年十二月八日,一九页,批示)

浙江省长公署批第一千零十九号

原具呈人存记警佐侯维城

　　呈一件禀请准饬警务处查案仍以一二等警佐存记由

据呈已悉。候令行警务处查案,酌量委用可也。此批。十二月二日

(原载《浙江公报》第一千七百号,一三页,批示)

浙江省长公署批第一千零二十六号

原具呈人顾者

　　禀一件请补给官费以竟学业由

查派补留学官费学生,现准省议会议决,于每年七月由省举行试验。该生所请一节,仰届时报名应试可也。此批。十二月二日

(原载《浙江公报》第一千七百零三号,二三页,批示)

浙江省长公署通告

庆元县知事张国威呈报于十一月十六日由乡公毕回署。

临安县知事黄鹗之呈报于十一月二十日由乡公毕回署。

德清县知事吴鬻皋电呈于十一月二十四日下乡劝募公债，署务委教育主任徐艾枝暂代。

镇海县知事吴万里电呈于十一月二十四日起请假一星期，赴沪募债，职务委财务主任李中、警佐李复初分别暂代。

慈溪县知事林觐光电呈于十一月二十四日下乡劝募公债、密勘烟苗、查禁花会，署务委政务主任萧维任暂代。

诸暨县知事魏炯电呈于十一月二十五日下乡催征募债、查察学务，署务委政务主任徐正达暂代。

（原载《浙江公报》第一千七百号，一四页，通告）

浙江省长呈报大总统

据高检厅呈送前诸暨县知事吴德燿判案由

呈为呈报前诸暨县知事吴德燿被控渎职一案判决情形，照录原判钞本，仰祈钧鉴事。

窃于本年十一月十七日据高等检察厅检察长呈称，"为前任诸暨县知事吴德燿渎职一案办理情形呈请鉴核办理事。窃查吴德燿前在诸暨县知事任内被人告诉纵队殃民、违法受贿各案，叠奉前巡按使批饬查明核办在案。查该吴德燿被杨耕生状诉纵队殃民抢掳饰物一案，业经杭县地方审判厅审理判决，该吴德燿不服，提起控诉，复经高等审判厅判决，处罚金二百五十元，褫夺公权全部三年。上诉期间，经过审判确定。除令行杭县地方检察厅查照执行外，理合抄录原判决，并将奉发钞件暨委员原禀备文呈请钧署察核备案"等情，计呈送钞判一件、钞件一本、委员详文一件到署。据此，查前知事吴德燿被该县民杨耕生呈控纵队殃民各节,经前按署批饬高等检察厅转饬杭县地方检察厅,将该知事传案诉由杭县地方审判厅按律审判在案。据呈前情,该知事吴德燿系属浙省任用人员,既经法庭科罚、夺权确定,自应分别呈咨核办。除分咨并指令外,理合照录原判钞本,备文呈报,伏乞钧鉴训示施行。谨呈

大总统

　　计呈送抄判一本(见本年八月九日本报"判词"门)。

兼署浙江省长吕公望

中华民国五年十二月二日

(原载《浙江公报》第一千七百零一号,一九一六年十二月七日,三页,呈)

浙江省长公署指令第　　号①

　　令全省警务处长夏超

　　　呈一件全省警务处为调遣弹药等费删减过多不敷

　　　应用拟将仍准增加三万元以裕经费请核示由

　　呈及预算书均悉。所陈各节,自系实情,惟地方预算出入相衡,不敷甚巨,势不能不将各项岁出酌量减少,以期收支适合。兹查据送警备队预算书内所列调遣费,以每年每营平均约二百元计之,尚可减银一万元,弹药费以每年每营平均约四百元计之,尚可减银二万元,两共减银三万元,已为书内代为更正,发交财政厅汇编矣。将来设有不敷,应于准备金及其他各款盈余项下开支,以资挹注。

　　　附　全省警务处长呈省长

　　　为调遣弹药等费删减过多不敷应用拟将仍准

　　　增加三万元以裕经费请核示由

　　呈为呈请核示遵行事。

————————————

　　① 本文由全省警务处长呈省长《为调遣弹药等费删减过多不敷应用拟将仍准增加三万元以裕经费请核示由》析出。

案奉钧署指令,内开,"呈及预算书均悉。所陈各节,自系实情,惟地方预算出入相衡,不敷甚巨,势不能不将各项岁出酌量减少,以期收支适合。兹查据送警备队预算书内所列调遣费,以每年每营平均约二百元计之,尚可减银一万元,弹药费以每年每营平均约四百元计之,尚可减银二万元,两共减银三万元,已为书内代为更正,发交财政厅汇编矣。将来设有不敷,应于准备金及其他各款盈余项下开支,以资挹注"等因。奉此,查调遣费,原无一定标准,支费之多寡须视地方安宁与否为断,弹药费亦然。如地方安谧,各营哨按区设防,既免调动,复免弹药销耗,则此二项自可分文不动。设遇匪警调营会哨,则调遣费用自应准予按例支给,而弹药销耗亦应准予核销,且须随时购办补充。如东阳县焚署劫狱之役,由驻嵊之二区三营管带王国治率兵前往会剿,支给调遣费至八百七十余元,销耗子弹至六千余颗;乐清之枫林①、永嘉之上埠、梅溪等处剿办著匪赵得元案内,支给调遣费至一千二百余元,销耗子弹至八千余颗。此均每营一次之调遣有案可查者,其余类此剿办匪案甚多,不胜枚举。第就原有警备队四、五两年度支出预算调遣费年需二万一千元,盈余之数,尚不敷挹拨各该驻统带巡阅防地旅费之用。然当时分区只四,营数仅二十二,而辖境亦仅杭、宁、绍、金、衢、温、处等处,调遣支费已如是。现在嘉湖、台州游击队一律改编警备队,营数骤增,辖境较阔,调遣之费若年仅八千元,比较往年删减五分之四,无论如何盈虚酌剂,决不敷用。即前列弹药费,亦系审度该队情况而定。查该队原系防营改编,枪枝错杂,间有一哨杂用数种枪枝者,子弹固甚缺少,补充实属困难。叠经各该区呈请酌换新枪、配足弹药,徒以此项经费无多,不能一律购换,不能不多备各种

① 枫林,镇名,位于永嘉楠溪中段东岸,东与乐清毗邻,并非属于乐清。

弹药支配各营应用,以救枪枝错杂之弊。现奉将是费删减二万元,实属无从筹办支配。且前列预算各款均属核实,无可抠注。如薪饷一项,各官长薪额虽均预列一等,而照支一等薪者已居二分之一,其余亦率皆二等支薪,纵使今后一概不准晋等增支,薪额盈余之数,亦不过数百元,而统部额外差遣、临时司书及每哨分驻之添用伙夫皆未列于预算,均须于此项盈余项下抠注。至准备金虽有四千一百三十元另二角,而各区统带每年巡阅防地旅费须开支六百元,各区营电费溢出公费十分之三者,其溢出之数,亦应在该金项下动支。此外尚有什兵夺获匪械奖金约一千元,又每年检阅费用约千余元,均奉前巡按使核准施行有案。是此项准备金以为抵支,尚恐不敷,更何盈余之有?处长明知地方经费非常困难,何敢请加。惟此项费用皆切于事实,欲求省免而不能者,与其将来捉襟肘见,影响防务,曷若此日通盘打算,预为筹备。查原有警备、游击两队经费共九十万元,此次改编虽较增十三万元,然一区之第一营、五区之第六营,均系添设,年增经费约六万余元,扩充兵额五百六十名,年增饷项四万三千余元及增加各区营哨公费及哨长、书记兼会计等薪金,并新兵装械、犒赏等费,共计实达十五万余元。现仅增加十三万元,实已减无可减,设再核减三万,势非裁营减兵不可。若仅就必需之调遣、弹药等费一再删减,设遇匪警,必至限于经费有兵而不能调,有枪而不能战,养此不调不战之兵,岂地方练兵设防之初意?拟请将原列之调遣、弹药等费,仍予照加三万元,以充军实而重防务。理合备文呈请钧长察核示遵。谨呈

浙江省长吕

浙江全省警务处处长夏超

中华民国五年十二月　日

(原载《浙江公报》第一千七百零一号,三至五页,呈)

浙江省长公署咨内务部司法部铨叙局

据高检厅呈送前诸暨县知事吴德燿判决案由

浙江省长公署为咨行事。

本年十一月十七日据高等检察厅检察长呈称，"为前任诸暨县知事吴德燿渎职一案办理情形，呈请鉴核办理事（文云见本日'呈文'门），并将奉发抄件暨委员原详，备文呈请察核备案"等情，计呈送抄判一件、抄件一本、委员详文一件到署。据此，查前知事吴德燿被该县民杨耕生呈控纵队殃民各节，经前按署批饬高等检察厅转饬杭县地方检察厅，将该知事传案诉由杭县地方审判厅按律审判在案。据呈前情，该知事吴德燿系属浙省任用人员，既经法庭科罚、夺权确定，自应分别呈咨核办。除呈报分咨并指令外，相应照录原判抄本，备文咨请大部、贵局查照施行。此咨

司法总长、内务总长、铨叙局局长

浙江省长吕公望

中华民国五年十二月二日

（原载《浙江公报》第一千七百零一号，六页，呈）

浙江省长公署训令第一千六百二十四号

令沈祖绵遵照内务部咨准予昭雪并交国务院存记由

令沈祖绵

案准内务部咨开，"本部呈前浙江鄞县知事沈祖绵癸丑被捕屈抑，拟请昭雪并存记一案，本年十一月十四日奉指令：'呈悉。沈祖绵准予昭雪，并交国务院存记。此令'等因。奉此，相应抄录原呈咨行查照，转饬遵照可也"等由。准此，查该员前在鄞县知事任内以政变嫌疑被捕，曾经本署电达国务院请予昭雪、存记任用各在案。兹准前由，合行抄呈，并本署电稿，令仰该员知照。此令。

计抄发原呈一件。

中华民国五年十二月二日

省长吕公望

附内务部原呈

呈为前浙江鄞县知事沈祖绵癸丑被捕屈抑,应予昭雪、存记,据电议拟陈请鉴核事。

案准国务院函,"兼署浙江省长吕公望电,'前鄞县知事沈祖绵,以癸丑嫌疑被捕,士民奔救,曲予保全,拟请比照前褫职江西内务司长程道存昭雪、存记一案,即予昭雪,并交院、部存记'等语,相应函请查照"等因,抄录原电咨行前来。本部查癸丑之役,江浙各志士不顾利钝,奔走国事,以致陷于缧绁或牺牲生命者甚夥,其遇可悯,其情可壮。沈祖绵以迭任知事人员,当政潮激烈之际,竟能不避嫌疑,热心政治,几罹不测。倘其平日恩信不能深洽舆评,何能使鄞民奔救,濒危脱险?其敝屣一官,改良庶政之决心,较诸无官守、无言责之志士,尤为难能可贵。查核沈祖绵履历,该员籍隶杭县,曾赴日本留学,回国后历膺繁要差缺,于内务、财政、司法、教育各项行政,均属富有经验,应即准照该省长原电所拟,恳请将该员沈祖绵逮捕原案特令昭雪,并交国务院暨本部、财政部分别存记录用,以风有位而励顽懦。所有据电议拟缘由,理合呈请鉴核施行。谨呈。

(原载《浙江公报》第一千七百零一号,八至九页,训令)

浙江省长公署指令第四千四百二十二号

令公立医药专门学校

呈一件送五年度管教员学生一览表请核转由

呈、表均悉。查钱宗濂等十二名,均系中学修业三年生,断难与

中学毕业者有同等学力，未便准收。原表发还。仰即遵照改造，再行呈候核转。此令。十二月二日

计发还表二本。

（原载《浙江公报》第一千七百零一号，一三页，指令）

推章太炎长国史馆电

大总统、副总统、国务院钧鉴：

盖闻《尚书》纪言所以垂世，《春秋》纪事实以经邦，国史之官由来尚矣。我中华民国之立，曾亦首定其规，徒以乱事荐臻，遂致斯职荒废。今幸重光寰宇，正宜克壮其猷。惟是政以人存，无人不举；国史一职，择人尤难。非其人则有朝报之讥，得其人斯有良史之誉。此丘明内外之载，史迁纪传之书，所为光前烈而昭百代也。今者旷观海内，堪膺斯选者，孰有如余杭章太炎先生者乎？先生道德学问文章，为当世冠，又以元功开国，众望所归。具多见多闻之资，养至大至刚之气。如得居之柱下，必比美于老聃，岂特较彼齐廷见增辉于南史？公望虽属武职，粗知体裁，为国求贤，非荣上赏。愿垂清听，一加察焉，国史幸甚。临电不胜祷切屏营之至。吕公望叩。

（《吕公望推章太炎长国史馆电》，原载《盛京时报》一九一六年十二月五日，七版民国要闻，又以《吕公望电请太炎长国史》为题发表于《申报》同日，六版）

浙江省长公署指令第四千四百五十五号

令义乌县知事

呈一件呈报该县整顿讲演所情形并送章程预算由

呈、件均悉。据称就讲演所原有经费，添设讲演员，购备讲演辅助品，具见实心整顿，良堪嘉许。惟所长一职，应照章改为专任，其兼

任讲演,本为职务内事,但于《章程》内加以规定,毋庸再兼讲演员名义,办事员应常川驻所,亦未便由讲演员兼任,应酌改为由所长暂兼,或另设专员,令其兼任所址所在地讲演事务。原件均发还。仰即分别遵照,并参照本年十月二十五日《浙江公报》登载本公署核准《长兴县公立通俗教育讲演所章程》及各规则,酌量当地情形,另拟《章程》等项,连同改定所长、讲演员履历暨预算表各缮二分,呈候复核转咨。此令。十二月四日

计发还清摺一扣,预算、履历各一纸。

(原载《浙江公报》第一千七百零一号,一三页,指令)

浙江省长公署指令第四千四百六十六号

令嘉兴县知事张梦奎

呈一件为拟送十一月份讲稿请鉴核由

察阅讲稿,不合通俗讲演本旨,应发还转饬另拟,仰即遵照。讲稿附还。此令。十二月四日

计发还讲稿一份。

(原载《浙江公报》第一千七百零一号,一三至一四页,指令)

浙江省长公署指令第四千五百零四号

令吴兴县知事

呈一件陆树基请以千金乡原准分行改设公益和茧行请核示由

呈、件均悉。查核附图,未据将距离附近著名市镇、水道详细填明,无凭核夺,所请应不准行。附件发还。仰即转饬知照。此令。十二月四日

(原载《浙江公报》第一千七百零二号,一五至一六页,指令)

浙江省长公署指令第四千五百一十三号

令省农会

呈一件为呈请拨给省城第一劝工场房屋为省农会事务所由

呈悉。现在商品陈列馆附设劝工场，尚在筹备期间，场址无可移动。所请拨给一节，应俟陈列馆组织成立后，再行察核办理，仰即知照。此令。十二月四日

（原载《浙江公报》第一千七百零一号，一四页，指令）

浙江省长公署指令第四千五百一十四号

令汤溪县知事

呈一件呈为拟送提倡种桑章程由

呈、件均悉。提倡种桑，查有前据富阳县拟送《章程》，经本公署酌加改正，刊登第一千七百六十五号《公报》，堪以参照仿行。至采购桑秧事宜，能联合邻近各县汇派人员往办或采办桑子，广为播种，尤为妥善，并仰遵照。来件发还。此令。十二月四日

（原载《浙江公报》第一千七百零一号，一四页，指令）

浙江省长公署指令第四千五百一十五号

令财政厅长莫永贞

呈一件杭县知事请核销修理里横塘桥塘路费用并送清册由

呈、册均悉。所有修理里横塘桥、塘路费用，共计支银一百三十一元八角二分，应准如请在该县自治公益费项下支销，仰财政厅转令该县知事知照。原呈抄发。册存。此令。十二月四日

（原载《浙江公报》第一千七百零一号，一四页，指令）

浙江省长公署通告

瑞安县知事李藩电呈于十一月十八日赴南乡一带查禁烟苗、募债验契，简日回署。

德清县知事吴嚣皋电呈于十一月二十六日由乡公毕回署。

象山县知事张鹏霄呈报于十一月二十六日续赴东南两乡严查烟苗，职务委政务主任杨荣荫暂代。

遂安县知事千秋鉴电呈于十一月二十七日下乡相验命案，署务委政务主任王思敬暂代。

（原载《浙江公报》第一千七百零一号，一五页，通告）

浙江省长公署诉愿决定书第六号

决定书据兰溪米业代表郑荫甫等呈兰溪县处分金子安
控拆米业案不当提起诉愿请求取消停止执行由

诉愿人代表郑荫甫、郑第，　　年，　　岁，　　人。

右诉愿人因设立米业川运维持会，与金子安互控一案，对于兰溪县知事民国五年十月六日牌示之处分，认为损害权利，依法提起诉愿。本署就书状决定如左。

决定主文

兰溪县知事之处分，应予撤销，即由该知事依法秉公另行处分。

诉愿之事实

案缘金子安于兰溪县城开设利运保险有限公司经营航业，本年二月间，该县郑万盛米行以利运公司今年突加保费，装船须归公司支配，诸多困难为词，由该行行东郑子庭联合同业撰拟《规则》《缘起》，创设米业川运维持会。利运公司经理金子安即以郑子庭违背定律，欺罔取财等词，呈诉县署请求罚办。县署即据情致函商会查复，嗣金子安复续呈，奉县署批准传集两造，讯明核办。而郑万盛等米行又具呈县署辨诉,谓米业设立川运维持会,系照历来掭头办法加以整顿,并未违律,金子安为虚伪之告诉,实构成诬告罪,应请律办。经县署于本年九月十八日传同原被两造人等讯明,事属行政处分,本案刑事断定为不成立,应即却下。旋于十月六日牌示堂谕取销维持会,并照《商人通例》第十八条规定,酌处罚金三十元,由该会同人分担缴纳,利运公司着克日补请注册。十月二十八日该维持会委任代表郑荫甫、郑筠二人呈递诉愿书来署,并续据该县知事提出辩明书,暨本案关系各文件,一并呈送前来,详加审核,应予决定。

决定之理由

查该县米业沿用掭头名称,历久不废,其有裨益于米业公共利益,已可概见。该诉愿人等就原有习惯从事整顿,不能谓为变本加厉。须知社会善良习惯,正宜设法启迪,俾使普及,其不善良者,尤应随时禁革,更不容其有变本加厉之时,何待呈控? 至《商业注册规则》系为商人对于商业应行注册事项,经注册公告,复得以对抗第三者而设。遍查本《规则》全文,凡营商业者并无限定呈请注册之规定,若以该维持会为营利目的之团体,按照《公司条例施行细则》第一条第二项规定,得以准用《公司条例》绳之。然细按本条条文"准"字意义,亦并无必须遵用之责。总之,该维持会虽实有营利性质,就该会《发起缘起》及《规则》观之,其内部组织绝未有仿照公司办法,即不逾越法律范围。至维持会名义虽有未妥,究亦无类似公司字样之处。该县知事比附《商人通例》第十八条规定,处维持会以罚金,并予取销,限令查照《公司条例》呈请注册,方得着手为营业之准备;而对于利运公司,仅着克日补请注册,并未依照《公司条例施行细则》第十六条规定办理,均属不合。基此理由,并照《诉愿法》第十四条规定,就书状决定如主文。

中华民国五年十二月四日

(原载《浙江公报》第一千七百零一号,一六至一七页,判词)

浙江督军署咨省长公署

据陆军第二师呈为旅附尉官景元不守军纪
撤差请令属勿予录用由

浙江督军署为咨行事。

案据暂编浙江陆军第二师师长张载阳呈称，“据第三旅旅长韩绍基呈称，‘窃查职旅旅附尉官景元自到差以来，往往不守军纪，擅自外出。近日风闻常在戏园、娼寮藉司令部名义招谣，甚复醉后滋事，殊于军队名誉攸关。拟请撤去差使，以示惩儆。是否有当，理合具文密呈，仰祈鉴核示遵’等情前来。伏查军人致身保国，宜如何勤慎从公，乃该旅附不修名誉，败坏军纪，殊堪痛恨。既据该旅长呈请到师，除指令将该旅旅附尉官景元拟即行撤差，以示薄惩外，理合备文呈报，仰祈鉴核施行”等情。据此，除指令照准并通行外，相应咨行贵公署，请烦查照，希即转饬所属一体知照勿予录用。此咨
浙江省长

浙江督军吕公望
中华民国五年十二月五日

（原载《浙江公报》第一千七百零二号，一九一六年十二月八日，四页，咨）

省长公署咨复农商部

准咨据商会联合会呈为申明《商会法》第四条第四十三条及
《施行细则》第二条文义凡前清旧设商会者得
一律依法改组由

浙江省长公署为咨复事。

本年十一月二十一日接准咨称，“案据全国商会联合会呈，‘为申明《商会法》第四条、第四十三条及《施行细则》第二条文义，凡前清旧设商会者得一律依法改组’等情，本部当以‘各商会应遵守民国法令，

在前清旧曾设置之事实,不妨作为得予认可之一种理由,未便据为当然认可之惟一藉口。仰候咨行各省长查照,酌夺办理可也'等语批示该商会联合会在案。相应咨行贵省长查照,酌夺办理,并希见复"等因。准此,除俟有此等情事,自应酌照办理外,相应咨复大部查照施行。此咨

农商总长

浙江省长吕公望

中华民国五年十二月四日

（原载《浙江公报》第一千七百零二号,四至五页,咨）

浙江督军署训令第五百七十六号

令军学补习所为该所书记张连奎仍回混成旅服务由

令陆军军学补习所所长周凤岐

照得该所书记张连奎应调回暂编浙江混成旅服务,所遗书记职务即由该所副官兼理。除分令外,合行令仰该所长分别转令遵照。此令。

中华民国五年十二月五日

督军吕公望

（原载《浙江公报》第一千七百零二号,六页,训令）

浙江督军署训令第同上号

令暂编混成旅为军学补习所书记张连奎仍回该旅服务由

令暂编浙江混成旅司令部旅长俞炜

照得陆军军学补习所书记张连奎前由该旅旅附调充,兹已饬令仍回该旅服务。除分令外,合行令仰该旅长知照。此令。

中华民国五年十二月五日

督军吕公望

（原载《浙江公报》第一千七百零二号,六页,训令）

浙江督军署训令第五百七十八号

令各军队机关为第二师旅附尉官景元
不守军纪令准撤差仰勿录用由

令陆军各军队机关局所

案据暂编浙江陆军第二师师长张载阳呈称，"据第三旅旅长韩绍基呈称（文云见本日'咨文'门）等情前来。伏查军人致身保国，宜如何勤慎从公，乃该旅附不修名誉，败坏军纪，殊堪痛恨。既据该旅长呈请到师，除指令将该旅附尉官景元拟即行撤差，以示薄惩外，理合备文呈报，仰祈鉴核施行"等情。据此，除指令照准，并分行外，合亟令仰该　转行所属一体知照。此令。

中华民国五年十二月五日

督军吕公望

（原载《浙江公报》第一千七百零二号，六至七页，训令）

浙江省长公署训令第一千六百五十号

令水利委员会为拟乘冬令水涸从事修浚碧浪湖事宜由

令水利委员会

案照修治水利，以疏浚下流，俾资宣泄为尤要。吴兴县属碧浪湖，承天目万山之水，分泄北塘河，贯注各溇港，归宿太湖，实居咽喉之地。前据该会呈请先事兴修，以畅水流，经以修浚浙西水利事宜业经提案交议，令候复到再行核夺在案。兹查议复修正案内，前此提存之浙西水利经费，未准议及，拟即拨充修浚该湖之用，并乘此冬令水涸之时，实行施工，以重水利而慰众望。惟该湖面积较广，又为舟楫通行之地，应如何分划办理，自应再由该会酌量情形，先事妥拟，呈候核行，以免窒碍。其工程事务处组织及预算实需工程等一切经费，并应由会详具表摺并呈候核，合亟令仰遵照办理。事关水利，勿稍稽延,切切。此令。

中华民国五年十二月四日

省长吕公望

（原载《浙江公报》第一千七百零二号,七页,训令）

浙江省长公署训令第一千六百五十三号

令杭县等二十九县严谕各民局限日向邮局挂号由

令杭县、海宁、余杭、嘉兴、嘉善、平湖、鄞县、余姚、象山、定海、嵊县、上虞、诸暨、临海、金华、江山、桐庐、瑞安、平阳、常山、武康、吴兴、桐乡、镇海、绍兴、萧山、兰溪、龙游、衢县县知事

案据邮务管理局函称,"查邮政创办之初,即颁定专章,对于民局在已设邮局处所,须向邮局挂号递寄,否则应请地方官设法取缔。现本邮务区内各民信局曾经挂号者寥寥无几,而未挂号者尚居多数,长此以往,邮务前途实生阻碍。本署邮务长曾于本年一月二十四日将未挂号各民局抄单函请前政务厅长转详前巡按使鉴核,准予分饬各民局迅向邮局挂号,以重定章。旋准函复,以斯案业经陈请分饬各该道尹转饬遵办在案。迄今已逾半载,各该民局仍未遵行,函请贵厅长即希检同前案抄件,转呈省长鉴核,准予严令未挂号各民局迅即遵向邮局挂号,以重定章而维邮务,实纫公谊"等情。据此,查此案前据该管理局抄同浙省邮务区内未挂号之民局表前来,即经前按署饬行各前道署转饬各该县知事,分谕各民局迅向邮局照章挂号等语在案。据陈前情,各该未挂号民局实属有意违延,殊有不合。除分令外,合再抄同前清《邮政民局章程》及部定《邮局寄递军队及衙署公件公电章程》暨各该县境内未挂号民局牌号、所址单各一纸,令仰该知事严谕各民局,限日径向该管邮局挂号,以符定章。如敢再行违延,即由该知事按照《邮局寄递军队及衙署公件公电章程》乙项第九条惩办,不得徇违。事后仍应将遵办详情明确具报,切切。此令。

计发抄件三纸。

中华民国五年十二月五日

省长吕公望

交通部为饬知事。兹制定《邮局寄递军队及衙署公件公电章程》,仰即通饬各邮务局遵照施行。此饬。

交通总长梁敦彦

右饬邮政总局。准此。

中华民国三年六月十九日

邮局寄递军队及衙署公件公电章程

甲、寄递军队及衙署之公文、物件、公电往来邮路范围以内之各处,由邮局经办之。其办法如左:

一、无论何项公文,或军件、或公电,交由无论何等邮局或代办寄至无论邮路范围以内之何处,必须用最速最妥之法,按照寄递。倘系递至邮路范围以内未设邮局之处,即应特雇专差。

二、倘有前项公件注明"火速"字样交局,在邮路范围以内寄递,而递到处所原无邮局或有邮局而发寄向非快班者,即应另雇完全取保之专差,按封面住址从速投递,并将妥实之收条带回。若该处原有邮局,即由该专差将寄件交由邮局迅速投递。

三、如有前项公件注明"火速"字样,交由向有快班之邮局发寄,适值业经发班者,倘系事所必要,即应特雇专差。

四、前项公件交由邮局用该项特差寄递者,其邮费对于现行衙署文件办法仍有效力,且应视所交寄件之种类,每件按重量照寄费清单之规定交纳满费,惟不收取特差之费,其装有电报之件及"火速"之件,必须按通常挂号办法办理。

说明:装有电报之件及"火速"之件,必须按通常挂号办法办理者,系谓此等寄件无论盖印与否,必须挂号,且单挂号者必须照纳单挂号费,双挂号者必须照纳双挂号费。

五、交寄前项公件,须由邮局察验包封,并无损毁之迹,方能照收。

六、邮局可将《发寄邮件时刻表》送至各衙署存查。

七、寄送邮件之邮差,无论何时行抵城门地方,官吏察验后应即放令出入,不得稽延。

八、各邮局对于前项公件所负责成仍照《邮政章程》办理。

九、遇有战事或不靖地方,交由军营通信队转递,或由营派兵保护投送,如邮差因公受伤,得特给恤费。

十、此次所拟邮局担承衙署寄件便利之办法,应由本部通知各处地方官。

十一、邮局因递送"火速"公文,所有雇用差马及加班等费,准其作正开支。

十二、以上章程,如有应行修改之处,可随时由邮政总局详请本部酌量更改,以期周妥。更改后再由本部通知各处地方官。

乙、倘使邮局于经办此项寄递有须地方官襄助者,即照前清宣统三年七月邮传部核定之《地方官保护邮政办法》办理,其办法如左:

一、凡邮政人员、房屋以及邮寄之事,应由地方官竭力保护。如有窃盗案出,该管地方官应行担任,将所有邮件或物产或款项,从速缉还,并将窃盗人犯从重惩办。

二、运寄之邮件系遵照中央政府核准《邮包经过海关厘局章程》办理,是以各处官吏总不得将邮件中途阻难搜验,或将邮差拘留,致误要公。

三、如因人力难施之事,即如邮差疾病、亡故,或遇沉船、或于铁路上遭险等类,致令邮件中途遗失、延误者,各处官吏应帮同邮政管理员设法将邮件觅回续寄,以免耽延。

四、倘遇灾变,即如水灾、饥馑、瘟疫、罢市、骚动等事,各官吏应帮同邮政管理员维持一切,俾于交通及邮局事务不致或有阻碍。

五、所有邮局之邮件、邮差,各官吏应设法俾用最快最捷之路,并公用之渡船,无论何时,俾得乘搭,以及所有邮件无论何时寄到、发出,应为特启城门,放令出入。总之,凡能设法,俾寄递邮件易于举办者,各官吏务宜尽力襄助。

六、邮政管理员每与铁路、轮船、民船、商帮、脚夫等订立合同,以便运送邮件妥速省费,并筹划最佳运寄便利之法,寻觅费廉适用之局所房屋,以及招用妥实邮政代办雇用邮差一切等事,均应由各官吏协力襄助。

七、遇有局员私用邮款、积压邮件,并关于邮票犯有违法行为等事,声明报到各该地方官,应即尽其权力,将人犯拿获,遵照邮律按情科罪,俾所吞公款得由该犯或由原保如数追还。

八、凡邮票无论伪造、洗用或违章售卖,应由官吏尽力遏阻。

九、凡邮局未经承认之各民局,应令关闭。

十、凡因邮局章程及邮政便利颁发之告示,由邮政管理员交到各官吏,应即代为悬贴。

丙、寄递军队及衙署之公件、公电,往来邮路范围以外之各处,即如黑龙江、新疆两省,蒙古及西藏之地方,如未设有邮局者,均应由地方官经手办理。惟邮局如办到,亦可竭力襄助。

大清邮政民局章程

奏准创基之条例

一、凡设有邮政局之处,应谓邮政处所。

二、凡民局开设在邮政处所,应赴邮政局挂号领处执据为凭,无须另纳规费。

三、倘该民局领有执据后不愿复行承办，应先赴邮政局呈明，将执据缴销。

四、凡有邮政局之处除挂号之民局外，所有商民人等不得擅自代寄邮政局应送之信件，违者每件罚银五十两。

五、凡民局之信件途经通商口岸、交轮船寄送者，均须由该局将信件封固装成总包，交由邮政局转寄，不得径交轮船寄送。

六、凡挂号民局将封固之总包交邮政局代寄，该邮政局应照所书写寄交他处之邮政局，转交彼处之挂号同行民局查收。

七、凡民局之总包交由邮政局转寄者，应按往来通商口岸之章完纳岸资，至其轻重大小，随后酌定，由各该邮政局就近晓谕众知。

八、凡由邮政处所与非邮政处所往来寄送信件，或系民局将信件交由邮政局转寄，抑或邮政局将信件交由民局转寄，其内地递寄之信资，应由民局照旧自定自取，与邮政局无涉。

九、凡邮政局接到别局或外海送来之零件信函，寄赴非邮政处所者，均应交付挂号之民局承寄，该民局应于寄到之时，向接收信件之人收取内地运送之资。

民间信函

一、凡民间信函，或亲身径交邮政局，或交与民局代送，均听其便。惟不得擅自交火车、轮船私寄，均须由邮政局经手。

二、凡民间信函私交火车、轮船带寄，一经觉察，可罚付邮资三倍。

三、凡未挂号民局及他项商民，擅自私行收寄、接送邮政应寄之信函为业者，一经察悉，每一封可酌量罚银五十两。

四、凡以上各条所禁为之事，非指轮船行主所发关系该船货物之信函，亦非指旅客为朋友便带书信几封，或专人投递信函，更非指大宪之摺奏、文函等件，不过专指私带邮政局应寄之邮件而言。

民局总包

一、凡在邮政处所挂号民局所收之信件,应封固总包交邮政局代寄,不得私交火车、轮船带送。

二、凡未挂号民局,不准封固总包,只可以零件交邮政局寄送。

三、凡此处挂号民局交寄之各项封固总包,只准由邮政局照外皮上所写字样,交彼处挂号民局查收。此项总包,若遇有寄交不挂号民局或他项人等时,即须按满费纳资。

浙江邮务区内未挂号之民局清单(已见本年二月二十及二十一等日"附录"门)

(原载《浙江公报》第一千七百零二号,七至一二页,训令)

浙江省长公署训令第一千六百五十五号

令警务处为开化威坪双林各警佐员缺在该处未成立
以前业由本公署遴员接充开单知照由

令警务处长夏超

案查开化县警佐杨凤来、淳安县威坪警佐陈演存、吴兴县双林警佐张赞朝等三员,均于该处未成立以前先后撤任出缺,当经本公署遴员接充,令饬赴任,并分别行知各在案。合亟开单,令仰该处长知照。此令。

计发清单一纸。

中华民国五年十二月五日

省长吕公望

附清单

计开:

新委开化县警佐杨凤来,在浦江县任内因案撤任,遗缺委本公署警务科科员黄寿山接充;

淳安县威坪警佐陈演存,在前东阳县任内因案撤任,遗缺委本公署警务科录事屈心长接充;

吴兴县双林警佐张赞朝,因病出缺,遗缺委本公署警务科录事庄美璜接充。

（原载《浙江公报》第一千七百零二号,一二至一三页,训令）

浙江督军署指令第二千二百八十六号

令暂编浙江陆军第二师司令部师长张载阳

呈一件为旅附尉官景元不守军纪令准撤差由

据呈,该旅附尉官景元,不守纪律,在外招谣,应即撤差,以示惩儆。除通令各军队机关,并咨行省长公署饬属一体勿予录用外,仰即知照。此令。十二月五日

（原载《浙江公报》第一千七百零二号,一五页,指令）

浙江督军署指令第二千二百八十七号

令暂编浙江陆军混成旅司令部旅长俞炜

呈一件为请给营垫故兵楼世良埋葬费由

呈及证书均悉。故兵楼世良埋葬费洋十五元,准予列入计算书核销,仰即知照。证书存。此令。十二月五日

（原载《浙江公报》第一千七百零二号,一五页,指令）

浙江省长公署指令第四千五百二十一号

令南田县知事

呈一件呈送调查实业报告书由

呈、件均悉。察阅调查实业报告书,尚属合式,应予存候核办,仍查照计划,切实进行,期收效益,切切。件存。此令。十二月四日

（原载《浙江公报》第一千七百零二号,一六页,指令）

浙江省长公署指令第四千五百三十三号

令平湖县知事

呈一件为胡公振等请于广陈镇虹霓堰各设茧行由

呈、图均悉。查虹霓堰距青莲寺镇新准茧行不及二十里,该知事不加审核,遽予率转,殊属不合。广陈镇距新埭水陆道路,核图尚欠详明。所请均难照准,仰即转饬知照。图二纸并发还。此令。十二月五日

（原载《浙江公报》第一千七百零三号,一四页,指令）

浙江省长公署指令第四千五百三十四号

令余杭县知事

呈一件为孙佐芳等请在东南一庄开设大经茧行附送图结由

呈、件均悉。查该商孙佐芳等请设茧行,地点距离连坝塘是否确系二十里,图说漏列中间水陆道路,无凭核办,所请应不准行。图、结发还。此令。十二月五日

（原载《浙江公报》第一千七百零三号,一四页,指令）

浙江省长公署指令第四千五百三十九号

令海宁县知事

呈一件为补送严寀熙等请设茧行地图由

呈悉。查该商等请在斜桥设行地点,与徐楷等所指地点相同,而手续完备,已在徐楷等之后。前据该县为该商等转呈到署,经指令不准在案。所请应毋庸议,仰即转饬知照。图发还。此令。十二月五日

（原载《浙江公报》第一千七百零三号,一四至一五页,指令）

浙江省长公署指令第四千五百四十一号

令海宁县知事

电一件据袁花镇商务分会为据各业董

陈请将久成茧行取消或另择地点由

电悉。查《茧行条例》并无限定土著始准请设茧行之规定,自应以遵照公布《条例》,及手续完备呈请在先者为准。该商黄亦政等手续完备,既在许震等之后,前据该县先后来呈,经指令不准转饬遵照在案。至该商等于《条例》未颁布以前,虽经迭次呈请,法律不追溯既往,于现行《条例》当然不生效力,所请毫无理由,应毋庸议。仰该知事转行该商会分别知照。原电抄发。此令。十二月五日

(原载《浙江公报》第一千七百零三号,一五页,指令)

浙江省长公署指令第四千五百四十八号

令水利委员会

呈一件据委员王济组等呈复验收该会建筑工程

等情,及检送缴件并保固单结由

呈、件均悉。该会建筑会议厅及附属工程,并购置陈设等物品,既经该员等按照令发各件逐一勘验,均属相符,检同缴件及取具保固单结呈复到署,所有溢出经费姑准并在该会经常费节存余款内支给,仍应切实造报,以凭核销,仰水利委员会遵照办理。缴件及保固单结均存。原呈抄发。此令。十二月五日

(原载《浙江公报》第一千七百零三号,一五页,指令)

浙江省长公署指令第四千五百六十号

令清理官产处

呈一件徐少川等为杭县沙地事务所违章舞弊请澈究由

据呈杭县沙地事务所违章舞弊等情,是否属实,仰清理官产处查

明核办,具复察夺。此令。图存。呈抄发。十二月五日

（原载《浙江公报》第一千七百零二号,一六页,指令）

浙江省长公署指令第四千五百六十四号

令瑞安县知事

呈一件为会衔呈复会勘平瑞两邑争界情形请示遵由

呈及图说均悉。是项山田,既据会勘明确,以划归平邑较为平允,自应准如所拟,仍循山碑旧址,以山顶南北分界,藉杜纷争。至架书早已革除,何以瑞邑复有架书名目,殊不可解。究竟该架书林皋东有无带警索诈情事,仰瑞安县知事立即查明,分别革究具报,一面分咨乐清、平阳二县,并录报财政厅查照。此令。图存。十二月四日

（原载《浙江公报》第一千七百零二号,一六页,指令）

浙江省长公署指令第四千五百七十三号

令高等检察厅长殷汝熊

呈一件呈报遂安县管狱员曾植恩撤任委施敬接充请转咨由

呈悉。候转咨司法部备案,仰即知照。此令。十二月五日

（原载《浙江公报》第一千七百零二号,一六至一七页,指令）

浙江省长公署指令第四千五百七十五号

令高等检察厅长殷汝熊

呈一件呈南田审检所呈报警备队获解盗匪罗茂夔等审讯情形由

呈悉。获犯罗茂夔、梁宏有二名,胆敢运藏军火枪械,实属不法已极,仰该厅转饬该县迅予查明案由,依法办报。哨官刘廷标于事前破获缉捕,尚属得力,既经解送该县审办,应俟审实后再行请奖,并由该厅转行知照。此令。十二月五日

（原载《浙江公报》第一千七百零二号,一七页,指令）

浙江省长公署指令第四千五百七十六号

令高等检察厅长殷汝熊

呈一件镇海县呈报罪犯陈阿子脱逃乞通饬协缉由

呈悉。仰高等检察厅严饬该县迅将狱卒苏坤、项梦浩等审明，有无贿纵情事，依法办报，仍责令勒限缉获逃犯陈阿子归案讯办。至该知事暨管狱员应得处分，并仰该厅核议，具复候夺。此令。十二月五日

（原载《浙江公报》第一千七百零二号，一七页，指令）

浙江省长公署指令第四千五百八十号

令高等检察厅长殷汝熊

呈一件萧山县呈报侦获图劫盗匪钱阿宝等讯供情形由

呈悉。此次该知事亲督长警，当场缉获图劫各盗犯钱阿宝等三名，尚见缉捕认真，殊堪嘉许。该盗犯等既俱供证确凿，应即迅行依法办报，仍速督饬营警，严缉逸盗，务获诉究，以安地方，至为切要。仰该厅转行知照。此令。十二月五日

（原载《浙江公报》第一千七百零二号，一七至一八页，指令）

浙江省长公署指令第四千五百八十一号

令高等检察厅长殷汝熊、警务处长夏超

呈一件呈复查明象山项小满等纠闹逞凶一案由

呈悉。项小满等因口角细故，辄敢纠众滋事，并致殴伤民警，实属蛮横已极。该地居民不知诉请官厅究办，率行乘机报复，亦属不法。而该地驻有警察、警备队，各官吏竟任其一再恃强，毫无办法，尤属失职。应由临海、象山两县，迅将项小满及饬两方生事各首犯，严密查缉究办，以儆凶顽。该地驻在警察官及警备队官长应即先予申

斥,仍责成将两方妥为晓谕,不使再生事端,至为切要。仰高等检察厅、警务处分别转行遵照。此令。呈抄发。十二月五日

（原载《浙江公报》第一千七百零二号,一八页,指令）

浙江省长公署批第一千零三十六号

原具禀人绍县肉业王世贵等

呈一件禀为肉捐经董任翼谋侵吞捐款

一案县署偏断再请派员讯究由

禀悉。此案已据绍兴县知事查讯呈复,任翼谋并无侵吞捐款确据,现已辞职,改委金汝楫兼办矣。着即知照,毋庸多渎。此批。十二月五日

（原载《浙江公报》第一千七百零二号,二〇页,批示）

浙江省长公署批第一千零三十八号

原具呈人徐少川等

呈一件为杭县沙地事务所违章舞弊请澈究由

据呈杭县沙地事务所违章舞弊等情,是否属实,候令行清理官产处查明核办,具复察夺。此批。十二月五日

（原载《浙江公报》第一千七百零二号,二〇页,批示）

浙江省长公署批第一千零三十九号

原具呈人寿成云

呈一件私立女子体操讲习所代表寿成云呈送简章请立案由

呈、摺均悉,准予设立。惟简章尚欠妥洽,已修正发还,仰即遵照改正,复送备案。此批。简章附发。十二月五日

（原载《浙江公报》第一千七百零二号,二〇页,批示）

浙江省长公署批第一千零四十一号

原具呈人绍县贺克明

呈一件呈受抵孙纯锡田亩宋知事不准收租请追给由

呈及黏抄均悉。该民受戤孙纯锡田亩,既经判决确定系属孙纯锡盗典,责令备价赎回,该民应得本息自应向孙纯锡索还,不能向孙纯贤取偿,察核县批,本无不合。仰仍遵照办理,毋得多渎。此批。十二月五日

(原载《浙江公报》第一千七百零二号,二〇页,批示)

浙江省长公署咨省议会

据财政厅呈为省议会议决修正浙省推收户粮
规则尚有疑义请转咨核复由

浙江省长公署为咨行事。

案查前准贵会咨送《修正浙江省推收户粮规则》过署,当经公布并令行财政厅通令各属一体遵办在案。兹据该厅呈称,“查公布《修正推收户粮规则》第一至第五条文内,均无‘推收单’字样,其第五条第二项所称‘前项推收单由财政厅颁发定式行之’等语,并无根据。惟查提出原案第五条文内本有‘一面给与推收单’一语,今公布案改为‘给与收据’四字,此项‘收据’字样是否即‘推收单’之误,抑系另有条文漏列。又,第八条第二项‘畸零分数五分以上,一律以亩计算’等语,照此类推,则凡不及五分者须一律以五分计算,惟条文未经明白规定是否依此解释。事关法案,未便悬揣。现在省议会业奉召集临时会议,将次开会,理合呈请咨行核复,俾便转令遵行”等情。据此,除指令外,相应咨行贵会,请烦核复,以便令遵。此咨

浙江省议会

浙江省长吕公望

中华民国五年十二月五日

（原载《浙江公报》第一千七百零三号，一九一六年十二月九日，三页，咨）

浙江省长公署咨省议会

据财政厅呈为据萧山等统捐局呈复捐率罚款曾经遵章揭示由

浙江省长公署为咨行事。

案查前准贵会咨送张议员若骝等提出临浦、义桥、闻堰一带统捐局不照《施行细则》条文按款揭示质问书一件，请依期查明答复等由。准此，当经令行财政厅严令各统捐局此后务须遵章办理，并查明临浦、义桥、闻堰一带捐局情形，具复核示，一面先行咨复贵会查照在案。兹据该厅呈，"据萧山统捐局长呈称，'原书所谓未揭示一节，查职局所辖义桥外江、内河、蒋家埠、浴美桥、新坝共五分局，前因捐率于三年七月起历经修改，时有变更，揭示屡易，于四年六月捐率始渐划一，局长曾于是月重经摘录揭示，以俾周知。局长现查旧贴捐率告示之各分局，如义桥内河、浴美桥、新坝等局，均系仍旧存在。惟义桥外江本系局船，驻在水上，又临浦之蒋家埠分局为该处江干之码头，此两局因揭示贴在外边，一经风雨，难免剥落，虽旧迹尚在，已不显明，现已照缮重贴。按职局于上年六月通贴捐率之时，迄今年余，现在所存各局之揭示，是否新贴旧贴，纸色墨痕，均可实地查考，无从假借。且临、义两镇绅商甚多，又非可为一时之掩饰。至于捐章法案，已由徐前局长时勉在义桥统捐局差时，用粉牌分条悬录总局前门，至今依样照挂，亦为众目共见。此职局并未违背《章程》不揭示捐率及捐章之实在情形也。原书所问罚款未经揭示一节，查局长自到萧山局差以来，查获偷漏隐匿等货，均经分别轻重处罚，除报正税外，共计罚款八百七十余元，均经一面揭示，一面报明钧厅备案。惟罚款既非每日所有之捐，而揭示亦难久远存在之件，恐议员经过职局之时，正无罚款之时，亦未可知。但每次所报罚款公文，均堪历历查核，无可隐混。此职局办理罚款并无违背《章程》之实在情形也。至《统捐施行细则》第四条第二项所载，上日捐款数目于次日揭示一节，查前曾饬各分局以上日所收捐款次日揭示局门。惟此项示条为各分局日日均有之件，纳捐者每日数十户或百余户不等，缮写不易，且各分局远近地点互有不同，自不能每天送至总局揭示，以致形式未能完备，势所难免。但既经议员质问，此后自应遵照办理。又，据闻堰统捐局呈称，查《统捐施行细则》原为标示各货应捐实数，免致畸重畸轻，凡在经征之员，自应实力遵行，无稍违异。惟职局近濒钱江塘岸，风吹雨淋，墙壁黏示税率恐易剥落，节经粘糊木板，悬挂局门屋内，免为风雨所侵，似亦保守税法之一证。至罚项则一为认罚之船户，有所征信，一为运货之各商，知所警戒，是以罚数认缴后，无论多寡，黏示局门墙壁，尚有字迹可寻。兹奉前因，除遵令照章一律揭示局门外，理合据实呈复'各等情前来。察核所陈，尚属实情。除指令照章认真办理外，理合呈复，仰祈核转"等情。据此，除指令分饬各局务须遵照定章认真办理外，相应咨复贵会，请烦查照。此咨

浙江省议会

浙江省长吕公望

中华民国五年十二月五日

（原载《浙江公报》第一千七百零三号，三至五页，咨）

浙江省长公署咨农商部

复准咨沿海省分应筹设水产试验场请将经费编入明年度预算由

浙江省长公署为咨复事。

案准大部咨开，"浙省海产丰富，渔业素称发达，似宜酌量情形，自行筹设水产试验场，并附假定预算表，即查照办理见复"等因到署。查浙省渔业素称繁盛，筹设此种试验场，为着手改良之预备，本署深表同情。惟五年度浙省地方税支出预算案业经编定交议，内有前按

署咨奉大部核准之水产品制造工厂一案,并已着手举办,无可匀拨。俟将来续办六年度预算时,再行支配列入。准咨前因,相应复请大部查照。此咨

农商总长

浙江省长吕公望

中华民国五年十二月六日

（原载《浙江公报》第一千七百零三号,五页,咨）

浙江省长公署咨农商部

抄送公布省议会议决浙江省禁止江河湖荡涨地
报买案及浙江省保护森林条例请备案由

浙江省长公署为咨行事。案查前准省议会咨送议决浙江省禁止江河湖荡涨地报买案及《浙江省保护森林条例》议决案各一件,请予公布到署。当以两案所列各条,一为慎重农田水利起见,一为振兴林业而设,与现行各律尚无抵触之处,经于十一月十日依法发交本省《公报》刊登公布各在案。相应照录前项议决案各一份,咨送大部查照备案。此咨

农商总长

计附抄件(见本年十一月十三日本报“公布”门)。

浙江省长吕公望

中华民国五年十二月六日

（原载《浙江公报》第一千七百零三号,五至六页,咨）

浙江督军署训令第五百七十四号

令陆军第二师准陆军部咨送徐振声一次恤金执照由

令暂编浙江陆军第二师师长张载阳

本月二日准陆军部咨开,“案准咨称,‘浙江陆军第二师步兵第五

团二营三等书记徐振声任职有年,积劳病故,请予照章核恤'等因到部。查该书记徐振声既系因公积劳病殁,自应按准尉阶级从优照《恤赏表》第二号给与一次恤金一百三十元,以示体恤,相应颁发一次恤亡金执照及外备查各一份,咨行查照转给可也"等因,并执照及外备查到署。准此,查此案前据该师长呈请,当经指令并转咨核恤在案。兹准前因,合将恤亡金执照发仰该师长转令按照附记五、八两款分别填注,盖章呈缴,以凭转咨注销。所有该故书记徐振声一次恤亡金洋一百三十元,由该师长照数发给,列入计算书具报核销。此令。

计发一次恤亡金执照一封。

中华民国五年十二月五日

督军吕公望

（原载《浙江公报》第一千七百零三号,七页,咨）

浙江督军署训令第五百七十五号

令陆军第一师准陆军部咨送徐凤书一次恤金执照由

令暂编浙江陆军第一师师长童保喧

本月二日准陆军部咨开,"案准咨陈,'暂编浙江陆军第一师步兵第四团机关枪连二等兵徐凤书服务积劳,染病身死,造具书表各一纸,请与核恤'等因到部。查该兵徐凤书因病身故,应准照《恤赏表》第三号二等兵阶级给与一次恤金三十五元,以示体恤,相应颁发一次恤亡金执照并外备查各一份,咨行查照饬遵可也"等因,并执照及外备查到署。准此,查此案前据该师长呈请,当经指令并转咨核恤在案。兹准前因,合将恤亡金执照发仰该师长转令按照附记五、八两款分别填注,盖章呈缴,以凭转咨注销。所有该故兵徐凤书一次恤亡金洋三十五元,由该师长照数发给,列入计算书具报核销。此令。

计发一次恤亡金执照一封。

中华民国五年十二月五日

督军吕公望

（原载《浙江公报》第一千七百零三号，七至八页，训令）

浙江督军公署训令第五七九号
浙江省长公署训令第一六五七号

令各属保护丹商峨尔生赴浙游历由

令特派交涉员、温州交涉员、宁波交涉员、警务处处长、各县知事、暂编第一师师长、暂编第二师师长、混成旅旅长、嘉湖镇守使、宁台镇守使

本年十一月二十九日准江苏省公署咨开，"案据特派江苏交涉员杨晟呈称，'顷准丹国总领事函，以商人峨尔生赴江苏、江西、浙江、安徽、湖北游历，缮给护照请盖印前来。除将护照印发外，理合呈请省长察照，转饬各属，俟该丹商到境呈验护照时，照约保护'等情。据此，除训令各属保护并分咨外，相应咨请贵省长查照，希即转行各属照约一体保护"等由。准此，除分令外，合行令仰该　　即便转令所属一体照约保护，并将该丹人出境入境日期具报备查。此令。（刊登《公报》，不另行文）

中华民国五年十二月五日

督军兼署省长吕公望

（原载《浙江公报》第一千七百零三号，九页，训令）

浙江督军公署训令第五八〇号
浙江省长公署训令第一六五六号

令各属保护德人祈渊赴浙游历由

令特派交涉员、温州交涉员、宁波交涉员、警务处处长、各县

知事、暂编第一师师长、暂编第二师师长、混成旅旅长、嘉湖镇守使、宁台镇守使

本年十一月二十八日准广东省长公署咨开，"现接德国驻广州领事官函开，'本国礼和洋行商人祈渊拟赴广东、广西、湖南、湖北、福建、浙江、江苏、安徽、江西、山东、河南、四川、贵州等省游历，备具护照一纸，请盖印送回给执'等由前来。查洋人游历内地，经过地方自应照约保护，惟不得夹带军火、测绘地图，应于保护之中随时密为防范。除将来照加印送给收执函复该领转饬，探明如有贼匪未靖地方勿得前往，并分别咨令查照外，相应咨会贵省长希为查照饬属一体按约保护为荷"等由。准此，除分令外，合行令仰该　　即便转令所属一体照约保护，并将该德人出境入境日期具报备查。此令。（刊登《公报》，不另行文）

中华民国五年十二月五日

督军兼署省长吕公望

（原载《浙江公报》第一千七百零三号，八页，训令）

浙江督军公署训令第五八一号
浙江省长公署训令第一六五八号

令各属保护日人高木信行赴浙游历由

令特派交涉员、宁波交涉员、温州交涉员、警务处处长、各县知事、暂编第一师师长、暂编第二师师长、混成旅旅长、嘉湖镇守使、宁台镇守使

本年十一月二十九日准江苏省公署咨开，"案据金陵关监督兼江宁交涉员冯国勋呈称，'十一月十四日准驻宁日领事高尾亨函开，据敝国人高木信行禀称，由南京前赴江苏、安徽、山东、浙江等省游历，并执照一张请盖印发还，以便转给等因。除已将执照一张盖印发还日领，并属转告该日人游历到境时，先将执照呈验，询明内地情形，再

行前往外,理合具文呈请省长饬登省《公报》,行知地方官,俟该日人游历到境时,妥为保护,实为公便'等情。据此,除训令各属保护,并分咨外,相应咨请贵省长查照,希即转行各属照约一体保护"等由。准此,除分令外,合行令仰该　　即便转令所属一体照约保护,并将该日人在境行为及出境入境日期具报备查。此令。(刊登《公报》,不另行文)

督军兼署省长吕公望
中华民国五年十二月五日

(原载《浙江公报》第一千七百零三号,九至一〇页,训令)

浙江省长公署训令第一千六百六十号

令各模范缫丝厂厂长筹备结束事宜于本年
十二月底一律完竣由

令第一、二、三、四、五模范缫丝厂

本公署前以各模范缫丝厂办理已及两年,成效未能大著,经拟具改组模范缫丝厂为改良缫丝传习所并附设缫丝实习工场议案,咨交省议会付议,议决改为"招商承办",复经详具理由咨交复议。现在省议会临时会开会在即,本案复议结果一经咨行到署,即须照案执行,自应将结束事宜先事筹备,俾免周章。所有五厂存茧屑物,应即截至本年十二月底止,一律赶速付缫,整理完竣,缫成丝经及屑物等即汇总扫数解署。至丝车及日用一切器具等件,务应加以保管,随时整理,不得稍有损坏缺少,俾改组时按册点收,免干惩处。除分令外,合行令仰该厂长,即便懔遵办理,毋稍违误,切切。此令。

中华民国五年十二月五日
省长吕公望

(原载《浙江公报》第一千七百零二号,一三页,训令)

浙江省长公署训令第一千六百七十一号

令委徐晋麒为省立第五中学校长由

令徐晋麒

案查省立第五中学校校长朱宗吕现已病故,兹查有该员堪以委充该校校长,合行填发委任状,令仰该员遵即克日驰往接办,并将该员履历连同接任日期备文具报备案。此令。

计发委任状一通。

中华民国五年十二月五日

省长吕公望

（原载《浙江公报》第一千七百零三号,一〇页,训令）

浙江省长公署训令第一千六百七十七号

令各县知事准安徽筹赈公所函皖省水灾吴绅慨捐巨款
专呈请奖奉令照准乞赐提倡由

令各县知事

本年十一月二十五日准安徽筹赈公所函开,"皖省本年水灾奇重,哀鸿遍地,仰赈为生。兹有皖绅吴熙恩乐善好施,独捐赈款银二万元,慷慨热忱,令人倾佩。本公所业于十月二十九日代为专呈请奖,旋于十月三十一日奉大总统令:'吴熙恩给予二等大绶嘉禾章。此令',并已请准加给匾额。吴君之德固在生民,吴君之名益彰中外矣。倘有闻风兴起,善与人同,独力捐助至数千元以上者,本公所亦必呈请政府从优奖给勋章,藉扬仁谊。夫救灾恤难,固仁者之所向;而褒德旌善,亦盛世之所崇。用特函恳台端惠赐提倡,并请分饬各属,如有因救助皖灾慨捐巨款者,即希函知本公所,当照上开办法,随时办理"等因,并附原呈一件。准此,合行抄件行知,仰各该知事一体知照,此后如有慨捐皖赈巨款各士绅,应即开具姓名、籍贯、履历暨其

捐款数目,并由何处于何月日汇寄各项,呈候本公署核转办理可也。此令。(刊登《公报》,不另行文)

计抄件。

中华民国五年十二月六日

省长吕公望

附原呈

呈为皖绅慨捐赈款数逾巨万,恳请特予优奖,以昭激劝,恭呈仰祈钧鉴事。

窃查本年六月间安徽省滨淮各县阴雨兼旬,山洪暴发,河堤漫溢,秋禾尽淹,曾蒙大总统捐洋一万圆,饬部拨款四万圆,汇交该省赶办急赈,并派朝宗督办安徽筹赈事宜,仰见轸念民艰,莫名钦感。惟查灾区十余县之多,人民数百万之众,哀鸿遍野,待哺嗷嗷,非广募捐赀,不足以资补救。兹有旅京皖绅吴熙恩见义勇为,慨捐赈款银二万圆,用备急赈之需。查《义赈奖劝章程》第一条第一项内载,凡捐义赈款银一千以上者,依《褒扬条例》第一条规定呈请大总统褒扬之;又,第二条第一项,千圆未满五百元以上者,给一等奖章各等语。今吴熙恩慨捐巨款,核与《褒扬条例》数逾二十倍有奇,洵属急公好义,嘉惠灾民,合无仰恳鸿施①,准将皖绅吴熙恩特予优奖,以昭激劝而资观感,伏乞鉴核施行。谨呈。

十月三十一日奉大总统令:"吴熙恩给予二等大绶嘉禾章。此令。"

(原载《浙江公报》第一千七百零三号,一九一六年十二月十日,一〇至一一页,训令)

---

① 合无,底本如此,疑为"合先"或"合应"之误。

浙江省长公署训令第一千六百七十九号

令矿务技术员准部咨送新定调查矿业
常期报告节目令即遵办由

令矿务技术员

案准农商部咨开，"查自矿务监督署裁撤后，所有职掌改由贵省办理。本部为慎重矿政、督励民业起见，因有技术员之设置，就真才而遴委，原期应用专门之知识，以为矿商之指导，并随时查报各矿之情形，以备官厅之稽核。至于审查矿图，俾资准驳，仅属例行公事之一，非可诿为职务自此毕也。今当矿业幼稚，风气未开，各该技术员虽学有根柢，或恐经验未宏，若仅执学说以规旧业，势不能绳矿商以必从，所最宜黾勉从公者，尤在调查一端。本部叠次规定《调查规程》，即本此意。不徒本部得周知矿业情形，俾资整顿，且欲使各该员洞悉各矿实际，藉增阅历。比年以来，各该员对于特别报告类多详尽，成绩可观，不乏其人。惟于常期报告，迄尚未能尽善，或仅填表塞责，甚乃托故延期。职务所关，岂容玩忽。兹将常期报告中应有节目，详为规定，另纸黏送贵省长，酌量各道矿业烦简，派遣调查，一年两次，作为定例，仍限于各技术员，应行报部，六月以前为派遣调查之期，调查竣事后，应即转饬依限遵照此次新定节目具报，非有不得已事故，不得延期。其有调查事实，须经其他官署协助者，亦应由贵省长先事妥为接洽。各该技术员应各本其所学，用宏造诣，矿业前途，良多利赖。相应咨请查照饬遵"等因，并附件到署。准此，合行黏抄附件，令仰该技术员即便遵照办理。此令。

中华民国五年十二月六日

省长吕公望

（原载《浙江公报》第一千七百零四号，一九一六年十二月十日，一〇至一一页，训令）

浙江省长公署训令第一千六百八十二号

令各中等学校准教育部咨查未经购领
枪械各校应需枪枝数目由

令各中等学校

案准教育部咨开，"前经本部咨达陆军部，以'本部所辖各学校自高等小学以上，均有兵式体操。此项体操自以持枪为必要，在高小学生年龄较幼，尚可仿制木枪使用，中学以上年龄渐长，体力发达，非有真枪，无以副兵式教练之名实。且习操以外，尤须启视机括，使明制造施放之理，乃能完足兵操之作用。此中学以上各校必需操枪之实在情形也。然此项军用真枪若悉由学校备价购置，财力实有难副，拟请咨明各省军务长官，凡有军用已废之枪，准由中学以上各学校呈请该管地方长官具文承领。如此则废枪可以利用，而兵操不致徒袭虚名，似乎两有裨益。如荷赞同，即请通咨办理，一面再由本部咨行各省省长转饬各学校一律遵行'等因去后。兹准陆军部复称，'查中学以上各校各需废枪，应先将确实数目呈明贵部核转本部酌准，再行分行各省商酌有无，分别提发，此时未便先行通咨。相应咨复，即希照办理'等因到部。查各省中等以上学校除已自行购置或经领有操枪者，自无庸再需请领外，其未经购领之各校，计需操枪各若干，亟应先将确实数目查明咨报，以凭转咨陆军部酌办。除分咨外，相应咨请查照办理"等因。准此，除分令外，合就令仰该校遵照，即将所需枪枝确数，克日呈报。如已领者，亦应将原领数目查明呈复，以凭分别核咨，毋延。此令。

中华民国五年十二月六日

省长吕公望

（原载《浙江公报》第一千七百零三号，一二页，训令）

浙江省长公署训令第一千六百八十三号

令各中等学校据椒江商校呈请将斥退生
许聘棠等转令各校不得收录由

令各中等学校

案据台属县立椒江甲种商业校校长周文敬呈称，"本科一年级学生林开仁、陈定夏，在教室犯规，不服训诲，擅行退课。又同班生许聘棠、吴瑞莘，未经请假不上课。校长即传集婉言训导，冀其自新，一面即将四人牌示记过，以儆效尤。该生怙过不悛，反出言狂背，毁碎示牌，校长只得将四人照章斥退。不料该革生目无法纪，犹复恃蛮捣毁寝室玻璃窗，大肆咆哮，几有挺走寻仇之势。伏思该革生等如此行为，校长亦难辞约束未严之咎，而似此鸷悍成性、桀骜不驯，既不能以法拘，又何能以理谕？ 自暴自弃，诚学校之败类，青年之蟊贼也。特恐该革生等转入他校，谬种流传，贻害非浅，为此据情抄单，呈请通令各中等学校，不得收录，免滋流害"等情。查《学校管理规程》第八条，学生有因犯校规退学者，非实已悛改，有正确之保证，不得再入他校。据呈前情，自应准予通令，合行抄单令发该校，仰即遵照。此令。（刊登《公报》，不另行文）

计抄发清单一纸。

中华民国五年十二月六日

省长吕公望

许聘棠，字仲霖，年十八岁，温岭许家渭人。

林开仁，字见田，年十八岁，温岭萧村人。

吴瑞莘，字郁梅，年二十一岁，温岭萧村人。

陈定夏，字敏伯，年十九岁，温岭叶家庄人。

（原载《浙江公报》第一千七百零三号，一二至一三页，训令）

浙江省长公署指令第　　号

令宣平县知事

呈一件呈土匪远扬未尽拿获查封房屋

应如何办理请示由

呈悉。匪犯龚老七、吴蓝富等二名，应即遵照前令，依限复审，备具供、判呈核。续获匪党梁泉达、梁启祥二名，一并迅予讯实办报。其在逃未获巨匪黄桂芬、林云鹤、谢章根、梁绍棠父子等，仍着迅会营警严拿办报，毋稍延纵。查封房屋，应查照《刑律》四十八条分别拟办，仰即遵照并候督军署令示。此令。十二月五日

（原载《浙江公报》第一千七百零三号，一四页，指令）

浙江省长公署指令第四千五百八十二号

令吴兴县知事

呈一件呈报屠长宝被屠张氏等戳伤毙命相验情形由

呈及格结均悉。仰即迅行传集尸亲、人证，并提同押犯讯明致毙确情，依法诉究具报。此令。格结存。十二月五日

（原载《浙江公报》第一千七百零三号，一五至一六页，指令）

浙江省长公署指令第四千五百八十三号

令吴兴县知事

呈一件呈报沈金福等三家被盗抢劫勘验情形由

呈及图、单、表均悉。盗匪连劫三家，案情重大，仰即迅行会督营警严密侦缉，务将案内正盗真赃悉获，诉究具报，一面并先查明盗匪姓名、年貌、籍贯呈候通缉。此令。图、单、表均存。十二月五日

（原载《浙江公报》第一千七百零三号，一六页，指令）

浙江省长公署指令第四千五百八十八号

令第七师范学校

　　　呈一件呈遵办学校园并报告办理情形由

据呈办理情形及《规则》各件,尚属详妥,准予备案。件存。此令。十二月六日

附原呈

呈为遵办学校园并报告办理情形事。

案奉前民政长屈准部咨,"通饬各学校附设学校园,为学生课余从事种植之地,准就校址附近酌量承领官荒山地,以资设备,俾学生随时实习、运动之方,增进实利之精神,普及林业通常之知识"等因分饬到校。奉此,窃以敝校地址在城,四周皆以民居,无附近官荒山地可以承领,而此次学校园设备又属必要,未可置为缓图,爰就本校毗连附属小学西北边余基暂行敷设。惟此处基地形势不平,荒废已久,因为之修筑垣墙,芟夷榛棘,锄除瓦砾,建设茅亭,掘甃水池,量地势之纵横而划栽植之区段,规模略已粗具,购办各种花草果木及农产物分行栽种。又,由博物教员课余督率学生分赴四近山野采取各项有关于科学之花草,分区布种,以资实习而供研究。除订定《学校园规则》颁令学生遵守办理外,所有创办学校园大略情形,合即绘图附说,并缮具植物名称及科属表以及《学校园规则》联同黏送,备文呈请察核,备案施行。谨呈。

学校园规则

第一条　栽培区域,分园地为三区十段如左:

一、共同栽培区　中分观赏植物栽培地、野生植物栽培地两段;

二、学级栽培区　中分第一组栽培地、第二组栽培地、第三组

栽培地、第四组栽培地、第五组栽培地;

三、农业实习区　中分作物试作地、作物栽培地、果树栽培地三段。

第二条　栽培人,分栽培人为四项如左:

一、学校园主任一人,以教职员充之;

二、学生五组计二百人,以预科生为第一组,本科一年级生为第二组,本科二年级生为第三组,本科三年级生为第四组,本科四年级生为第五组,每组设组长一人,即以班长充之;

三、值日生二十人,每日每组轮派四人充之;

四、园役一人,另雇农夫充之。

第三条　栽培人之职务:

一、学校园主任,掌理园内一切事务;

二、各组生,分任各本组栽培地整地、播种、除草、中耕、灌溉、施肥、驱害、收获等事;

三、值日生,轮任共同栽培区、农业实习区整地、选种、播种、中耕、除草、灌溉、施肥、驱害、收获等事;

四、园役,担任学生时有不逮力不能胜之一切杂务。

第四条　任务时间,值日生以每日下午四时至五时为任务时间;各组生之任务时间,由各组自定之。

第五条　园内栽培之植物,以下列三项为标准:

一、可供学术上研究之资料者;

二、可供玩赏能起发人之美感者;

三、品种佳良之农产物。

第六条　学生有广求佳种为学校园增进物类之义务,园内如有良产物,亦可酌赠各采种人,以资交换。

第七条　每班学生毕业,须于园内植树,以留纪念。在校学生有保护纪念物之责。

第八条　蔬果谷实须遵章处理，无论已熟、未熟，不得擅自采取。

第九条　园内花卉不得攀折或采制标本。

第十条　园内物产、器具宜互相爱护，不得损毁。

第十一条　学校园主任暨学生须各备日记一册，详记气候、土质与栽培经过实况，以供参考而资改良。

附则　本规则如有增删，另行揭示。

区别	地　段	植 物 名 称 及 科 属
共同栽培区栽	观赏植物栽培地	菊科五种：①波斯菊、金盏花、万寿菊、百日红菊； 茜草科三种：虎刺、水栀子、满天星； 旋花科二种：茑萝、牵牛花； 秋海棠科一种：秋海棠； 锦葵科五种：黄蜀葵、锦葵、蜀葵、水芙蓉、木槿； 凤仙花科一种：凤仙花； 豆科三种：含羞草、紫荆、紫藤； 毛茛科二种：芍药、牡丹； 石竹科三种：剪春罗、剪夏罗、洛阳花； 紫茉莉科一种：紫茉莉； 苋科三种：鸡冠、雁来红、千日红； 蓼科一种：荭草； 兰科二种：春兰、绥草； 昙华科一种：美人蕉； 芭蕉科一种：芭蕉； 鸢尾科二种：蝴蝶花、鸢尾； 百合科三种：玉簪、吉祥草、麦门冬； 蔷薇科五种：棠棣、蔷薇、木香花、月季花、玫瑰； 夹竹桃科一种：夹竹桃； 石南科二种：红杜鹃、白杜鹃； 千屈菜科一种：紫薇； 瑞香科一种：芫花； 金丝桃科一种：金丝桃； 梧桐科一种：梧桐； 楝科一种：香椿； 木犀科二种：连翘、迎春花； 杨柳科一种：柳。

---

①　五种，底本列出仅四种。

区别	地段	植物名称及科属
共同栽培区栽	野生植物栽培地	菊科八种：鳢肠、蒲公英、豨莶、马兰、蓍草、飞廉、名精、菜耳； 茜草科二种：蓬子、栀子； 车前科一种：车前； 爵床科一种：爵床； 马鞭草科二种：蔓荆、马鞭草； 紫草科一种：附地菜； 伞形科三种：窃衣、野胡萝卜、石胡荽； 葡萄科一种：乌蔹莓； 大戟科三种：泽漆、蓖麻、叶下珠； 酢浆草科一种：酢浆草； 蔷薇科五种：蛇莓、龙牙草、翻白草、委陵菜、地榆； 茅膏菜科一种：茅膏菜； 十字科二种：荠、蔊菜； 鸭跖草科一种：鸭跖草； 天南星科二种：半夏、蒟蒻； 莎草科一种：莎草； 桑科一种：葎草； 三白草科一种：蕺菜； 百合科二种：天门冬、山慈姑； 桔梗科一种：荠苨； 毛茛科二种：毛茛、回回蒜； 石竹科二种：繁缕、卷耳； 马齿苋科一种：马齿苋； 苋科二种：青葙、牛膝； 蓼科六种：刺犁头、萹蓄、羊蹄、香蓼、酸模、马蓼； 薇科一种：薇； 唇形科三种：续断、益母草、夏枯草； 玄参科一种：通泉草； 茄科二种：枸杞子、龙珠； 禾本科六种：狗尾草、结缕草、燕麦、川谷、䒷草、画眉草； 水龙骨科一种：瓦苇； 藓类一种：土马骔； 苔类一种：地钱； 卷柏科二种：翠云草、卷柏； 木贼科一种：节节草； 槐叶草科二种：槐叶草、满江红； 忍冬科一种：忍冬； 夹竹桃科一种：络石；

续　表

区别	地　段	植　物　名　称　及　科　属
共同栽培区栽	野生植物栽培地	石南科一种：羊踯躅； 冬青科一种：冬青； 芸香科一种：竹叶椒； 樟科一种：樟； 榆科一种：榔榆； 壳斗科二种：槲、栎； 一位科一种：榧①； 松杉科二种：赤松、桧； 柏楝科一种：楝。
学级栽培区	第一组栽培地	谷菽类一种：小麦；蔬菜类一种：萝卜。
	第二组栽培地	谷菽类一种：小麦；蔬菜类二种：白萹豆、萝卜。
	第三组栽培地	谷菽类一种：大麦；蔬菜类二种：菘、萝卜。
	第四组栽培地	谷菽类一种：小麦；蔬菜类二种：萝卜、芥菜。
	第五组栽培地	工艺作物类一种：草棉；蔬菜类二种：萝卜、菘； 谷菽类一种：小麦。
农业	作物栽培地	工艺作物类五种：草绵、苎麻、结香（一名三桠）、罂子、桐桑； 蔬菜类三种：甘藷、萝卜、芥菜；谷菽类二种：大麦、小麦。
实习区	果树栽培地	果树类十二种：李、梨、枇杷、樱桃、海棠、桃、杏、石榴、葡萄、枣、杨梅、栗。
	作物试作地	小麦。
备　考		一、表内植物以园地自生及现在所栽培者为限； 一、表内计观赏植物五十五种，野生植物八十八种，农产物二十四种，三共一百六十七种。

图说

一　地址及面积

说明：园地在本校附属小学之西北边，全园作曲尺形，地势

---

①　一位科，底本如此。榧，应属红豆杉科。

稍向南倾斜,其东首与本校校舍相毗连,计面积五亩五分。

二 划区

说明:除园东北首之网球场外,分园地为三区十段:一为共同栽培区,分野生植物栽培地、观赏植物栽培地二段;二为学级栽培区,分为第一组栽培地、第二组栽培地、第三组栽培地、第四组栽培地、第五组栽培地五段;三农业实习区,分为作物试作地、作物栽培地、树果栽培地三段。

三 设备

说明:园之西北毗连民地,除有土垣概加修葺外,于园东首新建园门一所,并于园内铺路数条,以利出入。分区处植以木杆铅线及竹篱观赏植物,栽培地内砌花坛数处,以便栽培而资赏玩。园北原有石堆瓦砾,时行散落,因稍加修砌,且建六角式茅亭于其上,为学生课暇登临远眺之地,藉为起发美感、陶冶心神之助。第园地既高,向无池井,而栽培农作物务须贮肥,故又在园西挖鳖水池、肥池各一口,以资培灌。

(原载《浙江公报》第一千七百零三号,一六至二一页,指令)

浙江省长公署指令第四千五百九十六号

令昌化县知事

呈一件呈筹拟劝学所经费及所址并请委任所长由

呈、摺均悉,应准照办。惟经费年仅一百六十元,不敷办公之用,应再添筹续报,仰即遵照,并将发去任命状,仍俟《施行细则》颁到后,再行成立,转发给领。摺存。此令。十二月六日

计发任命状一纸。

(原载《浙江公报》第一千七百零三号,二一页,指令)

浙江省长公署指令第四千六百号

令绍兴县知事

呈一件为转呈教育会联合会办法应否通令仿行请察核由

据呈已悉。各教育会自应互相连络，以收集思广益之效。惟此项联合会办法及赴会人数，应由联合各会自行酌议办理，毋庸由官厅通令遵行，仰即转行知照。此令。十二月六日

附原呈

为呈请事。

案据西北区学务委员孙家骥呈称，"委员于本年署假期内代表本区第一联合乡教育会躬赴省垣，与全浙教育会联合会见各县到会代表所提出之建议案各不相同，即同是一问题，亦有此主甲而彼主乙，意见分歧，不谋何合，一经在场公决，则主张一致矣。查《教育会规程》，省教育会、县教育会、城镇乡教育会得互相连络，不相统辖，连络之法莫善于联合会。全浙一省也，全绍一县也。全浙教育会联合会既创办于前，全绍教育会联合会不妨继起于后。且嗣后城镇乡教育会逐渐增多，既云不相统辖，自无省、县、城、镇、乡之阶级，县教育会可与全省联合会，各城、镇、乡教育会何常不可与全省联合会，是则全省联合会且将不胜其招待矣。委员因是乃提出全县教育会联合会问题，备文呈请鉴核。就绍兴现在论，教育会之成立者已有十处，曰县教育会、曰城教育会、曰禹门乡教育会、曰西北区第一联合乡教育会、曰西北区第二联合乡教育会、曰南区第一联合乡教育会、曰南区第二联合乡教育会、曰德政乡教育会、曰啸喈乡教育会、曰北区镇乡联合教育会，若此十会，会自为谋，各行各策，教育何能统一？一县尚且不能统一，况一省。此为主张全绍教育会联合会之理由。

既具理由,复拟办法。每会派二人到会,会场假试衙县教育会,每年集合一次,以每年第一学期行之。日期随定,惟以星期为限。查全浙联合会举行于暑假,全绍行之于第一学期,以便将全浙会议议决案发布全绍也。一县统一矣,进而求一省之统一。代表与全省联合会是为必要之举,委员以为,与全省联合会之人数可视全县教育会之数目而定。吾绍现设十会,可公推四人为代表,不必会会派人,一为赴会之旅费计,一为开会之会场计也。如蒙采择施行,请通饬全县各教育会遵办,于绍县教育前途不无禅益。能将是项办法呈请省长通饬所属各县仿行,则利溥于全浙矣"等情到署。据此,知事查该委员所拟教育会联合会办法以及派员赴会人数,尚无不合。除通行县属城乡各教育会遵办外,应否将是项办法通令各县教育会仿行之处,理合具文呈请,仰祈省长察核施行,并乞指令祗遵,实为公便。谨呈。

（原载《浙江公报》第一千七百零三号,二一至二二页,指令）

浙江省长公署指令第四千六百零一号

令海宁县知事

呈一件请核奖成绩优异各小学职教员由

呈、表均悉。仰候汇核办理。表存。此令。十二月六日

（原载《浙江公报》第一千七百零三号,二二页,指令）

浙江省长公署批第一千零四十三号

原具呈人分水王得利

呈一件呈程阳春等侵占荒山诉县不理请饬县履勘鞠讯由

呈悉。案关民事,该氏不服该县审检所批示,应自向上级厅抗告,勿得越渎。此批。十二月六日

（原载《浙江公报》第一千七百零三号,二三页,批示）

浙江省长公署批第一千零四十四号[①]

原具呈人德清施进生等

呈一件呈控专审员裁判不公司法侦探王荣顺

藉势殃民请饬厅讯办由

呈、结均悉。案经审检所判决,该民等果有不服理由,应自向上级厅依法上诉,越渎不准。此批。切结附。十二月六日

（原载《浙江公报》第一千七百零三号,二三页,批示）

吕省长上大总统国务院内务部电

北京大总统、国务院、内务部钧鉴:各级自治,全国人民日望恢复,文电交驰,已经数月。顷闻政府意旨,恐各级同时回复,非地方财力所及,拟订新章提交国会议决颁布,再依新法组织。公望以为各县之城镇乡,虽财力多形薄弱,向以一县财力先办一县议会,尚无困难。浙省人民盼望尤切,目下各县议会多拟自行召集,过加干涉,恐灰人民望治之心;任其自然,亦非政治划一之道。且上月省议会常会议决案件多与县议会有关,若县议会延不成立,即议决案多不能实行。故就浙江目前以论,县自治实有万难再缓之势。若待新章通过颁布施行后,则国会正议宪法,此时岂能复顾他案? 好在地方制度县一级竟无变更,暂时适用旧章,亦无流弊。选据省议会及各县人民陈请,情词迫切,未便壅不上闻。拟先将县自治召集,暂照旧章办理,一俟新章颁布,即行遵照改组,似无窒碍。应请俯赐采纳,电复施行。浙江省长吕公望。印。

（原载《浙江公报》第一千七百零三号,二四页,电）

---

① 底本"第"与"一千"之间误衍"百"字,径删。

浙江督军署咨陆军部

为军需毕业生叶春芳等十名于本月六日来署报到由

浙江督军署为咨行事。

本月二日准贵部咨,"为军需毕业生叶春芳等十名分发到浙见习,并将该生投到日期咨复备案"等因。该见习生等均于本月六日来署报到,除分发各师旅见习外,相应咨行贵部,请烦查照。

此咨

陆军总长

浙江督军吕公望

中华民国五年十二月七日

附原咨

陆军部为咨行事。

据陆军军需学校校长张叙忠呈称,"第二期学生肄业期满,学课完全,现已照章举行毕业试验,学术成绩均属合格,业经由部呈请大总统发给毕业证书在案。拟请援照职校条例内载学生毕业后分发各师见习及分配各省任用之规定,将该生等分发各省军队见习,以资历练"等情。查该校第二期学生既经毕业试验合格,自应按照定章分发各处军队试充军职,以资见习,俟三个月期满,再行分别任用。兹经本部酌定,应分发贵省见习学生叶春芳等十名,除另给见习凭照交由该生等持赴投到外,相应开单咨行贵督军查照办理,并希将该生等报到日期咨部备查可也。此咨。

(原载《浙江公报》第一千七百零四号,一九一六年十二月十日,四页,咨)

浙江省长公署咨省议会

准财政部咨复废止官中牙帖章程未便准行由

浙江省长公署为咨行事。

案查前准贵会以《官中牙帖章程》业经议决,咨请查照施行等由过署,即经咨请财政部核复,一面先行咨明贵会查照在案。兹准财政部咨开,"查官中之设,原系由部通饬各省遵办。前据江苏财政厅呈报,此项收入颇巨,且自《章程》颁布以后,契纸由官中领售,销数既旺,契税即可因之起色,似此情形,若将该省官中遽予取消,恐各省纷纷援以为例,不特官中失去巨宗入款,即稽查契税办法舍此亦无以资整顿。事关通案,所请将官中废止之处,未便准行。至办理此项官中果有未尽得法之处,应请随时饬厅严密稽查,认真整顿,以杜流弊"等由。准此,除饬厅严密稽查认真整顿外,相应咨行贵会,请烦查照。此咨
浙江省议会

浙江省长吕公望

中华民国五年十二月六日

（原载《浙江公报》第一千七百零四号,四至五页,咨）

浙江省长公署咨省议会

据财政厅呈为补送预算岁入款项请转咨省议会由

浙江省长公署为咨行事。

本年十二月四日据财政厅呈称,"窃照五年度省地方岁入岁出预算业经编就书册,呈请咨交省议会在案。兹查旧有各卫所屯粮一项,当编制二年度预算时,因系国有财产,应如何缴价,如何改编租税,尚未经国会议决公布,是以将应征银元全数列归国家岁入,迨三四两年度国地两税名目取消,均系合并编列。现在屯田办理缴价已具有端倪,凡缴价后属为民有之产多已次第呈报升科,视同大粮纳税。故本

届预算于国家岁入册内将屯粮一项按照应征银数一五核计银元,所有应归省地方岁入之附加税,自当比照地丁附税,以每两三角计算。惟原编预算册内漏未列入,兹特补编预算一纸,陈请转咨省议会于岁入经常门第一款第二项以下增列一项,其原列第三项改为第四项,以重收入。至是项附加税项下之征收经费,亦系依据《地丁附税办法》,按照应征银元带收百分之九,尽收尽支,并请由会代为核明于附税征费册内分别增列,以昭翔实。理合呈请核转"等情。据此,本署复核无异,相应咨送贵会,请烦查核施行。此咨

浙江省议会

计咨送预算一纸。

浙江省长吕公望

中华民国五年十二月六日

（原载《浙江公报》第一千七百零四号,五至六页,咨）

浙江省长公署咨省议会

为派清理官产处政务委员出席由

浙江省长公署为咨行事。案据清理浙江官产处呈称,"本年十二月一日准财政厅咨,'奉钧署训令,以议案交省议会开议时,应有政务委员出席说明提案理由,并答复议员询问。兹查省议会开临时会之期转瞬即届,令厅遴委妥员开单呈报'等因转咨到处。准此,遵经处长、会办就本处各职员逐加遴选,查有本处科长张鸿、科员余德升堪以派充出席省议会政务委员,相应呈请省长鉴核转咨省议会查照"等情。据此,相应咨请贵议会察照。此咨

省议会

浙江省长吕公望

中华民国五年十二月七日

（原载《浙江公报》第一千七百零四号,六页,咨）

浙江督军署公函 五年军字第十四号

函江苏交涉员准电为侨商邹辉清
请给凭证在沪购办军械由

径启者。案准贵公署东电内开，"据侨商邹辉清来署面称，'前因赴温州等处调查及筹办各种实业，携有防身手枪三枝、猎枪二枝、快枪二枝，奉贵公署核准颁给护照，又于本年三月间届前使给照各在案。迄因由荷属运资返国开办，荷政府以欧战剧烈，不准携带出境，但此项防身器具均为需用要品，拟在沪照此另行购办，嘱即转商核准'等情，特转达请核给凭证，如须由陆军部主持，即乞急电商请部允，并盼先电示复"等因。该侨商拟请在沪购办军械，应由贵公署转请江苏督军核办。至以后该侨商携械来浙，需用护照，再由本署填给。兹准前因，相应函复贵公署，即希查照。此致
江苏交涉员

中华民国五年十二月六日

（原载《浙江公报》第一千七百零四号，七页，公函）

浙江督军署训令第五百八十八号

令嘉湖镇守使署为该署收发员成圣璋
胞兄成维卿南京阵亡请抚恤由

令嘉湖镇守使王桂林

本年十二月四日承准副总统兼领江苏督军咨开，案据嘉湖镇守使署收发员成圣璋禀称，"窃胞兄维卿于民国二年补充陆军第八师步兵二十九团机关枪连中士。是年南京之役，阵亡紫金山，尸身莫获。于本年十月十四日禀请抚恤，十月二十四日奉十月二十日钧署第四十号批：'据禀已悉。该员胞兄成维卿为国捐躯一节，本署无案可稽，碍难核办。此批'等因。奉此，伏思胞兄维卿以身许国，死亡

本属常事,亦国民应尽之义务,自不应一再渎请抚恤。惟念胞兄维卿当阵亡之际,人马纷驰,未及收殓,迨后战事告终,袁政府淫威益肆毒施,不敢往前寻觅,致尸身迄无着落,凄惨情状,较各阵亡者更加一等。兼之上有父母,下乏子嗣,胞兄维卿对于国家以身许之,以身殉之,爱国二字可谓完全,无一缺点。但家贫亲老,全赖膝前有儿,以终余年。胞兄阵亡沙场,既不克生养死葬,复加以斩宗绝嗣,不孝之罪,百喙难辞。然其所以然者,非胞兄自罹死亡,舍身救国,致负此极恶罪名。身既云亡,尸骸莫获,衰亲悲泣,了无间日,胞兄灵魂尚在,想亦有不忍者矣。前次禀请抚恤,非有所奢望也,无非求督军藉抚恤之名,作周济之惠,稍慰忠魂,以励来者。奉批以'无案可稽,碍难核办'。果如是,胞兄之为国捐躯,死有遗恨矣;衰亲之悲泣痛哭,了无休息矣;胞兄之负不孝罪名,终成千古矣。惟查前陆军第八师各旅团营连系属正式军队,非乌合号召而成者可比,应呈册籍,想钧署必有存档,或者胞兄维卿入伍最迟,呈册上尚未列入,间或有之。然当时圣璋供职沪上,路隔迢迢,究未知册籍上有无补注,末由闻知。总之,胞兄维卿补充该连中士,在后阵亡南京紫金山,确系实在情形。除具切结,并函请前连长成持新加结,一并附呈外,为此禀请督军再赐察核,准予照例抚恤,实为恩便。涕泣上禀。再,圣璋差居湖州,不克躬亲宁垣。邮票三分附呈,仍请督军曲为体恤批示之后,赐寄一份。临颖不胜悚惶待命之至"等情。据此查士兵因公伤亡,例由该军队长官出具证书、切结、调查表,按照《陆军恤赏章程》呈候核准后,始得咨部核办。该收发员胞兄成维卿死事既在民国二年南京乱事之时,本署卷帙荡然一空,无案可稽。前次该员禀请抚恤,既无凭据,又无证书,业经批令"碍难办理"在案。现该员一再陈请,多系不平之语,实难凭空结撰,相应咨行贵督军饬行嘉湖镇守使转饬该员呈请前八师师长或嘉湖镇守使出具切结、调查表呈报到署,再行核办等因。承准此,合行令仰该镇守使转令该员遵照办理。此令。

中华民国五年十二月七日

督军吕公望

（原载《浙江公报》第一千七百零四号，八至九页，训令）

浙江督军署训令第五百八十九号

令师旅各部准陆军部咨送军需学校

毕业生叶春芳等来浙见习由

令暂编浙江陆军第一师司令部师长童保喧、暂编浙江陆军第二师司令部师长张载阳、暂编浙江陆军混成旅司令部旅长俞炜

本月二日准陆军部咨开，"据陆军军需学校校长张叙忠呈称，'第二期学生肄业期满，学课完全，现已照章举行毕业试验，学术成绩均属合格，业经由部呈请大总统发给毕业证书在案。拟请援照职校条例内载学生毕业后分发各师见习及分配各省任用之规定，将该生等分发各省军队见习，以资历练'等情。查该校第二期学生，既经毕业试验合格，自应按照定章，分发各处军队试充军职，以资见习。俟三个月期满，再行分别任用。兹经本部酌定应分发贵省见习学生叶春芳等十名，除另给见习凭照交由该生等持赴投到外，相应开单，咨行查照办理"等因，并名单一纸到署。准此，查叶春芳、毛琳、虞兆熊、王载昌四／吴思履、徐志濂、杜显芝、吴丞四／陈家瑞、曾锐二员，堪以发往该师／师／旅见习，除分令外，合行令仰该师长／师长／旅长遵照办理，并俟该生等见习期满，造具考绩表，送候核转。此令。

中华民国五年十二月七日

督军吕公望

（原载《浙江公报》第一千七百零四号，九至一〇页，训令）

浙江省长公署委任令第　　号

令郑文易为机要秘书陈簠为司法秘书由

令郑文易、陈簠

照得郑文易堪以调充机要秘书,陈簠堪以调充司法秘书,均仍支原薪。除分令外,合行令委,仰将发去任命状查收任事。此令。

计发任命状一件。

中华民国五年十二月四日

省长吕公望

（原载《浙江公报》第一千七百零四号,一〇页,训令）

浙江督军署指令第二千三百一十四号

令暂编浙江陆军第一师司令部师长童保喧

呈一件为预备役军官李延岩补送军学补习所肄业由

呈悉。核与《军学补习所章程》不符,所请应无庸议,仰即转令知照。此令。十二月七日

（原载《浙江公报》第一千七百零四号,一二页,指令）

浙江省长公署指令第四千五百九十九号

令绍兴县知事

呈一件为县教育会拟设小学成绩品陈列所
请将开办费于公益费内动支由

呈、摺均悉。此项陈列所,既系由县教育会附设,其开办经费本应由会支给,姑念该会经费无多,且事关小学要图,应准于县税小学费项下拨给该所补助费八十元,俾资创办。《简章》大致尚妥,惟学校行政成绩品类于教育之改进亦至有关系,应一并征集陈列,藉供教育者之研究。原摺发还,仰即转行该会遵照加订,再行送转候核。此

令。十二月六日

计发还清摺一扣。

浙江省长公署指令第四千六百零四号

令衢县知事

　　呈一件该县国民学校教员徐楚善等

　　呈请饬县照城区学校例一律补助由

呈悉。查该县城区各校补助数目，系原有各校合并之数，各该校情事既异，自不能援以为例。至小学校长虽系由正教员兼任，但对于全校事务当然用校长名义，节经批饬在案。乃来呈仍以教员具名，殊属不合，仰衢县知事转行知照。此令。十二月六日

浙江省长公署指令第四千六百零六号

令东阳县知事

　　呈一件据柴溪高小校校长邹兰田等呈自治委员

　　兼学董施志成等朦收学租并未报告由

查各县学田应一律拨充小学经费，节经前民政长暨前巡按使公署通饬遵办在案。该自治委员兼学董施志成等，何得经收不报，呈如非虚，殊属不合，仰东阳县知事迅即查明，呈复核夺，并转令该校长等知照。此令。十二月六日

浙江省长公署指令第四千六百零九号

令海宁县知事

　　呈一件送增设国民学校一览表由

呈悉。察阅表开校址与原表规定，应设地点，仅越王庙、博儒桥、

许巷、石井渡四处相符，其余十一校是否原定地点，尚欠正当。由何地点改至某地点，抑原表规定地点尚有漏查，系另行增设，均未据详细叙明，无凭核办，应再查明复夺。原表发还。此令。十二月六日

（原载《浙江公报》第一千七百零四号，一三页，指令）

浙江省长公署指令第四千六百一十号

令兰溪县知事

呈一件呈报应增国民学校设立齐全并送图表由

呈及图、表均悉。该县应增国民学校，业照原定地点，并又经屡次复查，将未妥各地点另行改定，一律依限设立齐全，具见该知事殚心教育，实力经营，洵堪嘉许，应照案于学年终了时从优核奖，用昭激劝。该县应设国民学校既已全县设齐，嗣后应即专心整理，将各校内容切实查视，勤加指导，一面督率各区学董广筹经费，扩充基金，以备逐年添设班级及推广新生学额之用。该县学校私立者多，将来实行义务教育代用为区立时，现收学费应与区立者一并免除，不敷之数如何抵补，尤应事前预筹，毋使临时竭蹶。以上各节，统仰悉心遵办，随时具报，一俟分报到署，本省长当察酌情形，特派专员前往实地考查，提前试行义务教育，以树全省风声，尚其始终罔懈，有厚望焉。至图开游埠区毛村、水路头及水亭区吴太仁三处，既在应设校区之内，应速将停办之校赶筹恢复；香溪区黄河圩，嵩山区翁村，溪西区里河，诸葛区张宅、坞前、洪仁塘，永昌区应家，水亭区东山坞各处，或为学校区域，或为学校所在地，均未据加有已办符号，是否漏绘，抑系未设，并应查明具复；城区一区，亦应另绘一图，将学校所在地及已办符号逐一填明，续送备核，一面即为全图及城区图刊印多份，广为分布，并呈送八十份来署，以凭分发各县，俾资观感而备参考，并仰遵照，切切。此令。十二月六日

附原呈

呈为应增国民学校业已增设齐全,列表呈报,并呈送兰溪学校区域全图仰祈鉴核事。

本年奉前道尹公署转奉前巡按使公署饬知,"各县应增国民学校,其各县原拟在十年以内设齐者,悉照原拟年限分年设立呈报"等因。奉此,查兰邑应增国民学校四十四校,原拟一年设齐,曾经知事造具应增学校地点、种类调查表详报在案。惟查兰邑上年分划学校区域,指定学校地点,原斟酌各学区内各村庄距离远近、各村所有学龄儿童多少、学童通学便否,分别搭配划定。但兹事甚复杂,知事恐初次划定,容有未妥之处,因之除知事因公下乡亲赴各村庄复查外,屡次派教育主任下乡复查,经屡次复查后,其初次划定学校区域及学校地点不无更变之处。查前划定应增国民学校四十四校,内有板桥区茶坞钱三庙,香溪区里仙山,水亭区、午塘区各村,因学龄儿童稀少,不能办成一校,不如与邻近学校合办,较为妥当。又城五、九两坊多店铺屋,所有该两坊学龄儿童,与其择一中心地点设立一校,使之入学,不如使之入邻坊学校较为近便,该两坊实无须另设学校。以上指定四处,应增国民学校四校,因种种原因,业已令其与邻校合办,或令将学童送入邻校肄业,不另增设学校计,应增设学校四十校。此外,查有板桥区方村庄,溪西区洪塘里庄,平渡区上村庄,殿山区上叶村庄,柱阳区长连庄,游埠区范坞庄,诸葛区菰塘坂庄,嵩山区毛塘庄、西汤庄、金华垅庄,岩山区百子庵及长塘后庄等十二处,或与邻村学校距离过远,或距离虽不甚远而道路难行,不便幼年通学,不得不就各该生增设学校,以便幼年入学而谋教育普及。以上应增设国民学校四十校外,又应增设十二校,共计应增设国民学校五十二校。知事对于应增各国民学校,自上年八月起,日夜经营,设法筹办。兹应增国民学校五十二校,业已陆续增设齐全。除造具《设齐应增国民学校表》，并绘兰溪学校区域全图附呈外，理合备文呈报，仰祈省长察核备案，指令祗遵，实为德便。谨呈。

兰溪县设齐应增国民学校表

区别	增设学校地点	办就学校校名	开办年月	学生人数	单级或多级	常年经费	备考
城区	一坊东门外	区立第一国民学校	四年九月	五十二人	多级	除收学费开支外，由城区茶馆茶捐及城区余存县税小学费内给予补助。	城区区立国民学校九校，除由各校征收学费自行支出外，每年由城区茶馆茶碗捐约四百余元。又提城区余存县税小学费二百余元，按月由县公署派员至各该校调查成绩。每年分两期，按照各校成绩分别分配补助。
城区	二坊东门城里	区立第五国民学校	四年九月	五十六人	多级	同	
城区	四坊桃花坞	区立第二国民学校	四年九月	八十人	多级	同	
城区	四坊赤帝庙	区立第三国民学校	四年九月	七十六人	多级	同	
城区	六坊北门前街	区立第六国民学校	五年二月	一百三十人	多级	同	
城区	七坊北门后街	区立第七国民学校	四年九月	七十八人	多级	同	

区别	增设学校地点	办就学校校名	开办年月	学生人数	单级或多级	常年经费	备 考
城区	八坊北门外城街	区立第九国民学校	四年九月	七十六人	多级	同	
城区	十坊南门后宫塘	区立第四国民学校	四年九月	六十一人	多级	同	
城区	八坊下卡	区立第八国民学校	四年九月	七十二人	多级	同	校址移北门城里。
城区	五坊西门街 九坊水门街						查五、九两坊多店铺屋,所有学龄儿童与其择一中心地点设立一校使之入学,不如就邻坊学校肄业,较为近便。五、九两坊兹不另设学校。
城区	三坊邑庙旁	县立模范国民学校	四年九月	九十八人	多级	由县教育费给予四百七十元。	
板桥区	茶坞庄滕公庙						查茶坞学童稀少,不能办成一校,已令其与邻村学校合办。
从善区	下张堰庄	私立养贤国民学校	五年四月	二十人	单级	除收学费外,提贤租四十元。	
同	马鞍徐庄	私立宝善国民学校	五年九月	二十人	同	除收学费约五十元外,不敷由校长筹垫。	
同	马公滩庄	私立双川国民学校	五年十月	二十四人	同	除收学费约六十元外,不敷由校长筹垫。	

区别	增设学校地点	办就学校校名	开办年月	学生人数	单级或多级	常年经费	备 考
同	沈村庄	私立丽全国民学校	五年十月	二十人	同	除收学费约五十元外,不敷由校长捐助。	
同	石硖庄	私立蒙养国民学校	五年一月	四十人	同	除收学费约百十元外,提废祀租三十元。	
溪西区	前叶庄	私立南棠国民学校	五年四月	三十人	同	除收学费约七十余元外,不敷由校长垫用。	
平渡区	后前庄	私立荣阳国民学校	五年三月	三十四人	同	除收学费约八十元外,不敷由校长垫用。	
同	里王庄	私立衍庆国民学校	五年一月	四十二人	单级	除征收学费约百十元外,提拨祀租六十元。	
同	泉湖庄	私立培英国民学校	四年十一月	二十四人	同	除收学费约七十元外,提拨庙产租息四十元。	
柱阳区	塔下张庄	私立精进国民学校	五年一月	二十人	同	除收学费约四十元外,提废祀租二十五元。	
甘溪区	都心庄	私立庆槐国民学校	五年四月	二十人	同	除收学费支用外,不敷由各祀租项下提支。	
永昌区	叶家庄	私立燕贻国民学校	五年十月	二十人	同	同	
同	犁头尖区	私立裕俊国民学校	五年十月	二十二人	同	同	
游埠区	潦溪章庄	私立潦溪国民学校	四年十月	八十六人	多级	除收学费开支外,不敷提各祀租息弥补。	

区别	增设学校地点	办就学校校名	开办年月	学生人数	单级或多级	常年经费	备考
同	西王庄	私立西王国民学校	五年十月	三十六人	单级	捐款百余元。	
同	西山王庄	私立西山国民学校	五年十月	四十人	单级	捐款一百元。	
同	上宋庄	私立培元国民学校	五年二月	四十四人	同	除收学费外,另筹有捐款九十八元。	
同	裘家庄	私立半斀国民学校	五年九月	三十人	同	除收学费外,另筹有杂捐七十元。	
同	兑门江庄	私立九枝国民学校	四年九月	五十人	多数	除收学费外,提各祀会租息七十元。	
水亭区	朱岗庄	私立允文国民学校	五年十月	二十四人	单级	需用若干,由六姓人平均摊派。	
同	午塘边庄						查午塘边学龄儿童稀少,与上方敦睦学校距离甚近,已并入敦睦学校合办,不另设学校。
诸葛区	毛山下庄	私立昭信国民学校	五年九月	二十四人	单级	除收学费外,提拨各祀租息银四十元。	
嵩山区	郑宅庄	私立淑性国民学校	五年三月	三十人	同	除收学费开支外,不敷由校长担任。	
同	横木庄	私立启明国民学校	五年一月	三十人	同	除收学费外,由何曾氏助田七亩。	

区别	增设学校地点	办就学校校名	开办年月	学生人数	单级或多级	常年经费	备 考
同	东叶庄	私立寿溪国民学校	五年二月	四十人	同	提拨祀租银百四十元。	
香溪区	鲍村庄	私立陶镕国民学校	五年二月	二十六人	同	除收学费外,提拨祀庙租息五十元。	
同	蒋坞庄	私立顾峰国民学校	五年五月	三十二人	同	除收学费外,提拨祠产租息四十元。	
同	丁埠头	私立本源国民学校	五年二月	三十人	同	除收学费外,由校长及村学董筹垫。	
香溪区	郭宅庄	私立养初国民学校	五年一月	二十二人	单级	除收学费外,由校长及村学董筹垫。	
同	里仙山庄						查里仙山、苦竹坑、黄山坑、章山、常山等村,每村只有三四家、四五家,学龄儿童极少,断难设立学校。兹已令其将学童送入邻村学校肄业。
同	西章庄	私立实新国民学校	五年一月	二十三人	单级	除收学费外,由校长筹垫。	
同	大路庄	私立振华国民学校	五年八月	二十六人	单级	除收学费外,暂由校长垫用。	
以上四十校,均设在曾经呈报应增学校地点内。							

续　表

区别	增设学校地点	办就学校校名	开办年月	学生人数	单级或多级	常年经费	备　考
板桥区	方村庄	私立养正国民学校	五年　月	四十二人	单级	除收学费外,提拨祀庙产租银六十元。	
溪西区	洪塘里庄	私立明伦国民学校	五年二月	三十二人	单级	除收学费外,由校长担任筹划。	
平渡区	上村庄	私立萃纶国民学校	五年四月	三十二人	单级	除收学费外,提拨祀租银二十八元。	
殿山区	上叶村庄	私立履泰国民学校	五年二月	二十八人	单级	除收学费外,提拨祀租二十六元。	
柱阳区	长连庄	私立槐春国民学校	五年二月	二十人	单级	除收学费外,提拨祀租四十二元。	
游埠区	范坞庄	私立伦叙国民学校	五年二月	三十二人	单级	除收学费外,提拨祀租银五十元。	
诸葛区	菰塘坂	私立日进国民学校	五年二月	三十人	单级	除收学费外,提拨祀租银二十二元。	
嵩山区	毛塘庄	私立附鳞国民学校	五年三月	二十三人	单级	除收学费外,由校长筹垫。	
嵩山区	西汤庄	私立中山国民学校	五年一月	三十三人	单级	除收学费外,提拨祀租银二十元。	
嵩山区	金华陇庄	私立培基国民学校	五年一月	二十五人	单级	除收学费外,由校长筹垫。	

续　表

区别	增设学校地点	办就学校校名	开办年月	学生人数	单级或多级	常年经费	备　考
岩山区	百子庵	私立屏山国民学校	五年二月	四十人	单级	除收学费外,由各发起人捐银六十元。	
岩山区	长塘后庄	私立正本国民学校	五年二月	三十人	单级	除收学费外,由校长筹垫。	

（原载《浙江公报》第一千七百零四号,一三至一八页,指令）

浙江省长公署指令第四千六百一十四号

令景宁县知事

　　呈一件呈送柳景陶等捐赀兴学表册请核奖由

　　呈、册均悉。柳景陶、柳景达、张正邦、潘耀桢、朱正培应准各奖给银色三等褒章,填明执照,随文附发,仰即查照分别转给可也。表、册存。此令。十二月八日

　　计发褒章五座、执照五张。

（原载《浙江公报》第一千七百零八号,一九一六年十二月十四日,一一页,指令）

浙江省长公署指令第四千六百三十五号

令丽水县知事

　　呈一件为呈为关于实业条陈现办情形遵令复请示遵由

　　呈悉。民间毁损森林,最为恶习,嗣后务遵部颁《森林法》及《施行细则》并公布《浙江省保护森林条例》议决案,认真究办,毋稍宽纵。至水利事宜,既据称会商士绅,意见相同,应予照准,惟遇有必要之水利工程,仍应提先筹议修浚,毋得藉此玩延,仰并知照。此令。十二月六日

（原载《浙江公报》第一千七百零四号,一九页,指令）

浙江省长公署指令第四千六百三十八号

令瑞安县知事

呈一件查复蔡振潘与林凤铨争涂一案附送全卷由

呈、件均悉。查此案涂地处分，高等审判厅决定将前第十地方法院原判关于"其余判归蔡振潘续报之部分"改判为"其余应由主管衙门依法办理"，其理由不过以涂地报垦，准驳应由主管衙门依法核拟，司法衙门未便预定，并非谓蔡振潘不能续报。该县林前知事并无别项理由①，遽以认定不能归蔡姓报买，一面又率准林姓承垦，实不足以昭折服。况照《承垦条例》发给承垦各证书，必须先经转呈省署咨部立案手续，该林前知事准林姓承垦，未据呈准有案，所有填发林姓准垦凭证自不能认为有效，应即查明取销，将给垦涂地全数收回，另照《承垦条例》核定应归何人报垦，取具呈请书及图说等，呈候核转，俟接准部复行知到县，再行发给正式证书。其林姓已缴地价，如将来核定不归林姓时，即由承垦人缴纳地价内给还。至刑事问题，既据查明与蔡振潘无涉，自毋庸议。仰即遵照办理，并牌示各关系人知照。案卷发还。缴件存。此令。十二月六日

（原载《浙江公报》第一千七百零四号，一九至二〇页，指令）

浙江省长公署指令第四千六百四十一号

令富阳县知事

呈一件为送张太原请设嘉富茧行图结由

呈、件均悉。该商拟在大源镇宜昌七庄开设茧行，既据查与《条例》符合，应予照准，仰即转饬知照，并录报财政厅备案，请领牙帖。图、结存。此令。十二月六日

（原载《浙江公报》第一千七百零四号，二〇页，指令）

---

① 林前知事，指钟琪，福建侯官人，民国三年七月至民国五年五月任瑞安县知事。

浙江省长公署指令第四千六百四十二号

令余杭县知事

呈一件为送潘志金拟在潘板桥开设茧行图结由

呈、件均悉。查该县潘板桥地方距瓶窑镇不及十五里，该商设行地点，核与《条例》不符，碍难照准，仰即转饬知照。图、结发还。此令。十二月六日

（原载《浙江公报》第一千七百零四号，二〇页，指令）

浙江省长公署指令第四千六百五十六号

令淳安县知事

呈一件送教育行政会议议决案由

呈、摺均悉。查县税小学费系经省议会议决专充小学用途。据呈支给补助县教育会及选送官费实业学生经费，未便照准，应即另行筹款，或于他项固有学款内酌给。其余各案，均准照办。至增设区立国民学校，务须查照前报规定地点设立，倘有必须变更之处，应先叙明理由呈报，仰即遵照。摺存。此令。十二月六日

（原载《浙江公报》第一千七百零四号，二〇页，指令）

浙江省长公署指令第四千六百五十九号

令衢县知事

呈一件据该县国民学校教员呈教育会
长期满请求转令召集改选由

呈悉。该县教育会长如果任期届满，未经照章集会改选，应照该会《章程》第十一条，由评议员三人以上之同意，请求会长召集临时大会。所请饬县准由会员开会，无此办法。至所称该会长不造报销一节，前据赖贞等控呈前民政厅，即经饬县查复在案。应

仰衢县知事迅速确查,具复核夺,并转行该徐楚善等知照。此令。十二月六日

（原载《浙江公报》第一千七百零四号,二〇至二一页,指令）

浙江省长公署指令第四千六百六十六号

令景宁县知事

呈一件呈报委任叶桐为劝学员开送履历由

准予备案。履历存。此令。十二月六日

（原载《浙江公报》第一千七百零四号,二一页,指令）

浙江省长公署指令第四千六百七十九号

令定海县知事

呈一件为呈报委任掾属请注册由

陈秉正等准予注册。其教育一科,应即赶速设置,并遴选合格人员呈报察核。履历存。此令。十二月六日

附原呈

呈为遴委掾属报请察核注册咨部事。

查《县官制组织条例》第七条载,"县知事得自委掾属,其职掌员额,详省核定注册并咨陈内务部"等语,历经遵办在案。知事奉调定海,于九月一日接印视事。魏前任原委掾属,除政务科员傅树梓外,余皆先后辞职,科务关系重要,亟应酌量补委,藉资襄理。当经知事查有陈秉正通达治体、赞画周详,堪以委充政务科科长;沈国钧钩稽精核、操守谨严,堪以委充财政科科长;董毅才识明敏,傅树梓老成稳练,陈典少年英特,堪以委充政务科科员;徐品琪办事勤慎,堪以委充财政科科员;陈奏金娴习珠算,堪以委充会计员;均于到任之时,分别令委在案。现在时逾两月,

佐治均能称职,理合加具考语,调取履历各二份,备文呈报,仰祈钧长察核俯赐注册咨部,实为公便。再,定署掾属向分政务、财政二科,以政务科员一人协同县视学专办教育,而受成于政务科长。知事循旧办理,尚无废误。现奉钧署第一二五二号训令,以教育应特设一科,自应遵照改组,容即选定合格人员另文呈核,合并声明。谨呈。

（原载《浙江公报》第一千七百零四号,二一页,指令）

吕督军致宁台镇守使电

海门顾镇守使：府密。获匪周首章一名,既据供认在海渚行劫掳人不讳,应准照判处以死刑,执行枪毙,仍将全案供、判暨执行日期具报。督军。阳。印。（中华民国五年十二月七日）

附来电

督军钧鉴：府密。获匪周首章一名,供认在海渚抢劫掳人多名,开枪抗拒官兵不讳,拟照《惩治盗匪法》第三条一款、第四条三款,暨《施行法》第二条处死刑,乞示遵。镇守使顾乃斌叩。鱼。印。（中华民国五年十二月六日）

（原载《浙江公报》第一千七百零四号,二二页,电）

浙江省长公署通告

富阳县知事陈融呈报遵令于十二月三日由署启程,晋省会议修筑省道事宜,职务分委政务主任谢锡奎、警佐蔡尊周暂代。

兰溪县知事苏高鼎呈报遵令于十二月一日由署启程,晋省会议修筑省道事宜,职务委政务主任姚维敏暂代。

桐庐县知事颜士晋呈报遵令于十二月三日启程,晋省会议修筑省道事宜,职务委政务主任李德铮暂代。

鄞县知事祝绍箕电报于十二月二日赴沪劝募公债,职务委民政主任汪培生暂代。

(原载《浙江公报》第一千七百零四号,二二页,通告)

浙江省督军署咨省长公署

据陆军测量局长呈为三角课班员俞冠群等被盗请予严缉追由

浙江督军署为咨行事。

案据陆军测量局局长董绍祺呈称,"窃据职局三角课长徐渡面称,'本年十一月二十四日接班长章钰快函称,十三组班员俞冠群、徐翊民于本月十七日在台属宁海县南溪村大梁山观测后寓居福胜寺,陡于夜半被伙盗明火执杖,突门直入,该员等不及走避,致徐翊民左肩受有刀伤一处、乳部及肋部受有棒伤二处,俞冠群周身受有棒伤七处,均极沉重,计被劫去布卷尺一件、行李二件、皮箱皮篓各一口,内贮衣服并公费标费一百零五元、薪水银洋三十元、小洋九十三角,以及测兵衣服数事,惟仪器一项经该员等再四央恳,幸得未遭损坏。班长闻耗,驰赴查看属实,当于十八日开明失单,报请县知事勘缉追赃,一面送该班员等先行就近医疗,俟稍愈即回。除将失单抄附外,合先函请呈明局长察办'等情前来。旋据俞、徐二班员回局陈述前情,局长验视伤痕属实,查本局人员外业出发之先,曾呈请分饬各县知事转行所属警团随在协助保护在案。乃此次该班员等在宁海县属境执行业务,该知事并不分饬警团力任保护,坐令匪盗觊觎,率敢伤人劫物,该知事弁髦钧令,致间接阻碍测务,实属咎有应得。至该班员等因公被劫,身受重伤,情殊可悯。所有损失薪水银元及衣物等在赃盗未获之前,拟由公家先行酌给数成,俾资应用。总之,宁海悍盗胆敢危害陆军机关,其平日之肆扰闾阎,概可想见,应请严令该县知事分饬所属警探勒缉务获,追赃严办,庶盗风或期稍戢。是否有当,理合备文呈请鉴夺"等情,并开具失单一纸到署。据此,查该局本期外业当出发之先曾经本署通令保护在案。据呈前情,该管营、县保护不力已可概见,除将该知事何公旦、管带花耀魁各记过一次,仍责成勒限严缉,令由宁台镇守使转令遵照并指令外,相应咨请贵公署查照备案,并希转令查明该管警佐暨哨官长等,量予惩处,以昭儆戒,盼切施行。此咨

浙江省长

浙江督军吕公望

中华民国五年十二月八日

（原载《浙江公报》第一千七百零五号,一九一六年十二月十一日,三至四页,咨）

浙江省长公署咨督军署

为连长黄大荣因案撤差各军队勿予录用由

浙江省长公署为咨复事。

十一月二十五日案准贵督军署咨开,"第二师第四旅八团十二连连长黄大荣擅将小口粮延搁不发,据准撤差,分令各军队勿予录用,相应咨请查照,希即转令所属一体知照"等因。准此,除抄咨通令所属外,相应备文咨复,即希查照。此咨

浙江督军

中华民国五年十二月八日

浙江省长吕公望

（原载《浙江公报》第一千七百零五号,四页,咨）

浙江督军署训令第五百八十七号

令宁台镇守使据陆军测量局长呈为三角班员
俞冠群等被盗请予严令缉追由

令宁台镇守使顾乃斌

本年十二月四日据陆军测量局局长董绍祺呈称,"窃据职局三角

课长徐渡面称,本年十一月二十四日(文云见本日'咨文'门)是否有当,理合备文呈请鉴夺"等情,并开具失单一纸到署。据此,查该局本期外业当出发之先曾经本署通令军警保护在案。此次竟被盗劫,损失公私财物既巨,班员又受重伤,该管营、县保护不力,殊堪痛恨。除将该知事何公旦、管带花耀魁各记过一次,咨明省长公署备案,并请令饬查明该管警佐、哨官长严予惩处,以示儆戒,暨指令知照外,合亟抄录失单,令仰该镇守使转饬该知事、管带遵照严限勒缉,务将本案赃盗从速破获具报,仍通令附近营、县一体认真协缉为要。此令。

计抄失单一纸。

中华民国五年十二月八日

督军吕公望

(原载《浙江公报》第一千七百零五号,五页,训令)

浙江督军署训令第五百九十五号

令暂编混成旅长为规定守卫兵轮流规则由

令暂编浙江陆军混成旅旅长俞炜

案因本署卫兵专以该旅第二团第一营士兵派充,不独无以均劳逸,且于该士兵等学术两科实有妨碍,即经令行省会卫戍司令官按照《卫戍规则》就驻省陆军内派遣本署卫戍卫兵轮充守卫勤务,其兵力及交替期限由卫戍司令官规定,预先列表呈署查核去后。兹据省会卫戍司令官童保喧就驻省各军队酌定轮充本署卫兵次序、交替期限,并拟具《暂行规则》,附轮流表、报告表等,于本年十二月十六日起实行。除指令照办并饬由该卫戍司令官通知各团营按表实行外,所有十二月十六日以前本署守卫事宜,仍归该旅第二团第一营担任。嗣后应照卫戍司令官通知之轮流表依期轮充。合行令仰该旅长转令遵照。此令。

中华民国五年十二月八日

督军吕公望

（原载《浙江公报》第一千七百零五号,五至六页,训令）

浙江省长公署训令第一千六百八十四号

令警务处据公立医校呈建筑校舍转令省
警察厅出示谕禁妨碍工程由

令警务处长夏超

案据公立医药专门学校校长韩清泉呈称[①],"窃本校前蒙指拨旧教场内地三十亩建筑校舍,当于四围树立界石。不料时仅三月,悉数被人拔去,计非先筑墙垣不可。惟兴工伊始,诚恐附近人民未经周知,或仍不免有妨碍工程情事,为此呈请令行省城警察厅出示谕禁,加意保护"等情。据此,合行令仰该处转行省城警察厅遵照办理。此令。

中华民国五年十二月六日
省长吕公望

（原载《浙江公报》第一千七百零五号,六页,训令）

浙江省长公署训令第一千六百九十三号

令财政厅据嵊县电为请饬曹娥水警将该处
拘禁各船户释放听候办理由

令财政厅长莫永贞

本年十一月三日据嵊县知事牛荫麟艳电称,"嵊邑外港船只前因曹娥水警重捐,经知事转呈在案。现据商会合称,'嵊至曹峨船只悉被该处水警拘禁,交通断绝,请电释放'前来。查警捐究应归何处抽收,既经知事呈请,自应静候指令办理,应请电饬该处水警先将拘禁

---

① 公立医药专门学校,底本误作"公立医校专门学校",径改。

各船户释放,听候钩令办理候复"等情。据此,查此案前据该知事以
"嵊邑船户已认船捐列入预算,详报有案,现被水警扣留重捐,请转饬
放行"等情具呈到署,即经令厅查明案由,会同警政厅察办具报。嗣
于十一月二十八日据新嵊商会会长吕钟杰、周之祯电称,"嵊南埠开
驶曹娥外江船只均被曹娥内河水警扣住,拘禁船户二三十人,胁迫船
捐,二县交通断绝,商民受困不堪,乞速电令曹娥水警应将人船并放"
等情,复经径令内河水上警察厅查明具复,如果船户并无聚众滋扰情
事,应即令行该管署长迅予酌量情形妥为办理在案。嵊邑船户既已
认有警费,若再令其认缴船捐,殊非体恤小民之道,应如何酌量办理,
以期捐务、民艰双方并顾,合行令仰该厅迅即会同警务处悉心核议,
具复察夺,一面即由厅电饬查明各船户如无滋扰聚众行为,应准先行
释放,俟船捐定案后另文令遵,并电饬嵊县知事知照毋违,切切。
此令。

中华民国五年十二月七日

省长吕公望

(原载《浙江公报》第一千七百零五号,六至七页,训令)

浙江省长公署训令第一千六百九十五号

令警务处高检厅准广东省长咨请令属协缉
英人伍人玉被戕一案凶犯由

令警务处长夏超、高等检察厅长殷汝骊

本月二日准广东省长公署咨开,"现准惠潮嘉镇守使莫咨呈内
开①,'潮海关副理船厅英人伍人玉惨被戕毙一案,经由镇署先后悬赏
一千元出示购缉,并通令各营、县务将该凶拿解讯办在案。现阅浃
月,未据获解前来,案情重大,非由钧宪咨会各省一体通缉,仍恐稍有

---

① 惠潮嘉镇守使莫,即莫擎宇(1880—1936),字柱一,广东东莞人。民国五年六月
任惠潮嘉镇守使。

漏网,致酿将来交涉。除将案由及该凶犯籍贯、面貌另纸付呈,以凭
咨会外,理合备文呈请迅赐施行,实为公便'等由,计黏案内及凶犯籍
贯、面貌共一纸到署。除咨会各省通缉外,相应抄黏咨会贵省长,请
烦查照,转令所属一体协缉获解讯办,实纫公谊"等情,并附黏抄一件
到署。据此,除分令外,合行令仰该处、该厅通令所属一体协缉,切
切。此令。

计钞发黏抄一件。

中华民国五年十二月七日

省长吕公望

计开本案案由及凶犯阿发籍贯面貌

案查潮海关副理船厅伍人玉,系英国人,寓居汕头大马路十
八号洋楼。于九月十六晚十点钟偃息在床,有人突入屋内,向渠
开枪轰击,弹入腹部,当时负痛下床,寻觅凶手,疾呼佣役,而电
灯已息,寂无人应,勉强雇车驰往福音医院医治,翌日三点钟时
候经因伤殒命。是晚报由警局验明伤痕,并驰往该英人寓内踏
勘,佣役阿发业经潜逃,只将咕哩郑九娘一名带回讯问。据供,
"侍仔阿发系宁波人,身格高瘦,牙齿微露,专司伍人玉厨房及使
唤,月来屡被伍人玉责骂,积有微嫌。是晚九点钟时候阿发叫民
前往汕头悦来店购取泻盐,比及购回,而伍人玉已被人枪伤,登
即遍寻阿发,复已逃走"等语。旋据该关税务司函开,亦谓"该役
当夜在逃,显为本案要犯,请为缉究"等由。是此案凶犯确为该
侍仔阿发无疑。案关暗杀外人,经由本署悬赏一千元购缉,以后
无论军民人等,如有能将凶犯阿发缉获,讯明属实者,定即照所悬
赏格立予给领,以昭奖励。所有本案缘由,应即详细声叙于左:

本案凶犯阿发,系浙江宁波人,身格高瘦,牙齿微露。

(原载《浙江公报》第一千七百零五号,七至八页,训令)

浙江省长公署训令第一千六百九十六号①

令各属准广东省长公署咨通缉卸任
广东新会县知事颜德璋由

令各属

本年十一月二十九日接准广东省长公署咨开，"案查卸任新会县知事颜德璋前在任内藉乱吞款，违法婪索，当经查明呈劾，并发交番禺县看管在案。兹奉电传大总统令，'广东省长朱庆澜呈，新会县知事颜德璋藉乱吞款，违法婪索，拟请褫职讯办等语。颜德璋着即褫职，提交法庭从严讯追，以警贪黩'等因。奉此，自应遵照办理。惟查该犯官颜德璋业于十月二十五日在管脱逃，除分别咨行严缉外，相应咨请贵省长查照，希即令行所属一体协缉务获，解案审办，实纫公谊。附开：颜德璋，年三十四岁，广西平乐县人，前任广东新会县知事"等因。准此，合行令仰该处即便通令所属一体知照。此令。

附　浙江全省警务处训令第一百八十一号
令各属奉省长训令通缉卸任广东新会县知事颜德璋由

令各警察厅厅长、警备队各区统带、各县知事兼警察所长、永嘉警察局长（杭、鄞、永嘉三县不用兼所长名义）

本年十二月八日奉省长公署训令第一六九六号内开，"本年十一月二十九日接准广东省长公署咨开，'案查卸任新会县知事颜德璋前在任内藉乱吞款，违法婪索，当经查明呈劾，并发交番禺县看管在案。兹奉电传大总统令，广东省长朱庆澜呈，新会县知事颜德璋藉乱吞款，违法婪索，拟请褫职讯办等语。颜德璋着即褫职，提交法庭从严讯追，以警贪黩等因。奉此，自应遵照办

---

① 本文由浙江全省警务处训令第一百八十一号析出。

理。惟查该犯官颜德璋业于十月二十五日在管脱逃,除分别咨行严缉外,相应咨请贵省长查照,希即令行所属一体协缉务获,解案审办,实纫公谊。附开:颜德璋,年三十四岁,广西平乐县人,前任广东新会县知事'等因。准此,合行令仰该处即便通令所属一体知照。此令"等因。奉此,除分令外,合行令仰该厅长/统带/兼所长/局长即便督属一体协缉务获解报。此令。(刊登《公报》,不另行文)

中华民国五年十二月十六日

全省警务处处长夏超

(原载《浙江公报》第一千七百十四号,一九一六年十二月二十日,一三页,训令)

浙江省长公署训令第一千六百九十七号

令财政厅转饬单开各局将比额征数等项补报候核
并通令嗣后一律依限造报比较各表由

令财政厅长莫永贞

查各属统捐局每月呈送征解比较各表,殊不一律,即自本年七月分起,至九月分止,所有前项各表已据逐月呈报者不及三分之一,致收数盈绌无凭稽查。为此令仰该厅按照钞发清单所开未报各局,分别转饬将比额征数盈绌各项按月查明,刻日补报候核,并仰通饬各局嗣后务将前项各表一律遵令依限造报,以备稽核,毋再违延干处,切切。此令。

计钞发未报各局清单一纸。

中华民国五年十二月七日

省长吕公望

计开:

闸口、塘栖、平湖、嘉善、海盐、乌镇、余姚、萧山、闻家堰、龙游、平阳、瑞安、丽水、青田、龙泉。

以上十五局，七、八、九三个月分均无。

南浔、鄞县。

以上二局，七、八两个月分均无。

馀东关、菱湖、武康、霅水桥。

以上四局，七、八两个月分均无。

长兴、绍兴。

以上二局，八、九两个月分均无

桐乡、吴兴、威坪、常开、永嘉、松阳。

以上六局，七月分无。

（原载《浙江公报》第一千七百零五号，八至九页，训令）

浙江省长公署指令第　号①

令高等检察厅长

呈一件嵊县知事呈监狱经费不敷据情转呈拨补由

呈悉。查烟赌人犯口粮，前据该厅呈准责令酌量自备，嗣后此项支出当能较前减少，如果再有不敷，届时应开具确实数目，呈由该厅核明酌量拨补，毋庸先事呈请，一面责成审检所将羁押人犯赶速清厘，毋任稽延累积。仰即转行该县并通令各县遵照。此令。呈抄发。

附　浙江高等检察厅训令第一千二百九十七号
令各县知事为烟赌人犯口粮责令自备
并将羁押人犯赶速清厘由

令七十三县知事（除嵊县）

案奉省长指令嵊县知事呈监狱经费不敷据情转呈拨补由，

———————————

① 本文由浙江高等检察厅训令第一千二百九十七号析出。

内开:"呈悉。查烟赌人犯口粮,前据该厅呈准责令酌量自备,嗣后此项支出当能较前减少,如果再有不敷,届时应开具确实数目,呈由该厅核明酌量拨补,毋庸先事呈请,一面责成审检所将羁押人犯赶速清厘,毋任稽延累积。仰即转行该县并通令各县遵照。此令。呈抄发"等因。奉此,除令知嵊县知事外,合行通令各该县知事一体遵照办理。此令。(刊登《公报》,不另行文)

高等检察厅长殷汝熊

杭县地方检察厅长陈毓璂代行

中华民国五年十二月　日

(原载《浙江公报》第一千七百零五号,一〇至一一页,训令)

浙江督军署指令第二千三百三十八号

令陆军测量局局长董绍祺

呈一件为三角班员俞冠群等被盗请予严令追缉由

呈、单均悉。已令宁台镇守使转令该管及附近营、县一体侦缉,限期破获,并由本署将该知事何公旦、管带花耀魁各予记过一次,咨明省长公署备案,仍请令饬查明该管警佐暨哨官长严予惩处,以示儆戒。除分别咨令外,仰即知照。再,此次损失银元、衣物等项,准照来单先由公家酌给半数,并仰备具印领来署请领转给可也。单存。此令。十二月八日

(原载《浙江公报》第一千七百零五号,一三页,指令)

浙江督军署指令第二千三百六十号

令省会卫戍司令部司令官童保暄

呈一件为送督军署守卫兵轮流规则请核示由

据呈已悉。所送本署守卫兵轮流规则,尚属妥洽,应准照办,即照规则附表,由该司令官通知各团营于十二月十六日起依期实行。

原规则存查。此令。十二月八日

（原载《浙江公报》第一千七百零五号，一三页，指令）

浙江省长公署指令第四千六百八十号

令寿昌县知事

呈一件为呈复奉令特设教育科办理情形由

仰即赶速改组呈候核夺，毋得以一纸空文敷衍了事，切切。此令。十二月六日

（原载《浙江公报》第一千七百零五号，一三页，指令）

浙江省长公署指令第四千六百八十一号

令代理遂昌县知事沈士远

呈一件请予查案核准委任项畴为教育主任由

呈悉。查此案前据该前知事呈报前民政厅，以"现时教育事理增多，拟以政务助理程乃縠因病辞职，裁缺所余月薪，改设教育主任，即以现任县视学员项畴兼充"等情，当以该前知事卸任在即，是项教育主任是否遴委得人，且未必得新任知事之同意，是以未便准予注册。兹据呈请，核与《文官任用令》尚无不合，应即照准，仰即督同该主任恪勤厥职，壹意兴学为要。此令。十二月六日

（原载《浙江公报》第一千七百零五号，一三至一四页，指令）

浙江省长公署指令第四千七百一十六号

令宁海县知事

呈一件呈请晋省面陈要公由

据呈各情，无不可以文陈述之处，应遵前电办理，毋庸率行离署。此令。十二月七日

（原载《浙江公报》第一千七百零五号，一四页，指令）

浙江省长公署指令第四千七百一十七号

令南田县知事

呈一件条陈该县地方应兴应革事宜由

呈及清摺均悉。所陈各项兴革事宜,业经分别核明批答,随令抄发,仰即遵照办理,并将遵办情形随时具报。其原摺及本署批答并即录报主管各厅查考。清摺五扣存。此令。十二月七日

实业条陈批答

清丈地价为国家收入之一种,未便动拨,应即另筹。振兴商市自不容缓,欲派兵驻扎,应另案呈候核夺,仰即知照。

教育条陈批答

该县榛莽初辟,学校无多,所请缓办劝学所一节,应予照准。研究单级教授,重在实习,所陈办法,尚无不合,惟须另聘富有经验之单级教师主持其事,方有实效。余如所拟办理。

财政条陈批答

该邑虽系新设县治,与各县情形稍有不同,而因地制宜,政在人举,应如何振兴商市、便利交通,以期推行新税,务宜悉心筹划,次第进行。印花、屠宰及烟酒牌照等税,既已办有基础,亦应切实整顿,勿稍放弃。办理清丈,尤为该县最要之图,该知事不分难易,一律举办,具见任事实心,其余各都现已告竣,所有一、三、四等都,应即积极赶丈,务于年内终了,一面将验契契税妥为筹备提前开办,各种章程候令行财政厅核定颁发,俾资遵守。征收地丁附捐,作筹办积谷及推广教育实业之需,事关公益,就地士绅当无不乐于赞同,应俟县自治回复后,提交县议会决议,以重民意。余如所陈办理。

警政条陈批答

教练长警自是要图,惟由省派教练人员驻县,专司教务,碍

难照行。如果经费难筹,一时不能设立专所,应将前颁补习所章程切实遵办。至巡警,官吏本负有教练之责,不得藉词诿卸,致碍进行。南田地方既据向为盗薮,则仅仅添警十名,奚济于事?查《保卫团条例》第一条之规定,未设警察地方,应即设立保卫团,以资防卫。该县保卫团是否举办,未据声明,无从查核,仰即切实计划,未办者速即举办,已办者严行整顿为要。认定警捐即有指定用途,该县征收此项捐税何以任令短少至十之四五,其为办理不善,已可概见,应行申斥,仍仰切实整理,规复原额,不得饰词敷衍干咎。长警存饷已由前民政厅将《规则》修正,呈由本署核准通令遵行矣,仰即遵照办理。

司法条陈批答

查阅所陈,均系铺叙成绩,并非条陈意见。至所称扩充女监一节,事属可行,仰即另呈核夺。变更递解路境一项,既据绘图填表详报有案,候核饬遵照可也。

(原载《浙江公报》第一千七百零五号,一四至一五页,指令)

浙江省长公署指令第四千七百一十八号

令慈溪县知事

呈一件条陈地方兴革事宜请核遵由

呈及清摺均悉。所拟各项兴革事宜,业经分别核明批答随令抄发,仰即遵照办理,仍将遵办情形随时具报,其原摺暨本署批答并即录报主管各厅查考。清摺四扣存。此令。十二月七日

实业条陈批答

革除迎会费用,改办蚕桑学校,理由极为正当,应准照办。惟事关破除迷信,务须妥切晓谕,毋任稍滋事端。余如所拟办理。

教育条陈批答

学务委员已令厅饬属裁撤,所遗经费应仍归入教育费项下支拨。巡视学校,除县视学外,县知事及教育主任各员均应同负责任,所请添派县视学一节,应毋庸议。余如所拟办理。

财政条陈批答

地丁完纳期间应查照《征收地丁暂行章程》第九条之规定办理,全省应归一致,该县未便独异。串票钱文系陋规之一种,既已革除,亦未便再行恢复。所请均毋庸议。屠宰税及烟酒牌照税,责成自治员征收,殊非正办,应即由县切实整顿,认真办理,毋得藉口于报纸影响,以为诿卸责任地步。余并悉。

警政条陈批答

教练所应准设立,开办及经常经费究需若干,所内应如何分班教练,仰即分别妥筹,连同教授科目、时间另呈核夺。规复旧有警官及二年度原设警额,其俸金及添设警额经费,均拟截留解省警费拨用各节,应详细规画,核实预算,另案呈由民政厅核办转呈察夺。至现存枪械不甚适用,拟添办新式五响毛瑟枪弹一节,查各县公署及警察所所存枪械,前以参差不适于用,业经令行民政厅派员查验核办,并据呈复遵办在案。所请添设新械,应俟汇案办理。其余所拟各节,均准照行,仍随时分别具报查核。

(原载《浙江公报》第一千七百零五号,一五至一六页,指令)

浙江省长公署指令第四千七百一十九号

令富阳县知事

呈一件呈复遵办批答兴革事宜由

呈及清摺均悉。推收所既拨设立,应即督饬该员悉心办理。农事试验,查前民政厅曾据该县呈拟查挤社稷坛被占地亩等情,批"仰认真督筹,并绘图分报备案"去后,未据续呈,兹何以又将毗连之旧校场牵连在内,且校场系属营产,应候转咨陆军部核准,方可拨用,务将清出社稷坛及校场两地分绘图说各三份,呈候核办。县农会经费支绌,各属大抵相同,该县请由公益费项下年拨补助银二百元,究作何项事业之用,未据呈明,并附具预算,未便照准。山地以劝导造林为宜,如将所有荒山尽行垦种他项农产,于水利亦有妨碍,大盘山荒地所拟招垦三分之一,应酌量情形,分种各项物产。《清厘荒山章程》第六条规定承垦以后,不准樵采,自属正当。惟荒山尽行垦种时,该项向赖樵采生活贫民之生计有无妨碍,亦应顾及,仰再妥议呈核,并俟清查竣事后,将官荒及无主民荒各山地址、亩分等列摺呈报。湖南浦既关各乡水利,疏浚自不容缓,筹捐一层,如果经地方公正士绅大众赞成,亦无不可,但所需各费究竟凭何计算,预算开列殊欠详细,沿浦受益田亩究有若干,何处起讫,尤应先事查明并报候核。种茶拟请酌拨公款一节,俟专案呈署后,再行核示。教育会会员例须纳入会金,该会会员多少,每年收入会金若干,均未声明,无从查核,所请拨助县税,未便遽予准行。劝学所经费拟于地丁带收附捐,既据经学务人员商妥,应专案呈由财政厅核令遵照。狱犯囚粮,须以囚数为准,该县狱犯究有多少,现在与从前之比较如何,未据叙明,不能率请增加,其另案呈报各项,应另行示遵。余均准照办理,尚望积极进行为要。清摺姑存。此令。十二月七日

（原载《浙江公报》第一千七百零五号,一六至一七页,指令）

浙江省长公署指令第四千七百二十号

令财政厅长莫永贞

呈一件为呈复嘉兴县请将上年蠲余歉缓钱粮

再予展缓一案应毋庸议由

据呈已悉。此令。十二月七日

附原呈

呈为核议具复事。

案奉钧长指令嘉兴县知事具复嘉邑秋收歉薄,勘不成灾情形,并请征新缓旧由,奉令:"据呈请将该县上年蠲余歉缓钱粮展至明年上忙带征等情,仰财政厅迅速查明该县上年蠲缓原案,按照《勘报灾歉条例》核议具复令遵毋延,切切。此令"等因。奉此,查此案前据该县并呈到厅,当以"该县本年秋收既系勘不成灾,所有应征钱粮应即认真征解,以济要需。至上年蠲余歉缓,前已据情转请递缓至本年下忙带征,体恤不为不至。所请再予展缓之处,核与部颁《条例》不符,应毋庸议"等语指令在案。兹奉前因,除令知外,理合具文呈复,仰祈钧长鉴核。谨呈。

(原载《浙江公报》第一千七百零五号,一七至一八页,指令)

浙江省长公署指令第四千七百二十一号

令兰溪县知事

呈一件电询设立报馆有无制限由

江电已悉。《报律》已经废止,设立报馆并无何等制限,该县如有报纸,自应准其刊行,仰即遵照。此令。十二月七日

(原载《浙江公报》第一千七百零五号,一八页,指令)

浙江省长公署指令第四千七百二十三号

令宁波警察厅、鄞县知事

呈一件为呈送哲美森案赎地款项准由县税垫支原电由

呈及原电均悉。该项坟地赎价准照原电由县税项下垫付,惟仍须设法筹措归垫,以清款项。原电存。此令。十二月七日

(原载《浙江公报》第一千七百零五号,一八页,指令)

浙江省长公署通告

平湖县知事张濂呈报于十一月二十九日由沪公毕回署。

江山县知事程起鹏呈报于十一月三十日赴常、玉交界处所会哨，署务委财政主任汪同、警佐叶树蕃暂代。

奉化县知事屠景曾电呈，会警下乡弹压斗案，准于十一月沁日由县赴甬募债、晋省面陈要公，署务委财政主任徐恂暂代。

（原载《浙江公报》第一千七百零五号，二〇页，通告）

浙江省议会参议院议员选举监督榜示

案查参议院议员第一班改选日期定于十二月十八日举行，业奉大总统教令公布在案。合将选举通告先行榜示如左。

计开：

一、投票日期

一、参议院议员第一班改选定于十二月十八日午前九时至午后五时举行，如本日选举不能足额，应依次顺延。

二、投票所及开票所地址

一、依《参议院议员选举法》第二十三条，以浙江省议会会所充之。

三、投票方法

一、投票人以列名本投票所之投票簿者为限；

一、投票人届选举期应亲赴投票所投票；

一、投票人依照投票日期到所，缴验证书无讹，应即在投票簿所载本人姓名下签字；

一、投票人入所后，其座次以抽签定之；

一、到数满选举人总额三分之二以上，已届规定时间，即由监督宣布开选。管理员就选举人座次递分选举票，俟一律分毕，然后写票，写毕，自前列选举人起依次起立，鱼贯投票，投票后仍归原座；

一、每一次选举,即行开票,开毕复选,至足额为止;

一、投票用无记名单记法,每票只书被选举人姓名,不得自书本人姓名;

一、投票人书写票纸,须并记被选举人籍贯;

一、投票人书写票纸,字迹务宜清楚,勿致污损;

一、投票人于投票所内,除关于投票方法得与职员问答外,不得与他人接谈;

一、投票人不得互相窥伺;

一、投票人倘有冒替及其他违背法令情事,管理员及监察员得令退出;

一、选举人已被选,而当选人尚不足额时,其已被选之选举人不得再行投票。

四、当选人名额

一、依参议院签定各部第一班之名数,本省共出当选人三名。

省长吕公望

中华民国五年十二月八日

(原载《浙江公报》第一千七百零五号,二五至二六页,布告)

浙江省长公署通告

慈溪县知事林觐光呈报于十一月三十日由乡公毕回署。

定海县知事张寅呈报于十二月二日赴沪募债,职务委政务主任陈秉正暂代。

(原载《浙江公报》第一千七百零五号,二六页,通告)

浙江督军公署省长公署咨江西督军公署省长公署

据常山县知事呈报防范玉匪情形并陈剿抚兼施办法请咨核办由

浙江督军公署、浙江省长公署为咨行事。

本年十二月三日据常山县知事赵钲铉呈称,"窃照属县地处浙边,接壤赣疆,自本年夏间玉山警变,秩序恢复后,搜捕余党,一般溃警退归无路,流亡在外,时有窜入浙境图谋不轨之谣。常邑为浙赣通衢,首当其冲,即经知事督警会营,加意防范,并时与玉山营、县及江山营警于交界之处会哨查缉。现以冬防吃紧,复拟拨款补助各保卫团,以资捍卫,业经专案呈请核示在案。嗣于本年十一月二十一日据属县警佐胡宗瑗、驻县警备队哨长徐廷俊同时面称,'探闻有玉山溃警栾思德之羽党,在玉、江、常交界之大阳桥地方散放票布,图谋扰乱,集有一千余人,外间谣言甚多'等语,知事立饬该警佐会同驻哨严行戒备,加意防范,并即派探侦察匪情,随时报核。一面亲带警察于城厢内外,更番梭巡,并安慰商民毋生疑惧,复撰发简明告示,申诫人民毋得误信谣言,接受票布。于是谣言稍息,民心渐安。正拟具文呈报间,复于二十四日接准江西玉山县知事王朝贺密函称,'顷闻江山大阳桥与敝县毗连地方现有匪徒聚集一二千人,携有枪械,希图大举情事,函商协助办理'。同日又准驻玉江西省防陆军第二团三营营长函开,'顷闻贵县防军调省,边境空虚,所有一般伏莽并前由玉山窜匪已久之巨魁栾思德等乘隙谋乱,屯集浙赣毗连等处,挟有枪械,勒买票布,纠合至一千余人,亟图蠢动,函约协力防缉'各等由过县。核与属县侦悉情形相符,当即函复该营、县订期会同查剿,以靖地方,一面将探悉匪踪暨防范情形函报警备队第五区统带查核。复查常邑地当冲要,县警队业已遵令裁撤,而驻县防兵仅有二棚,当此防务吃紧之际,殊觉兵力单薄,不敷分布,拟请转饬第五区统带酌添警备队一哨来县,择要驻扎于白石街地方,以实边陲而资镇慑,业于径日密电呈请在案。现经知事严行戒备,地方尚称安谧,除仍督警会哨加意梭巡,并侦探匪情,相机会剿,随时密报外,所有探悉玉匪聚众图乱防范情形,理合具文密呈,仰祈鉴核俯准,转电统部添兵驻防,以卫地方,实为公便。抑知事更有陈者,查玉邑警变弭平之后,一般被胁入伙及附和之匪,未经设法招安,致有此举。盖该余匪等本属愚民,毫无见识，当时或误信谣言，盲从附乱，或迫于势胁，附和入伙，迨事平之后，惮于缉捕之严，不敢回籍，流亡日久，为饥寒所迫，有此挺而走险之举。知事以为弭匪之策，务必剿抚兼施，方足以除后患，若欲一网打尽，必贻异日隐忧。及今补牢，犹未为迟。拟请咨会江西督军、省长令县查明前次玉山警变案内除真正首要人犯，照案严缉，务获正法，其被胁附和各犯暂免缉捕，准予归籍为民，由县随时察看，严加管束，明颁布告，俾众周知，庶几多一归籍之民，即少一流亡之匪，微特缉剿易于为力，益且永弭后患，釜底抽薪，斯为上策。知事为地方治安起见，用伸一得之愚，是否可行，竚候裁夺示遵"等情到署。查此案前据该知事电呈，并选准贵督军、贵省长来电，节经饬派驻江山警备队管带吕桂荣会同衢、江、常、开各县认真协剿，并将办理情形先后分电咨复在案。兹据该知事呈称前情，除仍指令会营协剿外，核阅所陈剿抚办法，似尚不为无见，究应如何办理之处，相应咨请贵督军、贵省长查照核办，并希见复。此咨

江西督军李、江西省长戚①

浙江督军兼省长吕公望

中华民国五年十二月九日

（原载《浙江公报》第一千七百零六号，一九一六年十二月十二日，三至四页，咨）

浙江省长公署咨交通部

据绍萧两县呈越安公司添购越康汽船
一案可否转咨准予给照由

浙江省长公署为咨行事。

前准大部咨开，"据绍萧越安轮船公司价购越康汽船，请予注册

---

① 江西省长戚，指戚扬（1857—1945），字升淮，浙江绍兴人。光绪十五年（1889）进士。民国五年七月至民国十年二月任江西省长。

给照,暨绍兴曹娥等乡自治委员王树槐等呈请撤消普济公司原案等情,请饬属秉公查明该项河道实在详情,有无厘订《免碰规则》,暨公摊堤岸修费之必要,转咨核办"等因。准此,查此案前据该自治委员等呈请来署,即经令据前民政厅复称,"此案前据该自治委员等暨绍兴县知事先后分呈来厅,当以该处航路前于俞昌言等创办越安公司案内,曾据绍、萧两县知事勘明,东西河道约长一百八十里,河面窄者三丈左右,广者二三十丈不等,并据声称两岸塘堤均尚坚固。至越兴、保安两公司合并为一,查原案系由禀办人车驰倡议,交由绍县议会议决,并非由绍、萧两县议会提议限制,来呈所称均有不符。且此项公共河流行驶轮船,既与堤岸并无妨碍,未便任令一公司占据,前于茅智潜禀办杭诸轮船公司案内,由交通部咨明饬属出示晓谕等因,业经前按署转饬遵办在案。是该商人陆逵等禀办之普济轮船公司,暨与越安公司同一航线,且与部案亦复相符,自未便事涉两歧,致抱向隅。如谓该处河道不适煤轮,现在已据该商人陆逵等禀称,业经派人前往测量,公司利害有关,自能以河身之深浅广狭购置若干马力、若干吨数之轮船,以求适用。至碰撞覆溺一层,均由驾驶者之不慎,来呈诿为船多,亦属非是,所请碍难照准等语分别令示各在案。理合备文呈复"等情前来。准咨前因,又经令由该厅转令绍兴县知事会同萧山县知事迅速勘明办理呈核等语去后。兹据该两县知事会称,"正咨会萧署勘办间,又奉杭州关监督训令,内开,'案据绍萧越安轮船公司呈称,窃商公司添置越康汽油小轮一艘,遵章备具呈式、照费,呈由钧署详部换给新照。嗣于九月二十日奉到训令,内开,案据该公司呈请换给越康小轮新照一案,经本监督据情转呈交通部鉴核,顷奉令开:呈、件均悉。正核办间,复据绍兴县曹娥等乡自治委员王树槐等呈称,绍、萧一带居民全赖塘堤为保障,河道未见宽深,民船时遭撞沉。自越安公司小轮行驶以来,虽商旅称便,而动启衅端,人民啧有烦言,若再添轮,将见多轮经行,民船避让更难,堤岸浪蚀尤甚,非求官厅限制,后患何堪设想？近闻商人陆逵组织普济轮船公司,欲在绍萧河内参加行驶,请撤消原案等语。查绍萧越安公司价购越康汽油小轮,拟定航线,起西兴,讫曹娥,经过萧山、钱清、衔前、柯桥、西郭、绍兴、五云、皋埠、东关、蒿坝等处,尚无不合,惟与王树槐等所述绍萧河道情形两相抵触。近年航商习惯往往因行驶在先,藉口于各种妨碍,阻挠在后创办之商轮。须知河道为公共水流,向无专利之规定,各该航路但使向通轮行,核与约章及海关现行章程不背,经部核准,各商均可营业,何能听凭一公司占据,致开垄断之风？前浙省钱江、振兴、杭诸各公司互争线路,本部曾经严禁把持积习,分别行知在案。绍萧河道如果实系窒碍,非特新设轮只应予撤消,即越安旧有之船,亦当饬令停业,方足以昭公允。今越安公司又添置越康一轮,更与王树槐等公呈所称未许多轮之意相反,岂他商行轮辄生妨害,越安加添多艘独无碍于塘堤、民船？本部详加酌核,人民职业自由,固未便准彼拒此,致违法律而阻交通,而民船、塘堤亦未便任令冲害,不加维护,似宜厘订《免碰规则》,巩固堤岸办法,或仿照钱江、振兴、杭诸各公司行驶临浦以上航路成例,岁纳堤岸修费,由各航商平均摊认,或各该轮驶至该河某段较险处缓车慢行,初不难设法补救,双方兼顾。除越康小轮一案暂缓办理,普济公司应俟呈报有案再行酌夺,并分令江海关监督查照,咨行浙江省长饬属秉公查明该项河道实在详情,有无厘订《免碰规则》,暨公摊堤岸修费之必要,迅速呈请转咨到部,以凭核办外,合亟钞录王树槐等原呈,令行该监督转知越安公司遵照。此令'等因。奉此,合亟抄粘王树槐等原呈,令仰该公司遵照。此令"等因。奉此,查商公司汽轮所经西兴、曹娥航线,如萧属之山北六里,萧、曹交界钱清至南钱清间二里,绍属东关至曹娥间五里,均港狭流浅,不独快车疾驶为难,即慢车亦非极缓行驶,不能通过,当商公司创办之初,为交通计,非为牟利计,故审慎之周不厌精详,妨碍方面犹多虑及,是以不恤金钱,改用汽油小轮,为全浙倡,其长广、速度、吃水,无一不悉心考察,与绍河相适合,非若煤轮冲激力大,易蚀塘堤。此商公司对于商业、民生,双方兼顾之实在情形也(杭诸公司援案仿行,安之若素,可见汽油小轮推行尽利)。复因绍河窄处难容双轮并行,酌量起讫地点、开行时刻,亦曾几经研求,故长班则一自曹娥上午六时开西,一自西兴上午十时开曹,短班则上午五时由绍开西,下午三时由西回绍,经此规划,则短班开行在长班未开之先,既到之后,长班交会,必在河面深广之处,所以三年于兹,从未擦碰民船。此商公司对于开行时刻交会河道体察至慎之实在情形也。前年夏旱,绍河水涸,为数十年所未有,商公司恐妨民船生业,因是停业者百余日,雇工挑掘淤浅河道者十余处,糜费金钱至六千余元(呈报绍兴县署有案),至今船户人民多方称道,佥谓善举。本年慈善士绅发起之江救生团,商公司又慨认岁费三千元(呈荷省长批准,正在组织)。此商公司对于地方公益竭棉补助之实在情形也。总之,商公司开办以来,在在遵守法律,事事服从舆情,是以航线所经,群情翕然,似未可因王树槐等受他方面激刺之一是,靳与依法请领之船照致妨及煞费经营甫堪存立之航商。况商公司请领船照之新置越康汽油小轮,为前置越安、越昌、越亨三轮行用已久,常需停班修轮(汽油小轮机件繁琐,性质脆弱,易为外物所损),旅客爰有间言,营业或受影响,故亟新置该轮为预备接替原有三轮,免再临时停班起见,并非另添新班,则更与王树槐等原呈宗旨不相抵触。至《免碰规则》,商公司成立时呈案章程早经声叙。如仿照钱江等各公司成例,岁纳修费一层,则地情有所不同,查临浦以上两岸工塘均属各乡私有,向归民筑民修,故应有贴费名目,而商公司西曹一带航线两岸皆系坚固石塘,且汽油小轮苟长广尺寸、速率马力,与河港相适,则绝对无妨堤岸,是无岁纳修费之必要。奉文前因,合将商公司经历情形及新置越康汽油小轮为预备临时接替之需,并不另开新班缘由,备文呈请鉴核,迅赐据情转详交通部准予换给新照等情。据此,合即令仰该知事按照该公司呈称各节,迅速逐细查明具复,以凭核办。此令。等因到两县公署。奉此,知事等会查此案,前据曹娥等乡自治委员王树槐等呈请撤消普济公司等情,曾经知事承家据情转呈,奉有民政厅指令在案。兹奉前因,究竟绍萧河道行驶两公司轮船,应否厘订《免碰规则》暨公摊堤岸修费之处,事关地方交通与农田水利,审查不厌详慎,即越安轮船公司呈叙各节情形,是否实在,亦应详确调查,以便并案呈办。除分行两县县自治委员暨会咨水利联合研究会分别详查核议,俟复到再行会核呈转外,所有奉令会办是案缘由,合先备文呈报,仰祈鉴核备查,实为公便。再,越安轮船公司呈称,添置越康汽油小轮为预备临时接替之需,并非另开新班,尚属实在情形。所请咨部换给新照一节,可否照准赐予先行核转颁照给执之处,合并声请裁夺等情前来。查该处行轮无碍堤岸已有旧卷可稽,该自治委员呈称各节,显系反对新设之普济公司,砌辞妄渎,除关于《免碰规则》及修堤经费一层,俟县呈复到署再行核转暨指令外,相应咨请大部察核办理。此咨

交通总长

浙江省长吕公望

中华民国五年十一月 日

(原载《浙江公报》第一千七百零六号,四至八页,咨)

浙江省长公署训令第一千六百九十八号

令清理官产处查明罗纯嘏购置壶春楼房屋
基地及湖滨地亩一案已未办结由

令清理官产处

案查罗纯嘏价购壶春楼房屋、基地及湖滨地亩一案,前据水利委员会技正林大同以"该买户所购地亩侵占湖面,案悬莫结,隐忧未已,呈请取销部照,给还地价"等情,因其时清理官产处已并归财政厅,即经令饬该厅将购地原案一并撤销,并将所缴地价克日如数给还,前发

部照亦即吊销具报在案。迄今日久，未据具报，究竟地价已未给还，部照已未吊销，无凭察核。合行令仰该处迅即查明呈复，如案尚未结，应速遵前令办理勿延，切切。此令。

中华民国五年十二月七日
省长吕公望

（原载《浙江公报》第一千七百零六号，九页，训令）

浙江省长公署训令第一千六百九十九号

令催海盐县迅将清丈事宜遵令查议复夺由

令海盐县知事

案查前据该知事拟呈盐邑清丈意见书到署，即经明晰指令财政厅转饬遵照在案。办理清丈，为整顿田赋切要之图，亟应继续进行，未便稍涉延缓，合行令催该知事迅即参酌就地情形及前令事理克日查议复夺，慎毋畏难苟安，敷衍了事。余仍遵照前都督府第一〇七号批示分别办理，附复察核勿延，切切。此令。

中华民国五年十二月七日
省长吕公望

（原载《浙江公报》第一千七百零六号，九页，训令）

浙江省长公署训令第一千七百号

令各厅处准内务部咨请饬属密查奸徒伪造印花由

令高等审判厅长范贤方、高等检察厅长殷汝熊、财政厅长莫永贞、警务处长夏超

来年十二月一日准内务部咨开，"准财政部咨称，'本部访闻近有奸徒伪造印花，在上海一带每元可购二百余分，天津一带每元可购一百六十分，此等伪造有价证券，关系匪轻，应请贵部转饬京师警察厅暨各省警察厅严密遣派侦探密查，如有伪造印花，其票色花纹与真正

之印花税票确有区别者,就近拿送法庭按律惩办,擒获伪造之侦探巡警即由本部及各省财政厅长酌量给奖,以示鼓励。咨请查照办理'等因到部。除分行外,相应咨行贵省长查照,转饬所属遵照办理可也"等由。准此,除分行外,合行令仰该厅、该处知照并转行遵照。此令。

中华民国五年十二月七日
省长吕公望

（原载《浙江公报》第一千七百零六号,九至一〇页,训令）

浙江省长公署训令第一千七百零三号

令警务处鄞县知事保护宝华轮局宝华轮船由

令警务处处长、鄞县知事

案准交通部咨开,"据浙海关监督呈称,'窃据宝华轮局经理郑继昌呈称,宝华轮船向由宁波行驶泉州,奉部给照在案。兹拟变更航线,照章缴纳照费,另开清摺、绘图二份,禀请转详给照等情,合将缴呈旧照及附送图摺、暨册照费呈送鉴核'等语到部。查该轮变更航线,起鄞县讫宜昌,除由本部涂销旧照另行注册,填就执照一纸发交该监督转给承领暨分别训令并分咨外,相应咨请贵省长查照,令行该属随时保护,至纫公谊"等因。准此,除分令外,合就仰该处长转令该管水警/知事,妥为保护。此令。

中华民国五年十二月七日
省长吕公望

（原载《浙江公报》第一千七百零六号,一〇至一一页,训令）

浙江省长公署训令第一千七百一十一号

令第七师范讲习所据兰溪县查复学生罢课情形由

令第七师范讲习所所长

前据该所长电呈学生罢课要求缩短毕业期限情形,当经电令兰溪县知事查复去后。兹据复称，"查罢课原因厥有两端，一毕业期限，二饭菜问题。该所学生家计类非充裕，其入所肄业之目的，无非希望毕业后充当教员，藉资糊口。上江习惯，凡学校延聘教员，均于旧历十二月或正月订定。该所系本年三月开办，扣足一年毕业，自应在明年三月举行，各学生以延聘教员之期，彼时业已经过，此机一失，势必赋闲竟年，于生计上影响甚大，遂发生一种本年旧历年终毕业之思想。适因本月该所厨役有事回里，托人庖代，七日晚餐菜欠洁净，学生意图改良，遂与缩短毕业期限并向所长要求。该所长以饭菜不洁，系庖代者之过，允将原厨役招回，督令加意烹调，以重卫生。至毕业期限，权非我操，须呈省请示，不能擅允。各学生谋生情切，遂暂行停课商议，冀达其要求之目的。知事得悉此情，并据学生推举代表来县请求解决，即经派员诣所喻以饭菜业由所长将原厨役招回，暂令改良，似不必再生异议；毕业期限关系学绩，万无缩短之理。诸生功败垂成，代为可惜等语。各学生颇知悔悟，于十日全体照常上课。是役也该所长平情应付，并无不合。学生辍学要求名义殊非正当，惟察其内容，多为生计所迫，情甚可怜。且一经理喻，即行上课，尚免怙终之咎，似宜宽其既往，免予深求，以恤寒畯。理合呈请察核施行"等情。查该班学生一年毕业，时期本至短促，各该生并力兼程，犹虞不足，何得藉饭菜细故罢课，要求缩短毕业期限，虽据称因谋生情切，然苟学识未充，即予毕业，虚名亦属难期效用，否则自误误人，影响及于国家，尤非设所本旨。据呈情形，该学生等实属不合，姑念一经理喻即行悔改，准予从宽免议。嗣后务应由该所长认真训教，毋任再蹈前辙，合行令仰该所长遵照。此令。

中华民国五年十二月七日

省长吕公望

（原载《浙江公报》第一千七百零六号，一一页，训令）

浙江省长公署指令第四千九百零五号

令烟酒公卖局

呈一件为呈复何议员质问绍兴酒捐局征收

科罚等情一案派员查明情形由

呈悉。伪造印花案内之私酒及林万和匿酒罚款,既据查明尚无侵蚀情弊,应毋庸议。所有应行填发罚单,并不分别请领填用,手续已欠完备,查出私酒应罚各户又不照章罚办,辄行自由处分,虽据称系为体恤商艰,办理究有不合,应由该局长即行惩处、呈报察核。一面即饬该分局将处罚及免罚各户事由克日明白榜示,仍开摺呈报,藉征实在,并饬嗣后对于应罚各户,务须照章科罚、填给罚单。如有按照商情必须稍事变通者,亦应将减罚或免罚理由专案呈请核示,毋得擅自处分,致干重咎。此外,尚有被于兆麟等所控各节,未据叙及,应速由该局长遵照前令确切查明,据实呈复核夺勿延,切切。并候咨行省议会查照可也。此令。十二月九日

(原载《浙江公报》第一千七百零八号,一三至一四页,指令)

浙江督军公署指令第二千三百三十九号
浙江省长公署指令第四千九百零六号

令常山县知事赵钲铉

呈一件为报防范玉匪情形并陈

剿抚兼施办法请咨赣省核办由

呈悉。查此案前据该知事径电,并迭准江西李督军、戚省长径、艳两电先后到署,当经电饬兰溪刘统带迅派吕管带桂荣酌调兵力,会县协剿,并将办法电示该知事遵照在案。仰仍遵前电,随时商同吕管带认真办理。至所陈剿抚办法,不为无见,候咨请江西督军、省长查

照核办可也。此令。十二月九日

（原载《浙江公报》第一千七百零六号，一六页，指令）

浙江省长公署指令第四千六百一十一号

令景宁县知事

呈一件送各学校劝募基本金数目表由

呈、表均悉，应准备案。该知事为各学校筹集基金，先后共捐得银二万九千元有奇，出诸本省最贫瘠之区，甚为难得，足见该知事尽心教育，劝导有方，深用嘉慰。表存。此令。十二月六日

附原呈

呈为呈报事。

窃景邑地方瘠苦，风气闭塞，为全浙最。元、二年教育统计，全邑校数仅有九所。知事自三年一月抵任以来，见民智之陋，非推广教育，不足以图进步，每于延见士绅时，语以兴学为当务之急，并躬历各乡，多方劝导，各区人士始稍稍知教育之不容缓，两年之间呈报开办国民及半日学校者增至五十七所，又高小二所。然各校既无基本财产，殊难持久，以景邑著名贫瘠，公款既无可筹拨，县税四成教育费每年分配数仅一千元左右，除县视学薪水及县立高小学校特定补助费等开支外，年仅八百元有奇，以之补助各校，未免杯水车薪。爰与各该区办学人员商议，依照教育部颁发《捐赀兴学条例》广为劝谕，并捐俸以为之倡，幸各区人士慷慨乐输，计两次汇案，总计共得田租及现银计合银圆二万九千五百七十元零，均作各校基本金，由各校校长及学董经管按年收息，以充常费。其个人捐数在百元以上者，业经知事分别呈请核奖，并由知事拟定保管方法，呈奉前民政厅核准，令行各该区学董遵办在案。虽较诸昔日无米之炊稍有凭藉，但统核各校基本

金，最多额仅英川第一国民兼高小一校，约有四千元零，其余多系三四百元不等，最少者且不及一百元，每年所得息金寥寥无几。故审察各校状况，或尚有入不敷出之虞，办理情形诸形竭蹶。除随时体察情状，设法维持，并将前拟保管学款方法章程另文呈报备案外，所有各校募集基本金数目理合列表呈报，仰祈钧长俯赐察核备案，实为公便。谨呈。

景宁县城乡各校劝募基本金数目表 民国五年十一月填报

校　　名	校址	劝募基本金数		备　　　考
		元	角	
顺济区第一国民学校	田坑	六六七		该校共捐得银如上数。
渤海区第一国民学校	大潴	七二一		该校共捐得银七百一十一元，又田租二箩，值价银一十元，合如上数。
渤海区第二国民学校	柳山	四九六		该校先捐得银四百八十六元，续捐得银一十元，合如上数。
渤海区第三国民学校	渤海	一一五五		该校共捐得银八百五十四元，又田租四十三箩，值价银三百零一元，合如上数。
渤海区第五国民学校	后耷	六九一		该校共捐得银五百五十一元，又田租二十箩，值价银一百四十元，合如上数。
渤海区第一半日学校	杨山	二〇五	五	该校共捐得银如上数。
大常区第一国民学校	包山	三一〇		该校共捐得银如上数。
沙溪区第一国民学校	季庄	四三八	五	该校原捐得银七百一十四元五角，内建筑校舍并开办费除去二百七十六元，计存银四百三十八元五角，内田租三百一秤，值价银三百一十六元。

续 表

校 名	校址	劝募基本金数		备 考
		元	角	
沙溪区第二国民学校	仙姑	九六〇		该校原捐得银一千八十元,内开办费开支一百二十元,计存银九百六十一元,①内田租二百二十一秤,值价银四百五十元。
英川区第二国民学校	虞山	一三一七		该校共捐得银一十五元,又田租九十四担又三百七十斤,共值价银一千三百二元,合如上数。
英川区第三国民学校	道化	一四三六		该校共捐得田租七百一十八秤,合价银如上数。
英川区第四国民学校	留坑	七五〇		该校捐款除鹤峰寺田租四十秤外,余均由各捐户领存,递年于秋成后以禾谷完纳息金。
英川区第五国民学校	张坑	一三二八		该校先捐得银一百六十四元,又田租四百五十二宛,值价银九百四元,续捐得田租一百三十宛,值银二百六十元,合如上数。
宣德区第一国民学校	小地	一〇九〇		该校共捐得银一百一十元,田租四十九担,值价银九百八十元,合如上数。
统治区第一国民学校	吴坑	一二四〇		该校先捐得银九百四十元,续捐得银一百元,田租二百把,值银二百元,合如上数。
统治区第二国民学校	毛垟	一〇三五		该校共捐银如上数。
统治区第三国民学校	库头	一六七四		该校先捐得银四百七十六元,田租二百二十六秤,值价银四百五十二元,续捐得田租三百七十五秤,值银七百四十六元,合如上数。

① 底本如此。疑备考栏疏忽,当以左数为准。

校　　名	校址	劝募基本金数		备　　考
		元	角	
南安区第二国民学校	大漈	一一五七	五	该校先捐得银六百一十元,续捐银五百四十七元五角,合如上数。
南安区第三国民学校	小左	二〇四		该校共捐得银如上数。
景顺区第一国民学校	梅岐	五四五		该校捐款均由各捐户领,递年于秋成后以禾谷完纳息金。
私立继周国民学校	澳头	八〇〇		该校共捐得银如上数。
大均区第一国民学校	大均	四二〇		该校捐得田租二十五担,值价银如上数。
城区第一女子国民学校	城内	三八〇		该校共捐得银二百元,又田租五担,值价银八十元,又田租六十秤,值价银一百元,合如上数。
英川区第一国民兼高小学校	英川	四〇三二	四	该校共捐得银二百八十元,田租一千五百六十秤半,值价银三千七百五十二元四角,合如上数。
私立隆川国民学校	菥下	一七四四		该校先捐得田租四百七十七秤,值价银一千一百五十五元,续捐得田租四十七担,值价银五百八十九元,合如上数。
统治区第四国民学校	半山	七七〇		该校共捐得银六百一十八元,田租九十五秤,值价银一百五十二元,合如上数。
宣德区第二国民学校	大地	七七〇		该校共捐得银如上数。
景顺区第二国民学校	茗源	三八〇		该校共捐得田租一十九担,值价银如上数。

续 表

校 名	校址	劝募基本金数		备 考
		元	角	
景和区第二国民学校	朱坑	二五〇		该校共捐得银一十元,田租四十箩,值价银二百四十元,合如上数。
南康区第二半日学校	章坑	九二		该校共捐得银五十元,又田租二十秤,值价银四十二元,合如上数。
顺济区第二国民学校	官圩	三六一		该校原捐得银五百一元,内除开办费二百五元,又续捐银六十五元,计存银合如上数。
大常区第三国民学校	金钟	二七一		该校共捐得银如上数。
大常区第四国民学校	古传	三一〇		该校共捐得银如上数。
私立鲍岸国民学校	鲍岸	一二七①		该校共捐得银五十元,又田租一十一箩,值价银七十七元,合如上数。
县立第二高小兼国民学校	沙溪	一四五〇		该校共捐得银合如上数。
合 计		二九五七七	九	
说明		查第一次汇报募集数为一万六千八百五十一元,第二次募集数为一万二千七百二十六元九角。 查景邑田形畸零,亩数难分,民间卖买田地率以田租收入计算,或称几箩,或称几宛、几秤、几担,乡俗土音每不相同,均系递秋收得租谷之数目也,至田地价值,均以该处时价估计,理合声明。		

（原载《浙江公报》第一千七百零六号,一六至一九页,指令）

---

① 底本误作一二〇,据备考栏合计,应为一二七元,径改。

浙江省长公署指令第四千七百二十四号

令本署实业科科长、前缫丝厂监理处主任员陆永

呈一件为呈报缫丝厂监理处归并

实业科移交清楚由

呈及附件均悉。既据该科长点收清楚，并无讹误，应准备案。册、摺均存。此令。十二月七日

（原载《浙江公报》第一千七百零六号，二〇页，指令）

浙江省长公署指令第四千七百二十五号

令高等检察厅长殷汝熊

呈一件黄岩审检所呈请变通赌案充赏办法由

该县花会充斥，本省长早有所闻，该知事捕务废弛，实难辞咎，应即严予申斥。所陈兵警缉捕困苦情形，尚属实在，应准从他项赌案没收项下酌量移奖，以资激劝。罚金为司法收入要款，未便率准移用，一面仍责成该知事督率营警严行查缉，毋再延纵干咎，切切。仰高等检察厅转行知照。此令。十二月七日

（原载《浙江公报》第一千七百零六号，二〇页，指令）

浙江省长公署指令第四千七百二十九号

令平阳县知事

呈一件呈报颜受煜染坊被劫勘验情形由

呈及图、单均悉。该盗等结伙行劫，复敢拒伤事主邻佑四人，不法已极，仰即迅行会督营警严密侦缉，务将案内正盗真赃悉获，诉究具报，一面先查明盗匪姓名、籍贯、年貌呈候通缉。再，各县呈报盗案，应将失事时日、地点及离城里数、有无防警等类，照表填列附呈。查核来呈，并未遵照填报，殊属疏漏，并仰依式填注补呈备核，切切。

此令。图、单存。十二月七日

（原载《浙江公报》第一千七百零六号，二〇页，指令）

浙江省长公署指令第四千七百三十五号

令省会警察厅厅长

　　呈一件为呈复勘估修葺竺烈士绍康坟墓由

　　呈、表均悉。查此项工程保固期限未满，所有损坏各处应由原承揽工匠赔修。兹检发保固、承揽三纸，仰即查照饬原办工匠从速修固具报。表姑存。此令。十二月七日

　　计发保固、承揽三纸。仍缴。

（原载《浙江公报》第一千七百零六号，二〇至二一页，指令）

浙江省长公署指令第四千七百三十六号

令财政厅长莫永贞

　　呈一件据绍兴县知事呈为开办粥厂请指拨公款由

　　捐款施粥自是目前救恤要政，该县知事捐俸提倡，深堪嘉许，应准如拟办理，即在公益费项下拨补银一千元，妥速开办，事竣造册呈候核销。再，查该县上年办理粥厂所有收支各款，迄未据报有案，应即造册补报，以重公款。仰财政厅转令该县知事遵照办理。此令。十二月七日

（原载《浙江公报》第一千七百零六号，二一页，指令）

浙江省长公署指令第四千七百四十五号

令财政厅长莫永贞

　　呈一件慈溪县知事林觐光报解第一次五年内国公债款由

　　据报解，实收九一公债，并除扣支公费外，共银四千四百五十元，已交支金库兑收等情，仰财政厅核令知照。此令。十二月七日

（原载《浙江公报》第一千七百零六号，二一页，指令）

浙江省长公署指令第四千七百四十六号

令财政厅长莫永贞

呈一件上虞县呈报续解五年内国公债日期由

据呈报,该县此次募集五年内国公债,实解洋九百七十九元,已于十一月三十日如数解交支金库核收等情,仰财政厅核令知照。此令。十二月七日

(原载《浙江公报》第一千七百零六号,二一页,指令)

浙江省长公署指令第四千七百五十一号

令财政厅长莫永贞

呈一件据崇德县人范伟为经征主任吴衡
舞弊营私请派员澈究由

据禀该县经征吴衡营私舞弊等情,如果非虚,实属蠹国贫民,亟应澈查究惩,以肃法纪。仰该厅立即查明核办,具复察夺。此令。十二月七日

(原载《浙江公报》第一千七百零六号,二二页,指令)

浙江省长公署指令第四千七百五十二号

令财政厅长莫永贞

禀一件据吴兴县人杨人俊等为移完作歉
请饬县宣布户名并宽免罚金由

禀悉。该县上年被水成灾案内应行歉缓户名粮额,因何迄未布告,有无影匿情弊,仰财政厅查明核办。至滞纳罚金,应遵照此次公布案办理,所请应毋庸议。此令。十二月七日

(原载《浙江公报》第一千七百零六号,二二页,指令)

浙江省长公署指令第四千七百五十三号

令公报处主任陈焕章

呈一件呈送十月分收支计算书表单据由

呈及收支计算书、表、单据均悉。该处十月分开支经常费,计银一千零八十六元二角九分三厘,核数相符,应准支销,仰即知照。附件均存。此令。十二月七日

（原载《浙江公报》第一千七百零六号,二二页,指令）

浙江省长公署指令第四千七百七十四号

令永嘉县知事

呈一件为拟请暂设学务处开送章程清摺由

呈、摺均悉。应准暂予设立,俟劝学所成立后即行撤销,仰即知照。摺存。此令。十二月七日

（原载《浙江公报》第一千七百零六号,二二页,指令）

浙江省长公署指令第四千七百九十九号

令财政厅长莫永贞

呈一件桐乡县呈为查明商人朱信昌等被扣烟叶
并无重斤夹带业已派员秤量放行由

呈悉。朱信昌等运往长兴等处之烟,既系向由桐乡捐局过秤起捐,经过炉头分局只须查验件数,而该局司巡人等因勒索规费不遂,胆敢擅用小秤藉端刁难,实属玩法已极。且此秤沿用已久,商人受其抑勒匪伊朝夕,言之尤堪痛恨。仰财政厅迅饬该管县知事即提被控司巡到案,从严讯办具报,勿稍宽贷,以儆其余。乌镇统捐局长是否失于觉察,抑系明知故纵,并即由厅复查明确,分别议拟,呈候核夺毋延,切切,并转桐乡县知事知照。此令。呈抄发。十

二月八日

（原载《浙江公报》第一千七百零九号，一九一六年十二月十五日，一八页，指令）

浙江省长公署批第一千零五十号

原具呈人孀妇阙张氏

呈一件呈请转呈中央优加抚恤由

呈悉。据陈各情，殊深悯恻。惟此次奔走国事身后萧条者，各省正不乏人，如何抚恤，将来中央必有一定办法，候届时呈请核办可也。此批。十二月七日

（原载《浙江公报》第一千七百零六号，二四页，批示）

浙江省长公署批第一千零五十一号

原具呈人新昌周杨氏

呈一件呈伊夫周正熊田产充公不服决定

请移交平政院裁决由

呈及印契、议据均悉。查《行政诉讼法》第一条第二款规定，中央或地方行政官署之违法处分，致损害人民权利，经人民依《诉愿法》之规定，诉愿至最高行政官署，不服其决定者，始得提起行政诉讼。察阅该氏初呈，系控告潘钟杰侵占田产，并未依照《诉愿法》之规定，于法定期间内提起诉愿，本署亦未经正式决定，所请咨送平政院裁决之处，依法不能照准。此批。印契、议据均发还。十二月七日

（原载《浙江公报》第一千七百零六号，二四页，批示）

浙江省长公署批第一千零五十二号

原具呈人萧山丁克涛

呈一件呈祭产值年收租恐被抢收请令县严禁由

呈悉。丁远祭、丁兰汀祭产民国元、三两年既系该民值年收租，

何以收租有暇,而完粮独无暇?察阅呈词,殊属刁狡。仰即迅将悬欠陈粮设法清完,不得延宕。至此项祭产,本年如果确系该民轮值,且虑族急抢收,应即自赴县署呈请核办,毋庸越渎。此批。十二月七日

(原载《浙江公报》第一千七百零七号,二五页,批示)

浙江省长公署批第一千零五十八号

原具禀人崇德县人范伟

呈一件为经征主任吴衡舞弊营私请派员澈究由

据禀该县经征吴衡营私舞弊等情,如果非虚,实属蠹国贫民,亟应澈查究惩,以肃法纪。候令行财政厅立即查明核办,具复察夺。此批。十二月七日

(原载《浙江公报》第一千七百零六号,二四页,批示)

浙江省长公署公函 五年函字第四十四号

函留日学生监督准函送本年度浙省官自费生简表由

径启者。准贵监督函送本年度浙省官、自费生人数简表,请察照备案等由。准此,除将表备案外,相应函复贵监督查照。此致
留日学生监督

中华民国五年十二月九日

留日官自费生现在各官私立学校人数简表(浙江省民国五年十月调制)

校　别	一年级科别人数	二年级科别人数	三年级科别人数	四年级科别人数及实习研究等	总人数	备　考
东京帝大	二	三	二	毕业实习　二	九	
京都帝大	一			毕业实习　一	二	
九州帝大	一		一	四年级　　二	四	
东北帝大			一	毕业实习　一	二	

校　别	一年级科别人数	二年级科别人数	三年级科别人数	四年级科别人数及实习研究等	总人数	备　考
东京高师	二	一	一	研究科　　二 预科　　　六	一二	
东京高工	一一	六		毕业实习　二 预科　　　三	二二	
第一高等	二	二	一	预科　　　四	九	
第二高等	一				一	
第三高等	三	一			四	
第四高等	一				一	
第五高等	一				二	
第六高等			一			
第八高等	二	一			三	
千叶医专	三	三	二	毕业实习　一	九	
东京女高师				毕业实习　一	一	
大阪高工	一		一		三	
长崎医专	一		二	四年级　　一	四	
大阪医大				毕业实习　一	一	
盛冈高农	二		一		三	
神户高商	一	一			二	
东京外国语		一			一	
爱知医专		一			一	
庆应大学		二	二		四	
早稻田大学	三	三	一		七	
日本大学	一		二	研究科　　一	五	
明治大学	三	一	一	研究科　　三	八	

续 表

校　别	一年级 科别人数	二年级 科别人数	三年级 科别人数	四年级科别人数 及实习研究等	总人数	备　考
中央大学	二	五		研究科　　一	八	
法政大学		二	三	研究科　　一	六	
法政学校			二		二	
东京药学	一			实习　　　一	二	
青山农大		一	一		二	
东京物理		一			一	
东京女医专	一		一	四年级　　一	三	
东京医专		二			二	
东京兽医		一			一	
富山药专			一		一	
明治药专	二	一			三	
女子美术	一				二	
女子音乐		一			一	
田中音乐		一			一	
东京实科 女学	一				一	
日本齿科	一				一	
东京帝大 药科教室				实习　　　一	一	
大阪安田 铁工所				实习　　　一	一	
东西制药 会社				实习　　　一	一	
京都栗纹 工所				实习　　　一	一	

续　表

校　别	一年级科别人数	二年级科别人数	三年级科别人数	四年级科别人数及实习研究等		总人数	备　考
伊东测量			一			一	
同文书院				普通	二	二	
东亚高等				预备	五七	五七	
正则英语				预备	一一	一一	
国民英学会				预备	一	一	
独逸语学会				预备	一	一	
预备学校				预备	四	四	
寻常小学	四	一		四年级	一	六	
幼稚园				三		三	
统　计	五四	四七	二八	一一九		二四八	官费九四自费一五四

（原载《浙江公报》第一千七百零七号，一九一六年十二月十三日，三至六页，公函）

浙江省长公署训令第一千七百一十八号

令宣平县据交涉署呈并林云岳等呈为军队
剿匪牵涉教民一案迅即办结具报由

令宣平县知事

案据署外交部特派浙江交涉员林鹗翔呈称，"宣平县警备队剿匪牵涉教民一案，请令县严查秉公办结"等情到署。据此，查此案业由前民政厅令饬该县迅将梁绍棠等交结匪类暨呈报失物案件悉心研鞫虚实、办结具报在案，现尚未据呈报。兹据前情，合亟照抄呈件，令仰该县并案秉公办理。正核办间，又据该县商民林云岳、梁绍棠呈称

"纵兵抢掠混报诅诬,请澈查究办"等情前来,并即钞呈令发查照迅速办结具报察夺。此令。

中华民国五年十二月八日

省长吕公望

（原载《浙江公报》第一千七百零七号,七页,训令）

浙江省长公署训令第一千七百一十九号

令警务处准内务部咨行再送警察现状调查表暨说明书请饬属克日填送由

令警务处长夏超

十一月二十八日案准内务部咨开,"案查本部前因调查全国警察现状,以为整顿警政之根据,当经拟具警察现状调查表暨说明书,于四年八月间通行查照办理,嗣因各省填报未齐,复于本年三月间电催从速补报在案。时阅一年,迄未准贵省将前项调查表汇齐送部,当兹庶政刷新之际,警察为内务行政之大端,关系綦重,亟应竭力整顿,俾臻完善。此项表册具有考察之用,相应再将本部制就调查表暨说明书各十分咨行贵省长转饬所属,克日填齐咨部,以凭汇核。事关整理全国警察计画,应请迅予施行,并希查照见复"等因,并附送调查表暨说明书过署。准此,查此项调查表前以各属填报未齐,中更事变,是以未及汇送。准咨前因,除咨复外,合行检发原表暨说明书各五分,令仰该处迅即令转各属赶造,限期填报,由该处汇核呈署,以凭咨转,是为至要。此令。

计发警察现状调查表暨说明书各五分。

中华民国五年十二月八日

省长吕公望

（原载《浙江公报》第一千七百零七号,七至八页,训令）

浙江省长公署训令第一千七百二十八号

令财政厅为庆元县核明所拟各项兴革事宜由

令财政厅长莫永贞

案据庆元县知事张国威条陈该县地方应兴应革事宜案内关于财政应兴事项,有查出隐粮各户,应照定滞纳处分之数再加以一倍罚金,以为经征人之奖金等情,事关征收处分,应仰该厅悉心核议,转饬遵照,并报署备查。此令。

计黏钞一纸。

中华民国五年十二月九日

省长吕公望

庆元县知事条陈财政应兴事宜

一庆邑田赋自乾嘉以前曾办清丈,驯后屡遭兵燹,鱼鳞图册荡然无存,户号亩分固属失所根据,兼以民间产业之移转,以租计而不以亩计。如有租十把者,竟可分十次出售,其契据则载明某处田租,售十分之一或十年轮值一次,及至年代久远,其十分之一之租谷,辗转互售,亩分四分,遂乃无可考证。受产者只知以老契为凭,并有佃户承认,即已认为可靠之业矣,其田亩究在何地,不各知其所以然也。至于推收之法,亦据其卖契之数。查售户向有粮银若干者,划出几分之几,作为受主之户粮而已,不问其田亩之所在也。夫田产无所在地之可指,粮银不以亩分为根据,洵为别属之所无,以致飞晒隐粮、寄名诡户之弊遂百出而莫可究诘。此等弊端盖已历数十百年矣。民国三年编审户粮,设立推收所,庆邑虽均经兴办,足为清厘粮赋之善法。但仅可杜其将来,不能穷及既往,因向来隐匿者本非真名,依然无凭追究也。以是原因,庆邑应征粮额虽有九千七百余两,而此种似绝户非绝户之粮银计有九百余两之巨,所造完粮户摺,迄尚无从投送。欲杜其弊,固非清丈不克根本解决,第兹事体大,断非一二年所能办到。治标之计,只有责成各柜经征遍查积年粮册,务求真名,并广询博采,按户挤查,庶可收期十得五之效。然不有奖惩以督促之,又无以资策励而别勤怠。拟请此项隐户经挤查而得其真名者,照《征收章程》滞纳处分之数再加一倍之罚金,即以倍加之罚款赏给承办之经征人,其先期自首声明者不在此例。似此办理,庶业户知所儆惕,匿粮之风既可少戢,而经征人有特别之奖金,亦知振作而实心承事矣。是否有当,仰乞指示祗遵。

实业条陈批答

据陈兴革各事,尚无不合,仰即认真办理,并将新制靛青检送备核。其实业学校县费生,经县选定后,如有不愿就学,应另行选送;一面饬知讲演所将实业教育紧要理由详细拟稿,广为讲说,但使一般人民晓然于实业教育之需要,自不至固陋自安,无待强迫。所拟惩戒办法,殊未尽当,应毋庸议。

教育条陈批答

据拟各节,尚属正办,应准照行。惟县税学费项下究可拨女学校经费若干元,招生若干,校舍定在何处,校长何人,详细呈报,其学校成绩展览会闭会后,并应将展览结果报查。又,国民学校何处因何理由裁并,亦应切实呈报,不得徒托空言。

财政条陈批答

该县因民间田产之转移以租计,而不以亩计,致飞晒隐粮、寄名诡户之弊,莫可究诘,自应认真查挤,期复旧额。查前据财政厅遵饬议复丽水县财政条陈案内所拟清查户粮办法及表式,甚属周妥,业已令饬通行各属一体照办在案。仰即参酌就地情形,切实办理。一面将田产移转应以亩计,并须查明四至地点,以期确定地权等情,编成白话布告,分贴城乡,广为晓谕,或可改良习惯,作根本上之解决。所有查出隐粮各户,应否照规定滞纳处分之数,再加一倍罚金,以为经征人之奖金,候令行财政厅核议具复,另文饬遵。地丁完纳期间,全省应归一致,未便县自为风,所请宽展定限每忙改为四月之处,应毋庸议。

警政条陈批答

筹设乡镇警察分所,以限于经费未能猝办,自应就原有警额认真办理。至所呈筹备水龙、设置警钟,皆关系消防事项,既称捐俸提倡,劝募置备,应即查照现经公布之《各县消防队规则》办理。至所称冬防期间改站岗为巡逻,轮流下乡查察各节,亦属可行,惟城厢并宜注意。查《地方保卫团条例》凡县属未设警察地方得设立保卫团,该县各乡已未设立,未据声叙,应责成切实办理,以补警察所不足,并另文具报核夺。

司法条陈批答

该县额定法警如果不敷差遣,自可酌量添设,惟以不逾诉讼经费预算总额为限,有必要时,仍可随时调派行政警察协助。承发吏名额过少,各县知事均以为言,应如何量予变通,应候通盘筹画,核定办法,另案饬遵。至所称诉讼费用增收过巨,民力实有未逮一节,自系为体恤穷黎起见,应否酌量减少,候令行高等审判厅查核令遵具报。

（原载《浙江公报》第一千七百零七号,八至一〇页,训令）

浙江省长公署训令第一千七百三十一号

令各机关准教育部咨嗣后各机关如向美国工厂购订
物件须要求中国学生入厂练习由

令各机关

案准教育部咨开,"案据留美学生监督严恩槱呈,'拟将留美工科毕业生展长实习期限,请核定办法,以示鼓励'等情,并附抄已入工厂各生名单一纸到部。查留美工业学生于毕业后志愿入厂实习者,其期限照章非经本部特准不得逾一年,历经办理在案。兹据该监督呈称各节,自属实情。查单内开列各生,除陆军、交通两部所派学生应候本部咨商原派机关核定办法,另案饬遵外,其广东省之张銮、卢维博、罗英俊三生,山东省之良恩、叶建梅二生,在厂实习年限均准展长至二年,以资历练。该生等将来实习期满,如果成绩优良,必须再展期限时,应由该监督查察情形,先期呈部核办。至请咨商各部、省,嗣后如与美国工厂订购物品,可否附带条件,要求准中国学生入厂练习各节,事属可行,应准照办。除分咨并指令外,相应抄同原呈咨请查照"等因。准此,合就抄发原呈,通令遵照。嗣后如与美国工厂订购物品,应即附带条件,要求中国学生入厂练习,俾资实验。此令。(刊登《公报》,不另行文)

计抄发原呈一纸。

中华民国五年十二月九日

省长吕公望

附录留美学生监督原呈

呈为恳定办法鼓励留美学生于大学毕业后再求深造,并延长工厂实习期限事。

窃维我国选送学生肄业欧美,人数不为不多,耗款不为不巨,历时不为不久,徒以派送之目的不同,采用之方针无定,故所收效果互异,而其裨益于国家亦甚稀微。分而论之,约可划为三期:第一期,所派学生西渡,在数十年前,当时目的似系造就译材,故皆专习语言,归国学生研究专门、得有学位者实属寥寥。前清末季,风气稍开,故第二期所派学生渐知注重专门,求得学位,然其流弊在于务虚名而轻实验,故对于专门学问经验宏富、成绩优美者,虽不乏人,而偏于理论、无裨实用者尤占多数。民国成立，百度维新，遣人留学，务求实效，故所谓第三时期之学生，决不专在得一学位，大学毕业之后，自当令其再入毕业院或博士院，以求深造，俾于专门之学能升堂入室，成一完全之人材，以应世界学术竞争之趋势；而工科学生尤须注重实验，于大学毕业之后，似宜即入工场，为长期之练习。恩樗到美以来，屡向各工厂探询，凡大学毕业生入厂练习，究需几年，始能成一完善之工程师，而可独立经营事业。旋据先后复称，咸谓实习二年，不过略建基础，欲收实用，非四五载不为功。各函现存此间，钧部如须查阅，即当交邮寄呈。现在各省对于工场实习，颇不注重，学生一经毕业，即欲令其归国，否则停止学费，使难再留。推原其故，盖恐学生以实习为名，久羁异域，恃公家学费，以为游荡之资，是以迫令早归，以免浪费学款。窃以为实地练习乃工科学生决不可废之事。大学课程偏重理论，欲求实验，必入工场。泰西大科学家，如发明蒸汽机关之瓦德，首创无线电报之马可尼，其事业之成功，皆由于实地之经验。即如我国名工程师詹君天佑，其在外国所得学位，原不甚高，但因经验宏富，故能处理事务，规划工程，有条不紊。恩樗有鉴于此，用敢冒昧渎陈，延长工科学生实习期限，并奖励大学毕业生再从事于高深之研究，俾成完材而收实用。至于学生在工场中实习之勤惰，监督处不难随时调查，严加取缔，倘有疏旷自弃，荒废学业者，一经查出，即当详部停费，以肃学风而重学款。伏查《管理留美学生事务规程》第十六条第三项，"实习期限，非经教育总长特准，不得逾一年"，诚于鼓励之中寓限制之意，立法之善，钦佩莫名。窃查目前已入工厂学生共十三人，其中有实习已逾一年者，有实习未满一年而预请展限者。据各厂报告，实习诸生成绩均佳，惟所习科目虽皆已窥门径，终觉未竟全工。兹特开单呈鉴，敬求俯准展限，并恳咨明各部、省继续发费。倘虑实习期限过长，所费公款太巨，似可明颁部令,规定学生实习已满三年者,只给半费,盖学生入厂实习若满三年,工厂例能略给薪俸,以资津贴,其所剩半费,即可凑数另补新生。惟美国工界素排华人学生,觅厂实习,殊非易事,现在一面由监督设法联络,广为介绍,前晤美国商会总理菲君,亦允力助;一面拟恳钧部咨商各部、省,嗣后如与美国工厂订购物品,可否附带条件,要求准中国学生入厂练习,其与我国已有交易之各厂,亦祈查明地址,示知监督,并赐绍介,俾可设法与之交涉。是否有当,敬候批示祗遵。谨详。

(原载《浙江公报》第一千七百零七号,一〇至一二页,训令)

浙江省长公署指令第　号①

令全省警务处长

建德县知事兼警所长呈警佐高崇善拿获

邻县盗伙两起应如何奖励请核示由

据呈该警佐高崇善,于缉获邻县盗匪案内调度有方,请予奖励前来,应如何照章给奖之处,仰警务处核议令遵具报。原呈抄发。此令。

附　浙江全省警务处训令第一百四十三号

令建德县奉省长令核议警佐高崇善拿获

邻县盗首盗伙两起酌予奖励由

令建德县知事兼警察所所长夏曰璈

本年十二月八日奉省长指令,建德县知事兼警所长呈警佐高崇善拿获邻县盗伙两起应如何奖励请核示由,奉令内开:"据呈该警佐高崇善,于缉获邻县盗匪案内调度有方,请予奖励前来,应如何照章给奖之处,仰警务处核议令遵具报。原呈抄发。此令"等因。奉此,查本省单行章程对于警官拿获邻境盗犯如何

---

① 本文由浙江全省警务处训令第一百四十三号析出。

给奖,并无明文规定,惟查《警备队官佐奖惩章程》第十条,内载"凡对于非本防地内盗匪案犯,其缉捕得力者,按照本《章程》奖励酌加一等"等语。此次该县长警缉获邻县盗首盗伙两起,洵属异常得力,该警佐高崇善督率有方,自应酌予记功两次,以示优异。除注册外,合行填发记功状,令仰该兼所长转给祗领具报。此令。

计发记功状一纸。

中华民国五年十二月十二日

全省警务处处长夏超

(原载《浙江公报》第一千七百一十号,一八页,训令)

浙江省长公署指令第四千八百一十一号

令警务处处长夏超

呈一件呈复核议大有利电灯公司窃电赔偿规则由

呈、件均悉。该公司所拟《规则》既于法理、事实两有窒碍,应毋庸议。惟装户窃取电力,诚于公安极有妨碍,应如何设法取缔,应由该处妥议办法,呈候察夺,仰即遵照,并转饬该公司知照。此令。《规则》存。十二月八日

附原呈

呈为呈复事。

案查接管卷内本年九月十八日奉钧署第四五五号训令,"为大有利电灯公司呈送窃电赔偿各则,是否依据前项罚则规定,并有无畸轻畸重窒碍难行之处,抄发原呈并《规则》,令饬前警政厅核议复夺"等因。经前警政厅以该公司前定罚则,未据呈报有案,此次所拟赔偿各则,是否依照前定罚则,未据声叙,究竟有无窒碍难行及违背法律规则等情事,无凭核议,当令省会警察厅详

细查议呈候核转去后。兹于十一月二十三日据省会警察厅复称，"遵查该公司于民国二年曾有重订装订章程一种送厅，内附罚则数条，极为简单，与此次新订《赔偿规则》过异。且查《违警罚法》但有消灭路灯者，警察官署得加处罚，至于偷窃电力并无正条，警察官署不能越权受理。本厅复与杭县地方检察厅函商，该厅又以窃取电气，《刑律》第三百七十八条业已明晰规定，如果发见有此项情事，该公司尽可依法向该管司法衙门起诉，至赔偿损失一层，公诉如已成立，私诉当然可以附带，否则被害者亦得独立提起私诉，原有法律解决，自毋庸该公司另订赔偿各则之必要。察阅所订原则，颇多溢出范围以外，按之法理、事实两有窒碍，殊难认为有充分之理由。惟本厅以窃取电力不特有碍公司营业，且恐发生危险，对于装户似不可不有取缔方法，拟请转呈省长，仍饬大有利电灯公司另行妥议办法呈核，以期完善"等情到处。经职处详加复核，该公司此次所拟窃电赔偿各则，实于法律事实均有窒碍，拟请令饬该公司另拟妥善办法呈请察夺，以期推行尽利。所有奉令核议大有利电灯公司窃电赔偿各则缘由，理合检同奉发《规则》一册，备文呈复，仰祈钧长察核施行。谨呈。

（原载《浙江公报》第一千七百零八号，一一至一二页，指令）

浙江省长公署指令第四千八百一十三号

令遂安县知事千秋鉴、高等检察厅长殷汝熊

　　呈一件呈复盗犯方成惠脱逃陈知事委无贿纵情弊由

　　呈悉。盗犯方成惠越墙脱逃，陈前知事虽无贿纵情弊，究难辞疏忽之咎，应由高等检察厅将该前知事陈与椿暨管狱员曾植思分别议处，呈候察夺。一面仍由该知事会督营警，务将该逸犯缉获到案，依法办理，其在押狱卒许文治等并即迅取确供，分别释究具报，仰即遵

照。此令。十二月八日

（原载《浙江公报》第一千七百零八号,一二至一三页,指令）

浙江省长公署指令第四千八百一十四号

令萧山县知事王右庚、高等检察厅长殷汝熊、警务处长夏超

呈一件萧山县知事呈报义桥劫案内逸犯姓名乞准悬赏通缉由

准如来呈悬赏购缉,仰即迅行会督营警,上紧严拿,务将案内逸犯真赃如限破获,毋稍松懈,并仰警务处、高等检察厅通令所属一体协缉,务获解究具报,切切。此令。表存。呈、表抄发。十二月八日

（原载《浙江公报》第一千七百零七号,一七页,指令）

浙江省长公署指令第四千八百一十五号

令江山县知事、分水县知事

呈一件分水县知事呈报缉获江山盗犯张锦鸿一名由

呈悉。盗犯张锦鸿即金红,既据缉获发押,仰江山县知事迅行派警迎提归案讯办,应给赏洋五十元,并俟讯明后,由江山县照数发给具报。查核警佐王祖灿拿获邻境悬赏要犯,洵属缉捕勤能,并着传谕嘉奖,以资鼓励。此令。呈抄发。十二月八日

（原载《浙江公报》第一千七百零七号,一七页,指令）

浙江省长公署指令第四千八百二十三号

令警务处长夏超

呈一件永嘉警察局呈报小南门外周得贤家失慎延烧邻屋由

呈、表均悉。应将该火头周得贤传送法庭审办具报,仰警务处转令遵照。抄呈并表发。此令。十二月八日

（原载《浙江公报》第一千七百零七号,一七页,指令）

浙江省长公署指令第四千八百二十九号

令孝丰县知事

　　呈一件呈报给奖保卫团总潘蔺祺团丁宣荣根等由

呈悉。准予所拟办理。此令。十二月八日

附原呈

呈为遵令给奖报请察核示遵事。

　　案奉钧长二七五〇指令，知事呈为请将保卫团团总、团丁给奖由，奉令开："呈悉。该县永和区保卫团团总潘蔺祺暨团丁宣荣根、董有根拿获邻省盗犯，在场出力，仰即由该总监督查照《条例》酌量给奖，具报查考。此令。清单存"等因。奉此，查《保卫团条例》第十八条"各团办理保卫事宜，具有左列情事之一者，得由总监督核给奖励"等语，此次永和区保卫团团总潘蔺祺、团丁宣荣根等拿获邻省盗犯，适与该《条例》第二项"盗贼抢劫登时捕获者"相符，拟由知事将该团总潘蔺祺记大功一次，团丁宣荣根、董有根两名各给赏银六元，共洋十二元，即在五年度保卫团奖恤金项下开支。是否有当，理合备文，呈请钧长指令遵行，实为公便。谨呈。

　　（原载《浙江公报》第一千七百零七号，一七至一八页，指令）

浙江省长公署指令第四千八百三十八号

令财政厅长莫永贞

　　呈一件富阳县呈为呈复陆树堂等状诉征收

　　　　主任沈逸波违法浮收等情一案由

呈悉。该县派警催征钱粮，既有按户索取规费情弊，何以该知事直至数月之后始行出示严禁，是此数月中被索之户当已不知凡几，乃该知事并不澈查究惩，辄以"摘传被害人对簿公庭，亦恐各执一词，无从证实"等语含糊具复,显系曲为开脱,实属玩视民瘼,应记过一次,以示惩儆。除注册外,仰财政厅转令知照,并饬立即摘传人证,提同被控各警再行澈究明确,按律惩办具报。沈逸波如有通同舞弊情事,亦应一并处治,勿稍徇庇。一面将对于滞纳各户用铁链锁带一层,立予禁革,如敢违犯,一经查出,定惟该知事是问。凛之,切切。此令。

十二月八日

（原载《浙江公报》第一千七百零八号,一三页,指令）

浙江省长公署指令第四千八百三十九号

令财政厅长莫永贞

呈一件乐清县呈为请示回复抵补金法定折价带征省
地方税后原有特捐洋五角应否照旧征收由

呈悉。自抵补金回复法价后,是项特捐,有请随正减收者,有请循旧带征者,各县办法并不一律,总以视地方公款之盈绌为衡。该县应否核减,抑循旧征收,仰财政厅饬即察酌情形,分别办理,呈报察核可也。此令。十二月八日

（原载《浙江公报》第一千七百零八号,一三页,指令）

浙江省长公署指令第四千八百四十二号

令警务处长夏超、高等检察厅长殷汝熊、永康县知事张元成

呈一件永康县知事呈请饬属凶犯应金林
并令警厅查拘保人翁如玉由

呈及函、表均悉。该犯应金林现既久未获案,仰警务处、高等检察厅通令所属一体协缉,务获解究具报。至保人翁如玉,前据来署投首,当经发交高等检察厅询明贿纵情由,依法办理在案。察阅附呈保人原函,是该县监狱医生、管狱员、收发处以及傅金圭、王德明等均与此案有密切关系,自应传集一干人证,提同该保人严密质讯,以成信谳。惟案

内多系有职人员,在原县审判,恐多不便,应否将全案移交金华地方检察厅依法办理,仰高等检察厅核明令遵,并具复备核。其管狱员吴鼎,既系请假在杭就医,并仰该厅查明该员寓所,勒令赴案备质,毋稍延纵,切切。此令。呈及函、表均抄发。/函发还。表存。十二月九日

（原载《浙江公报》第一千七百零七号,一八至一九页,指令）

浙江省长公署指令第四千八百四十三号

令高等检察厅长殷汝熊

呈一件呈复查明余姚陈惠和等家被劫实情由

呈悉。既据查明该县知事尚无贿饰情弊,应毋庸议。仰仍转饬遵照前令,迅将案内逸盗真赃上紧严缉务获,诉办具报,毋再延纵,切切。此令。十二月九日

（原载《浙江公报》第一千七百零七号,一九页,指令）

浙江省长公署指令第四千八百四十六号

令高等检察厅长殷汝熊

呈一件崇德县知事呈报续获卫锡林等家
被劫案内盗犯讯供情形由

呈、摺均悉。该犯于毛毛等既据先后获案,应即迅行讯取确供,依法诉办,毋稍延缓。一面仍勒缉余犯务获,解究具报,仰高等检察厅转令遵照。此令。摺存。十二月九日

（原载《浙江公报》第一千七百零七号,一九页,指令）

浙江省长公署指令第四千八百四十九号

令吴兴县知事

呈一件呈复调查立兴轮船立案情形由

呈悉。立兴轮船公司既据查明曾于前清光绪三十四年间禀请驻

沪法总领事注册给照,并电请前杭嘉湖道饬知乌程县出示保护有案。嗣后该公司轮船往来行驶,应即随时妥为保护,毋稍疏忽,仰即遵照。此令。十二月九日

（原载《浙江公报》第一千七百零七号,一九页,指令）

浙江省长公署指令第四千八百五十号

令高等审判厅长范贤方

呈一件呈杭地审厅更正盗犯俞士林判词请鉴核由

呈及案卷、判词均悉。既据依法更正,应准照判将该犯俞士林处以死刑执行枪毙,仰即转咨同级检察厅转令杭县地方检察厅遵照办理,仍将执行日期呈报查考。此令。表发还,判词存。十二月九日

（原载《浙江公报》第一千七百零七号,一九至二○页,指令）

浙江省长公署指令第四千八百五十一号

令上虞县知事

呈一件呈补送逸犯阿四即卢盛荣年貌籍贯等项请转咨由

呈、表均悉。仰候补送江苏省长饬属查照协缉。此令。表存送。十二月九日

（原载《浙江公报》第一千七百零七号,二○页,指令）

浙江省长公署指令第四千八百五十三号

令泰顺县知事刘钟年

呈一件呈报委任掾属请注册由

查陈汝瑚等履历简略,是否与《文职任用令》相符,无凭查核,应将该员等详细履历克日补送核夺。此令。十二月九日

（原载《浙江公报》第一千七百零七号,二○页,指令）

浙江省长公署指令第四千八百五十四号

令庆元县知事

呈一件为条陈该县地方兴革事宜由

呈及清摺均悉。所陈各项兴革事宜，业经分别核明批答随令抄发，仰即遵照办理，仍将遵办情形随时具报，其原摺暨本署批答并即录报主管各厅查考。清摺五扣存。此令。十二月九日

（原载《浙江公报》第一千七百零七号，二〇页，指令）

浙江省长公署指令第四千八百七十号

令海盐县知事

呈一件为商民顾洪兴等请设协泰等茧行由

呈、件均悉。查西塘桥、角里堰两处，前据该县呈准新设茧行有案，乃复为该商等转呈，殊堪诧异。至茶园属该县边界，现在海宁袁花镇经本公署批准设有久成茧行，茶园自不合例，所请均不准行，仰即转饬知照。图、结并发还。此令。十二月九日

（原载《浙江公报》第一千七百零七号，二〇至二一页，指令）

浙江省长公署指令第四千八百七十一号

令永康县知事

呈一件呈送赴美运回赛品愿否移赠由

呈、单均悉。该县运回赴美赛品，女师校刺绣字既据声复不愿移赠，候另令派员来署具领给还，余件准发交陈列可也。仰即分别转饬知照。单存。此令。十二月九日

（原载《浙江公报》第一千七百零七号，二一页，指令）

浙江省长公署指令第四千八百七十六号

令诸暨县知事

呈一件据徐时勉呈请试探诸暨县小东乡捣臼湾庄等处锌矿由

呈、件均悉。该商等呈请试探诸暨县小东乡捣臼湾庄、乔木湾锌矿,查阅矿区图及履历、保结,均与部定程式尚属相合,应予审定。惟该处矿区有无抵触《矿业条例》第十三条各项,并其他纠葛情事,均应切实查明,以杜流弊。仰诸暨县知事即便遵照查明具复,以凭核夺,毋延。原呈抄发,矿图一纸随发仍缴,余件存。此令。十二月九日

(原载《浙江公报》第一千七百零七号,二一页,指令)

浙江省长公署指令第四千八百七十七号

令省立第九中学校

呈一件呈送五年度管教员学生一览表请核转由

呈、表均悉。应将各转学生原校证明书及成绩表各抄送两份送候一并核转。再何炳益、钟士杰二名,既系本年一月入校,何以当时不即呈报,嗣后收受转学生务须随时呈明,不得迟延,并仰遵照。表暂存。此令。十二月九日

(原载《浙江公报》第一千七百零七号,二一至二二页,指令)

浙江省长公署指令第四千八百八十八号

令南田县知事

呈一件呈国民学校设立未久并无毕业生徒请免予填表由

查原颁调查表并不限于现设学校及肄业于本县境内学校之毕业生徒,该县治虽系新设,然人民入学不自今始,何至一县之内无一毕业生徒,应仍详细调查、列表送核,仰即遵照。此令。十二月九日

(原载《浙江公报》第一千七百零七号,二二页,指令)

浙江省长公署指令第四千八百八十九号

令嵊县知事

呈一件为拟饬各小校添设夜课拟具办法请核示由

呈悉。察阅摺开办法，大致尚无不合，惟科目一项，应每周减少算术一小时，改授修身，以重德育，一面仍查照部颁《半日学校规程》办理。至所称视察、奖惩，自应照准，惟县税小学费之补助及调查户口均各自有标准，未便因此项夜课加以限制，据拟停给各办法，应毋庸议，仰即分别遵照。摺存。此令。十二月九日

附原呈

呈为拟饬各小校添设夜课推广教育呈请示遵事。

窃查嵊邑地广人稠，学校虽逐渐添设，而教育终难普及。知事于前月赴乡考察学务，查得各乡之中少年子弟入学读书无多，推究原因，缘穷苦之家向赖儿童帮同工作，藉以度日，是以力难就学，即使官厅强迫入校读书，事实上既有障碍，自难发生效力，但长此以往，欲教育之普及，则戛戛乎其难。知事为地方亲民之官，自应极力扶持，以期发达。兹拟于各乡之中就原有之学校添设夜课一班，教授二小时，学生不限年龄，一概不取学费，俾贫家子弟日间无力读书者，均得于夜间入校受学。如各校无特别障碍，夜间不设夜课，停给其县税小学费之补助，以杜推诿。一面出示布告乡民，凡有未曾读书子弟，悉责成各该家族父兄送入附近夜校肄业，违者将来调查户口，不以平民论，稍加限制，俾知顽忌。每月由县派员赴乡查察一次，视各校办理之成绩若何，暨各乡夜读儿童之多寡，分别奖惩，如此办理，似于教育普及不无裨益。是否有当，理合拟具各校添设夜课办法，录摺呈请钧长察核示遵，实为公便。谨呈。

附清摺

嵊县知事牛荫麐今将酌拟《各校添设夜课办法》录摺呈请鉴核。

计开：

一、校址　就各乡原有学校内附设夜课。

一、经费　每月约须灯油费洋三元，就各乡附设之学校筹备。

一、教授人员　由附设学校中教员担任。

一、科目　分国文、算术两科。

一、教授时间　每晚教授二小时。

一、书籍　由附设学校置备，令学生购取。

一、学童年龄　无限制。

（原载《浙江公报》第一千七百零七号，二二至二三页，指令）

浙江省长公署指令第四千八百九十一号

令常山县知事

呈一件送小学成绩展览会办法清摺并请开支经费由

呈、摺均悉。应准备案，经费并准照支。惟成绩品一项，应将学校行政上成绩品类一并征集陈列，以资比较而备参考，仰即遵照。摺存。此令。十二月九日

（原载《浙江公报》第一千七百零七号，二三页，指令）

浙江省长公署指令第四千八百九十二号

令嵊县知事

呈一件为查视各乡学校加考开摺送核由

呈、摺均悉。该知事亲赴城乡各校周历视察，施以劝戒，具见尽心教育，良堪嘉许。至县立高小及崇仁各校，应仍由该知事酌予奖

励,无庸由本公署给额。余准如拟办理,仰即知照。摺存。此令。十二月九日

（原载《浙江公报》第一千七百零七号,二三至二四页,指令）

浙江省长公署指令第四千八百九十三号

令临安县知事

呈一件呈送吴士杰捐赀兴学遵令另造表册请核由

呈、册均悉。该校长吴士杰应准奖给银色一等褒章,填明执照,随文附发,仰即查照转给可也。表册存。此令。十二月九日

附发褒章一座、执照一张。

（原载《浙江公报》第一千七百十一号,一九一六年十二月十七日,一四页,指令）

浙江省长公署批第一千零五十九号

原具禀人吴兴县人杨人俊等

禀一件为移完作歉请饬县宣布户名并宽免罚金由

禀悉。该县上年被水成灾案内应行歉缓户名粮额,因何迄未布告,有无影匿情弊,候令行财政厅查明核办。至滞纳罚金,应遵照此次公布案办理,所请应毋庸议。此批。十二月七日

（原载《浙江公报》第一千七百零七号,二五页,批示）

浙江省长公署批第一千零六十五号

原具呈人长兴商号王永盛等

呈一件禀水警署长邹升高庇盗害民请撤差另委由

呈悉。此案前据商民赵步升迭次禀同前情,节经令厅查复该商等静候,令催澈查确情核办可也。此批。十二月八日

（原载《浙江公报》第一千七百零七号,二五页,批示）

浙江省长公署批第一千零七十三号

原具呈人永嘉县出品人金兼三等

呈一件为该民等应征赴美赛品业已运回请饬发还由

查运回本省赴美赛品，其间缺少损坏纠葛纷繁，派员逐项清理必需时日，现在清理已将就绪，即可着手发还。其在会场售去各赛品，前准部派驻沪经理赛品事务员造送清册来署，当经按册刊登《浙江公报》公布，并通令各县布告周知有案。至该民等各项出品，系由县征集转送，应俟通令各县知事派员来省领回，再由县分别发还，以清手续而归一律，仰并知照。此批。十二月九日

（原载《浙江公报》第一千七百零八号，二〇页，批示）

浙江省长公署批第一千零七十八号

原具呈人徐时勉

呈一件呈为复将矿图分别更正并依据
规则另具保结请察核由

呈、件均悉。该商等呈请试探诸暨县小东乡捣臼湾庄、乔木湾锌矿，查阅矿区图及履历、保结，均与部定程式尚属相合，应予审定。惟该处矿区有无抵触《矿业条例》第十三条各项，并其他纠葛情事，均应切实查明，以杜流弊。仰诸暨县知事即便遵照查明具复，以凭核夺。附件存。此批。十二月九日

（原载《浙江公报》第一千七百零七号，二六页，批示）

浙江省长公署批第一千零七十九号

诉愿人义乌朱四位

诉愿书一件为佃种贤产勒交租谷县知事处分不当请撤销由

察阅诉愿书，未照《诉愿法》第九条规定程式，无凭核办，应发还

改正,于一星期内呈送再核可也。此批。原书发还。十二月九日

（原载《浙江公报》第一千七百零七号,二五至二六页,批示）

浙江省长公署通告

平阳县知事张朝辅呈报于十一月十四日由乡公毕回署。

天台县知事姜恂如呈报于十一月二十日由乡公毕回署。

乐清县知事钱沐华呈报于十月二十二日赴大荆检验命案,并募债验契,署务委实业主任储时敏、警佐厉乃德暂代。

青田县知事张鹏呈报于十一月二十五日由乡公毕回署。

遂安县知事千秋鉴呈报于十一月二十八日由乡公毕回署。

安吉县知事姜若呈报于十一月三十日下乡查禁烟苗,考察防务,署务委政务主任郭钟琦、警佐周文骏暂代。

淳安县知事汤国琛呈报于十一月二十八日下乡查禁烟苗,署务委政务主任奚贞祥、警佐朱鹏暂代。

江山县知事程起鹏呈报于本月一日由乡公毕回署。

余姚县知事邢炳旦电呈于本月三日由乡公毕回署。

（原载《浙江公报》第一千七百零七号,二七页,通告）

浙江省长公署咨省议会

据烟酒公卖局呈为呈复何议员质问绍兴酒捐局长征收科罚等情一案派员查明情形由

浙江省长公署为咨复事。

案查前准贵会咨送何议员勋业等提出关于绍兴酒捐局长徐时勉征收科罚事项质问书一件,希即答复等由。准此,即经令饬财政厅兼烟酒公卖局长切实查办去后。兹据烟酒公卖局局长复称,"查接管卷内奉钧署令开,'准省议会咨送何议员勋业等提出关于绍兴酒捐局长徐时勉征收科罚事项质问书一案,令饬调查明确,克日呈复,以凭核

咨'等因。遵由莫前兼局长任内派员驰赴该区确实调查,并先将派员澈查情形呈复在案。旋据该员查复,内称:'查得伪造印花案内震丰泰牌号赃酒一百坛内,有二坛于破获点验时磕破,随案报明,实计九十八坛,由魏前局长寄存西兴稽征所屋后来聚和酒栈①。递至该局长接事后,已经三年,照旧全数保管。嗣缘破获是案之王贻善、梁左泉二人以案经前第五审判厅判决,移交绍县办理,定案已久,屡请给赏,该局长查定章有破获私酒,以一半充公,一半充赏之规定,曾于本年一月间据情请示,由钧厅饬绍兴知事查案声复,旋据呈复此案私酒变价充公一节,请归入行政处分办理'等情。是该局长将是项私酒以一半充赏,并取有王贻善禀送领状存案,办法似无不合,其余一半现存原处,委员点验无异。又查处罚林万和即赏祊万和又匿酒一款,计洋一百十二元,与填给该坊报认单酿酒百缸原属两案,所缴缸照捐二十元,亦并不在一百十二元之内,其匿酒罚款业于本年七月二十五日列摺汇解在案。所有应行填发捐税项下罚单,未曾向钧厅请领,其公卖项下罚单系杨前局长于上年八月创行公卖时②,奉钧局颁发到局,迄未填用,故该坊罚单亦未填给。访之一般舆论,该分局长尚无侵没情弊,惟罚单并未填给,手续究欠完备,应请令饬该分局将处罚各户事由、数目明白榜示,以征实在。至报认单一种,本由第一区分局为编查酿缸时易于稽核起见,制定应用,该分局始于今年仿用,凡属酿户均有填给,其非混作罚单,已可概见。又查以陈作新一节,系于查缸时查出,积存额外溢出未纳捐税之私酒,按照定章,本应科罚,并须将应纳捐税一次缴足。嗣据各该商声称,照章罚办,力有不逮,环恳作为新酿填给报认单,与新酒一律办理,不特免予处罚,即捐款亦得按期分缴,藉可稍纾商力。在该局长实系体恤商情起见,并非特将已纳捐税之酒重复征收。至是项以陈作新之酒,计有一万六千四百一缸,

---

① 魏前局长,指魏大名,直隶人。民国二年四月任旧绍属酒捐局长。
② 杨前局长,指杨赟同,民国二年九月在绍兴酒捐征收局局长任上。

连同本年新酿十万二百七十七缸半,共计十一万六千六百七十八缸半,业经编造清册,呈报在案。又查罚款一项,自该局长到差以来,先后共科罚银七千二百八十八元三角一分六厘,核与原书所开二万余元,相差甚巨。委员复又悉心察访,逐一钩稽,查得该局长处理应罚各户,概从轻减,其中比照定章减罚七八成或二三成不等,且有仅令遵缴正捐,免予议罚者。又经亲赴城乡各罚户询问情形,金谓实蒙徐局长顾念商艰从宽办理等语。委员综核该局长处理各案,如果照章科罚,诚不下二万余元,讹传之至,当系职此之由,若谓侵没,实无其事'等情到局,理合据情转呈仰祈察核施行"等情。据此,除指令"呈悉。伪造印花案内之私酒及林万和匿酒罚款,现据查明,尚无侵蚀情弊,应毋庸议。所有应行填发罚单,并不分别请领填用,手续已欠完备。查出私酒应罚各户,又不照章罚办,辄行自由处分,虽据称系为体恤商艰办理,究有不合,应由该局长即行惩处,呈报察核。一面即饬该分局将应处罚及免罚各户事由克日明白榜示,仍开摺呈报,藉征实在。并饬嗣后对于应罚各户,务须照章科罚,填给罚单,如有按照商情,必须稍事变通者,亦应将减罚或免罚理由,专案呈请核示,毋再擅自处分,致干重咎"等语印发外,相应咨复贵会,请烦查照。此咨
浙江省议会

浙江省长吕公望
中华民国五年十二月九日

(原载《浙江公报》第一千七百零八号,一九一六年十二月十四日,三至四页,咨)

浙江督军署训令第六百零九号

令各军队准陆军部电考绩表内于出身后补
现官以前之经历勿庸记载由

令各军队机关

案查陆军军职考绩业将部颁《规则》通发遵办在案。惟因原《规

则》所附考绩表式"出身"栏内应记之补某官,是否记初补之官,又在出身后补现官以前之经历及补某官无从记载,即经电询陆军部去后。兹准复电开,"陆军军职考绩表'出身'栏内应记之补某官,系仅记初补之官;又在出身后补现官以前之经历及补某官,勿庸记载"等因,合亟抄录去电一并通令该　　并转令所属遵照办理。此令。

计黏抄去电一纸(已见本月五日本报"电"门)①。

中华民国五年十二月十一日

督军吕公望

(原载《浙江公报》第一千七百零八号,五页,训令)

浙江督军署训令第六百一十二号

令陆军第一师第二师为委姚琮赵南为该师师附校官由

令暂编浙江陆军第一师师长童保喧、暂编浙江陆军第二师师长张载阳

兹因陆军大学学员姚琮/赵南已毕业回省,应任命为该师师附校官,月支原薪洋二百四/二十元。除任命外,合行令仰该师长知照。此令。

中华民国五年十二月十一日

督军吕公望

(原载《浙江公报》第一千七百零八号,五页,训令)

浙江督军署训令第同上号

令委姚琮为第一师师附校官、赵南为第二师师附校官由

令姚琮、赵南

兹任命该员为暂编浙江陆军第一/二师师附校官,月薪照旧支

---

①　即吕督军电陆军部《为考绩表于各人出身后之经历应记何处请电示照办由》,载《浙江公报》第一千六百九十九号,一九一六年十二月五日,一九页。见卷八,第2874页。

给。除分令外,合将任命状发仰该员祗领遵照。此令。

计发任命状一张。

中华民国五年十二月十一日

督军吕公望

(原载《浙江公报》第一千七百零八号,五至六页,训令)

浙江省长公署训令第一千七百三十二号

令武康县准教育部咨解释劝学所所长资格由

令武康县知事

前据该县呈请委任沈漧为劝学所所长,当以该员资格是否与《规程》第四条第一项相符,应候咨部解释,再予核办,业经令知在案。兹准教育部咨开,"查《劝学所规程》第四条第一项及第五条第一项所载,地方教育事宜自系指劝学所职员、学务委员、县视学等而言,倘因地方特别情形,是项人材一时实难其选,得以曾任中小学校教员五年以上者选任,但须声明原由,经最高级长官之核定"等因。究竟该县有无因特别情形,难选原《规程》所定合格人材,合行令仰该知事切实声复核夺。此令。

中华民国五年十二月九日

省长吕公望

(原载《浙江公报》第一千七百零八号,六页,训令)

浙江省长公署训令第一千七百三十三号

令各县知事及各学校准教育部咨行

添授簿记一科仰遵照办理由

令各县知事、省立各中学校校长、省城私立各中学校校长

案准教育部咨开,"查中学校以完足普通教育,造成健全国民为宗旨,一方面为升学之预备,一方面即为谋生之基础。近来考察全国

中学毕业生状况,其进而升学者,多有深造之才,其退而谋生者,每无应用之学,良由学校教授理论重于实用,致与社会需要不能相应,自非添授实用科目,不足以补救此弊。本部迭经征集各处意见,并据全国商会联合会呈请前来,金谓社会需用最广,无过簿记一科。兹定于中学校第一学年数学时间内分出一小时专授簿记,俟有适宜教本,即行采用课授,以资实用。至女子中学校,家事科目内本有家计簿记一项,应仍照旧章办理,毋庸再行添授。相应咨请转饬各中学校遵照"等因。准此,合行令仰该知事转行所属中学校/校长遵照办理。此令。

中华民国五年十二月九日

省长吕公望

(原载《浙江公报》第一千七百零八号,六至七页,训令)

浙江督军公署训令第五八六号
浙江省长公署训令第一六七四号

令各县知事各军队为准国务院电通令不得挟私告讦由

令各县知事、第一师师长、第二师师长、混成旅旅长、嘉湖镇守使、宁台镇守使、宪兵营营长、全省警务处处长、高等审判厅厅长、高等检察厅厅长

本月二日承准国务院冬电开,"奉大总统令,自滇黔起义以来,各省护国军及中华革命军相继而起,其间纪律严明,秋毫无犯,所到之处无不欢迎,而假冒名义,破坏治安者,亦复不少。地方官因为保全生命财产起见,对于假冒之军,或先事预防,或临时自卫,捕杀之事,自不能免。事定以后,往往报复相寻,挟嫌诬攀,冀成大狱,殊非息事宁人之道。特此通令各省文武大员,剀切晓谕士民人等不得挟私告讦,该长官亦不得无端受理,免滋冤滥"等因转达到署。除通饬遵照外,合亟印就布告,发仰该知事分别张贴,俾众周知。/印就布告,令发各县知事分别张贴并分行外,合行令仰该　　　转饬所属一体遵照。此令。

计附发布告五十张(各县文内)。

中华民国五年十二月十二日

督军兼署省长吕公望

(原载《浙江公报》第一千七百十四号,三页,训令)

浙江省长公署训令第一千七百三十八号

令各县知事选送女子蚕业讲习所学生由

令各县知事

案查筹设省立女子蚕业讲习所一案,经已按照公布议决案令委所长吴家瑛筹备开办各事宜在案。兹据该所长呈称,"筹备事宜拟尽年内布置就绪,来岁初春必须开讲,拟具《招选学生简章》及《入学须知》,请予迅行核定通令预行选送"等情前来。复查该所既定来岁初春开讲,所有各县应行选送女生,自应由各县先期出示招选,送省考验,以免延误。惟筹设是所,原为振兴各县蚕业起见,各县选送女生必须择其程度资格一一符合,而又朴实耐劳,毕业后能实行在各县从事蚕业者,不得瞻徇情面,稍有滥竽,并照议案规定,每县名额加倍选取,造名册送候发所考验,酌定去取。至各生到省之期,则以六年二月十日以前为限,如所送各生将来查有冒滥迟误情事,即惟各该县知事是问。除令知该所并分行外,合亟照录核定《招选学生简章》及《入学须知》各一份,令仰该知事迅遵办理,并先将奉文日期呈报查核,切切。此令。

计附抄件。

中华民国五年十二月十二日

省长吕公望

浙江省立女子蚕业讲习所招选学生简章

(一)宗旨 授以蚕业上必需之知识技能,造就实用人才,谋各县蚕业改良发达为宗旨。

（二）学额　一百名。

（三）资格　高等小学毕业或有相当程度，能耐劳苦者。

（四）年龄　十六岁以上，二十五岁以下。

（五）年限　二年毕业。

（六）效用　毕业后派赴各县办理推广蚕业事宜。

（七）学科　一、蚕学科目：养蚕学、桑树栽培法、蚕体解剖学、蚕体生理学、蚕体病理学、显微镜使用法、制种学、制丝法、气象学、土壤及肥料学、蚕业法规、农学大意、细菌学、蚕业经济，各种实习。

二、普通科目：修身、国文、图画、体操、数学、博物、物理、化学、经济。

（八）纳费　一、学膳一律免缴；二、杂费每月三角，每学期预缴；三、预备费十元，为代备校服、书籍、讲义等用，新入学时预缴，于第一学年终结算，盈还亏找。

但选送各生应缴杂费、预备费，得由各县向家属补收，送所汇存。

（九）报名　除由各县选送学生内考取按县一人外，其志愿入学者，限六年二月十日以前，径自来所报名，填写履历、籍贯，并呈验以前肄业学校毕业或修业证书，投考时呈缴四寸半身照片。

（十）考期　六年二月十五日。

（十一）考验科目　国文、算术、理科。

（十二）保证　录取各生除各县选送女生由县补行取具保愿书件送所外，一律于入学前邀同保证人来所，缮具入学愿书及保证书，但保证人须常住杭城，确有正当职业，为本所认可者。

（十三）报名及考验处　省城缸儿巷十二号省立女子蚕业讲习所临时事务所。

（十四）附则　入学时无论招考及选送各生，一律须缴证金五元（毕业给还），倘有半途退学，除证金充公外，按照在学期间由各县暨保人向该生追缴学膳各费，其选送各生应缴证金，得由县补向各生家属收取送所汇存。

入学须知

一、选送各生报到时，须携带本县知事公文，并呈缴四寸半身照片。

一、应缴杂费、预备费、保证金及填写愿书、证书，均遵照《招生简章》办理。

一、学生应备各件如左：

白线毯一条、布被一条（长六尺阔四尺半）、垫褥一条（长五尺半阔二尺半）、漂白布被单二条（长七尺阔二幅）、漂白布褥单二条（长六尺阔幅半）、西式布枕一个、漂白布枕套二个、布帐一顶（白色，阔二尺四寸、长五尺二寸、高五尺二寸）、白皮箱一只。

除以上所列及书箱栉沐等必需器具外，不得携带贵重物品，倘私自携带，以违背学则论。

（原载《浙江公报》第一千七百一十号，一九一六年十二月十六日，一一至一三页，训令）

浙江督军署指令第二千三百八十三号

令暂编浙江陆军混成旅旅长俞炜

呈一件为报第二团九连连附聂松林因病解职由

呈悉。第二团九连少尉连附聂松林久病未痊，实于职务有碍，应准饬令解职，所遗职务由该旅长遴员呈候核委，仰即知照。此令。十二月十一日

（原载《浙江公报》第一千七百零八号，一一页，指令）

浙江督军公署指令第二四二三号
浙江省长公署指令第四九〇九号

令常山县知事

呈一件为呈报会哨查剿玉匪情形并请明颁布告严禁附和由

呈悉。仍应遵照迭次电令认真办理。至请颁布告一节,准予照办。除分别令发外,合将布告随令发,仰该知事即便查收张贴为要。此令。十二月十三日

计发布告五十张。

(原载《浙江公报》第一千七百十二号,一九一六年十二月十八日,一四页,指令)

浙江省长公署指令第四千九百一十一号

令淳安县知事

呈一件条陈该县地方兴革事宜由

呈及摺、图均悉。所拟兴革各项事宜业经分别核明批答,随令抄发,仰即遵照办理,仍将遵办情形具报备查,其原摺暨本署批答并即录报主管各厅查考。清摺五扣、图二纸均存。此令。十二月十一日

教育条陈批答

劝学所所址应专案呈候核拨。至经费一节,前据详由金华道转报前都督,拟由县税公益费余款内拨用,其全年支出数共银九百三十二元,经饬由前民政厅核准饬遵在案。据陈殊与原案不符,且未声明变更理由,无凭核办,应速具复。该所施行细则,尚未准部颁到,一应职权尚无依据,应仍俟前项细则到后再行成立。至所引《高等小学校令》第七条系误以《国民学校令》为《高小校令》,应即查照《高等小学校令》第三条酌量办理,提给特别

补助,应于设立时专案呈核。女子初等小学校名称应改为国民学校。阅报所,仍应饬各区推广设立。教育行政会议业经前按署饬办,自应一体遵照举行。全省国民学校设齐年限及办法,经省议会议决照原案办理,业已通令遵照在案。该县应增校数及地点,并多级、单级各制,已据列表呈报,应即按照原表切实举办,如地点、种类尚有须变更之处,应随时声叙理由,呈候核定。筹集杂捐,应随时专案呈报核夺。至阳历一月入学者,应作为试读一学期,其四月入学者,部令得变通,毋庸作为试读处置,私塾应俟颁布《条例》再令遵行。课外作业自是要图,惟与趋重实业尚属有别,据称由各小学于农工商三项完全设法施行,或先将农业注意实行,应将详细办法呈核。所称检查教员国学能否胜任,其检查手续如何规定,应即具复。余准照行。

实业条陈批答

所拟强制造林办法及附拟各项章程,尚属可行,应准试办。至择地开办森林苗圃及筹拨经费,应专案呈候核夺。

财政条陈批答

整理田赋从查挤民欠入手,自是正办。前据财政厅于议复丽水县财政条陈内明定查挤办法,并拟呈表式到署,即经令饬通行各属一体照办,该县应即查照办理。所请恢复督饬令状,应毋庸议。催验旧税,能否援照《征收地丁暂行章程》执行强迫处分,事关变通成例,候令行财政厅核议具复,再行饬遵。印花税价在十元以下之发票等件得免贴用一层,前准财政部核定《账单贴用印花办法》,并以十元以下之各种契约、簿据贴用印花,现拟分别修正,提交国会议决;在国会未经公布以前,应照税法原案暨通行各案办理等因咨复到署,业已令厅转行在案,务须切实遵办,以图扩充。推收户粮,责成经征人员于下乡之便随时查询催办,事属可行。变通分配税一节,俟自治制度经国会议决公布后再行参酌情形,另文令遵。县警队已通令裁撤,并仰知照。

警政条陈批答

据称拟恢复元年旧有陆警,事关通案,应俟统筹另令饬遵。惟届冬防,地方治安关系紧要,应由该县悉心布置,以重防务,毋得以警额不敷调遣,稍有疏虞,是为至要。建筑菜场,应准照办,仍将办理情形具报查核。至称恢复水巡,由商家筹集二百元,并按照船只妥议抽捐,先成立二艘,梭巡新安江一带等情,是否可行,候令行警务处核议复夺饬遵。

司法条陈批答

各县专审员月俸,前经高等审判厅分别等差斟酌规定,本与元、二年间大致相同,现在本省财政尤形支绌,未便轻议增加。至所称囚粮不敷,尚属实情,应如何设法救济,候令高等检察厅查核令遵具报。再,来摺所陈仅属于司法经费一端,其余一切兴革事宜并未提及,殊嫌疏漏,仰再会同专审员悉心妥议,补呈核办。

（原载《浙江公报》第一千七百零九号,一八至二〇页,指令）

浙江省长公署指令第四千九百一十二号

令高等检察厅长殷汝熊

呈一件绍兴俞仲立呈该民被劫一案延不缉办请饬县严拿由

呈及黏批均悉。仰该厅转饬该县迅行遵照前令上紧严拿,一面并查明盗匪主名呈候通缉,毋再延纵干咎。此令。黏批存。十二月十一日

（原载《浙江公报》第一千七百零八号,一四页,指令）

浙江省长公署指令第四千九百一十四号

令高等检察厅长殷汝熊

呈一件德清审检所呈报姚振瑞家被劫由

呈及图、表均悉。查失事地点离警察分驻所仅有四里,竟任盗匪

满载远扬,该警等所司何事,应即先予严行申斥,仍责成该知事督同营警迅将是案真盗原赃破获讯报,毋再延纵干咎。现届冬防时候,一面尤宜加意防范,勿稍疏虞,至为切要,仰高等检察厅转饬知照。再,案内失单应令补呈备核,仰并饬知。此令。图、表存。十二月十一日

（原载《浙江公报》第一千七百零八号,一四页,指令）

浙江省长公署指令第四千九百一十六号

令高等检察厅长殷汝熊

呈一件嘉兴县呈报方和尚家被劫由

呈及图、表、失单均悉。该盗匪等纠伙行劫,实属不法已极,应责成该知事督率营警迅予认真侦缉,务将真盗原赃悉获究办具报。时届冬防,尤须加意防范,免致再有疏虞,至为切要,仰该厅转令遵照。此令。附件存。十二月十一日

（原载《浙江公报》第一千七百零八号,一五页,指令）

浙江省长公署指令第四千九百一十八号

令高等检察厅长殷汝熊、警务处长夏超

呈一件平湖县审检所呈报李骏发家被劫由

呈及图、表、失单均悉。已于该县呈报张秋生、张德和家被劫案内令示矣。仰该厅、该处并案办理。此令。呈钞发。图、表、失单存。十二月十一日

（原载《浙江公报》第一千七百零八号,一五页,指令）

浙江省长公署指令第四千九百二十一号

令黄岩县审检所

呈一件黄岩罗锦芳等呈罗邦庆等连劫五家请勒限缉办由

呈悉。案关连劫五家,何以当时未据该县具报有案,所陈各节,

如果尽实，自应严缉究办，以寒匪胆而靖地方。仰该审检所查案具复，一面赶速依法办理，毋稍延纵，切切。此令。呈钞发。十二月十一日

（原载《浙江公报》第一千七百零八号，一五页，指令）

浙江省长公署指令第四千九百四十二号

令警务处处长夏超

呈一件呈警备六区统带呈报拿获上年丽水

叶荣春等家被劫案犯梅生儿一名由

据呈梅生儿确系叶荣春等家被劫案内悬赏通缉之犯，既据拿获解送，一俟丽水县审检所讯办呈报，仰即转呈候核，仍督饬将是两案其余逸盗随时协缉务获究报。此令。十二月十一日

（原载《浙江公报》第一千七百零八号，一五至一六页，指令）

浙江省长公署指令第四千九百五十二号

令警务处处长夏超

呈一件呈报警备二区拨队开驻长兴林城桥情形由

呈悉。仰督饬妥慎防范。此令。十二月十一日

附原呈

为呈报事。

本年十一月二十三日据警备队第二区统带张德全呈称，"窃查职区长兴县属林城桥地方水陆交通，素为盗匪出没之所，非驻兵不足以维治安，且叠据该处绅商一再禀请派兵填扎前来，现届冬防，势难再事观望。统带据此即经令饬第二营管带王公衡迅将现驻李家桥一、三两哨酌派什兵两棚，克日开往填驻，以资镇慑，并将到防日期具报备转去后。旋据该管带复称，'窃管带奉令后，遵即转令第三哨哨官齐长庚率带该哨一、二两棚什兵二十

四名,于十月二十五日拨队出发在案。兹据该哨官呈称,职哨遵于是日下午到达林城桥地方,当即驻扎该处新营房内等情。据此,除训令随时留心防务外,所有该哨官开驻林城桥日期,理合备文呈请核转'等情。据此,除指令外,理合将拨队开驻林城桥情形暨到防日期备文呈报,仰祈察核施行"等情。据此,查长兴县属林城桥地方既系水陆交通,又为盗匪出没之所,自应拨兵移驻,以资镇慑。除指令照准并分呈外,理合备文呈报,仰祈省长察核备案。谨呈。

(原载《浙江公报》第一千七百零八号,一六页,指令)

浙江省长公署指令第四千九百五十八号

令警务处处长夏超

呈一件兰溪县呈遵令会订冬防办法

作成计划书送请察核由

呈及计划书均悉。仰警务处察核令遵。此令。十二月十一日

附原呈

呈为遵令会订冬防办法作成计划书送请察核备查事。

本年十一月二十日奉前警政厅第六一八号训令节开,"迅即会同驻县水陆营警长官察看各该县地方情形,在本届冬防期内何地最关紧要,何处亟应添防,或宜分段梭巡,或宜合力防缉,会订办法,实力遵行。其与邻境交接之处,亦应随时订期会哨,互相联络,严密搜缉,务绝匪患而保治安。并由各该县知事将会订办法作成防务计划书通报备查"等因。奉此,查兰邑陆警自改局为所后,遵照官制由知事兼任所长,奉令前因,遵即会同警备队第五区统带、内河水警第一区第四队队长察看地方情形,委订办法,除实力奉行外,理合作成防务计划书备文呈送,仰祈省长察

核备查。除呈警务处外,谨呈。

（原载《浙江公报》第一千七百零八号,一六至一七页,指令）

浙江省长公署指令第四千九百七十号

令高等审判厅长

呈一件呈复遵令筹议酌添各县审检所

承发吏办法并拟酌添法警名额由

如呈办理,仰即通令遵照,并转咨财政厅暨同级检察厅知照。此令。清单存。十二月十一日

附原呈

呈为呈复遵令筹议酌添各县审检所承发吏办法并拟酌添法警员额开具清单仰祈鉴核示遵事。

案奉钧署第一二四七号训令,内开:"案查各县审检所成立以来,每以承发吏不敷差遣,纷纷请求添设,本署随时考察,尚属实情,自应通盘筹画,酌量增设,俾资办理。查各国承发吏均以送达费为唯一之收入,惟不满一定限度时,始由公家酌给津贴。吾国各级审判厅试办章程,亦有以送达费为承发吏办公费之规定,自诉讼费用增加征收以后,此项收入较前更巨,若尽数拨作承发吏公给,即公家不再给予津贴,当不患其不敷,而各县得斟酌事务之繁简分别设置名额,于实际亦较易适合。究竟各县送达费年共收入若干,照此办理有无窒碍,抑或径由该厅酌添名额,其经费即在司法收入项下拨补,合行令仰该厅查酌情形,咨会财政厅悉心妥议,呈候核夺。此令"等因。奉此,伏查本省独立以前,各县送达费一项,向无列册报解,及厅长接任之始,严饬各县归入司法收入造报,然仍由各县截留以之拨补不敷经费之用,核计列报之始,至今未及半年,预计全年收入几何,尚无确实

详细数目,中间因审检所成立后加意整顿,关于各项司法收入,由厅印发联单饬发各该所填用,按月送册报解省库,不准擅自截留拨补,以期收入之增加。现查送达费一项,如九月分慈溪县报五十七元零,萧山县报五十九元零,定海县报一百三十四元零,其余甲乙等大县预计每月约在百元之谱。如各县据实报解并无隐漏情弊,平均约数送达费一项收入必在三千元左右,以之尽数拨作承发吏公给,原不患其不敷,第各县诉讼繁简不同,繁者以收入全数拨给承发吏,未免受过量之权利,简者案件无多,收入寥寥,将来仍须请求津贴。通盘筹划,全数拨补盈绌,恐有不均,于稽查上反有窒碍,即省库收入亦因之减少。职厅酌核情形,其各县向来诉讼最繁及次繁者,拟量予添设吏额,并司法警察名额,亦议酌量添设,以求刑事拘传之迅速,所需经费即在解省司法收入递送费项下拨补开支造报,当经开列清单,咨请财政厅酌核。本月二十四日接准咨复内称,"查各县审检所经费,前准贵厅编送预算内所有承发吏及司法警察本有名额规定,现在各县以原有名额不敷差遣,纷纷请求添设,既经贵厅酌核诉讼最繁、次繁各县,分别量予添置,所需经费在于司法收入递送费项下拨补开支,自可照办。惟是项拨补之款,既未编入预算,应请通令各该县即在每月应解司法收入款内,照数扣支,毋庸报由省库转帐,以省手续"等由。查此项拨补之款,自应即在各该所每月应解司法收入款内扣支,由各该所在报册内声明,自毋庸由省库转帐,以省手续。准咨前由,所有遵令筹议酌添各县审检所承发吏办法并拟酌添法警缘由,理合开具清单,具文呈复,仰祈钧长鉴核指令祗遵,实为公便。谨呈。

　　(原载《浙江公报》第一千七百零八号,一七至一八页,指令)

浙江省长公署指令第四千九百七十二号

令高等检察厅长殷汝熊、警务处长夏超

呈一件平湖审检所呈报张秋生张德和家被劫由

呈及图、表、失单均悉。查该县十月间,盗匪连劫陈幼山等八家,并被拒毙一人,迄未据报获犯,现又连李骏发家被劫。迭出两案,事先既疏于防范,事后又一无提获,该知事及该管营警各官,试问所司何事,应由警务处将该知事并查取该管营警各官弁职名,先予议处具报,一面仍责成该知事督同营警限一个月,将上列各案破获具报,仍由高等检察厅、警务处通饬所属一体严缉。仰该厅、该处遵照办理,并分别转饬知照。此令。十二月十一日

（原载《浙江公报》第一千七百零八号,一八至一九页,指令）

浙江省长公署指令第四千九百七十三号

令宣平县知事

呈一件为呈送防剿南乡土匪出力人员履历请核奖由

呈及履历均悉。郑祖桓准记大功一次,吴道南、揭瑋璋、余振铎、涂增显、范士忠等五员均记功一次,端木寿椿、陈鹤书、杜有顺等由该知事传谕嘉奖,记功状并发,仰即转给祗领,并将祗领日期具报。再,查教育主任余振铎系由法政毕业,核其经历均系司法事务,于教育事业学识经验原属缺乏,以之主办教育,未免学非所用,仰即于署内遴选熟悉教育人员与之对调,以重要政,切切。此令。十二月十一日

计发记功状六纸。

（原载《浙江公报》第一千七百零八号,一九页,指令）

浙江省长公署批第一千零八十号

原具禀人叶际唐等

呈一件拟设广利实业学校教授稻草制棉方法请立案由

察阅《简章》，系仅传习稻草、桑皮及麻皮制造棉花方法，应改称传习社，不得用学校名义，并毋庸立案，仰即知照。此批。《简章》发还。十二月九日

（原载《浙江公报》第一千七百零八号，二〇页，批示）

浙江省长公署批第一千零八十一号

原具呈人俞文勋等

呈一件为学费未贴权利存在请求一律照给由

查此案初据该民等以世德、大卿二祠贤产不敷办学，禀请津贴应文官及法官考试路费，故经前民政厅批以"该祠产息，如果不敷办学，亦应遵照《处置贤产条例》，由族公议津贴学费，岂可由该民等私自主张，并无批准将该两祠贤产给作该民等学费"之语。至此项津贴学费，如果在毕业前曾经族议允给，自应以已否给付为断，该民等既请求在毕业以后，学费名义且不成立，更何有于给付问题？据呈，实属妄渎，不准并斥。此批。十二月九日

（原载《浙江公报》第一千七百零八号，二〇至二一页，批示）

浙江省长公署批第一千零九十号

原具呈人绍兴俞仲立

呈一件呈该民被劫一案延不缉办请饬县严拿由

呈及黏批均悉。仰候令厅饬县迅行遵照前令上紧严拿，一面并查明盗匪主名呈候通缉。此批。黏件存。十二月十一日

（原载《浙江公报》第一千七百零八号，二一页，批示）

浙江省长公署批第一千零九十二号

原具呈人黄岩罗锦芳

呈一件呈罗邦庆等连劫五家请勒限缉办由

呈悉。案关连劫五家,何以当时未据该县具报有案,所陈各节,如果尽实,自应严缉究办,以寒匪胆而靖地方,候令该县审检所查案具复,一面赶速依法办理可也。此批。十二月十一日

(原载《浙江公报》第一千七百零八号,二一页,批示)

浙江省长公署批第一千零九十三号

原具呈人德清姚大炳等

呈一件呈该县朱专审员等违法殃民滥用
职权请付惩戒并交法庭审办由

呈悉。查《诉愿法》第十六条规定,诉愿未决定以前,行政官署之处分不失其效力,该处来云庵遗产,既经该县知事处分拨入学校,现虽提起诉愿,该原处分应否撤销,尚未经本署决定,陆金生、计锦章等遽将租户蔡福田所种桑叶擅行采取,显属不合。该专审员等因租户之告诉,将陆金生等传案发押,责令赔缴桑价,办理尚无不合。来呈并无充分理由,且未照章取具结保,碍难准理。至该民等提起诉愿一案,现在该县业将辩明书及必要书状呈送到署,应候另案核饬该民等遵照。此批。十二月十一日

(原载《浙江公报》第一千七百十一号,一九一六年十二月十七日,二五页,批示)

浙江省长公署批第一千零九十六号

原具禀人孔庆约

呈一件禀诉警兵朱金标占妻请求转饬提讯由

禀悉。查此案前据警政厅呈,据永康县知事呈称,"案经吕前知事判决"等语①,并抄送堂判到署,当经指令在案。该民对于该县知事

---

① 吕前知事,指吕策,民国三年任,至民国五年八月交卸永康县知事。

判决如有不服,自可依照司法程序声明上诉,毋庸越禀。此批。十二月十一日

(原载《浙江公报》第一千七百零八号,二一页,批示)

浙江省长公署批第一千零九十七号

原具呈人衢县陈进和

禀一件为自制药饼已蒙化验请查案批准给示发售由

禀悉。查该民前呈民政厅自制日好咳嗽药饼,业经令据浙江公立医药专门学校验明,并无吗啡毒质等语呈复在案。应准照方制售,毋庸另予给示。此批。十二月十一日

(原载《浙江公报》第一千七百零八号,二一至二二页,批示)

浙江省长公署批第一千零九十九号

原具禀人王型礼

禀一件禀请查案训令警务处尽先委用由

据禀及履历均悉。候令警务处查案酌量委用。此批。履历存。十二月十一日

(原载《浙江公报》第一千七百零八号,二二页,批示)

浙江省长公署咨呈国务院

准福建省长咨分浙知事李云峰现就
福建省议员之职请备案由

浙江省长公署为咨呈事。

案准福建省长咨开,"据省议会议员李云峰函称,'云峰系分浙任用知事,现就议员之职,一时未能赴浙,理合陈请转咨备案'等情。据此,相应咨请备案"等因。准此,查《省议会议员选举法》规定,现任行政官吏停止其被选举权,若现充省议会议员仍可到省候补,是

开会时为议员,闭会时为官吏,与《选举法》之精神相背。该知事请俟开会事竣回浙销假之处,自难照准。惟凡属候补知事,既充议员,其候补知事之资格,是否即同时消灭,相应咨呈贵院核示遵行。此咨呈

国务院

浙江省长吕公望

中华民国五年十二月十二日

(原载《浙江公报》第一千七百零九号,一九一六年十二月十五日,三页,咨呈)

浙江督军署咨省长公署

据陆军混成旅旅长呈称司务长董超放弃职务逾越权限请予撤究由

浙江督军署为咨行事。

据暂编浙江陆军混成旅旅长俞炜呈称,"据第二团团长郑炳垣呈称,'据职团第三营营长朱光斗呈称,窃据职营第九连连长洪球呈称,该连司务长董超放弃职务,屡戒不悛,业经一再呈报,奉令申斥在案。兹查该司务长胆敢于十一月五日擅将伙夫林光达开除,私以徐梦得抵补,并令徐梦得先垫移交费洋三元,至今尤隐不报。窃思开除士兵、夫役,即营连长尚须呈请,不敢擅专,乃该司务长自私自开,又令抵补者先垫移交费洋,似此越权开补,隐匿不报,殊属藐视法纪。连长不得不缮单呈报,恳祈察核转请撤差究办,以杜效尤等情。据此,查该司务长学术平常,不知职责,前此一再私出外宿,以致放弃职务,本拟呈请撤换,姑念初次入官,原无阅历,用是特加申斥,严密诰诫,以期可教。乃该司务长不特不能痛改前非,抑且复出前情,实属胆大妄为,是不得不转请撤究。是否有当,仰祈察核转请等情前来。据此,查该九连司务长董超平时放弃职务,此次又复逾越权限,擅将伙

夫私行开补,是非呈请撤差,不足示儆。除指令候转呈核示令遵外,理合据情转呈,仰祈察核施行'等情到旅。据此,查该司务长董超放弃职务,逾越权限属实,除指令准予撤差并派员暂代,一面由旅长遴员补充,另文呈报外,据呈前情,所有司务长董超撤差缘由,理合备文呈报鉴核"等情到署。除指令照准并分令外,相应咨达贵公署,请烦查照,希即转令所属一体知照。此咨

浙江省长

浙江督军吕公望
中华民国五年十二月十二日

(原载《浙江公报》第一千七百零九号,四页,咨)

浙江省长公署咨行内务部_{准福建省长咨
复福建省长准}

咨分浙知事李云峰现就福建省议员之职请备案由

浙江省长公署为咨行/复事。案准福建省长/贵公署咨开,据省议会议员李云峰函称(文云见本日"咨呈"门),其候补知事之资格是否即同时销灭,相应咨请大部核示遵行。/除分咨外,合先咨复贵省长查照施行。此咨

内务部/福建省长

浙江省长吕公望
中华民国五年十二月十二日

(原载《浙江公报》第一千七百零九号,四至五页,咨)

浙江省长公署咨省议会

咨送许议员等提出关于台属屯粮事项质问书一件由

浙江省长公署为咨复事。

本年十二月十一日准贵会咨送许议员一藩等提出关于台属屯粮

事项质问书一件,请如期答复等由。准此,查此案前准贵会许议员一藩等提出质问,即经令饬财政厅速催委员吊同册据串根就近召集屯户,持串核对明确,据实呈复。嗣据呈报委员衔名到署,复经令饬速催委员赶紧确查在案。迄今未据呈复,除勒限令催外,相应咨复贵会,请烦查照。此咨

浙江省议会

浙江省长吕公望

中华民国五年十二月十二日

（原载《浙江公报》第一千七百零九号,五页,咨）

浙江省长公署咨省议会

据财政厅呈为原编五年度省地方岁入款项
有应行更正之处请核咨由

浙江省长公署为咨行事。

本年十二月九日据财政厅呈称,“本月七日准省会警察厅函开,‘前奉省长令饬编造五年度岁入岁出预算送核等因,奉经将各项捐款收数列表汇呈前警政厅核转办理在案。兹查原列捐款内尚有车捐洋三千二百四十元,房捐洋六千六百三十元,两共洋九千八百七十元,系拨给杭县四乡警费之用,不在省地方岁入之内,前因漏未剔除,应请转呈咨明更正’等由。准此,查前编五年度省地方岁入预算册内经常门第二款第七项房警捐,原列银一十万二千三百七十七元。兹准省会警厅函请剔除银九千八百七十元,实应列银九万二千五百七元,自应照数更正,以昭翔实。理合备文呈请,仰祈鉴核俯赐转咨,实为公便。再,是项房警捐原列一成征收经费,亦应按数核减,并请省议会于岁出财务费册内代为减除,合并陈明”等情。据此,本署复核无异,相应咨行贵会,请烦查照办理。此咨

浙江省议会

浙江省长吕公望

中华民国五年十二月十二日

（原载《浙江公报》第一千七百零九号，六页，咨）

浙江省长公署训令第一千七百四十二号

令财政厅据淳安县知事条陈该县地方兴革事宜由

令财政厅长莫永贞

案据淳安县知事汤国琛条陈该县地方应兴应革事宜案内关于财政事项，有催验旧税，请援照《征收地丁暂行章程》执行强迫处分等情，案关变通成例，应仰该厅长悉心核议具复，以凭核办。此令。

计黏抄一纸。

中华民国五年十二月十一日

省长吕公望

附条陈

一、催验旧契宜执行拘押处分，以杜隐匿欠缴也。

查《浙江验契条款》内载："旧契产价在三十元以上者为大契，每张收查验费二元，注册费二角；不及三十元为小契，每张纸收注册费二角，不收查验费。前项规定缴费数目，以本年六月末日为限，七月一日至九月末日，无论大小契，均加收罚金五角，十月一日至十二月末日，再加罚金五角"等语。淳邑民贫地瘠，僻处山陬，曾经阮前知事于正月间详奉财政厅批准展限至本年九月末日止在案①。惟是处罚虽严，而隐匿者正税未完，遑计罚款，自非行使拘押处分，仍不足以儆疲玩而杜欠缴。伏查验契经费为目前收入大宗，系国家良好正税，如在处罚期间仍未投验者，

---

① 阮前知事，即阮陶镕(1882—1940)，号石泉，浙江乐清人。民国三年九月至民国五年六月任淳安县知事。

可否援照本省《征收地丁暂行章程》第二十三四等条规定,分别执行强迫处分,将该业户处以拘押,并酌量情形按照应缴验费封产备抵,俟清缴之日仍返还之。如蒙俞允,遵即剀切布告,切实进行,庶几未验之契、未缴之款,不难督催齐全,即疲玩之户有所警惧,而验契前途亦较易着手。此整顿催验旧契之办法也。

(原载《浙江公报》第一千七百零九号,一四页,训令)

浙江省长公署训令第同上号

令警务处据淳安县知事条陈该县地方兴革事宜由

令警务处长夏超

案据淳安县知事汤国琛条陈该县地方应兴应革事宜案内关于警政事项,有拟恢复水巡等情。该县所属之新安江现在有无水警驻泊,恢复地方水巡与水上警察行政事务,有无妨碍,应仰该处长悉心核议具复,以凭核办。此令。

计黏抄一纸。

中华民国五年十二月十一日

省长吕公望

附条陈

一、恢复水巡。查淳邑水道上达徽、歙,下接建、桐,东西相距不下三百余里,凡商民装运货物,取道于此者,络绎不绝,沿江各镇虽设有陆警数名,而相隔较远,保卫难周,渔户船商每怀危惧。清季周知县燮宣曾筹设巡船四艘,招募水警四十名,沿江巡察,以防护往来舟楫,商民受惠,至今犹懿称之。旋因经费无着,悉行裁撤,是以近数年来商船被劫之事,时有所闻。欲维水上治安,非恢复水巡不为功。兹拟由商家筹集二百元,并按照船只妥议抽捐,先成立二艘,以梭巡新安江一带,俾商船经过,得有所保护。

（原载《浙江公报》第一千七百零九号，一五页，训令）

浙江省长公署训令第同上号

令高检厅据淳安县知事条陈该县地方兴革事宜由

令高等检察厅长殷汝熊

案据淳安县知事汤国琛条陈该县地方应兴应革事宜案内关于司法事项，拟请将囚粮按月实支实销等情。据查各县对于囚粮一项，以现有定额不敷开支，请予变通，以示体恤者，时有所陈，究应如何办理①，方能财政、狱务均无妨碍之处，应仰该厅长通盘筹算，核议具复，以凭核办。此令。

计黏钞一纸。

中华民国五年十二月十一日

省长吕公望

附条陈

一、囚粮宜查照罪犯人数核实支销也。

查监狱经费，囚粮为一大宗。狱官月俸、狱卒月饷，系有定支出，而囚粮则难为预定，若一律预定，则囚犯少者得有盈余，囚犯多者反多赔累，不公平无论已。若长此以往，赔累者必至力不能支。现有主张清理积案，疏通监犯，似可以减少赔累，然事实上往往不能主张者。即淳安一邑而论，监犯系前清锢禁居大半，类皆命盗重案，纵有大赦，亦难幸免，新犯入监，亦多命盗，均在不赦之列。且淳地瘠苦，罚金案件均不能缴纳，愿坐徒刑。每月囚徒尚达一百三十名以上，据现在通令预算一百四十五元计之，

---

① 　如何，底本误作"加何"，径改。

尚亏九十余元，实在不敷。应请查核旧犯在监无可赦免，新犯收押又难稍轻，虽欲疏通，无从而疏通，似此困难万分，惟有请将囚粮一项，每月查照囚犯人数核实支销。倘如此规定，庶上有查核之标准，下无经常之赔累，而监犯或多或少之县份，亦可以酌盈剂虚，于通盘预算无大出入。然须规定从严取缔办法，如罪犯月报表有虚报情事，一经察出，或被人告发，经查明实在，应即参办，以警不法。

（原载《浙江公报》第一千七百零九号，一五至一六页，训令）

浙江省长公署训令第一千七百四十五号[①]

令烟酒公卖局为酒类缸照捐印花倍捐仍照旧征收由

令烟酒公卖局长萧鉴

本年十二月八日准财政部咨开，"案准咨开，'准省议会咨开，案照本会据孙议员如怡、包议员芝洲等提出停免烟酒苛税议案，正付议间，又叠据杭嘉湖旧府属酒商代表徐光溥、蒋世澄等，绍兴县酒商代表章棋、周清等，各送陈请书一件到会，均经分别审查付议，并案讨论。除烟类各种税目未经详查，俟另案提议外，查停免烟酒苛税原案极言酒类倍捐及公卖之弊，拟遵大总统停免苛税申令，将本省烟酒单行苛税先行停止，公卖等税之属于全国者，由本会转请国会一律删除，其缸照捐及印花倍捐两项，业经大会公决即行革除，咨送省长请烦查照公布施行等因。准此，当以缸照捐及印花倍捐系属国家岁入，与国家预算有关，未便遽由省公布革除，应咨请大部核复办理等语咨复在案。究应如何办理，相应照录议决案，备文咨请迅予核复施行'等因到部。查烟酒两税均属国家税之性质，本部现编制新五年度预算，已将各省烟酒税一律列为中央直接收入，各省议会对于烟酒两税

---

① 本文自浙江烟酒公卖局训令第一千二百一十号析出。

当然无提议变更税率之权。至浙省酒类之缸照捐、印花倍捐两项，每年收入数十万元，亦不得认为苛细杂捐擅予革除。所有浙省省议会公决浙省酒类缸照捐、印花倍捐即行革除一案，本部认为无效，应请转饬各征收机关仍照旧征收，以清职权而重税收。除咨行全国烟酒事务署查照备案外，相应咨复贵省长查照，希即转行知照"等由。准此，除咨省议会并分行财政厅外，合将原议案咨文及本署各咨稿一并抄发，仰即知照。此令。

附　浙江烟酒公卖局训令第一千二百一十号

令各区分局长奉省长训令为酒类缸照

捐印花倍捐仍照旧征收由

令各区分局长

本年十二月十二日奉省长公署第一七四五号训令内开，"本年十二月八日准财政部咨开，'案准咨开，准省议会咨开，案照本会据孙议员如怡、包议员芝洲等提出停免烟酒苛税议案，正付议间，又叠据杭嘉湖旧府属酒商代表徐光溥、蒋世澄等，绍兴县酒商代表章棋、周清等，各送陈请书一件到会，均经分别审查付议，并案讨论。除烟类各种税目未经详查，俟另案提议外，查停免烟酒苛税原案极言酒类倍捐及公卖之弊，拟遵大总统停免苛税申令，将本省烟酒单行苛税先行停止，公卖等税之属于全国者，由本会转请国会一律删除，其缸照捐及印花倍捐两项，业经大会公决即行革除，咨送省长请烦查照公布施行等因。准此，当以缸照捐及印花倍捐系属国家岁入，与国家预算有关，未便遽由省公布革除，应咨请大部核复办理等语咨复在案。究应如何办理，相应照录议决案，备文咨请迅予核复施行等因到部。查烟酒两税均属国家税之性质，本部现编制新五年度预算，已将各省烟酒税一律列为中央直接收入，各省议会对于烟酒两税当然无提议变更税率之权。至浙省酒类之缸照捐、印花倍捐两项,每年收入数十万元,亦不得认为苛细杂捐擅予革除。所有浙省省议会公决浙省酒类缸照捐、印花倍捐即行革除一案,本部认为无效,应请转饬各征收机关仍照旧征收,以清职权而重税收。除咨行全国烟酒事务署查照备案外,相应咨复贵省长查照,希即转行知照'等由。准此,除咨省议会并分行财政厅外,合将原议案咨文及本署各咨稿一并抄发,仰即知照。此令"等因。奉此,合行转饬,仰即知照。此令。

中华民国五年十二月十八日

烟酒公卖局长萧鉴

(原载《浙江公报》第一千七百十六号,一九一六年十二月二十二日,一三至一四页,训令)

浙江省长公署训令第一千七百五十三号

令财政厅准省议会咨送许议员等提出关于

台属屯粮事项质问书一件由

令财政厅长莫永贞

本年十二月十一日准省议会咨送许议员一藩等提出关于台属屯粮事项质问书一件,请如期答复等由。准此,查此案前准提出质问,即经令饬速催委员认真确查。嗣据呈报委员衔名到署,复经令饬迅催委员赶紧查复,由厅核明转呈在案。兹准前由,合行令仰该厅勒限该委员等务于七日内将遵办情形据实呈厅核转,以凭答复,毋再任延,切切。此令。

计抄发质问书一件。

中华民国五年十二月十二日

省长吕公望

(原载《浙江公报》第一千七百零九号,一六至一七页,训令)

浙江督军公署训令第六○○号
浙江省长公署训令第一七五四号

令浙江公报处主任刊发浙江公报处钤记由

令浙江公报处主任陈焕章

案查浙江公报处虽为本署附属机关,而因种种之关系,自不能无钤记,以资信守。兹刊就该处钤记一方,文曰"浙江督军省长公署公报处钤记",随文令仰该主任遵即祗领启用,并将启用日期呈报。此令。

计发钤记一方。

中华民国五年十二月十二日

督军兼署省长吕公望

(原载《浙江公报》第一千七百零九号,八至九页,训令)

浙江督军署训令第六百一十三号

令各军队据混成旅长呈报二团九连司务长董超因事撤差由

令各军队机关

据暂编浙江陆军混成旅旅长俞炜呈称,"据第二团团长郑炳垣呈称,'据职团第三营营长朱光斗呈称,窃据职营第九连连长洪球呈称,该连司务长董超放弃职务,屡戒不悛,业经一再呈报奉令申斥在案。兹查该司务长胆敢于十一月五日擅将伙夫林光达开除,私以徐梦得抵补,并令徐梦得先垫移交费洋三元,至今尤隐不报。窃思开除士兵、夫役,即营连长尚须呈请,不敢擅专,乃该司务长自私自开,又令抵补者先垫移交费洋,似此越权开补,隐匿不报,殊属藐视法纪。连长不得不缮单呈报,恳祈察核转请撤差究办,以杜效尤等情。据此,查该司务长学术平常、不知职责,前此一再私出外宿,以致放弃职务,本拟呈请撤换,姑念初次入官,原无阅历,用是特加申斥,严密浩诫,以期可教。乃该司务长不特不能痛改前非,抑且复出前情,实属胆大妄为,是不得不转请撤究。是否有当,仰祈察核转请等情前来。据此,查该九连司务长董超平时放弃职务,此次又复逾越权限,擅将伙夫私行开补,是非呈请撤差,不足示儆,除指令候转呈核示令遵外,理合据情转呈,仰祈察核施行'等情到旅。据此,查该司务长董超放弃职务,逾越权限属实,除指令准予撤差并派员暂代,一面由旅长遴员补充另文呈报外,据呈前情,所有司务长董超撤差缘由,理合备文呈报鉴核"等情到署。除指令照准并分令外,相合行令仰该   知照。此令。

中华民国五年十二月十二日

督军吕公望

(原载《浙江公报》第一千七百零九号,八页,训令)

浙江省长公署训令第一千七百五十五号

令警务处准教士汤丕生使用猎枪一枝由

令警务处长夏超

案据省城大英公会教士汤丕生函请准在西湖旁医院中使用中国猎枪一枝,为惊散园蔬害虫之用等情。据此,除函复照准外,合行令行该处长遵即转令该管警察区署知照。此令。

中华民国五年十二月十二日

省长吕公望

(原载《浙江公报》第一千七百零九号,一七页,训令)

浙江省长公署公函 五年函字第四六号

函复汤丕生允其使用猎枪一枝由

径复者。接函诵悉。贵医院拟使用中国猎枪一枝,为惊散园蔬害虫之用,当无不可。除知照警务处转令该管警区知照外,相应函

复,即希查照。此致

汤丕生先生

中华民国五年十二月十二日

（原载《浙江公报》第一千七百零九号,七页,公函）

浙江省长公署训令第一千七百五十八号

令各县知事据旧严属督查员姚复学呈送
考察经过各县实业情形说帖由

令各县知事

案据旧严属督查员姚复学呈送关于旧严属各县实业应行兴革事宜说帖,请予察核前来。查所陈考察经过各县实业情形,尚中事理,拟请将模范桑园、森林苗圃、蚕业传习所等令县遍劝各都图庄管绅董自行试办,以为民望,办法用意,尤为宏远。除指令外,合行照抄说帖,通令知照,并仰分别办理,专案具报,以重实业而利民生,切切。此令。

计附抄件。

中华民国五年十二月十五日

省长吕公望

附原呈

窃复学奉财政厅长委充旧严属督查员一职,九月杪到省晋谒钧座,赏见之余,并蒙面谕经过地方留心应革事宜,因仰见钧长注重地方之至意。复学窃维实业一项,关系国计民生,尤非浅鲜,经过旧严属六县,凡地方绅耆以及农民商贾均各详加访问,谨就见闻所及,敬为我钧长一陈及之。

查建德县以桐、椿、漆、茶为出产大宗,东、西、北三乡对于以上各种植物,比较数年以前,尚能勤加播种,惟较高山地仍各任令童濯,若南乡则荒山尤居多数,查悉放弃原因,一则地广人稀,一则莠民时有纵火烧山恶习,由前之说,地方官应筹划招垦计画,由后之说,地方官应厉行严禁方法。该县知事夏曰墩果能推行尽利,十年以后滋长成林,自在意中。此查悉建德县关系实业之大概情形也。

查淳安县地居上流,接近皖省,山多田少,类皆荒芜。厥邑在前清道光以前树木茂郁,既富且庶。该县知事汤国琛注重实业,现正极力提倡,民智虽属幼稚,亦觉稍为意动。余如铅、锑、铜、铁各矿,所在多有,惟土民乏资开采,客民又以土民横悍,未敢购采,积此两种原因,以致货弃于地。此查悉淳安县关系实业之大概情形也。

查遂安县茶、柏、靛青为大宗出产,现在植物种类,虽经陈知事函劝各区购秧播种①,但一纸空文,恐亦无裨实际。此调查遂安县关系实业之大概情形也。

查寿昌县幅员偏小,万山丛错。该县知事金兆鹏莅任后,尚知注意森林,如果广加播种,则十年以后童濯蔚为葱郁,民生幸甚。此调查寿昌县关系实业之大概情形也。

查桐庐县以粗纸、柏子为大宗出产,茶次之。厥邑毗连富阳,如北乡之至德、质素两乡地土尤宜于蚕,人民亦稍具蚕桑之知识。该县知事颜士晋若能切实进行,则全县蚕桑发达,不难藏富于民。此调查桐庐县关系实业之大概情形也。

查分水县面积甚小,东毕、浦北,合村户口数百,即称繁盛。民间虽以森林为生活,而莠民烧山之风,未能革除。惟蚕桑经该县知事实力提倡,频年似觉发达。嗣后民智顿开,各自竞争,或能藏富于民。此调查分水县关系实业之大概情形也。

---

① 陈知事,指陈与椿,福建闽侯人。民国四年五月至民国五年十月任遂安县知事。

以上情形，复学因督查紧要，兼程前往，于舟舆停泊之时，随时访查，恐有遗漏之虞。厥后周历各县，遵再详加查访，仰答钧怀。惟复学窃以为模范桑园、森林苗圃、养蚕传习所之设立，办理得其人，洵可开通民智。但以一县之广，势难遍镇设立完备，即与各乡民仍多隔阂之虞。拙见拟请钧长训令各县知事于一图或一都或一庄一管之内，劝令该绅本身作则，自行试办。试办后得有效果，则大利所在，乡民虽愚，自必群起仿办，似此办法，似觉更足动人企业之心。是否有当，统祈钧察施行。

（原载《浙江公报》第一千七百十二号，一九一六年十二月十八日，五至七页，训令）

浙江省议会参议院议员选举监督委任令第一号

令委投票开票管理监察各员由

令投票管理员余名铨、许壬，开票管理员汪钦、杨文洵，投票监察员龚宝铨、郑文德，开票监察员李平、童学琦

为令委事。

案查《参议员选举法施行细则》第二条规定，每届选举由选举监督于选举日期前委任投票、开票管理员暨监察员。本届改选参议员已奉教令于本月十八日举行，所有前项人员自应先期派委，以资办理。兹委余名铨、许壬为投票管理员，龚宝铨、郑文德为投票监察员，汪钦、杨文洵为开票管理员，李平、童学琦为开票监察员。除分令外，合将《投票开票所办事细则》一份随令附发，仰即查收。届时务各按照《细则》及法律规定妥慎办理，并俟事竣后照章会同造具报告，呈候查核，切切。此令。

计附发投票、开票所《办事细则》一份。

中华民国五年十二月十一日

浙江省议会参议院议员选举监督吕公望

浙江省参议院议员选举投票所办事细则

第一条　本细则依照《参议院选举法》及《选举法施行细则》并参照《众议院投票纸投票匦管理规则》定之,凡在所办事各员均应遵守。

第二条　选举场所依照《参议院选举法》第二十三条第二项,以省议会会所充之。

第三条　本所设办事员如左:

一、管理员二人,并得由管理员添委襄理员二人,不支公费;

二、监察员二人;

三、警察十二名;

第四条　管理员之职务。

一、掌投票所之启闭,每日投票时间上午九时至十时、十一时至十二时,下午二时至三时;

二、决定投票之应否收受;

三、掌投票匦及投票簿、投票纸并选举人名册;

四、保持投票所秩序;

五、查明投票纸交所数目;

六、预备投票录,记载投票一切情形;

七、查询投票人姓名、住址,与名册对照相符签字后,始将投票纸交付,倘有疑为非本人者,须有其他选举人三人以上为之证明,并将其证明事实记载于投票录;

八、投票人倘有冒替及其他违背法令情事,一经查实,得令退出,即将投票纸收回,并以其姓名及退出缘由记载于投票录;

九、投票人因投票纸书写错误,或字纸污损,请求换给者,须将投票人姓名记载于投票录;

十、投票匦未投票以前,须集选举人三人以上,开示其空虚;

十一、投票完毕一次,即会同监察员将投票匦严加封锁,移交开票管理员；

十二、投票完毕，将投票纸交付总数、用过总数及换给总数、余存总数与投票簿核对相符，并将污损余纸一律记载于投票簿及投票录，会同监察员盖章呈报选举监督，宣示于投票所；

十三、当选人不足额时，应再行投票，如已逾下午六时者，于次日接续行之，但选举人已被选举者不得再行投票；

十四、其他本法及《施行细则》所定属于投票管理员职务之事项。

第五条　监察员之职务。

一、主管监视管理员办理投票事宜；

二、监视投票人之投票，不得使投票人窥视他人书写投票及交换投票；

三、投票人有冒替及其他违背法令情事，得令退出；

四、投票完毕一次，会同管理员将投票匦严加封锁，并将投票签字总数与票纸交付总数核对无误，即时记载于投票簿；

五、宣示之投票纸交付、换给及余存各数，投票人认为有疑义，照章请求时，即时当众检查，但不能检及业经投入匦内之票纸；

六、会同管理员造具投票报告录；

七、有与管理员意见不同时，呈请选举监督决定。

第六条　襄理员辅助管理员办理一切事宜。

第七条　警察承管理、监察各员之指挥，保持本所秩序。

第八条　管理、监察各员除指示签字写票及答问外，不得干涉投票人之投票。

第九条　管理、监察各员应会同布置本所应行筹备一切事宜。

第十条　管理、监察各员之责任自选举日起，至选举一切事宜终结为止。

第十一条　管理、监察各员派定后,非有正当事故,不得辞职,至选举日期须按时齐集,如因有不得已事故,临时不能到所者,应由该员先期报告选举监督,派员代理。

第十二条　本所于投票应办一切事宜完毕后,即行裁撤。

浙江省参议院议员选举开票所办事细则

第一条　本细则依照《参议院选举法》及《选举法施行细则》并参照《众议院选举开票规则》定之,凡在所人员均应遵守。

第二条　开票场所以省议会会所充之。

第三条　本所设办事员如左:

一、管理员二人,并得由管理员添委襄理员二人,不支公费;

二、监察员二人;

三、警察十二人。

第四条　管理员之职务。

一、掌开票所启闭,每日开票时间上午十时至十一时,下午一时至二时、三时至四时;

二、清算投票数目;

三、检察投票纸真伪;

四、决定投票纸是否合法;

五、保存选举票;

六、保持开票所秩序;

七、预备开票录,记载开票一切事宜;

八、投票匦于投票管理员移交时,即行开票;

九、检票时先将选举票数与投票簿对照,相符者会同监察员决定有效票若干、无效票若干,分别记载于开票录;

十、投票纸总数及投票人总数分别记载于投票录,倘投票纸总数与投票人总数相较有增多或减少时,应附记其理由;

十一、参观人入场座位有不能容，或遇有必要情形时，得临时限制入场人数；

十二、会同监察员将开票始末情形造具开票报告录，呈报选举监督；

十三、其他本法所定属于开票管理员职务之事项。

第五条　监察员之职务。

一、监视管理员办理开票事宜；

二、会同管理员稽核投票纸总数及投票人总数，并决定有效、无效票数；

三、监视开票，认为有疑义时得为临时检查，并将检查情形记载于开票录；

四、入所参观之选举人对于开票有疑义，照章请求时，应即当众检查，并将请求人之姓名及检查情形记载于开票录；

五、会同管理员将开票始末情形造具开票报告录，呈报选举监督；

六、如与管理员意见有不同时，得呈明选举监督决定。

第六条　襄理员辅助管理员办理一切事宜。

第七条　警察承各员之指挥，保持本所秩序。

第八条　管理、监察各员应会同布置本所应行筹备一切事宜。

第九条　派定各员非有正当事故不得辞职。

第十条　各员之责任自选举日起，至选举一切事宜终了时为止。

第十一条　各员须按时齐集，如有不得已事故临时不到者，由各该员报告选举监督派员代理。

第十二条　本所于开票应办一切事宜完竣后即行裁撤。

（原载《浙江公报》第一千七百零九号，九至一四页，训令）

浙江督军署指令第二千四百零二号

令暂编浙江陆军混成旅旅长俞炜

呈一件为呈报第二团第九连司务长董超因事撤差由

呈悉。第二团九连司务长董超放弃职务、逾越权限，既据该旅长查明属实，应准撤差，以示儆惩。除分令外，仰即知照。此令。十二月十二日

（原载《浙江公报》第一千七百零九号，一八页，指令）

浙江省长公署指令第四千九百七十四号

令省立第五师范学校校长①

呈一件呈为因病请解校职并祈察核由

呈悉。查该校长接办该校以来，颇能悉心整顿，日见起色，未便遽易生手，据称近患胃病，并感时疾，应予给假十天，仰即静心调理，冀速就痊。所请辞职，应毋庸议。此令。十二月十一日

（原载《浙江公报》第一千七百零九号，二〇至二一页，指令）

浙江省长公署指令第四千九百八十七号

令桐乡县知事

呈一件拟具取缔客民取缔航船规则请核示由

呈及清摺均悉。《取缔客民规则》第二条"一面报由就近警所"以下、第三条"倘有"以下均删去；第四条，改为"租赁或搭棚及迁徙时，均应先行报告就近警所注册"；第五条，各客民之"民"字改为"户"字；第六条，改为"客民有违背本规则第二、第三、第四、第五各条之规定时，由该管警所责令补报，并呈县酌量惩办，但户内仅有妇女或未成

---

① 省立第五师范学校校长，指郑彤华（1886—？），字管秋，浙江桐乡人。民国三年七月至民国九年九月任浙江省立第五师范学校（今绍兴文理学院前身）校长。

年之男子,及其他特别情事,不及即报者,得声明事由,经查属实,免予惩处";第七条,办理"俾各家谕户晓,仍应责成"十字改为"经过半月后即派"七字,"未经报告"以下改为"未经报告者,照本规则第六条办理,其形迹实有可疑者,得呈县驱逐之";第八条,改为"本规则自公布后,发生效力"云云;均由本署代为改正,仰即遵照。查《取缔航船规则》仅第二条为取缔航船之专则,余系一种普通禁赌事项,自可出示谕禁,严厉执行,且航船营业早经订有办法,苟克认真办理,自无他种情弊,不必另订条文,致有冲突。清摺存。此令。十二月十二日

(原载《浙江公报》第一千七百十七号,一九一六年十二月二十四日,一六页,指令)

浙江省长公署指令第四千九百八十八号

令桐乡县知事①

呈一件为金昌运遵章在濮院请设同昌茧行由

呈悉。查各商请设茧行,应以《条例》公布到达之日起,呈请在先而手续完备者先行核转,业于嘉兴县知事电请解释疑义案内经指令遵照有案,各县自应一律办理。该商金昌运此次遵章在濮院请设茧行,核其距邻县旧行里数,原属合例,惟前据该县为各商呈请开设之茧行计有八处,当以后珠村、亭子桥、隆兴桥、泾塘桥四处距邻县旧行较近,经指令详细复查并分绘各行地图呈核在案。今尚未据复到,该商行基与前呈各行所定地点,究竟有无抵触,无凭核办。仰即详查声复,并将各该商进呈日期列表,连同地图一并呈核,毋稍徇延,切切。图、结暂存。此令。十二月十二日

(原载《浙江公报》第一千七百零九号,二一页,指令)

---

① 桐乡县,底本作桐县,径补。

浙江省长公署指令第四千九百八十九号

令高等检察厅长殷汝熊

呈一件嘉善县呈报张乃勋被劫勘缉情形由

呈及图、单、表均悉。该盗等结伙行劫得赃，复敢拒伤佣工，不法已极，应即迅行会督营警，务将案内正盗真赃悉获，诉究具报，一面先查明盗匪姓名、年貌、籍贯呈候通缉，仰高等检察厅转行遵照。此令。图、单、表均存。十二月十二日

（原载《浙江公报》第一千七百零九号，二一页，指令）

浙江省长公署咨省议会

准教育部咨复该会议决派遣留学规程

一案应仍照部颁规程办理由

浙江省长公署为咨行事。

案查贵会议决本省《派遣留学生规程》，前经本公署咨经贵会复议，仍执前议，当分别依法公布，并转咨教育部在案。兹准复开，"查各省单行条例本为《省议会暂行法》所许可，但以不抵触法律、命令为限。教育部为监督全国教育之机关，其职权断非仅及于中央，则各省规定单行条例，当以辅助本部行政方针为适宜。本部订定《选派留学外国学生规程》，固为全国统一起见，然于各省需要人才极为注意。此次浙江省议会议决本省《派遣留学生规程》，经本部详加复核，大致尚属妥洽，惟第三条所定资格，与部令公布之《选派留学外国学生规程》第一条之规定，未能尽洽，本部以选派学生研究必须留学外国之学术、技艺为宗旨，故所定资格较严，浙江省议会对于派遣学生留学，固视为非常重要，独于派遣资格宽与限制，不第与部定《规程》微有抵触，即揆诸该议会培养需要人才之真义，亦未能恰合，似应审核修改。倘各省临时因特别事情，必须与部定《规程》稍有出入，尽可声叙理

由,咨商本部核办。至该会原咨请划清权限,将中央选派及各省选派分别办理一节,于教育统一主义,殊多障碍。且部定《规程》第三条规定,每届议定名数先期咨询各部院、各省需要人材折衷配定,是各省需要某项人材,本可于举行第一试前,预先酌定,迨第一试合格后送应第二试时,本部但就各省第一试录取各生中择优选派,与各省需要毫无妨碍,则各省自应按照上项《规程》切实进行,以期全国统一。相应咨请转咨省议会查照办理"等因。准此,相应连同本年十月部颁《选派留学外国学生规程》,咨请贵会查照办理。此咨

浙江省议会议长

计送《规程》一本。

浙江省长吕公望

中华民国五年十二月十一日

教育部令第二二号

兹订定《选派留学外国学生规程》,特公布之。此令。

中华民国五年十月十八日

教育总长范源廉

选派留学外国学生规程

第一条　教育总长认为必要时,得就左列各项人员中选派留学外国学生,研究必须留学外国之学术、技艺:

一、曾任本国大学教授或助教授继续至二年以上者;

二、曾任本国专门学校、高等师范学校教授继续至二年以上者;

三、曾经留学外国大学、高等专门学校、高等师范学校本科毕业者;

四、本国大学本科毕业生;

五、本国专门学校、高等师范学校本科毕业生。

前项留学生以检定试验选拔之,但有前项第一、第二、第三各款资格者,得免试验之全部或一部。

第二条　前条试验分第一试及第二试。

第一试由各省行政长官行之,其试验科目如左:

一、国文;

二、外国文。

第二试由教育部在京行之,其试验科目如左:

一、国文;

二、外国文;

三、调验成绩;

四、口试。

国文、外国文之试验,视其派赴留学地方及研究科目酌量命题。

成绩之调验,以历年研究之著述及一切学业状证为据。

口试,就其所学及志愿发问。

第一试不及格者,不得与第二试,其第一试合格之试卷,由省行政长官咨送教育部复核。

第三条　每届选派学生,先期由教育部议定应派名数、留学地方、留学年限、研究科目及各省应送备选学生名数,并第二试在京举行日期,列表公布。

教育部议定前项应派名数,即以民国三年六月以后各省咨报教育部有案之核定留学名额为范围,每届选派学生应就前项定额内所出缺额议定名数。但留学日本名数,应先尽每年考入特约学校各生充补缺额后,就所余额议定之。

每届议定名数时,应先期咨询各部院各省需要人材,折衷配定。

第四条　留学生由教育部特派监督管理之。

留学生遇须实习等各种请求事项,应呈由监督核办。

监督遇有留学生事务关系外交者，应商承驻外公使办理。

第五条　留学生应支治装费、往返川资及每月学费数目，定如左表：

留学国	治装费	出国川资	每月学费	回国川资
英国	本国币 二〇〇元	本国币 五〇〇元	英国币 一六磅	英国币 五〇磅
法国	同	同	法国币 四〇〇佛郎	法国币 一二五〇佛郎
德国	同	同	德国币 三二〇马克	德国币 一〇〇〇马克
比国	同	同	比国币 四〇〇佛郎	比国币 一二五〇佛郎
奥国	同	同	奥国币 四〇〇佛郎	奥国币 一二五〇佛郎
义国	同	同	义国币 四〇〇佛郎	义国币 一二五〇佛郎
瑞士国	同	同	瑞士国币 四〇〇佛郎	瑞士国币 一二五〇佛郎
俄国	同	同	俄国币 一三五罗布	俄国币 四五〇罗布
美国	同	同	美国币 八〇圆	美国币 二五〇圆
日本国	本国币 一〇〇元	本国币 七〇元	日本国币 四六圆	日本国币 七〇圆

治装费及出国川资，由教育部在京发给。

每月学费由监督查明各该生行抵留学国之日起算，按月发给，不得预领。

回国川资由监督于填发证明书时发给之。

留学生因研究学术必须巡历地方,或经指定转学他国等特别情形时,得另酌给旅费,但应先具预算书,呈由监督呈部核准。

留学中罹疾确有医证者,于学费之外,得酌给医药费。但通留学期内,不得过国币三百圆之数,并应将医药各收据呈送监督核验。

留学中罹疾至四个月,尚未痊愈者,得免其留学,酌给回国川资,但不得超过表定数目。

留学中死亡者,得由监督设法就地殡葬。殡葬之费不得超过表定回国川资数之一倍,其家属愿自费运柩回国者听。

第六条　选拔合格之学生,须于揭晓后一个月内,连同最近半身像片三纸、缴具留学愿书,呈部领凭。出国留学生行抵留学国时,应将在部所领凭证缴由监督汇送教育部。

第七条　留学生自出国之日起,至归抵本国之日止,每月应将留学日记呈部,或转由监督送部考核。

其有取得学位之论文或他项著述及考察报告,并应随时送部考核。

前项留学日记,除特别名称外,应用本国文字按日记载,毋得间断,尤应特重所学事项。

前项留学日记及著述、报告等,应由部摘要编印成书,分送各部院、各省参考。

留学生有成绩特优者,应由部给予褒状,并得酌奖书籍费。

第八条　留学生除亲丧外,不得请假回国,其请假期限不得逾一年。

前项请假回国,得支表定川资十分之三。

第九条　留学生留学毕业后,应将学业凭证送请监督验明,如果年限、成绩查核相符,方许发给留学毕业证明书。

留学生取得前项证明书后,应即依限回国,连同证明书送部验凭注册。

留学生归国后,有听从教育总长指派职务或各部院咨调任用之义务。

前项义务年限,视其留学期间之久暂酌定之。

第十条　留学生有违背教育总长命令,旷误学业或其他不端行为时,得免其留学,其情节过重者,应由部取销其已往资格之全部或一部。

归国后不服指派职务者同。

附则

本规程自公布日施行,其民国三年教育部颁行之《各省留学官费生缺额选补规程》即行废止。

本规程公布以前,所派留学生及日本特约学校按约录取各生,应准仍照《管理留欧学生事务规程》《管理留学日本学生事务规程》暨其他部定办法分别办理。

前经教育部根据前项《选补规程》,准予存记有案各生,一律准与本规程第二条第二项之试验。其在本规程公布以前已入外国大学者,应由部调取各该生最近成绩,择优准免试验,一并指派,但此项学生不给出国川资,其学费应自训令监督文到之日起算。

(原载《浙江公报》第一千七百一十号,一九一六年十二月十六日,四至九页,咨)

浙江督军公署训令会字六一五号
浙江省长公署训令会字第一七三七号

令衢县等县知事据常山知事呈报查剿
玉匪情形分别令颁布告由

令衢县知事王象泰、江山县知事程起鹏、开化县知事林应昌案据常山县知事赵钲铉呈报,会同邻封营、县查缉玉匪情形,并称该股匪徒潜匿赣浙交界处所,招集无赖,衢、江、常、开各县,且有上流社会中人被其勾引入伙,拟请明颁布告,严禁附和,俾知警惕等情。查此案前据常山县知事电呈,并送准江西李督军、戚省长先后来电,节经电令兰溪刘统带饬派管带吕桂荣酌带兵力会同衢、江、常、开各县知事认真协剿在案。兹据前情,除分别令行外,合亟撰印布告,并抄附原呈,一并令仰该知事即便分别查照张贴,仍会同各该营、县随时查剿具报。此令。

计发布告五十张(见昨日本报"布告"门),抄粘原呈一件。

中华民国五年十二月十三日

督军兼署省长吕公望

附原呈

密呈。为呈报事。

窃照属县探闻玉山溃警余党在玉、江、常交界地方聚众图乱,即经严密防范,密电禀闻,并将防范情形具文密报,奉钧署府密俭电暨省长府密艳电示遵各在案。嗣经知事先期函约玉山、江山各营、县,订定十一月三十日在玉、江、常交界地方会哨查剿。是日知事偕同驻县警备队哨长徐廷俊亲率警察二十名、警备队十五名,黎明时由县出发,上午九时驰抵草萍,至玉界太平桥,与玉山县知事王朝贺、驻玉山营长梁作栋晤面,商定先就该处巡缉一周。知事复沿途探访匪踪,该处居民佥称并无匪徒潜匿该处,前数日曾有谣言说有多数人要攻打玉山的,现在亦不听说了;此间为大路所经,来往客商甚多,此种谣言谅系过路客人传来的等语。知事即传集村董耆民及该处征收役等,会同玉邑营、县剀切谕令,毋得轻信谣言,致生疑惧。现在各县营警均已联络,随时缉剿,该匪等自无窜匿之余地。各该董耆为自卫身家计,亦应尽侦防之责,如有来历不明之人,随时报告征收役,转报营、县，不得容留，并着征收役传谕各居民一体知照，倘有形迹可疑之人逗遛境内，即由该征收役随时密报，以凭拿究。知事复同玉山营、县驰赴江邑交界之处，沿途探询，情形大略相同。至大阳桥，与江山县知事程起鹏、驻江警备队管带吕桂荣会晤后，各率军队于该处附近十余里一带四出梭巡，匪已逃散。惟沿途探问该处居民，咸谓阴历上月二十五六日有不识姓名千余人，由四处聚集来，至该处屯集社庙，闻系攻打玉山之兵，民等畏惧，不敢去看，不晓有无枪械及实在人数，后来随即散去，不知何往。知事等召集董者，仍复谕令，嗣后如有形迹可疑之人来此屯集，务须随时报告，不得任其屯聚，并责成该管征收役随时查察报告，一面与玉、江两邑营、县约定日期，每旬会哨二次，以期周密，并商以后凡关于侦查缉拿匪犯，由各营、县颁发会缉证，不分畛域，随时缉捕，事机紧急时，得持证请求该管营、县警察协助，以免文牍往返，致误事机。各营、县均一致赞同，议决而散。知事仍偕徐哨长率队回县，一路察访，尚称安谧。惟查匪徒虽已逃散，而冬防在时，防范乌容稍懈。除仍督警会哨认真梭巡，加意防范，并令各保卫团一体放哨梭巡，并按期前往，会同查缉，随时具报暨分呈外，所有会哨查剿情形，理合具文密呈，仰祈鉴核，实为公便。

再，知事访闻该股匪徒的系玉山溃警栾思德之党羽，该匪首自溃窜之后，即潜匿赣浙交界之处，招集无赖，希图扰乱，现闻旧衢、江、常、开各县，且有上流社会中人被其勾引入伙，惟无确实证据，未便拿办。若欲按名搜查，未免迹近扰民，再四筹思，拟请督军会同省长明颁布告，严禁附和，俾知警惕。一面仍由各营、县随时认真查察，如有确实附匪证据，择尤从严法办，以资惩儆。是否有当，仰祈指令示遵。谨呈。

（原载《浙江公报》第一千七百十二号，四至五页，训令）

浙江督军署训令第六百一十七号

令师旅各部为分发所属各机关同治及光绪条约等书籍由

令第一师师长童保暄、第二师师长张载阳、混成旅旅长俞炜、嘉湖镇守使王桂林、宁台镇守使顾乃斌、宪兵营营长包焕庚、镇海炮台总台官金富有

案查前兴武将军行署向外交部订购《光绪条约》暨《中立之国际法论》等书籍,曾经分发所属各机关,以资备考,并由各机关照价缴还归垫。嗣因本署接准外交部总务厅来函,"《同治条约》暨《光绪条约补遗》均续行出版,如需购置,按照原价八折,将所需部数及书价开单送部,即可照寄"等因。当经函复订购《同治条约》暨《头绪条约补遗》各二十部,并补购《光绪条约》十部去后。现在是项书籍业已运送到署,应即分发各机关购置备考。所有书价,计甲种《同治条约》每部折实银四元,另加邮费二角;《光绪条约补遗》每部折实银八角,另加邮费一角;甲种《光绪条约》连同《补遗》每部折实银八元,另加邮费二角;即由各该机关照缴本署归垫。除分发外,合将以上书籍各　部发仰该　　并转发各旅部各一部/照收可也。此令。

计发《同治条约》　部、《光绪条约》　部。

中华民国五年十二月十三日

督军吕公望

（原载《浙江公报》第一千七百一十号,一〇页,训令）

浙江省长公署委任令第七十号

令委任袁锵金正式接充场长并发委状由

令省立农事试验场场长袁锵金

案查省立农事试验场关系重要,场长统率全场,责任尤重。现在王前场长被控案件业经法庭审判确定,并已令行高等检察厅转令派

警押赴该场交代在案。所有场长一职，自应正式委任，以便接替而利进行。兹查该员自代理场长职务以来，办事尚能认真，堪以正式接充该场场长，其所兼种艺科及第一分场主任技术职务，应否添委人员，俟预算案公布后，再行察核办理，令行遵照。除填发委任状外，合行令委，仰即知照。嗣后务益奋勉淬厉，悉心整顿，毋蹈前辙而负委任，切切。此令。

计附委任状一件。

中华民国五年十二月十三日

省长吕公望

（原载《浙江公报》第一千七百一十号，一〇至一一页，训令）

浙江省长公署指令第四千九百九十六号

令省立女子蚕业讲习所

呈一件据呈送拟具招生简章等件并请示选送办法由

呈、件均悉。所拟招生简章尚欠妥洽，经已酌加改正，定为该所《招选学生简章》，连同拟送《入学须知》，通令各县按照议决案规定名额加倍选取，送候发所考验，酌定去取，以免冒滥，仰即知照。改定《简章》照抄一份，随发件存。此令。十二月十二日

（原载《浙江公报》第一千七百一十号，一九页，指令）

浙江省长公署指令第五千零三十八号

令内河水上警察厅

呈一件呈复查明戈来碧电禀阅于队长方景铭查复
彭寿春被控一案尚无讳饰请察核由

呈悉。既据查明该队长方景铭查复彭寿春被控各节，尚无讳饰之处，应免置议，仰即知照，并录报警务处查考。此令。十二月十三日

附原呈

呈为遵令查复戈来碧电禀情形,仰祈察核事。

本年十一月二日奉钧署训令内开,"案据平湖戈来碧电禀称,'九月六日《公报》载彭寿春被控案由,队长方景铭复称,吴富荣事牵涉来碧,大不相符,已声明《全浙报》,特电呈'等情到署。据此,查彭寿春被控一案,业经令据警政厅查复并指令在案。据电前情,究竟实情如何,队长方景铭有无讳饰情事,合亟令行该厅查照,并即检阅戈来碧在《全浙报》声明各节,查明核办复夺,切切。此令"等因。奉此,遵查该民戈来碧于十月十四日在《全浙公报》内声称,"阅九月六日《浙江公报》内呈文一件,系浙江警政厅呈省长为查明平湖县公民陆江等禀控水警分队长彭寿春渎职殃民一案,据第九队长方景铭详复各节,内有'农民吴富荣被人诈去洋元一节,竟指为来碧一人主持,邀请彭分队长协同处理'等语,阅之不胜骇异。查此案发生,原因吴、刘两姓斗殴,诉讼县署,未经判决,而刘大福妻陆氏以县署法警敲诈恐吓,一时气愤自缢,经人解救。此系本年旧历四月初十之事。是日吴富荣即被彭寿春拘去监禁,加以锁拷。越数日,刘妻身死,彭乃逼吴允许银洋三百五十元,吴富荣确系来碧佃户,其妻情急无法,乃邀来碧到彭寿春处保请释放,于四月十五日由吴先交彭寿春洋一百五十元,尚不释放,嗣于十六日经来碧担保始释,遂将银洋由吴如数交于彭寿春手,此系实在情形也。乃因陆江等联名控告,奉警政厅饬查。兹阅队长方景铭之复文,其他各节与来碧无关者,虚实不论,惟关于吴富荣出洋一节,全为彭寿春洗饰,所复不实,在来碧不能代人受过"等语。核与该第九队长方景铭查复彭寿春被控各案内,关于此案,据称,"刘大福、吴富荣及是案理由中,戈来碧等声称刘妻虽因产身故,然既已控诉到县,在乡间小民素来畏法,以讼累为附骨之疽,与其蔓讼于后多费金钱,不若和解于前稍有限制。来碧因两造均系佃户，是以力为劝息，令吴富荣出洋三百五十元助给刘妻陆氏衣衾棺椁等费，刘大福当立有收据为凭，并取具两造息结，呈准县公署完案。此系来碧一人主持，彭分队长虽邀请在场，以为案既和解，事属已成，无俟抗议，况银洋均由刘、吴两人当面过割，何从诈欺"等情。两相察核，该民戈来碧声明与该队长查复异点即在此案于吴富荣出洋和息一节，一谓查由该民戈来碧主持，一谓实由彭寿春主持。而于此案起末之情节，则多属相同，实则该调处之人无论为彼为此，要于此案之本身上，刘妻身死牵涉吴姓，是否属于图赖，已未涉及刑事问题，可否得以和解，在在均关法理。又于调处之中人，有无从中图诈情形，均须就此案之本身上研究，而为司法范围以内之事。据队长查明，此案和解，两造愿息，各具有息结呈县核准完案。此则对于此案上列诸疑问，该县知事当已一一详为加察，断不至贸然从事，而为该调处之中人所蒙蔽也。又据该队长查复时并附呈两造息结各一纸，结内均填明戈来碧调处字样，是则该队长查谓此案全由来碧主持，并非无据，即来碧声明内称洋元由伊过付，然则当时彭寿春果有诈欺情事，该民既明事理，何反曲为附和，为之过付洋元，以遂成彭寿春之欺诈？此揆之事理，谅有不然。其所谓不能代人受过云云，意盖以此等事一涉其名，便为不美，不知案既经县核准，其为中人，必已据情理而调处，有何不美？而于该中人之身分上，亦断不复发生何项问题。但彭寿春以官吏而干涉此等事件，总有不合之处，业由职厅并同他案呈准撤差，永远停委在案。职厅当时据案办理，实无从再加以别项之处分，即现在综核此案前后情节，该队长查复各节，似亦无讳饰之处。兹奉前因，所有查明戈来碧电禀情形，理合具文呈复，仰祈钧长察核施行。谨呈。

（原载《浙江公报》第一千七百一十号，一九至二一页，指令）

浙江省长公署指令第五千零四十号

令政务参议会

呈一件呈送会议警备队各项规程请核定由

呈、摺及《速记录》均悉。仰候核定颁行可也。此令。十二月十三日

附速记录

十月二十八日开第八次常会议场速记录

下午二时,会员出席八人。王会长因公赴南洋,由许副会长主席①。当即开会,即议修正浙江警备队各项规程案。

李平君谓:此项规程系根据警政厅官制拟订,今警政厅改组在即,将来警务处权限如何,尚不可知,应俟该处成立后,再行提议。

众赞成。

次议各项捐税章程案(速记录呈案呈报)。至六时,遂散会。

十一月十一日开第十次常会议场速记录

下午一时,会员出席八人。许会长主席,宣告开会,首由主席报告议事日程毕,即议警备队各项规程案。

主席谓:此项规程前以警政厅行将改组,将来权限如何,尚不可知,遂行搁议。现在警务处业已奉令成立,关于《警务处暂行章程》亦经省长公布,是以此案今日可开议。

汪钦君谓:各项规程大致均属妥协,惟警政厅既已改组警务处,则条文之内,凡有"警政厅"字样者,统应改为"警务处",以归划一。此外,如《警备队组织纲要》第二条,"隶属于警政厅,秉承省长之命令,任其权限内应尽之职务"等语,原文似欠明了,应按

---

① 王会长、许副会长,指王廷扬、许壬。参见《政务参议会呈报启用图记并选正副会长由》,载《浙江公报》第一千五百八十四号,一九一六年八月九日,一七页。

照《警务处暂行章程》第十六条，改为"隶属于警务处，受警务处长之督饬"。

李平君谓：《警备队组织纲要》第四条，系将缙云一县分属第五、第六二区，殊属不当，盖一县分属两区，有事之时，互相推诿，易误事机，且甲邑防兵分防乙邑，调遣指挥多有不便，故应将缙云全邑划入第六区，统归缙邑营本部，切实筹防，于事实上较为便利。

主席即汪、李两君所提出关于《警备队组织纲要》第二条及四条之修正付表决。众赞成。并询众对于《组织纲要》全部尚有异议否。众无异议。遂通过。

汪钦君谓：《职权纲要》第二条"节制"二字似无根据，应按照《浙江警务处暂行章程》统改为"指挥"。且第十一条"区、营长官遇有重大案件，得分报省长及警政厅长核办"云云，似与《浙江警备队暂行章程》第十八条"重要案件仍径详省长核办"之规定不合，应改为"区、营长遇有重要事件，径呈省长时，并须呈警务处长查核"。

李平君谓：《职权纲要》第三条"事机急迫"一句应删除，盖事机急迫与否，并无一定标准，有此四字易启推诿不前之端，且第十四条首句应将"关于"二字放在"人民"之上方妥。

主席即以上述第二、第三、第十一、第十四各条应行修正之点付表决。众赞成。对于《职权纲要》其余各条亦无异议。遂通过。

汪钦君谓：《警备队各区职守暂行规则》第三条"对于官佐互相更调时，径呈警务处长核准"，似有不合，应改"准"字为"办"字，稍觉活动。

主席以汪说付表决。众赞成。又问对于《各区职守暂行规则》尚有异议否。众无议。遂通过。

李平君谓:《警备队官佐奖惩章程》第九条,"降等撤任事项"之内,应加入"遇调遣移驻勒索地方官民之供给者"一项,因防营于调遣移驻时勒索供给之事数见不鲜,亟应添设专条,以申军纪。惟此条应加于八、九两项之间。

汪嶔君谓:查奖惩办法各分三种,则实行奖惩之机关亦应分级办理,据本席之意,对于《官佐奖惩章程》第十一条,除嘉奖或申斥一层,仍照原文办理外,其余应分记功或记过为一层,记升或降撤又一层,前者由该管上一级长官开具事实,按级呈请警务处长行之,至于后者则关系较重,似应规定由该管上一级长官开具事实,按级呈由警务处长转呈省长核办,以昭郑重。

主席即以李、汪两君对于《官佐奖惩章程》第九、第十二两条拟改之点付表决①。众赞成。对于其他各案,亦无异议。遂通过。

汪嶔君谓:其余各项规程,如什兵赏罚规程等都属警备队内部事项,且详加查阅,尚无窒碍难行之处,本席认为无修正之必要。

主席即将《警备队什兵赏罚章程》《什兵补充暂行规则》《官长因公离职暨官佐请假规则》等共计八种规程,次第提付表决,均无异议,逐项通过。

次议各项新旧捐税章程案(速记录另案呈报)。至六时散会。

谨将拟改浙江警备队各项规程各条分别开列,呈请鉴核。

一 浙江警备队组织纲要

第二条 原文 浙江警备队所辖地为浙江全省,隶属于警政厅,秉承省长之命令,任其权限内应尽之职务,其《职权纲要》《职守规则》,均另定之。

拟改 浙江警备队所辖地为浙江全省,隶属于警务处,受警

---

① 第十二条,上文作第十一条,查照下文,当作第十一条。

务处长之督饬,其《职权纲要》《职守规则》均另定之。

理由 按《浙江全省警务处暂行章程》第十六条规定,系警务处长秉承省长督饬所属整理警务,细玩原文,"隶属于警政厅,秉承省长之命令"云云,似系警备队直接秉承省长者,界限似欠分明,特行更正。

第四条 原文 第五区旧金、衢两属及旧严属之建、淳、遂、寿四县,并旧处属之缙云北半部,六营;第六区旧温、处两属(除缙云之北半部),五营。

拟改 第五区旧金、衢两属及严属之建、淳、遂、寿四县,六营;第六区旧温、处两属,五营。

理由 《警备队组织纲要》第四条,系将缙云一县分属第五、第六两区。查缙云向驻警备队一营,其营本部设于东乡壶镇,原条文缙云北部,系指壶镇之北而言,与第五区之营本部相隔六十余里,舍近就远,兵法不宜,应行修正之理由一。以县分属两区,有事之时,易于推诿,应行修正之理由二。该地分属五区,人民遇有盗匪案件,当越境报告,势颇为难,应行修正之理由三。以甲邑防兵分防乙邑,调遣指挥多有不便,应行修正之理由四。据上四理由,拟将缙云全邑划入第六区,统归缙邑之营本部,切实筹防,于事实上较为便利。

二 浙江警备队职权纲要

第二条 原文 浙江警备队各区统带受警政厅长节制调遣而率领其区内各营,各营管带受该管统带之节制调遣而率领营内各哨。

拟改 浙江警备队各区统带受警务处长指挥调遣而率领其区内各营,各营管带受该统带指挥调遣而率领营内各哨。

理由 "节制"二字似无根据,《浙江全省警务处暂行章程》第二十一条统改为"指挥"。

第三条　原文　（上略）浙江警备队如遇各驻地之县知事因缉捕盗匪,事机急迫,请求协助时,并应受驻地之县知事就近调遣,但须同时会报警政厅备案。

拟改　（上略）浙江警备队如遇各驻地之县知事因缉捕盗匪请求协助时,并应受各驻地之县知事就近调遣,但须同时会报警务处备案。

理由　事机之急迫与否,并无一定标准,规定于条文之内,反易启防营推诿之端,故应删除。

第十一条　原文　区、营长官遇有重大案件,得分报省长及警政厅长核办。

拟改　区、营长官遇有重要案件,径呈省长时,须并呈警务处长查核。

理由　查各属警务机关遇重要事件,应径呈省长核办,系规定于《浙江警务处暂行章程》第十八条,今原文对于遇事有重大案件时,仅曰"得分报省长及警政厅长核办"云云,似有不合,故应改正。

第十四条　原文　凡人民关于抢劫案之报告,得行查缉之处理,仍一面通告地方官,并按级呈报备案。

拟改　凡关于人民抢劫案之报告,得行查缉之处理,一面通告地方官,并按级呈报备案。

理由　原文首句稍欠斟酌,合行更正。

三　浙江警备队各区职守暂行规则

第三条　原文　统带有命所属以职务之权,并得就所属员兵互相更调,但官佐调动时应呈候警政厅长核准,什兵于事后呈报备案。

拟改　统带有命所属以职务之权,并得就所属员兵互相更调,但官佐调动时应呈候警务处长核办,什兵于事后呈报备案。

理由　查互相更调,虽职务之变更,究属位置之互易,原文对于官佐调动时径行呈由警务处长核准,似嫌专擅,应改"准"字为"办"字。

四　浙江警备队官佐奖惩章程

第九条　拟增　应于第九条七、八两项之间加一条(遇调遣移驻勒索地方官民之供给者),原文第八项即依次改为第九项。

理由　防营于调遣移驻时,往往有勒索供给之事。设此一条,所以示儆。

第十一条　原文　凡应行嘉奖或申斥者,由该管上一级长官以公文行之,并每年于三、六、九、十二等四个月详晰列表,按级呈报警政厅备查;应行记功、记升及记过、降撤者,由该管上一级官长开具事实,按级呈请警政厅分别核示。

拟改　凡应行嘉奖或申斥者,由该管上一级长官开具事实,以公文行之,并每年于三、六、九、十二四个月详晰列表,按级呈报警务处长备查;应行记功或记过者,由该管上一级长官开具事实,按级呈请警务处长行之;应行记升或降撤者,由该管上一级长官开具事实,按级呈由警务处长转呈省长核办。

理由　查本《章程》第三、第六两条规定,奖惩之种类各分三项,则考核成绩实行奖惩之机关,亦应按照程度分级办理,而记升、降撤则关系较重,似应依据《浙江警务处暂行章程》第十七条改为"按级呈由警务处长转呈省长核办",以昭郑重。

(原载《浙江公报》第一千七百十一号,一五至一九页,指令)

浙江省长公署指令第五千零四十三号

令高等检察厅长殷汝熊

呈一件呈复查明上虞张亮采被张世骏等枪毙一案由

呈悉。案关人命,事出四年,凶犯迄未弋获,该县历任知事实难辞玩泄之咎,前据尸妻张童氏续呈,业经令厅饬县勒限二个月,务将张世骏获案究办在案。应即责令如限缉获,毋得藉延,致干重惩。张世骏之父张绍尧,前据张童氏指称藏匿上海茶栈,是否属实,应再由县查明确实呈候核办。林永顺等究竟是否同谋,并应勒保跟交到案,传同尸亲人证质讯明确,录报备核,仰即转令遵照。此令。十二月十三日

（原载《浙江公报》第一千七百一十号,二一页,指令）

浙江省长公署指令第五千零四十四号

令高等审判厅长范贤方

呈一件呈报衢县审检所判处盗犯萧老四等死刑请核示由

呈及供、判均悉。仰即转令该所遵照。该厅指驳各节,赶速查询明确,依法更正,于文到十日内另具供、判,呈由该厅核明转呈察办。再,原判援用《刑律》第三百七十三条科断,系徐忠福而非萧老四,来呈想系缮写之误,并仰知照。此令。供、判发还。十二月十三日

（原载《浙江公报》第一千七百一十号,二一页,指令）

浙江省议会参议院议员选举监督吕公望

通告事。案准内务部电开:"本月七日奉大总统令:'选举为民意所寄托,苟有营私舞弊,其害即中于国家,是以妨害选举律有常刑,现届参议院改选之期,难保无此种罪犯发生,该管司法官吏应事前严加访查,遇案依法惩办,倘怠于职务,漠视不问,一经查明,定予严行惩戒,其各凛遵。此令'等因。奉此,查妨害选举罪,《刑律》定有专章,其中包括甚广,诚恐参与选举之人漫不经意,致犯刑条。本部为先事预防计,请尊处于办理选举时,将《暂行新刑律》分则'妨害选举罪'一章,随文印送各参与选举人知照,俾资省惕而免触犯,请即查照办理。内务部。文。印"等因。准此,相应抄录《暂行新刑律》"妨害选举罪"各条登报公布,以便周知。特此通告。

计开：

《暂行新刑律》第八章妨害选举罪

第一百五十八条 将选举人、被选举人资格所必要之事项，以诈术或其他不正方法，使登载名簿或于名簿内变更者，处四等以下有期徒刑、拘役，或三百元以下罚金，无资格而投票者亦同。

官员知情而为前项之登载或变更者，处三等至五等有期徒刑，或五百元以下五十元以上罚金。

第一百五十九条 于选举有左列行为之一者，处五等有期徒刑、拘役或一百元以下罚金：

一、意图自己或他人得票，或减少他人得票，而散布流言，施用诈术及其他损坏被选举议员之名誉者；

二、不问选举前后，对选举人、选举关系人行求川资及其他贿赂，或期约或交付或为之媒介，或选举人、选举关系人要求期约或收受之者；

三、将选举人、选举人亲属或与选举人有关系之寺院、学堂、公司、公所、城镇乡之债权、债务及其他利害诱导选举人，或为之媒介，或选举人应其诱导者。

犯右列各罪者，所收受之钱财及其他有价物品没收之，若已费失者，追缴其价额。

第一百六十条 于选举有左列行为之一者，处三等至五等有期徒刑，或三百元以下三十元以上罚金：

一、对选举人、选举人亲属或选举关系人施强暴胁迫者；

二、对选举人以强暴胁迫，妨害其于选举会场之往来及其他选举权利行使者。

第一百六十一条 于选举有左列行为之一者，处三等至五等有期徒刑：

一、对有关选举之官员或其佐理施强暴胁迫者；

二、骚扰选举会场、投票所、开票所者；

三、阻留、损坏、夺取选举票、投票匦或有关选举之公文书者。

第一百六十二条　无故于投票所干涉投票，或于投票所、开票所刺探被选举人姓名者，处五等有期徒刑、拘役或一百元以下罚金。

有关选举之官员或其佐理，犯前项之罪或漏泄被选举人之姓名者，处四等以下有期徒刑、拘役，或三百元以下罚金。

第一百六十三条　犯本章之罪者，得褫夺公权。

其宣告三等有期徒刑以上之刑者，于本刑消灭后，仍于十年以下、二年以上丧失其选举、被选举之资格。

（原载《浙江公报》第一千七百一十号，二三至二四页，通告）

浙江省长公署行政诉愿决定书第七号

诉愿人邵江为承购丁源户佃地一案
提起诉愿由署审查决定由

诉愿人：邵江，二十七岁，杭县人，法政毕业生。

右诉愿人对于清理官产处就该诉愿人承购丁源户佃地一案，吊回部照之处分，声明不服，提起诉愿。经本公署审查，决定如左。

主文

本件诉愿驳回。

理由

此案杭县满营佃地五分八厘九毫一丝五忽，应先归何人缴价承购，当以该地原佃属于何人为断。查财政厅来呈所引杭县原呈，有"饬据租税办事员查复，徐有申于四年三月间，承顶丁源户下东平庙地方满营佃地，先行换发佃照"等语，是该地原佃属于徐有申无疑，乃清理官产处据县送原册，以丁源户列名榜示，徐有申并不于限内请求缴价承购,遂为邵江买得,领有部照,徐有申乃起而争议,则该地究应归何人缴价承购,又当以徐有申对于清理官产处之榜示限期应否负有过失为断。

据杭县先后呈复财政厅原文,均称"徐有申承顶丁源户佃地,换发佃照,应俟年终造册时再行更名。嗣因临时查丈员持三年分租册前往按名清丈,误将新户徐有申之地仍列丁源户名,绘图造送,迨官产处收回处分时,县中不及更正,一并详送,是以只有丁源户而无徐有申户,呈经转详清理官产处迅予更正"等语。然则榜示既未列徐有申户名,即未便以逾限相责,徐有申自可不负过失,虽据邵江承购在先,要未能因此而遽令徐有申丧失其权利,该地自应归徐有申缴价承购,邵江前缴地价应仍照官产处处分,由邵江向杭县缴照具领。本件诉愿应予驳回。至杭县租税办事员处事疏忽,实难辞咎,应另文饬知杭县从严议处,以示惩戒。

爰决定如主文。

中华民国五年十二月十三日

(原载《浙江公报》第一千七百一十号,二六至二七页,判词)

浙江督军署咨陆军部

为转发张载阳等文虎章并送领单由

浙江督军署为咨行事。

本月十一日准贵部公函开,"案准贵督军'缄请颁发张载阳等勋章,以便分别转发'等因前来。相应检具张载阳二等文虎章一座,徐则恂、汪镐基三等文虎章各一座,执照各一轴,并领单一纸,函请查照转发,并希将领单填明送部备案可也"等因,并附二等文虎章一座、三等文虎章二座、执照三轴、领单一纸。准此,除分别转发外,相应将领单填明,备文咨送贵部,请烦查照备案。此咨

陆军总长

计咨送领单一纸。

浙江督军吕公望

中华民国五年十二月十四日

（原载《浙江公报》第一千七百十一号，一九一六年十二月十七日，三页，咨）

浙江督军署训令第六百二十一号

令发张载阳等文虎章由

令暂编浙江陆军第二师师长张载阳、暂编浙江陆军第二师参谋长汪镐基、内河水上警察厅厅长徐则恂

案查前兴武将军行署电呈请奖浙省防务出力各员勋章一案，于本年四月间奉令："张载阳/汪镐基/徐则恂给予二/三/三等文虎章，业经行知"在案。兹由本署函请陆军部将前项勋章并执照咨寄到浙，合行令发，仰即祗领，并将受勋履历填明送缴来署，以凭转咨。此令。

计发二等文虎章一座、三等文虎章一座、三等文虎章一座，执照一轴。

中华民国五年十二月十四日

督军吕公望

（原载《浙江公报》第一千七百十一号，四页，训令）

浙江省长公署咨省议会

准国务院电县自治草案俟国会议决后颁布由

浙江省长公署为咨行事。本月十二日准国务院电开，"支电悉。县自治制草案业经编订，俟提交国会议决后颁布。院。文。印"等由。准此，相应备文咨请贵议会查照。此咨

浙江省议会

浙江省长吕公望

中华民国五年十二月十四日

（原载《浙江公报》第一千七百十一号，三页，咨）

浙江督军署委任令第二十九号

令委派薛同等三员兼充编制处处员由

令本署副官薛同、本署军需课课员王崇年、本署署附王爰斯

兹派该员兼充陆军规程暂行编制处处员，不另支薪。除令知编

制处处长外，合行令仰该员遵照。此令。

中华民国五年十二月十四日

督军吕公望

（原载《浙江公报》第一千七百十一号，四页，训令）

浙江督军署训令第六百二十二号

令陆军规程暂行编制处长为委派薛同等三员兼充该处处员由

令陆军规程暂行编制处处长吴钟镕

兹查有本署副官薛同、军需课课员王崇年、署附王爰斯三员均堪兼

充该处处员，不支兼薪。除分令遵照外，合行令仰该处长知照。此令。

中华民国五年十二月十四日

督军吕公望

（原载《浙江公报》第一千七百十一号，五页，训令）

浙江省长公署训令第一千七百六十一号

令高检厅准福建省长咨请饬平阳县追缉福建

海关灯塔差船被劫一案赃盗由

令高等检察厅长殷汝熊

本月七日准福建省长公署咨开，"前准贵署咨开，'福海关灯塔差

船被平阳县渔船抢掠一案,业经指令高检厅一体查缉赃盗,务获解究'等因,当经令饬闽海关监督知照在案。兹又据该监督呈称,'又准福海关税务司称,据差船林元标回关面称,来澳地方系左界大渔乡,右界石崩炎田,只须查该处船商并渔户等多有识之者等语。查中外各船舶往来沿海口岸,均赖灯塔为标准,倘有被劫及别项阻碍情事,为害诚非浅鲜。现在该差船于来澳洋面被渔民抢劫,自应藉地方官厅澈查严办,以肃清该处一带之洋面,以安航业,其赃物亦应一并追回,以儆将来。兹将税务处令行总税务司原文抄请察阅,即希转呈省长,咨请浙江省长从速令饬平阳县知事严行查办追赃,送关完案等因,并附抄税务处令文到署。理合照钞令文,具文呈请察鉴'等情。除指令外,相应咨请贵省长查照,希即转令平阳县知事严缉正盗,并追原赃,务获解办,至纫公谊"等由。准此,查此案前据该县呈复,"该县辖境并无来澳地名"等情,业经分别咨令在案。兹准前由,合行令仰该厅转令该县迅即缉盗追赃,务获解究具报。此令。

中华民国五年十二月十三日

省长吕公望

(原载《浙江公报》第一千七百十一号,五至六页,训令)

浙江省长公署训令第一千七百六十二号

令高审厅通令专审员从速讯办盗案由

令高等审判厅长范贤方

照得现值冬防期间,各属盗匪屡有蠢动,防制之策固在各县知事暨营警各官弁缉捕认真,而尤赖承审官吏审判迅速,执法严明,方足以寒匪胆而靖地方。乃查审检所成立以来,各县专审员对于盗匪案件,往往延不讯办,不特此辈充斥囹圄,疏脱堪虞,且恐愚民误解,以为刑网可以幸逃,法律不足顾忌。因之匪胆愈炽,劫案益多,实于地方治安大有妨碍。为此训令该厅,仰即通令各县专审员,嗣后遇有强盗案件,务须赶速逐件讯明,按律拟办,其情罪合于《惩治盗匪法》者,并应依法拟判,酌量情形,呈由该厅核转,或径电本署核办。自此次通令之后,各该专审员如再有任意延误情事,应即由厅随时查明,从严呈请处分,以为玩忽职务者戒,毋稍宽纵,切切。此令。

中华民国五年十二月十三日

省长吕公望

(原载《浙江公报》第一千七百十一号,六页,训令)

浙江省长公署训令第一千七百六十三号

令发政务厅长等勋章凭单及履历表由

令外海厅长王葆、政务厅长王文庆、内河厅长徐则恂、内河第二区长俞肇桐、嘉善殷济、前嘉兴县知事袁庆萱、吴兴县知事张嘉树、杭县知事姚应泰

案准铨叙局咨开,"本年十月十日奉大总统令:'王文庆、莫永贞均给予三等嘉禾章,王葆给予四等宝光嘉禾章,范贤方给予四等嘉禾章,徐则恂、殷济均给予五等嘉禾章,俞肇桐、袁庆萱、张嘉树、姚应泰均给予六等嘉禾章。此令'等因。除莫永贞、范贤方等二员勋章凭单径由本人自行领取外,应即依照《勋章收费细则》填发甲种勋章凭单八张,检同履历表八张送请查照转发,并希取具履历咨复本局,以凭注册。相应咨行查照办理可也"等因。准此,查此案前承准国务院电,以"本年国庆大典,应查明简任以下各项文职确著勋绩者,择尤请奖"等因到署,即经查明电请汇奖在案。兹准前因,除分令外,合行抄发本署请奖原电,检同该员勋章凭单一张、履历表一张,令仰该员查照祇领,并将履历表填送来署,以凭汇转。此令。

计发抄电,勋章凭单、履历表各一件。

中华民国五年十二月十三日

省长吕公望

浙江省长致国务院电[①]

北京国务院鉴：赓密。艳电敬悉。浙省简任以下文职经省长审择，查有前民政厅长、现请简政务厅长王文庆，财政厅长莫永贞，高等审判厅长范贤方，外海水警厅长王蕚，内河水警厅长徐则恂，内河水警第二区长俞肇桐，杭县知事姚应泰，前嘉兴县知事袁庆萱，前吴兴县知事张嘉树，前嘉善县知事殷济等十员，对于此次维持秩序，均属勋绩特著，应请汇奖。再，王蕚曾受三等嘉禾文虎章，徐则恂曾受三等文虎章，合并附闻。浙江省长吕公望。歌。印。（中华民国五年十二月五日）

（原载《浙江公报》第一千七百一十号，一三至一四页，训令）

浙江省长公署训令第一千七百六十四号

令矿务技术员等为撤销矿务调查员及
实业科办理矿务科员由

令矿务技术员李彬、钮翔青、陈廷维，实业科科长杨毓琦、科员曾挚

照得矿务技术员李彬，现准部咨仍回原差，自应准其继续供职。所有本省前派之调查员陈廷维，应即撤销，另候任用。又矿务重在调查，本省既有技术员两人，以后应轮流以一员出外调查，一员留署办公，所有矿务文件，即由技术员主办，其原办矿务之实业科员，亦即撤销，另候任用。至本省已发现之矿山，究有几处，已未有人探采及探采之成绩如何，并由该技术员赶紧列表呈核。除分行外，仰即查照办理。此令。

中华民国五年十二月十三日

省长吕公望

（原载《浙江公报》第一千七百十一号，六至七页，训令）

---

① 底本作浙江省长公署训令第一千七百六十三号之附件，故题作"附原电"，现题系编者所拟。

浙江省长公署训令第一千七百六十七号

令各县知事准教育部咨《教育公报》自明年一月起
改定报价邮费数目并催缴以前报价由

令各县知事

案准教育部咨开，"案查本部《教育公报简章》第七条，载有'本报按月先出一册，材料多者每月得增至三册'等语。溯自第二年起该报材料充裕，有月印二册之时，故征收报费不以月计，而以册计，遂规定十二册为一年，曾于该报皮面末幅报价栏内注明。乃近查各处缴费，往往挨月推算，不按册扣结，殊形纷歧。兹拟改定办法：由明年一月始，续印第四年度第一册，自该册起即定为每年十二月共出十六册，每十六册定为报费一元四角，另加邮费三角二分，共计全年一份报费，合银一元七角二分。如此则该报年度能与岁月推移，购报各处亦可先将应缴数目列入常年教育经费预算之内，俾便按年呈由贵公署转解，似此办理，较为整齐。至以前各处欠缴第一、二、三各年度报费者，仍应依照十二册为一年之规定，迅速遵章分别缴齐，以资结束。再，据本部教育公报经理处声称，'各道县解缴第一年度报费，每因新旧更迭，新任均从接手时起算，前任应缴之费多不完纳'等语。查本部寄报均系载明各公署，并非对于个人而发，现在报费虽改由各地方最高行政公署汇收转解，然此等弊端，恐亦难免。拟请并令各属此后遇有新旧交替之事，亦应将该报按期移付，算入交代之内，以重公款而清手续，实纫公谊。相应咨达，即烦查照令遵"等因。准此，查《教育公报》第一年报价邮费应径寄部中核收，其第二年、第三年，则缴由本署汇转，节经分别饬知，并声明此项报费须统年全寄，不得参差各在案。现查第二年报费尚有多县未据缴到，第三年缴到者更属寥寥。准咨前因，合即通令分别遵照先将第一、二、三年应缴之款克日分别清解，以清手续。自明年一月起，即按照新章办理，并将该县公署及其他机关拟购份数,于本年十二月三十一日以前开明清单,并依照此次部咨所定数目,将应缴报价一并呈候汇咨预订勿延,切切。此令。

中华民国五年十二月十三日

省长吕公望

（原载《浙江公报》第一千七百一十号,一四至一五页,训令）

浙江省长公署训令第一千七百七十五号

令第四师校据省视学呈报该校学务情形由

令省立第四师范学校

案据省视学谢师枋呈称,"窃视学视察省立第四师范学校,适值停课,预备赴中学联合运动会,教授情形无从查悉,而就其设备及管理观之,均尚妥善,学生亦各静肃有序。其附属学校办理合法,检查成绩亦间有可观。惟高小部教室距离太近,声浪时多混杂。国民部教授算术,教法颇合,学生演算,亦各纯熟,教授唱歌,高低合度,检查成绩亦佳"等情到署。具见该校长办理有方,应予嘉奖。其高小教室既声浪混杂,应速设法改移,合就令仰该校长遵照。此令。

中华民国五年十二月十三日

省长吕公望

（原载《浙江公报》第一千七百十一号,七页,训令）

浙江省长公署训令第一千七百七十八号

令各县知事转行所属讲演机关劝导革除女子缠足陋习由

令各县知事

案准教育部咨开,"准内务部咨开,'妇女缠足陋习宜除,节经本部通行各地方分别劝禁在案。兹据河南公民阎焕文等缮具劝导办法呈请采择前来,查原呈内称,蚩蚩之民,以缠足为女子所有事,应请会同教育部通行各省所有教育会、宣讲所、讲说团及各机关人员,务将缠足弊害及不缠利益到处演说等情。本部详绎所陈,自系为转移风化起见,按之社会教育,尚无不合。事关贵部主管,相应转行查照,即希酌核办理'等因。准此,查女子缠足于生理发达,种族强盛,大有妨碍,陋习相沿,亟应革除。兹准前因,相应咨请转饬各属讲演机关,嗣后对于是项陋习,特加注意,剀切劝导,庶于引申告诫之中,可收默化潜移之效"等因。准此,除分令外,合令该知事即便转行所属讲演机关一体遵照办理,仍将所编讲稿随时呈候核定,发还遵照讲演。此令。(刊登《公报》,不另行文)

中华民国五年十二月十三日

省长吕公望

(原载《浙江公报》第一千七百十二号,七至八页,训令)

浙江省长公署训令第一千七百七十九号

令各县知事准教育部内务部咨请饬属重修县志由

令各县知事

案准教育部、内务部咨开,"盖闻《外史》掌四方之志,分职列于《周官》;《尚书》备累代之规,则壤详夫《禹贡》。是以保章辨野,乃嬗图经;鄎侯入关,先收图籍。敷陈经制,传后必期夫信今;荟萃前闻,征文尤重于考献。在昔有清全盛,尝以一统设局编书;洎乎宣统初元,犹诏各省分行修志。改革而后,兹事未遑,残阙相沿,陋略已甚。倘不及时纂录,曷以垂示方来? 又况时异势殊,既体裁之不备;鼎新革故,益事例之难沿。即如山川,昔重桥梁,而今则商业交通,衰盛宜资比较;经政,古称述略,而今则选举、学校,名实且有异同。他如水利、盐田,现制之额征已变;府州厅县,行政之区域亦殊。金石多晚出之编,纪戴以搜罗而益富①。物产有特殊之品,供求视时势为转移。

---

① 纪戴,疑系"纪载"之误。

凡厥推迁,宜新去取,连类以及,为类綦繁。是宜采统计成规,图志兼详表式;仿地制近例,天地更著人文。庶几不主故常,得征实用。不使温大雅之记,王业徒消空文;毕仲衍之祀,汾阴仅传名义。夫沿革势也,揆势因以察来;损益时也,度时可以观往。凡郡邑所由经纬,人事所由设施,谈故实者道在博征见闻,述时政者要贵昭著始末。方今旧闻未坠,二三子之口说能详;遗籍待搜,百二十国之宝书犹在。应由各省区饬属酌量情形,分行纂辑。费因地集,事若出乎分图;政以人存,例无取乎仍袭。将见三辅有《黄图》之作,盛典重光;《九》《共》为舆地之书,逸篇能补。庶乎扬子云之鸿笔巨制从新,且使闵仲叔之猪肝使君无累。所有通饬续修各省县志缘由,相应咨请查照,转饬所属,体察地方情形,酌量兴办,并希见复"等因。准此,查本省自光复以后,对于修志事宜,至为注重,节经通饬重修,并于省城特设续修省志专局各在案。兹准前因,除咨复外,合行通令遵照,其已经兴修者应即继续进行,俾早观成,其未修者亦应设法兴办,毋任失坠,并各将办理情形呈报备核毋延。此令。(刊登《公报》,不另行文)

中华民国五年十二月十三日

省长吕公望

(原载《浙江公报》第一千七百十一号,七至八页,训令)

浙江省长公署训令第一千七百八十号

令各县知事公立图书馆准教育部咨将本地
艺文无论已刊未刊广为搜集由

令各县知事、浙江公立图书馆

案准教育部咨开,"查各省、县设立图书馆,为社会教育之要务,收藏各书除采集中外图籍外,尤宜注意于本地人士之著述。盖一地方之山川、形胜、民俗、物产,于乡土艺文载之恒详,不第先民言行、故迹留遗,足资考证也。查山东济南图书馆藏书目中有'山东艺文'一门,网罗颇富,而他处图书馆留意及此者尚少,亟宜参照济南图书馆办法,于本地艺文刊本广为搜集,即未出板者,亦宜设法借抄藏庋,以免历久放佚。收藏既多,使来馆阅览者直接以生其爱乡土之心,即间接以动其爱国家之观念,于社会教育裨益实非浅鲜。除分行外,相应咨请查照,转饬所属各地方图书馆遵照办理"等因。准此,除分令外,合就令仰该知事即便转行所属图书馆一体遵照/馆长即便遵照办理。此令。(刊登《公报》,不另行文)

中华民国五年十二月十三日

省长吕公望

(原载《浙江公报》第一千七百一十号,一五至一六页,训令)

浙江省长公署训令第一千七百八十六号

令南田县知事据象山县知事呈复查明该县并无疾病由

令南田县知事

前据该县掾属电称,该知事恶厉狂癫,乞予调治等情,当以情节离奇,令行象山县知事查明复夺在案。兹据复称,"该知事现无疾病,掾属等亦并未发电"等情前来。据此,捏发电报,情殊可恶,究竟前电系何人所发,电局当有根据,非澈底查办,殊不足以惩刁风。合亟令仰该知事将捏电妄报情形,并系何人拍发各情,澈底侦查明确,呈候核办。此令。

中华民国五年十二月十四日

省长吕公望①

(原载《浙江公报》第一千七百十一号,八页,训令)

① 底本偶尔脱落,径补。

浙江督军署指令第二千四百五十八号

令暂编浙江陆军第一师师长童保喧

呈一件为呈报调王英等三员充师附尉官所遗

各职以刘文焕等分别调代由

如呈备案,仰即知照。此令。十二月十四日

附原呈

呈为调充职师部师附尉官并补充连附遗缺报请鉴核备案事。

窃职师部派办卫戍各尉官现均他调或入学肄业,亟应另行派充,以重卫戍。兹查有步兵第一团第三营营附尉官王英、步兵第四团第二连少尉连附陈乔、骑兵第一团第二连连附尉官黄坤陞等三员,前曾在职师办理卫戍日久,情形熟悉,堪以原薪调充师附尉官,派办卫戍事宜,以资熟手。惟查该尉官王英业经派代,该团第九连少尉连附洪王佐入学,遗职现既改调,所遗职务业经改派该团第三营营附尉官刘文焕原薪代理。又,陈乔遗缺,查有该团第五连少尉连附陈虞,堪以调充,照支原薪;递遗之缺,即以该团第七连连附尉官叶文英堪以代理,照少尉八成支薪。除分别令遵外,理合备文呈报,仰祈鉴核备案施行。谨呈。

（原载《浙江公报》第一千七百十一号,一四页,指令）

浙江省长公署指令第五千零四十九号

令高等审判厅厅长范贤方、高等检察厅检察长殷汝熊

呈一件高审厅呈复查明温岭王永旺电控知事违法滥刑一案由

呈悉。既据查明陆知事尚无违法滥刑、捏造状词情事,准免置议。至各县知事执行检察职务,应由高等检察厅通令告诫,嗣后务须依法办理,不得稍涉操切,致贻口实,并应由厅随时纠察,如遇有知事

违法渎职等事，即予据实检举，以昭儆戒，毋稍徇纵，仰即遵照。此令。十二月十三日

（原载《浙江公报》第一千七百十一号，一九至二〇页，指令）

浙江省长公署指令第五千零五十号

令高等审判厅长

呈一件呈复检查长兴杨谦等拟送撰状

规则卷宗一案办理情形由

如呈办理。此令。十二月十三日

附原呈

呈为奉令检查长兴人民杨谦等拟送《撰状规则》卷宗一案，将办理情形备文呈请鉴核示遵事。

案于本年十一月二十七日，职厅呈议驳长兴人民杨谦等呈送《撰状规则》由，奉钧长指令第四一八六号开："呈悉。查此案前据韦培元等呈请，当经前巡按使批发该厅暨同级检察厅核议饬遵。嗣于本年二月十八日，据该厅等会衔详复，以'原呈所陈各节，流弊滋多，请予免议'，并经批准在案。来呈乃谓并无是项卷宗，殊属不解。仰再饬科细心检核，如果遗失，应将主管人员严予处分，以为玩忽职务者戒，仍将办理情形报查。此令"等因。奉此，查前巡按使本年一月二十八日批发高等审检厅据长兴民人韦元培等禀妥议《撰状规则》请察核采择通饬遵行由，内开"系发高等审、检两厅核议饬遵"，故是项卷宗由前任归入会衔卷内。此次该民人杨谦等粘抄原批，仅叙"仰高等审判厅核议饬遵"字样，且于一月二十八日之批件误抄四月，种种舛误，致原卷无从查检。嗣奉到钧批内开年月暨同级检厅核议等因，方得按照检取查核。该主管人员不能即时检取，原因实由具呈人杨谦等误

叙前巡按使原批内容及月日所致,似应免予严议。惟该主管人员当时未能将全厅各项卷宗悉数翻点,办事实亦未见忍耐,除已分别训诫记过外,所有奉令检查长兴民人杨谦等拟送《撰状规则》卷宗一案办理情形,理合备文呈复,仰祈察核示遵。谨呈。

(原载《浙江公报》第一千七百十一号,二〇页,指令)

浙江省长公署指令第五千零五十二号

令平阳县知事张朝辅

　　呈一件呈报县署已经设立教育一科并送主任履历由

　　卷查该县教育主任吴乃鸿、助理张麒,业经前巡按使公署据该县呈请注册在案。察阅张麒履历,系于上年八月改充主任,究竟吴乃鸿何时去职,张麒改充主任及助理一职委何人接充,何以均不呈请注册,殊为不解,仰即明白声复,以凭核夺。履历姑存。此令。十二月十三日

(原载《浙江公报》第一千七百十一号,二一页,指令)

浙江省长公署指令第五千一百零三号

令萧山县知事

　　呈一件送义务教育程序内调查表册由

　　呈、件均悉。查教员表"其他学校毕业"一项,未据依照说明,于备查栏内分别注明学校种类、人数;又,区教育费筹集状况,如区立学校及其他区办教育事业,凡就地所筹经费,或由原有某项公款公产酌拨,或就地抽收某项特捐,或由私家常年捐助,以及经收机关如何组织,均属筹集状况,据称未奉明文,未曾筹集,亦属误会。应均发还,分别查明补填,并将事项册加送一份,以备存转。至各校分表应存县署,毋庸同送,应并发还,仰即分别查照。此令。十二月十三日

　　计发还表册三本。

(原载《浙江公报》第一千七百十一号,二一页,指令)

浙江省长公署指令第五千一百零四号

令海盐县知事

呈一件送改正应增国民学校校数地点调查表由

呈悉。察阅来表,该县应增一百四十八校,多级与单极数约参半,每校经费以平均二百五十元计算,约共需银三万七千元。表填数目太巨,应行削减,其每年应增校数,应照规定十年期限核定为每年设立一十五校,并即遵照本年公布《关于筹备义务教育之全省国民学校设齐年限及办法议决案》切实办理。至此项学校,既系新增,经费自行另筹,不得仍以固有学款为言,并应查照《地方学事通则》督率筹集,仰即分别遵照。表存。此令。十二月十三日

（原载《浙江公报》第一千七百十一号,二一至二二页,指令）

浙江省长公署指令第五千一百零七号

令临海县知事

呈一件据该县讲演所讲演员呈报办理情形并请拨筹经费由

查呈称该所开支各款,核与该县呈准预算多不相符,应仰该知事查明具复。至推广经费,该所既系县立,当然由县筹拨。所有呈请事项,亦应由所长呈县核转,来文径送本署,且系呈报政务厅长,均属不合,仰并转令知照。此令。十二月十三日

附抄发原呈一件。

（原载《浙江公报》第一千七百十一号,二二页,指令）

浙江省长公署指令第五千一百一十二号

令新昌县知事

呈一件呈送教育行政会议议决案由

呈、摺均悉。察阅各案,除《处置私塾办法》应俟本署订定条例颁

布遵行外,其小学教科书一案,应准照办;清理教育经费,并准如呈俟自治成立后举办;《通俗教育讲演所规程》早经通颁,应如案迅速筹款成立,并将章程等应报事项专案呈报候核;改良戏曲,虽亦社会教育之一种,惟与通俗讲演系属两事,所拟办法由讲演所所长负完全责任,殊欠妥洽,应改为俟讲演所成立后,附设改良戏曲所,另拟章程呈核;劝学所经费,前据该县呈报,业经前民政厅指令将不敷之款筹足,应速遵照妥筹具报,毋再延缓。仰即分别遵照。摺存。此令。十二月十三日

（原载《浙江公报》第一千七百十一号,二二页,指令）

浙江省长公署指令第五千一百一十九号

令清理官产处

呈一件财政厅据杭县查复徐有申户佃地
误报原因暨处县先后办理情形由

此案业经本署决定,查核诉争原因,皆由杭县租税办事员疏忽所致,实属无可辞咎,除决定书另文缮发外,仰速转行杭县,即将该县租税办事员从严议处,具复察夺。此令。十二月十三日

（原载《浙江公报》第一千七百十一号,二二至二三页,指令）

浙江省长公署指令第五千一百二十九号

令嵊县审检所

呈一件呈复邮差丁善庆欠缴洋五十元可否免缴由

呈悉。邮差丁善庆欠缴洋五十元,能否准其免缴,仰候函知邮务管理局核复,再行令遵。此令。十二月十三日

（原载《浙江公报》第一千七百十一号,二三页,指令）

浙江省长公署指令第五千一百三十三号

令镇海县知事

　　呈一件呈报添设教育专科委任主任请注册由

应准注册。履历存。此令。十二月十四日

附原呈

呈为呈报添设教育专科委任主任仰祈鉴核注册事。

　　窃于本年十一月十六日奉钧署第一二五二号训令,以"各县官治事务虽繁,然大别之不外警察、教育、实业三大端,尤以教育为强国基础。现在学务委员撤销,劝学所未成立,责任全在县公署,应将教育特设专科,遴选师范毕业生或中学以上毕业生充任,并将详细履历报查。至于警察、实业事项,并应认真办理,劝导振兴,均毋违延,将办理情形先行具报"等因。奉此,查下署掾属,历任以来,政务、财政两科,凡钱粮、捐税一切地方款项,关于经济问题事件,均由财政科主办,其余庶政悉归政务科办理。知事对于教育一事,知为造就人才之炉冶,富强国本之基础,素意注重,故接任而后,即添设总务一科,专办教育、实业两项事宜,数月于兹,虽无特别成绩,而督促进行,实未敢稍有玩忽。兹奉令知前因,拟俟至本月底止将总务科实行裁撤,实业事项仍归政务科办理,教育部分于十二月一日起特设一科,即以县视学员吴斌委为该科主任,视学一职仍暂兼权,容再另选相当人才即行呈荐委任。至警察事务,关系社会安宁,自当督率各警佐认真办理。实业一项,际此商战时代,殊属当务之急,但每因迫于经济,仰屋兴嗟,以致应行兴办之事件虽多,卒未能一一举办,然知事决不敢以困难之故因噎废食,稍存观望,除再随时就地劝筹,力为提倡,续行呈报外,所有下署专设教育一科,并委任主任人员,理合开具履历,专文呈请省长俯赐鉴核注册备查,实为公便。谨呈。

（原载《浙江公报》第一千七百十一号,二三至二四页),指令

浙江省长公署指令第五千一百三十四号

令慈溪县知事

呈一件呈报赴沪募债由

电悉。赴沪募债,应即照准。惟嗣后知事出境,务经本公署核准后,方准离署,仰即遵照。此令。十二月十四日

（原载《浙江公报》第一千七百十一号,二四页,指令）

浙江省长公署指令第五千一百三十七号

令象山县知事

呈一件呈复查明南田知事并无疾病由

据呈已悉。此令。十二月十四日

（原载《浙江公报》第一千七百十一号,二四页,指令）

浙江省长公署批第一千一百一十五号

原具呈人许中藩等

呈一件为杭馀行驶汽船实于交通有益请再澈查准予立案由

查该处河道,前据杭、馀两县知事查复,"其水由南湖滚坝,并苕溪各陡门、涧洞泻出。近年溪河底高,泻水甚速,平时水仅半河,塘脚外露,一经大雨,水即平塘。若准行轮,无论水涨水浅,实于塘岸田塍均有妨碍"等语在案,所请仍毋庸议。此批。十二月十三日

（原载《浙江公报》第一千七百十一号,二五页,批示）

浙江督军署布告第十号
浙江省长署布告第十一号

为布告事。照得玉山溃警在赣浙交界处所希图扰乱一案,前准江西李督军、戚省长来电,并据常山县知事呈报,业经本署令饬该管营、县会同赣省军队协力搜剿在案。兹据探报,该匪等竟有煽惑良民,勾引入伙情事,闻之殊堪痛恨。为此特行布告,仰诸色人等一体知悉。须知该匪等一再图扰,妨害治安,实为国法所不容,尔等各有身家,务须束身自爱,切勿轻信煽惑,致干法纪。其有已被引诱误入迷途者,亟应悔过自新,仍安生业,倘或执迷不悟,甘犯前项情事,一经查出,定当严拿惩办,决不姑宽,勿谓言之不预也。凛遵,切切。

中华民国五年十二月　　日

督军兼署省长吕公望

（原载《浙江公报》第一千七百十一号,二六页,布告）

浙江省长公署咨省议会

准财政部咨复浙省征收地丁办法应仍照暂行章程办理由

浙江省长公署为咨行事。

本年十二月九日准财政部咨开,"准咨开,'以浙省地丁征收法一案应否提交国会,请查照见复'等因,并附送《章程》、清摺等件前来。查地丁系属国税,各省现行《征收章程》又系一种单行法规,省议会既无议决之权,国会亦无交议之必要。在全国田赋征收法未经规定以前,浙省征收地丁办法自应仍照《暂行章程》办理,以重国税而利推行。相应咨复贵省长查照办理可也"等由。准此,查是案前据财政厅具呈到署,即经分别咨行在案。准咨前由,相应咨请贵议会查照。此咨

省议会

浙江省长吕公望

中华民国五年十二月十四日

（原载《浙江公报》第一千七百十二号，一九一六年十二月十八日，三页，咨）

浙江省长公署训令第一千七百九十一号

令定海县准财政部咨该县大教场地亩准拨作

制造水产品工厂厂址一案由

令定海县知事

查该知事会同制造水产品模范工厂厂长呈报勘定设厂地址，请准拨用一案，前准陆军部咨复照准，当经会衔训令知照在案。兹准财政部咨开，"查该工厂既系官办，所请拨用该教场地亩，自可照办，除咨陆军部，并令浙江官产处知照外，咨复查照饬遵"等因。准此，合行令仰该知事即便转知该厂长迅将勘明该教场亩分、四至及拟定新旧工程计画，分别绘具图说呈候核夺，毋稍玩延，切切。此令。

中华民国五年十二月十四日

省长吕公望

（原载《浙江公报》第一千七百十二号，八页，训令）

浙江省长公署训令第一千七百九十二号

令招劝华侨兴办实业事务处等准农商部咨泗水侨商

组织旋国恳亲团抄送缘起简章请查照办理由

令杭州、宁波两总商会，招劝华侨兴办实业事务处，杭县、萧山、绍兴、上虞、余姚、鄞县、定海等县

案准农商部咨开，"本年十一月十六日据驻泗水领事呈称，'近日泗水商会发起荷属华侨旋国恳亲团，探知此团内容，实欲调查内地情

形，以为兴办实业之地步，现在各埠加入此团者已有十数人，将来成团时大约当在三四十人之谱。查此团发起者系泗水商会会长、副会长及会员人等，均属此间素有名望之巨商。其《简章》所载，欲到之地点甚广，自应预为通知各处官厅及商会，如有可以兴办之实业，先行调查筹备，以便临时易于接洽。此举实于国内开辟利源前途大有关系，理合附送该团《缘起》《简章》各一纸，具文呈报鉴核'等情到部。查实业为富国之本，当此百废待举，我国人民正宜内外联合，将凡农工商矿诸大端协力进行，以图发达。本年十月间，本部曾经通行各旅外中华商会劝导海外侨商回国兴办实业在案。现据该侨商等组织华侨旋国恩亲团办法，系为内外联络、开辟利源起见，用意甚善，亟应乘此时机与之结合。该团员经过各地，应请转饬所属地方官加意保护，并通饬各商会预将各该地方实业状况切实调查，以便届时接洽。除俟该团员出发有期再行咨达外，相应附印该团《缘起》《简章》各一纸，咨行查照，转饬遵照"等因，并附件到署。准此，查国民生计之源，系于实业。吾浙土壤膏腴，物产丰富，正宜联络华侨，扩张实业，以辟利源而厚民生。准咨前因，除分行外，合行令仰该总商会迅将该地方实业状况预先切实调查，以便届时接洽，勿稍疏误。/处长迅将应行招待劝导各事宜预先调查筹备，务臻妥善，是所厚望。/知事即便遵照，俟该团员到县时，务应加意保护，并妥为指导，毋稍玩忽，切切。附件钞发。此令。

计发抄件。

中华民国五年十二月十四日

省长吕公望

荷属华侨旋国恩亲团简章

（一）本团为荷属各埠华侨联合旋国组织而成，故定名曰荷属华侨旋国恩亲团。

（二）本团以与内地同胞相亲相爱，实行联络为宗旨（凡关于商务种种问题，尤为本团所注意）。

（三）本团在未起程旋国时，暂以泗水商务总会为办事机关。

（四）本团团员无定额。

（五）本团设正、副团长各一人，综理一切团务；干事二人，襄助团长办理一切事务；书记二人，清理来往文件、行程日记、进出账目等项。

右职员，办理关于本团全体事务。至于团中个人私事，则不在此限。

（六）正、副团长，干事，书记，均由团员中互为票选。

（七）本团旋国，除舟车可至交通便利之各省、各埠外，其他各处必须前往者，临时公决之。

（八）行程另表开列。

（九）本团开具团员履历，呈请国务院存案，恳为通饬各处地方官加意保护。

（十）本团团员自齐集启程旋国之日始，除遇不得已事故，经本团认为确当外，行止严守一致。

（十一）本团除寻常应酬事务以外，凡有内外各事，均取会议公决。

（十二）本团旅费、舟车、膳宿、酬应等应宜公开外，其他团员自理之。

（十三）本团经费以团员人数均分筹集之。

（十四）本简章如有未尽妥洽处，应照第十一条办理。

行程表

香港、羊城（广东）、肇庆、厦门、福州、古山（福建）、上海、南京（江苏）、安庆（安徽）、济南（山东）、曲阜（孔子庙墓）、青岛、牛庄（奉天）、热河(行宫)、山海关(万里长城)、张家口、北京(直隶)、天津、汉口、武昌(湖北)、重庆(四川)、九江(江西)、南京、镇江(金山寺)、苏州、上海、杭州(浙江)、西湖(雷峰塔)(岳飞墓)、宁波、南海(普陀山)、上海。

荷属华侨旋国恳亲团缘起

盖闻钟仪奏楚，不忘故国之思；庄舄越吟，犹有旧邦之想。季伦奏引，思娱乐于河阳；陶令归来，喜盘桓于栗里。自古人情，各怀乡土。故梓桑必敬，蓬籴知归也。窃以诸君子违别宗邦，栖迟异国，或经数世，或历数十年。少壮轻远游，衰老伤离别。凡诸亲友，天各一方，音容契阔。悲欢绝不相知，百年曾有几何，逝者终无还期，俯仰徒增感叹。有怀将与谁语？而谓旋国恳亲之举，可不急欤？虽前清时代，秕政丛生，尝有华侨挟资回国，势恶土豪，强行勒索，蠹胥悍役，横肆诛求，世路险巇，闻之色阻，未敢兴言旋归。今何幸中华民国革故鼎新，与民更始，痛除专制，建立共和，德溥怀柔，优加保护，屡欲招徕华侨回国，兴办实业，海外喁喁，闻风兴起，咸倾心以内向矣。同人等梗泛瓜哇，萍游泗水。常为万里客，有愧百年身。不禁顾燕而兴思，赋鹏以见志。爰与诸君子回首桑邦，略谈胜地。弈弈燕山，京师首善。巍巍曲阜，圣迹发祥。长城蜿蜒，人工卓绝。长江浩渺，天堑渊深。吴越连疆，山川秀媚。粤闽对峙，关塞骏雄。天宝物华，云屯雾列；地灵人杰，凤起蛟腾。极宇宙之奇观，洵瀛寰之特色。刘基之兴感，岂徒然哉；袁褒之思归，良有以也。所愿诸君子奋怀祖国，联袂同归，访名胜于旧都，广交游于耆老。追叙枌榆之谊，千里逢迎；侈谈风景之奇，百端变巧。叹观止矣，蔑以加矣。亦胡不敛翼而还旧林，戢鳞而返故池哉？用是联络同志，组织一团，名之以旋国恳亲，所谓不忘其本，乐所自生者，意在斯乎？意在斯乎？谨将发起缘由，以及《简章》呈上台端，伏祈鉴察。

中华民国五年九月十四日,泗水商务总会谨启。

附入团简章

(一)凡中华民国之国籍,侨居荷属,有意旋国者,赞同本团宗旨,得为本团团员。

(二)凡有意入团之同胞,请开具履历,由机关介绍或自己函达泗水商务总会均可。惟一经函达,本团认为团员,除不得已事故,须人证明外,不得任意进退。

右入团员,将来如有随行家眷者,来书并宜声明。惟眷属一切需用,应各自理之。

(三)本团俟入团人数招足时,即行开会宣告成立,选举团中职员,决定集齐地点、行程日期等事。

至本团简章以及行程表,如须修改处,均照第十一条规定由会议公决。

(四)行程日期,当以中华民国六年阳历二三月间,至迟以不得过五月为度。

(五)本团成立会选举等事,团员中倘有未能到会者,得用函达意见,可否取决多数。

(六)本团自通告招入团员之日起,所有进行以及入团者之芳名,按日刊登《泗滨日报》,俾大众周知。

(原载《浙江公报》第一千七百十二号,八至一一页,训令)

浙江省长公署训令第一千八百零一号

令东阳县知事据委员查复该县平民
习艺所暨因利局情形由

令东阳县知事

案据委员黄人镜查复该县平民习艺所暨因利局等情到署。据此,查该县习艺所设置科目既嫌繁琐,雇用艺师又复毫无限制,实属浮滥已极,应将木工、凿花二科并为一科,仍名为木工科,另雇精于是项工业之艺师一人,俾资撙节;漆科,准照旧办理;惟篾工一科,查该县人民营是业者,当以万计,到处可以从师学习,所中自无特为设科之必要,应即审机裁去;其余如事务员、帮工等名目,亦应一律废置,以期腾出款项,添招艺徒。至因利局,现在各县均已停止出贷,该县事同一律,未便独异,应限文到之日,即行停止出贷,并将欠缴各户借款责由该局长按期收清,听候拨用。仰即遵办具复。此令。

中华民国五年十二月十四日

省长吕公望

（原载《浙江公报》第一千七百十二号,一二页,训令）

浙江省长公署训令第一千八百零三号

令财政厅准财政部咨复浙省征收地
丁办法应仍照暂行章程办理由

令财政厅长莫永贞

本年十二月九日准财政部咨开,"准咨开,'以浙省地丁征收法一案应否提交国会,请查照见复'等因,并附送章程、清摺等件前来。查地丁系属国税,各省现行征收章程又系一种单行法规,省议会既无议决之权,国会亦无交议之必要。在全国田赋征收法未经规定以前,浙省征收地丁办法自应仍照《暂行章程》办理,以重国税而利推行。相应咨复贵省长查照办理可也"等因。准此,查此案前据该厅具呈到署,即经咨行省议会查照,并咨财政部核复在案。准咨前因,合行令仰该厅查照办理。此令。

中华民国五年十二月 日

省长吕公望

（原载《浙江公报》第一千七百十二号,一二至一三页,训令）

浙江督军公署训令第六〇八号
浙江省长公署训令第一八〇八号

令各属保护奥商谢福赉等四人赴浙游历由

令特派交涉员、温州交涉员、宁波交涉员、警务处处长、各县知事、暂编第一师师长、暂编第二师师长、混成旅旅长、嘉湖镇守使、宁台镇守使

本年十二月七日准江苏省公署咨开，"案据特派江苏交涉员杨晟呈称，'顷准奥国总领事函，以奥商谢福赉、卜来纳、康迈鼐、卜勒缔赴江苏、浙江游历，缮给护照请盖印前来。除将护照印发外，理合呈请省长察照，转饬各属，俟该奥商到境呈验护照时，照约保护'等情。据此，除训令各属保护外，相应咨请贵省长查照，希即转行各属照约一体保护"等由。准此，除分令外，合行令仰该　　即便转令所属一体照约保护，并将该奥商等出境入境日期具报备查。此令。（刊登《公报》，不另行文）

中华民国五年十二月十五日

督军兼署省长吕公望

（原载《浙江公报》第一千七百十五号，一九一六年十二月二十一日，六页，训令）

浙江督军公署训令第六〇七号
浙江省长公署训令第一八〇九号

令各属保护德商拨尔思赴浙游历由

令特派交涉员、温州交涉员、宁波交涉员、警务处处长、各县知事、暂编第一师师长、暂编第二师师长、混成旅旅长、嘉湖镇守使、宁台镇守使

本年十二月七日准江苏省公署咨开,"案据特派江苏交涉员杨晟呈称,'顷准德国总领事函,以商人拨尔思随带大小猎枪三枝、弹少许,赴江苏、浙江、安徽、湖北游历,缮给护照请盖印前来。除将护照印发外,理合呈请省长察照,转饬各属,俟该德商到境呈验护照时,照约保护'等情。据此,除训令各属保护并分咨外,相应咨请贵省长查照,希即转行各属照约一体保护"等由。准此,除分令外,合行令仰该

即便转令所属一体照约保护,并将该德人出境入境日期具报备查。此令。(刊登《公报》,不另行文)

中华民国五年十二月十五日

督军兼署省长吕公望

(原载《浙江公报》第一千七百十五号,六至七页,训令)

浙江督军公署训令第六〇六号
浙江省长公署训令第一八一一号

令各属保护日人岛丰次郎赴浙游历由

令特派交涉员、温州交涉员、宁波交涉员、警务处处长、各县知事、暂编第一师师长、暂编第二师师长、混成旅旅长、嘉湖镇守使、宁台镇守使

本年十二月七日准江苏省公署咨开,"案据特派江苏交涉员杨晟呈称,'顷准日本国总领事函,以岛丰次郎赴江苏、浙江、安徽、山东、河南、江西、湖南、湖北、福建、广东游历,缮给护照请盖印前来。除将护照印发外,理合呈请省长察照,转饬各属,俟该日本人到境呈验护照时照约保护'等情。据此,除训令各属保护并分咨外,相应咨请贵省长查照,希即转行各属照约一体保护"等由。准此,除分令外,合行令仰该 即便转令所属一体照约保护,并将该日本人出境入境日期具报备查。此令。(刊登《公报》,不另行文)

中华民国五年十二月十五日

督军兼署省长吕公望

（原载《浙江公报》第一千七百十五号，七页，训令）

浙江省长公署训令第一千八百一十二号

令定海县知事据陈庭幹等禀控韩士衡充该县
教育主任毫无经验请予撤换由

令定海县知事张寅

案据该县公民陈庭幹等以"教育主任韩士衡无教育知识，请予撤换"等情禀控到署。据此，除批以"查韩士衡被杨锐暨王永旺等控诉各案，应否受刑事制裁，自有法律解决。又查韩士衡系充定海县视学员，所称现充教育主任一节，本公署无案可稽，本应毋庸置议。惟据称该员于教育上毫无学识经验，则委充视学，亦属非宜，究竟如何，候令行定海县知事查复核办可也"等语批示挂发外，合行抄发原禀，令仰该知事查明切复，勿稍徇饰，切切。此令。

中华民国五年十二月　日

省长吕公望

（原载《浙江公报》第一千七百十七号，一九一六年十二月二十四日，六页，训令）

浙江督军公署训令第六○四号
浙江省长公署训令第一八一四号

令各属保护英巡捕密勒纳赴浙游历由

令特派交涉员、温州交涉员、宁波交涉员、警务处处长、各县知事、暂编第一师师长、暂编第二师师长、混成旅旅长、嘉湖镇守使、宁台镇守使

本年十二月七日准江苏省公署咨开，"案据特派江苏交涉员杨晟呈称，'顷准英国总领事函，以英巡捕密勒纳赴江苏、浙江游历，缮给

护照请盖印前来。除将护照印发外,理合呈请省长察照,转饬各属,俟该英捕到境呈验护照时照约保护'等情。据此,除训令各属保护外,相应咨请贵省长查照,希即转行各属照约一体保护"等由。准此,除分令外,合行令仰该　　即便转令所属一体照约保护,并将该英人出境入境日期具报备查。此令。(刊登《公报》,不另行文)

中华民国五年十二月十五日

督军兼署省长吕公望

(原载《浙江公报》第一千七百十五号,七至八页,训令)

浙江督军公署训令第六〇五号
浙江省长公署训令第一八一五号

令各属保护工部局侦探目潘林司赴浙游历由

令特派交涉员、宁波交涉员、温州交涉员、警务处处长、各县知事、暂编第一师师长、暂编第二师师长、混成旅旅长、嘉湖镇守使、宁台镇守使

本年十二月七日准江苏省公署咨开,"案据特派江苏交涉员杨晟呈称,'顷准英国总领事函,以工部局侦探目潘林司赴江苏、浙江游历,缮给护照请盖印前来。除将护照印发外,理合呈请省长察照,转饬各属,俟该侦探目到境呈验护照时照约保护'等情。据此,除训令各属保护外,相应咨请贵省长查照,希即转行各属照约一体保护"等由。准此,除分令外,合行令仰该　　即便转令所属一体照约保护,并将该侦探出境入境日期具报备查。此令。(刊登《公报》,不另行文)

中华民国五年十二月十五日

督军兼署省长吕公望

(原载《浙江公报》第一千七百十五号,八至九页,训令)

浙江省长公署指令第五千一百三十九号

令高等检察厅长殷汝熊、警务处长夏超

呈一件高检厅呈复江山周正熺被人暗杀及

方元章服毒自尽一案遵令查办情形由

呈及抄件均悉。此案暗杀周正熺正凶究系何人，同谋者共有几人，警察方元章是否被人毒毙，察阅调查各节，仍属不得要领。既据分别移转常山县审理，暨发交第二高等检察分厅核办，仰即转令各该厅、县赶速侦查明确，依法办理，仍责成江山县知事严缉正凶，务获解究，并将办理情形随时具报备核。至方元章在警察所内因毒致毙，该警佐叶树藩管理不善，殊难辞咎，应按照本省《警察官吏奖惩规则》第八条先予记大过一次，以示薄惩，仰警务处转行遵照。此令。抄件存。/呈抄发。抄件存。十二月十四日

附高检厅原呈

呈为江山周正熺被人暗杀及方元章服毒自尽一案遵令查办情形呈请鉴核事。

案奉钧长第一二五八号内开，"本月六日据江山县前议会全体议员，以'议长周正熺惨遭暴杀，未经昭雪，杀风环生，乞速饬严办'等情电呈到署。据此，查此案早由该厅委派分庭检察官李廷恺前往查办，何以迄未具复。据电前情，除原电分送该厅有案毋庸全叙外，合行令仰该厅转令该委员从速查明，据实呈复，以凭察夺。再，查该县吴村石门郑家坞地方，虽曾出有命案，惟均在周正熺被杀以先，至原电所称，峡口、礼贤等乡命案，并未据该县呈报有案，究竟有无其事，并仰转令该县迅速查明呈复，以凭查核，切切。此令"等因。奉此，查此案前经报明令行高等第二庭检察官李廷恺确查去后。旋据该检察官呈称，"窃查江山周正

熺惨被暗杀、警察方元章服毒自尽一案,迭奉钧厅陷电暨四六四号、四九三号训令,当由检察官委派本庭实习检察官张绍周驰往查办,并由钧厅指令在案。兹据该员呈复前来,据称,'呈为遵令具报江山县前县议会长周正熺被人暗杀及警察方元章服毒毙命一案查办情形仰祈鉴核事。本年十月一日案奉检察官训令第五十四号内开,案奉浙江高等检察厅陷电内开,高等分庭李廷恺、江山周正熺被杀一案,迭据周正杼、李春馥电控,昨复据周正杼电称,方元章服毒自尽,并据方周氏电控周正杼诬陷伊夫致毙各等语,究系如何实情,仰该检察官迅速驰往该县秉公查办具复等因。奉此,查是案究系如何实情,合行令委该检察官驰往该县秉公查明核办具复。此令等因。绍周奉此遵于二日起身,于五日抵江,周咨博访,并往暗杀地点勘询后,遂进县署会见程知事,调阅案卷。正核办间,又续奉第六三号训令,即于六日、七日、八日、九日分别传集一干人证讯问。谨将本案情形为我检察官详晰陈之。

'(一)周正熺被害情形。周正熺住居县河顶,地方僻静,由小北门进城,必经过该处,始至文明坊大街。十月十四日夜九句余钟,与毛锡祚由永年堂药店走出,往邮局取信后回家,道经文明坊水果摊边,与毛锡祚分途而归,其时看摊人余学文尚未收摊,自该水果摊至县河顶约半里许地方,即遭暗杀。是夜风雨交作,行人稀少,传讯更夫及看城门人与该看摊伙,皆供并未闻声,且不见有形迹可疑之人经过,有与周正熺邻居之毛松寿于是夜十二句钟后回家,经过徐家祠堂门首,见路有卧人,系疑酒醉,且时已更深,故不顾而行。望晨知事闻报,率警勘验,刀棍伤处甚多,卷查伤痕长短不一,其非一人下手,可以断言,但时隔一夜,凶手早扬,虽曾派警四出侦缉,终未获住真凶。

'(二)周正杼告诉情形。周正熺既遇害,其弟正杼在省议会闻报赶回江山，侦搜证据，于伊兄正熺家中查有警李春馥前致姜耀如抄信一纸（信另抄），因疑该李春馥早有杀人之预谋，而共谋者亦必大有人在。即：（一）毛翚与周正杼结有宿仇，向不交言。先是周正熺与自治委员毛振桂商议将李春馥劣迹提出建议书，陈请省议会弹劾，事机不密，风声外播。毛翚与李交好，遇周正杼于县河顶，询问有无其事，曾言此事终以作罢为妙，及不知若何结局为言（但据毛供辩白并无其事）。嗣后正熺被杀，因疑毛为通同主谋暗杀之一人也。（二）周春渠、周超曾、王霖之数人者，与李春馥交好。春馥娶妻，周春渠、王霖为之媒证。建议书中叙有其事，且周正熺遇害地点，即在周宅衖口，疑系预藏凶手相机暗杀，嗣于周家搜出血锈刚剑一把，讯据周供谓系祖上遗传。（三）郑纪文现充平民习艺所长，该所常年款二千余元，办无成绩。周正熺生前疑为吞入私囊，有待议会成立核算之言。因李、郑交善，故又诉郑同谋。（四）方元章、熊大顺、周庆贵已死，巡警方元章及现充巡警之熊大顺、周庆贵，前由毛翚带往庆元县充当护兵。验周正熺伤痕长处，疑用马刀所砍，而马刀为巡警所用之物，并据周正杼供方元章确有马刀不肯缴案，因指控为行凶。

'（三）搜查血衣、裤袜及信札情形。方元章既被控为行凶警察，警佐叶树藩于其家内搜出已经洗过之对襟白布短衫一件，验有血迹，复于方之身上所穿之裤子、洋袜有淡黄色形迹，令其脱下，供此身衣裤后，去年十二月间由伊妻周氏借与艾火灸伤之病人徐宗范穿着，腰背等处故均染有浓血及膏药黏迹。此项衣裤浓血迹都自里面透出，并经传勘该徐宗范艾伤疮疤及所供相符。惟可资研究者，方元章所穿上有微黄色一处，据原告周正杼谓，此黄色系血迹，因此袜已经洗过，是以仅存微黄色等语（或云酱油迹，容易洗去，血迹则否）。检查卷内方元章之供，则云迹系酱油所染。据方元章之妻方周氏供亦相同。是否血迹，抑系酱油所染，无从证明，业经呈送高检厅化验在案。至警佐李春馥被控后，往搜其家，并无杀人证据，苟使心地坦白，何患无昭雪之日？乃该警佐自被控之后，惶骇异常，一面写信毛智元（名云鹄，住杭州）恳速设法营救，一面写信警务科长屈心长及其师伍伯谷恳请设法疏通（信另抄），包以报纸，命其弟子张文彩往邮局投寄，方出县门，即被周正杼搜获，指为杀人确据。

'（四）方元章毒死情形。方元章既被搜出血衣、裤袜，理应严加收管，乃该知事始则交司法警察看管，继则于二十五日交新任警佐叶树蕃看管。警佐叶树蕃亦不严行管押，起居饮食，乃任其自由，二十六夜，方竟服毒身死。程知事闻报后，即电请衢县知事桂铸西会勘，卷查检验尸格，皆填委系服毒身死，究竟所服何毒，只据警佐叶树蕃函称，该警死后即由巡长郑兆显等于警所大门外湾角上（据巡警刘沛然供称该警生前仍往该处行走）拾得纸团一个，内有形同腐渣之物少许，疑是该警致死之物，细察此物，与他物夹杂，有无毒汁，实难臆测。现已呈送高检厅化验在案。

'（五）方周氏系再醮于方元章为妻，方元章死后，周正杼方面疑系周庆贵传递毒药（因当夜周曾呼方密谈），希图灭口，因认定方元章为畏罪自尽。据方周氏告诉，则谓氏夫既由叶警佐看管，叶当负善良看管之责，乃竟倏然毒毙，显与周正杼通同谋害。惟卷查巡警蔡标供，与方元章共处一室，二十六日方曾叫火夫买肉六个铜圆、香干五块、用大蒜酱油自己炒饭吃的，又自去泡茶一壶，晚上洗脚，到房内穿好操衣而卧。当夜十二句钟时候，各起来小便一次。后听床内有声响，叫他不应。嗣后巡长等听到过来，见他气急得狠，医治不及而死等供，究竟毒从何来，尚待根究。而程知事处分不当，叶警佐看管不严，均难逃疏忽之咎。

'(六）办理本案情形。侦查单纯暗杀案较难于盗杀案件,因强盗而兼杀人,尚有赃物可寻。本案周正燨被人暗杀,足供杀人证据者,惟信与袜暨药末耳。现在据周正杼呈出李春馥致姜跃如之抄信及致毛智元之信,尚待传集讯问(现在李春馥收押看守所,余皆准保候审),方元章所穿之袜上是否血迹及形同腐渣之物是否毒药,尚待化验。周庆贵是否为递药之人,与夫蔡标(此人传讯未到)为方元章同室而居之人是否知情,尚待研鞫。余如毛翚等是否挟嫌同谋之人,在在均须侦查,势非短时间内所能藏事。而江山县知事兼检察官程起鹏,与被控诉人李春馥素称交好,且有僚属关系,专审员王定甲前充承审员时,李春馥在县署办理教育科事宜,谊属同事,平时过从甚密,即此案发生以后,彼此亦常往来。本案若仍交该县审检所办理,将来审判难保无偏颇之虞。绍周为图审判之公平,且依照《刑诉律》第十九条第二款之规定,径呈高等检察厅,声请移转管辖在案。奉令前因,除将卷证各物用印检交江山县程知事妥为保管,并请严侦真凶拘办外,所有绍周前往江山县查办情形,理合备文据实报告,仰祈核转施行'等情。据此,查此案情形复杂,非于仅少时间内所能侦查完竣,而程知事、王专审员与被告人李春馥均有交情,势非将此案移转于相当审判衙门管辖,难期审判之公平。该知事呈请移转管辖,该员重行声请,一面并请该知事严缉凶犯,尚属妥洽,是否有当,理合备文呈复,仰祈察核施行。计呈送抄信一件,并据该分庭实习检察官张绍周呈送洋袜一双、药末一包,请为化验。又,江山县知事程起鹏以员属被控周正燨案呈请移转管辖"各等情到厅。即经职厅将洋袜、药末函送浙江病院化验,周正燨案函准同级审判厅决定移转常山县署审理,令知江山县查照移转,并将方元章自尽一案发交第二高等检察分厅核办各在案。兹奉前因,除令江山县查案呈复外,所有此案遵令查明办理缘由，理合备文呈复，仰祈钧长鉴核施行。谨呈。

　　（原载《浙江公报》第一千七百十二号，一四至一八页，指令）

浙江省长公署指令第五千一百四十八号

令富阳县知事

　　　　呈一件呈县议会咨报定期召集开议应否

　　　　转咨俟明令颁到再行召集由

　　呈悉。地方自治在未奉明令回复以前，不得率行召集，迭经本署令行在案。该县未便独异，仰即查照确遵，并转行该前议长等知照。至所称因筹备召集，先后由公益费项下支出银三百元，实属不合，应责成该知事自行设法弥补，以重公帑，切切。此令。十二月十四日

　　（原载《浙江公报》第一千七百十二号，一八页，指令）

浙江省长公署指令第五千一百五十四号

令吴兴县知事

　　　　呈一件为呈复饬造地方款项收支报册须稍缓时日由

　　呈悉。该县应造地方款项收支册，前曾一再饬催，该张前知事延不遵办[1]，迨经该知事咨请补造，又复置若罔闻，实属任意玩忽，应即追记常过一次，以示薄惩。仰仍咨催赶将是项收支款目，分别查造齐全，务于令到五日内呈送候核。一面即将历年收支数目，责成该知事按款盘查，有无弊混，另文具报察夺，均毋稍延，切要。此令。十二月十四日

　　（原载《浙江公报》第一千七百十二号，一八至一九页，指令）

---

　　①　张前知事，指吴兴县前知事张嘉树，民国五年五月在任，至同年八月由吕俊恺接任。

浙江省长公署指令第五千一百六十号

令龙游县知事

呈一件呈送调查实业报告书件由

呈、件均悉。察阅调查实业报告书，尚属详晰，应准存候汇办，仍仰查照就地情形积极进行，期收实利，切切。件存。此令。十二月十四日

（原载《浙江公报》第一千七百十一号，二四页，指令）

浙江省长公署指令第五千一百七十二号

令乐清县知事

呈一件为呈复并无通航河道请免予查填图表由

据呈该县"境内并无通航河道，无从填报"等情到署。据此，查该县境内各河道，如由县城至七里埠、或虹桥、或管头等各河，其河面颇阔，河水亦深，非仅帆船可以航行，即浅水轮船亦无不可行驶之理，且该县东南临海，前曾准交通部于咨请保护通济轮船公司案内声明，"会昌一轮航线起乐清，讫横渡大水港，经过飞云江"等语亦在案。该知事并未将前令及所附图表悉心查阅，率以"并无通航河道"一语搪塞。须知交通与文化之进步，至为关切，航政为交通四政之一，欲兴航政，调查航路自是入手正办，在调查经费未奉核拨以前，虽不能精细查报，亦当以该县河海航路之概情具闻，乃竟如此违玩，藐视要政，至此已极，应予记常过一次，以示薄惩，仍仰悉心查勘填报，切切。此令。十二月十五日

（原载《浙江公报》第一千七百十五号，一九一六年十二月二十一日，一八页，指令）

浙江省长公署指令第五千一百七十四号

令龙泉县知事

呈一件为呈报兴修郑公垟堰沟督董筹办情形由

呈悉。该县郑公垟水沟，既据称有关数千亩农田灌溉，兴工修浚，洵不容缓。援案筹款，又经商得士绅同意，自可准行。惟估计工程详情及预算工料各细数，应先开列清摺，绘附此项堰沟图说，呈候备查，并俟事竣，册报到县，照录一份送署，以凭复核而重公益，仰即知照。此令。十二月十五日

（原载《浙江公报》第一千七百十二号，一九页，指令）

浙江省长公署指令第五千一百七十八号

令瑞安县知事

呈一件为呈运复回赛品不愿移赠请给还外
并声明尚有县税公款价买之件由

呈、表均悉。该县运回赴美赛品，据称原出品人林文泽等三姓赛品不愿移赠，自应准予发还，候另令派员来署具领。余件既系该县公款价买，查卷又经册报前按署核销有案，自无庸发还变卖，即由本公署发交陈列可也，仰分别转饬知照。表存。此令。十二月十五日

（原载《浙江公报》第一千七百十二号，一九页，指令）

浙江省长公署指令第五千一百七十九号

令缙云县知事

呈一件为呈报现在办理蚕桑事宜情形并拟定推广办法由

呈、摺均悉。该县遵议推广蚕桑办法，拟从采购桑苗、分配领种着手，用意尚是，惟无偿给与，不惟公款难乎为继，而领种各户又恐不甚爱惜，仍难收效。兹查有本公署核定之《富阳县推广植桑章程》，于

收回桑价之中酌量减免,似较全由公家支出较为妥善,堪以仿照办理。至该县本年办理蚕业传习所情形,前民政厅据该知事呈送表册,经以册列各款未详细数,制成蚕种丝斤作何处分,未据声叙,令仰另造清册详呈察夺去后,迄阅数月,何以尚未遵办,应速查案遵照复夺,仰并知照。摺发还。核定《富阳县推广植桑章程》照录一份随发。此令。十二月十五日

（原载《浙江公报》第一千七百十二号,一九至二〇页,指令）

浙江省长公署指令第五千一百八十号

令缙云县知事

呈一件为呈送遵令改定苗圃经费预算并请速发补助款项由

呈、件均悉。查前按署饬财政厅提存备拨补助各县县农会筹设苗圃开办经费一款,原为提倡起见,现以各县农会未能遵饬赶速组织成立,而此外应办事宜待款孔亟者甚多,不能不移缓就急,已无可再行拨给。且据称年需经常费,亦拟在县税公益费内提拨,是此项苗圃名为县农会筹设,实则全由公款支办,与前按署筹款提倡之本意,亦未符合,所需开办用款,应并由县在公益费下设法筹拨,仍呈候核定,再行支给,请予由省拨款补助之处,应毋庸议,仰即知照,并转该县农会遵照。附件暂存。此令。十二月十五日

（原载《浙江公报》第一千七百十二号,二〇页,指令）

浙江省长公署指令第五千一百八十一号

令桐庐县知事

呈一件为呈报勘定苗圃地亩绘图请察核由

呈、图均悉。查苗圃为造林之预备,该县拟就县属孝泉乡黄山庄土名大櫞平荒山,划地四十亩作为县苗圃地点,委任县农会经办,自可准行。惟所需开办、经常各费,预算表既未据并呈,前按署筹存补

助各县县农会开办苗圃经费一款,原为提倡起见,现在各县农会既未能遵饬赶速组织成立,而此外应办事宜待款孔亟,已由财政厅移缓就急,无可再拨,该县拟办苗圃又属县立,与由农会筹设者不同,应需用款自应仍由县款收入筹拨呈候核定,所请由省款拨给补助之处,应毋庸议,仰即知照。图存查。此令。十二月十五日

（原载《浙江公报》第一千七百十三号,一五页,指令）

浙江省长公署指令第五千一百八十五号

令乌镇统捐局局长

呈一件为呈报造送货物经过月报表由

呈、表并悉。查货物数量月报表,应将输出、输入两种,按月分别填送。兹阅来表,殊与定式不合,仰即遵令并照前发表式,再行改填报核毋延。原表发还。此令。十二月十五日

（原载《浙江公报》第一千七百十二号,二〇页,指令）

浙江省长公署指令第五千一百八十六号

令浦江县知事

呈一件为遵令筹设教育一科遴员呈请注册由

准予注册。履历存。此令。十二月十五日

附原呈

呈为遵令筹设教育一科遴员呈请注册事。

案奉钧署训令第一二五二号,内开:“现在审检所业经成立,县知事对于司法上仅兼检察职权,事务较简,应将教育、实业、警察三大端切实整顿,并将教育别设一科,遴员呈报”各等因下县。

奉此,除遵将《警察所办事细则》详细修正,另文呈报,及实业一项力来振兴外,查职署教育事宜,虽附属于政务科,然另设专课,

独立办事，本有专科之精神，现在各乡学务委员既已遵令裁撤，自须另行分划，以昭郑重。兹查有教育课助理张人骥，由本省师范学堂毕业，历充浦阳、湖山等校校长、教员各职，对于教育经验素称富有，即以该员升充教育主任，必能胜任。惟本县教育事务既尚清简，而县署行政经费又极支绌，拟即以县视学员张咸萝于视察之暇兼摄助理，以资整顿，藉省经费。又，查该员等履历曾于详报掾属注册案内呈送，今既另立专科，合再检取各该员履历一份，加具切实考语，送呈钧览。奉令前因，合将遵令筹设教育一科情形备文呈报，仰祈钧长察核注册施行，实为公便。谨呈。

（原载《浙江公报》第一千七百十二号，二〇至二一页，指令）

浙江省长公署咨农商部

咨送矿商徐宿卿请探诸暨小银坑锌矿矿图等件由

浙江省长公署为咨行事。

案查矿商徐宿卿请在诸暨县梅溪乡小银坑试探锌矿一案，经财政厅饬县查复，嗣以该矿商请领矿区与人和锌矿公司请增矿区同一地点，由县转饬该商等自行协商，未能定议，并由前民政厅据该县知事呈复核定该县小银坑锌矿系徐宿卿呈请在前，应准给予矿业权在案。兹据该矿商徐宿卿遵批呈送更正矿图及履历保结并注册费，请予核转前来，照章审核无误。除批示外，相应检同矿图四纸、履历保结一纸、注册费银一百元，一并备文咨送贵部，请烦核办见复施行。

此咨

农商总长

计咨送矿图四纸、履历保结一纸、注册费银一百元。

浙江省长吕公望

中华民国五年十二月十五日

（原载《浙江公报》第一千七百十三号，三页，咨）

浙江省长公署咨江西督军署

准咨为浙江巡防队故兵唐春桂应领
第二年年抚金请汇寄一案由

浙江省长公署为咨复事。

案照本署前准贵督军咨开，"浙江巡防队故兵唐春桂应领第二年年抚金，请寄赣转发"等因，当经咨请浙江督军查核办理。兹据复称，"查故兵唐春桂原籍湖南益阳县，曾寄住本省临海县南乡唐家湾，二年十二月间因在天台县捕匪殒命，呈奉大总统核准照《陆军平时恤赏表》第二号二等兵阶级优给恤金四十五元，遗族年金三年，每年计洋三十五元，业将一次恤金暨第一年遗族金发讫在案。兹既准江西督军咨明该故兵遗族移住江西零都县，自应将第二年遗族年金三十五元，由本署汇解江西督军公署转发，以示体恤"等因过署。相应备文咨复，请烦查照。此咨

江西督军

浙江省长吕公望

中华民国五年十二月十六日

（原载《浙江公报》第一千七百十三号，一九一六年十二月十九日，三至四页，咨）

浙江省长公署咨督军署

据外海水警厅请将差遣蒋夔送军学补习所肄业由

浙江省长公署为咨行事。

案据外海水上警察厅王葶呈称，"奉警政厅转奉令发，蒋夔一员委充职厅差遣，业将该差遣到差日期及履历呈报警政厅在案。兹据该差遣面称，'求学情殷，请予送入军学补习所肄业'。厅长核其历充军警职务，资格尚属相符，应请援差遣叶鹏飞成案，准予送所肄习"等

情,并据呈送履历一扣。据此,除指令外,相应照抄该差遣蒋夔履历,备文咨请贵署核复,以便令遵。此咨

浙江督军

计咨送履历一扣。

浙江省长吕公望

中华民国五年十二月十六日

（原载《浙江公报》第一千七百十三号,四页,咨）

浙江督军公署训令第六〇二号
浙江省长公署训令第一八〇五号

令各属保护德华银行伙看勒赴浙游历由

令特派交涉员、温州交涉员、宁波交涉员、警务处处长、各县知事、暂编第一师师长、暂编第二师师长、混成旅旅长、嘉湖镇守使、宁台镇守使

本年十二月七日准江苏省公署咨开,"案据特派江苏交涉员杨晟呈称,'顷准德国总领事函,以德华银行伙看勒随带猎枪二枝、弹少许,赴江苏、浙江游历,缮给护照请盖印前来。除将护照印发外,理合呈请省长察照,转饬各属,俟该德商到境呈验护照时,照约保护'等情。据此,除训令各属保护外,相应咨请贵省长查照,希即转行各属照约一体保护"等由。准此,除分令外,合行令仰该　　即便转令所属一体照约保护,并将该德人出境入境日期具报备查。此令。（刊登《公报》,不另行文）

中华民国五年十二月十五日

督军兼署省长吕公望

（原载《浙江公报》第一千七百十三号,五页,训令）

浙江督军公署训令第五九三号
浙江省长公署训令第一八〇六号

令各属保护英国教士贺若贤等赴浙游历由

令特派交涉员、温州交涉员、宁波交涉员、警务处处长、各县知事、暂编第一师师长、暂编第二师师长、混成旅旅长、嘉湖镇守使、宁台镇守使

本年十二月五日准江西省长公署咨开，"本年十一月二十二日据代理九江关监督兼通商交涉事宜胡上襄呈称，'案准驻浔英领事潘函开，兹有英国教士贺若贤 Bed I. Holl、李恩忠 Bed.Cns Bunting、和为贵 Bed W. S，Home、糜学纯 Bed I. Neikle（orne）、钟宝灵 Dr. Drnoysmith、祝家宁 Bed.C，H.gnds、陶守谦 Bed W.E.Trlt、饶裕堂 Bed，I.L.Bowe，又英国女教士马仁爱 Miss.L B.Smert、柯娇英 Miss T.Comseh、耿希忠 Mirs-Rmekinzie、苏光荣 Miss G.nspind、葛素珍 Miss C.C.Nsedwold、顾葆恩 Miss B.E Cooke、马葆贞 Miss marchhonk、巴子善 Miss A.B.oxter、巴赐恩 Miss M.Boxter、顾光美 Miss M.S. Guvchshonps、任瑞芳 Miss M.C.Browen、孙宝琳 Miss L.F.M.Jacksov、柯彩莲 Miss T.L.allins、乐素珍 Miss I.Dring、登传喜 Miss H.M.Dmcon，均往江西、浙江二省游历，护照送请盖印掷还等因。除将护照盖印送还外，理合呈请转令各属及警厅，并乞转咨浙江省长，转令一体照约保护'等情。据此，除分令保护并汇案列表咨报外交部外，相应咨会贵省长，请烦转令所属各地方官一体照约妥为保护施行"等由。准此，除分令外，合行令仰该　　即便转令所属一体照约保护，并将该英国教士等出境入境日期具报备查。此令。（刊登《公报》，不另行文）

中华民国五年十二月十五日

督军兼署省长吕公望

（原载《浙江公报》第一千七百十三号，五至六页，训令）

浙江督军公署训令第五九四号
浙江省长公署训令第一八〇七号

令各属保护义国总领事德乐时赴浙游历由①

令特派交涉员、温州交涉员、宁波交涉员、警务处处长、各县知事、暂编第一师师长、暂编第二师师长、混成旅旅长、嘉湖镇守使、宁台镇守使

本年十二月五日准江苏省公署咨开，"案据特派江苏交涉员杨晟呈称，'顷准义国总领事德乐时函，敝总领事现拟前赴苏、浙内地游猎，随带打鸟枪三枝、弹五百粒，不日启行，应请即便饬缮护照一纸移送本署，以咨保护而便遄行，恳祈查照为荷等因。准此，除缮印护照移送外，理合具文呈请省长鉴核，转令各属，俟该领事到境呈验护照时妥为保护'等情。据此，除训令各属保护外，相应咨请贵省长查照，希即转行各属照约一体保护"等由。准此，除分令外，合行令仰该　　即便转令所属一体照约保护，并将该总领事出境入境日期具报备查。此令。（刊登《公报》，不另行文）

中华民国五年十二月十五日

督军兼署省长吕公望

（原载《浙江公报》第一千七百十三号，六至七页，训令）

浙江督军公署训令第六〇三号
浙江省长公署训令第一八一六号

令各属保护英巡捕色乐赴浙游历由

令特派交涉员、温州交涉员、宁波交涉员、警务处处长、各县知事、暂编第一师师长、暂编第二师师长、混成旅旅长、嘉湖镇守使、宁台镇守使

---

① 德乐时，底本标题误作"德东时"，径改。

本年十二月七日准江苏省公署咨开,"案据特派江苏交涉员杨晟呈称,'顷准英国总领事函,以英巡捕色乐赴江苏、浙江游历,缮给护照请盖印前来。除将护照印发外,理合呈请省长察照,转饬各属,俟该英捕到境呈验护照时,照约保护'等情。据此,除训令各属保护外,相应咨请贵省长查照,希即转行各属照约一体保护"等由。准此,除分令外,合行令仰该　　即便转令所属一体照约保护,并将该英人出境入境日期具报备查。此令。(刊登《公报》,不另行文)

中华民国五年十二月十五日

督军兼署省长吕公望

(原载《浙江公报》第一千七百十三号,七至八页,训令)

浙江督军公署训令第六〇一号
浙江省长公署训令第一八一七号

令各属保护日人岩仓藤五郎等赴浙游历由

令特派交涉员、温州交涉员、宁波交涉员、警务处处长、各县知事、暂编第一师师长、暂编第二师师长、混成旅旅长、嘉湖镇守使、宁台镇守使

本年十二月七日准江苏省公署咨开,"案据特派江苏交涉员杨晟呈称,'顷准日本国总领事函,以岩仓藤五郎、大矢根良吉赴江苏、浙江、安徽、山东、湖北、河南、直隶、福建、广东游历,缮给护照,请盖印前来。除将护照印发外,理合呈请省长察照,转饬各属,俟该日本人到境呈验护照时,照约保护'等情。据此,除训令各属保护并分咨外,相应咨请贵省长查照,希即转行各属照约一体保护"等由。准此,除分令外,合行令仰该　　即便转令所属一体照约保护,并将该二日人出境入境日期及在境行为具报备查。此令。(刊登《公报》,不另行文)

中华民国五年十二月十五日

督军兼署省长吕公望

(原载《浙江公报》第一千七百十三号,八页,训令)

浙江督军公署训令第五九二号
浙江省长公署训令第一八一八号

令各属保护汉亭达而赴浙游历由

令特派交涉员、宁波交涉员、温州交涉员、警务处处长、各县知事、暂编第一师师长、暂编第二师师长、混成旅旅长、嘉湖镇守使、宁台镇守使

本年十二月五日准江苏省公署咨开，"案据特派江苏交涉员杨晟呈称，'顷准瑞典国总领事函，以汉亭达而赴江苏、浙江游历，缮给护照请盖印前来。除将护照印发外，理合呈请省长察照，转饬各属，俟该瑞典人到境呈验护照时，照约保护'等情。据此，除训令各属保护外，相应咨请贵省长查照，希即转行各属照约一体保护"等由。准此，除分令外，合行令仰该　　　即便转令所属一体照约保护，并将该瑞典人出境入境日期具报备查。此令。（刊登《公报》，不另行文）

中华民国五年十二月十五日

督军兼署省长吕公望

（原载《浙江公报》第一千七百十三号，八至九页，训令）

浙江省长公署训令第一千八百二十四号

令各县知事杭州总商会宁波总商会准农商部咨全国
商会联合会提出公文程式案三则请饬遵照由

令各县知事、杭州总商会、宁波总商会

本年十二月四日准农商部咨开，"案据全国商会联合会呈称，'据吉林乌拉商会、直隶正定商会、湖北汉口总商会、湖南长沙总商会、四川联合会事务所、江苏宝山县罗店商会提出商会公文程式案三则：一请将《商会法施行细则》内所有禀字一律改为呈字；一请求政府通行声明，县知事与商会行文得互用公函之规定；一商会请与总商会一律

对于中央各部、署并地方最高行政长官以上用呈,自道尹以下均用公函;请查核施行'等情到部。查该联合会所呈各节,业经本部以'禀字改呈一节,现行公文呈式令既因修改,前颁公文程式之结果只有呈而无所谓禀,其颁布在前之《商会法施行细则》内所有禀字自应一律改呈,业于前准国务院法制局核定县知事对于地方各机关行文程式案内声明,由部通咨饬遵,并于核复河南省长咨请核定县知事与商会行文程式案内一并声明,转饬遵照'各在案。又,县知事与商会得互用公函一节,《商会法施行细则》第十三条,商会对县知事行文得用公函之规定,自指往复通用而言,与现行《公文程式令》第二条第十二款之用意隐相符合,依照该《细则》第十三条当然解释,除另有特定情形外,自应彼此互用公函,已于前复安徽、河南两省长咨请核示县知事与商会行文程式案内明白解释,并经公示在案。至所请对于道尹行文一律用公函一节,商会与总商会虽无阶级之分,但其名称及职务等究有不尽相同之处,既非依照其他法令当然改正之事,且于《商会法》之本法不免有所牵动,该法《施行细则》颁行未久,亦未便遽易纷更,应毋庸议等因,批示该会通知各商会遵照在案。相应咨行贵省长查照,通饬遵照可也"等因。准此,除分行外,合亟令仰该知事、该总商会转行各该商会一体遵照。此令。(刊登《公报》,不另行文)

中华民国五年十二月十九日

省长吕公望

(原载《浙江公报》第一千七百十三号,九至一〇页,训令)

浙江省长公署训令第一千八百二十六号

令鄞县知事据省视学呈报该县学务情形由

令鄞县知事

案据省视学谢师枋呈称,"窃视学视察鄞县学务,查县署办理教育事宜,设有专科,置主任、助理各一人,县视学二人,分区视察,对于各校管理、训练、教授等法均能切实指导。区学董十二人、村学董三百零六人,尚能各尽职务。县教育费年约支出洋二万二千二十余元,城乡教育费年约支出洋四万六千二百四十余元。全县学校除省立外,共计二百十九校,职员一百六十一人,生徒九千二百八十七人。本年度增设国民学校八所。县教育会对于教育事宜颇有设施,城乡各区阅报所共三十二所,经费大都由区自治经费项下筹拨,间有集款开办或独力创立者;讲演所三所,成效颇著。

'至所查各校优劣,第四师范学校,适值停课,预备赴中学联合运动会,教授情形无从查悉,而就其设备及管理观之,均尚妥善,学生亦各静肃有序。第四中学校,办理有方,成绩颇佳,惟调养室空气不足,已面嘱校长设法改良。旧宁属县立甲种商校,教授、管理均属认真,惟训练尚欠注意。旧宁属甲种工业学校,办理合法,成绩可观。旧宁属县立女子师范学校,办理虽尚合法,而各科教案均付缺如,但各教员学问经验均属宏富,授课时尚无不合。私立效实中学校,职教员均热心任事,学生成绩亦良,惟校舍四围逼近民居,时有声浪混杂之虑。省立第四师校附属学校,办理适法,检查成绩亦间有可观,惟高小部教室距离太近,声浪时多混杂。国民部教授算术,教法颇合,学生演算,亦各纯熟,教授唱歌,高低合度,检查成绩亦佳。县立第一高小学校,各科成绩均有可观。惟李校长兼授历史,教法不合,黑板书字太小,有损儿童目力。甲时退课,乙时上课,黑板粉字尚未拭去,易引起学生无意注意,课桌课椅间有与学生身裁不合者。县立第三高小学校,办理适宜,管教合法,教授细目教案均属完备,训练亦甚认真,检查各科成绩,均斐然可观,校长应彦及各教员均属素有学问经验者,循此以往,造就正无限量,应请传谕嘉奖。私立求精国民学校兼高小学校,该校教授、管理、训练均尚合法,惟学生程度参差不一,校董谢天锡自清光绪三十二年迄今垫款已逾一万零四百五十元,热心毅力,殊属难得,应请从优核奖,以昭激劝。城区私立日湖国学校,各生作文、写字成绩斐然,图画、手工亦间有可观。模范单级国民学校,办理得法,成绩亦佳,课程时间支配均无不合。城区区立北隅第一国民学校,该校校舍新筑,经费均由各职教员募捐而成,热心毅力,殊属可嘉,应请传谕嘉奖;惟建筑不甚合法,管教、训练各尚认真,学生成绩亦优,而风纪一方尚欠整肃。私立毓秀女子国民学校兼高小学校,该校校舍租用民房,甚不适用,教员授课时学生有手托腮者,有呵欠者,良由平日训练工夫欠缺,惟检查各科成绩尚不无可观。盛氏私立轫初国民兼高小学校,教授、管理均尚合法,惟校舍租用民房,教室光线殊欠合度,抽问各生均能了解,检查成绩亦佳。私立崇迪国民兼高等小学校,办理尚是,惟校舍狭隘不适于用,学生起立及就座,姿势均欠合度。私立柳江国民兼高等小学校,教授、管理尚属合法,抽问各生,亦能回答无误。公立养正国民学校,课椅、课桌排列不一,国文有读高等小学课本第二册者,其教授不按课程,概可想见;且视学到校视察时,正有客与教员据教桌晤谈,其于校内行政漫无规则,尤可推知。私立宗文国民学校,教授、管理均欠完善,抽问各生有能答者,有不能答者,且各生手中书中均有墨污,清洁与审美两方法置之不讲可知。县立单级第二十一国民学校,教授尚欠合法,管理训练亦未认真,四年级国文课题不合学生程度,手工一科缺焉未讲。乡立鹤津国民学校,该校校舍租用民房二间,一系堂前作教室,一系横屋作住室,院内民居织布声与挨磨声时与书声混杂,前教员杨因事辞职,后教员郑始于本月十二日到校,应备表簿仅有授课、积分两种,惟经费据创办人顾清廉云,由自治公所年拨二百元,迄今三年未拨一文,已迭禀请县署及前巡按使署饬拨,据视学意见,应请一面饬县转饬自治公所拨款维持,一面随时督促改良,方免贻误。除视察表另呈外,理合将大略情形呈祈察核施行”等情到署。查教科用书各有定程,而各科之间,教材尤宜互有联络,断不容以国民学校程度任将国文一科改授高小教本;教室之内同有管理,苟教者管理无方,即听者注意力弱,教授作用曷由得达;手中书中均有墨污,虽若小节,然养成儿童自治能力,亦为教育目的,未可忽视;应均由该县通令各校切实注意。其余呈指不合各节,并应分令各该校查照改良。鹤津校经费何以三年未拨,应速查明核办。至办理合法之甲种工业学校、私立效实中学校、县立第三高等小学校、日湖国民学校、模范单级国民学校,应均传谕嘉奖。城区区立北隅第一国民学校教职员募捐经费,建筑校舍,自是可嘉,应并传谕嘉奖,以为热心者劝。其捐赀人员及求精校董谢天锡历年垫款,如亦愿认作捐输,应并查照《捐赀兴学褒奖条例》造具事实表册,呈候核奖。合就令仰该知事遵照办理。此令。

中华民国五年十二月十五日

省长吕公望

(原载《浙江公报》第一千七百十三号,一〇至一二页,训令)

浙江省长公署训令第一千八百二十九号

令吴兴县知事准教育部咨菱湖唐沈筠捐资兴学奖给褒章由

令吴兴县知事

案准教育部咨开,"准咨开,'菱湖私立振秀女子高等小学校暨国民学校校长唐沈筠捐资二千一百九十二元,请予核奖'等因,并附送事实表册到部。查册开唐沈筠所捐银数核与《修正捐资兴学褒奖条例》第二条第四项之规定相符,应准奖给金色三等褒章,以昭激劝。相应检同褒章一座、执照一纸,咨复贵省长查照转发"等因。准此,查此案前据该县呈由前民政厅转呈到署,当经咨请核奖在案。兹准前因,合即检同奖品,令仰该知事转发该校长祗领并具复备案。此令。

附发褒章一座、执照一张。

中华民国五年十二月十五日

省长吕公望

(原载《浙江公报》第一千七百十五号,九页,训令)

浙江省长公署训令第一千八百三十号

令第四中校据省视学呈报该校学务情形由

令省立第四中学校校长

案据省视学谢师枋呈称，"窃视学视察鄞县学务，查第四中学校办理有方，成绩颇佳，惟调养室空气不足，已面嘱校长设法改良"等情，具见该校长办理认真，应予嘉奖。惟调养室关系卫生，既据查明空气不足，应即设法改良，仰即遵照。此令。

中华民国五年十二月十五日

省长吕公望

（原载《浙江公报》第一千七百十五号，九至一〇页，训令）

浙江省长公署训令第一千八百三十三号

令知招劝华侨事务处委任梁创等六人

为名誉实业顾问转给委状由

令招劝华侨兴办实业事务处处长

查华侨梁创等六人，或经商于北美，或营业于东濠①，实业一途，富有经验，此次返国，自应出其所长，襄助一切。兹特委为本署名誉实业顾问，以备咨询。即行填发任命状六纸，随令发，仰该处长即便分别转给祇领，并将领到日期呈报。此令。

中华民国五年十二月十五日

省长吕公望

（原载《浙江公报》第一千七百十二号，一三页，训令）

---

① 东濠，疑为"东瀛"之误。

浙江省长公署训令第一千八百三十四号

令黄岩县知事招妓侑觞宽予申斥由

令黄岩县知事

案查该知事行检不修,人言啧啧,前为本署访闻,业经令行申诫在案。嗣据该县旅京公民等函称,该知事迭赴海门,恣意冶游,并有纵容烟赌情事,当即派员驰查。据复各情,虽不至如函称之甚,而于到椒时招妓侑觞,已属实在,姑念对于政务尚无差谬,从宽记大过一次,以观后效。其自警惕,毋稍故违,切切。此令。

中华民国五年十二月十五日

省长吕公望

(原载《浙江公报》第一千七百十三号,一二页,训令)

浙江省长公署训令第一千八百四十六号

令各县知事准教士慕恒立等禀通令
各县知事出示保护民教由

令各县知事

案据西教士慕恒立、中教士童道法等禀称,"窃基督教初行中华,民教龃龉,大都起于赛会、演戏、迎神、祭祀等项,奉教者应守教规,碍难出费,以及烧化、跪拜等情,不习教者,往往恃众逼勒,甚至削除宗谱,侵夺公产,强迫举动,酿成巨案。自奉前清同治元年、光绪七年总理各国事务衙门、交涉大员分别奏咨通行各省一体遵照示谕抚绥办理,并同治六年又经侨甬教士麦嘉缔等援案禀准巡道公署周全办法,从此民教争端渐就平息。嗣幸民国共和,信仰自由载在《约法》,以为前项争端永可消泯。不料鄞县、余姚、富阳、诸暨、萧、绍、德清等县人民仍向教中勒派不合教规诸费,强迫祭祀、跪拜、削谱、夺产情事迭起环生。前经浙江基督教联会议决,公派代表禀请交涉公署照案通饬各县知事出示晓谕，无如遵照出示之处不多，即出示之处，亦皆视为具文。又经英领事函请前巡按使'通饬各县出示严禁，并切实保护免生意外'等情在案。讵近来各处人民置若罔闻，依然强迫教中出资、跪拜，甚至有县知事之堂谕，如不肯跪拜，即不必给与胙肉之判决，竟将从前一切力求民教和亲之成案推翻，更属骇异。为此，在省中西教士集议，合词禀请贵督军兼省长严饬各县一体出示，切实保护，以免再生事端，俾民教共享和平幸福，出自钧赐，无任恳切待命之至"等情到署。查信教自由载在《约法》，保护传教订入约章，信教者固不得存自异之心，不信教者讵宜抱相猜之见？案关交涉，地方官尤宜切实负责，防患未然。据禀前情，除分令外，合行令仰该知事即便遵照，撰拟告示，剀切晓谕，是为至要。此令。

中华民国五年十二月十六日

省长吕公望

（原载《浙江公报》第一千七百十五号，一〇页，训令）

浙江省长公署训令第一千八百四十九号

令警务处据修筑省道筹办处呈请调用警备队
第二区差遣为调查委员由

令警务处长夏超

案据浙江修筑省道筹办处处长吴秉元呈称，"现值测量调查时期，事务非常繁重，非添派人员办理，不足以资捷进而冀速成。查有警备队第二区统部差遣彭玉成堪以派充调查委员，应请令行调用"等情。据此，合行令仰该处长遵即转令该区部转令该员遵即到差任事为要。此令。

中华民国五年十二月十六日

省长吕公望

（原载《浙江公报》第一千七百十五号，一〇至一一页，训令）

浙江省长公署训令第一千八百五十号

令杭县等十五县知事保护调查测量第二期省道各员由

令杭县、萧山、诸暨、东阳、永康、缙云、丽水、云和、龙泉、庆元、兰溪、金华、武义、仙居、临海各知事

案据浙江修筑省道筹办处呈称,"窃查第一期调查测量,业经派员实施,第二期亟宜续派办理,迅速进行,所有经过各县自应照例呈请令行各该县知事先期出示,将修筑省道必先调查测量各情形晓谕乡民,务使该员等实施调查测量手续时进行无阻,并会督营警俟该员等到境时,随时保护协助,俾得遵限告成。除令调查测量委员遵限出发外,理合将第二期省道经过县名开单呈请察核,迅予施行"等情到署。查修筑浙江全省道路前由本署计画路线,分别期限,编列预算,咨行省议会议决,并设修筑省道筹办处,以便按期进行在案。据呈前情,各该县辖境均列在第二期,自应切实遵办。除分令外,合亟令仰该知事即撰拟白话告示,广为张贴,俾乡民了然于修筑省道之利益,并于调查测量各员到境时,会督营警切实保护,并将各项办理情形随时具报。此令。

中华民国五年十二月十六日

省长吕公望

(原载《浙江公报》第一千七百十五号,一一一页,训令)

浙江省长公署训令第一千八百五十一号

令警务处奉大总统令任命夏超为全省警务处处长由

令警务处处长夏超

案奉大总统电令开,"内务部呈准浙江省长吕公望咨,据浙江全省警务处处长刘焜因事呈请辞职等语,刘焜准免本职",同日奉电令,"任命夏超为浙江全省警务处处长。此令"各等因。奉此,查本省警

政厅改组全省警务处,前处长刘焜因事辞职,即以警政厅长为警务处长,藉资熟手,业由本署呈请任命在案。奉令前因,合行令仰该处长遵照。此令。

中华民国五年十二月十六日

省长吕公望

(原载《浙江公报》第一千七百十五号,一二页,训令)

浙江省长公署训令第一千八百五十二号

令警务处吴兴等三县保护华商嘉昌轮局江远小轮由

令全省警务处处长,吴兴、嘉兴、海盐等县知事

案准交通部咨开,"据江海关监督呈称,'准税务司函,以华商嘉昌轮局租姚泰记江远小轮变更航线,备具呈式,并缴旧照,请注册换照'等因,理合将送到呈式旧照呈部核办前来,并据该商禀缴册照费到部。查该轮改驶航线起湖州、讫海盐,经过双林、乌镇、新塍、嘉兴、沈塘等处,除由本部涂销旧照另注新册,填就执照一纸发交该监督转给承领外,相应咨请查照分令各该属保护,实纫公谊"等因。准此,除分令外,合就令仰该处长转令该管水警/知事妥为保护。此令。

中华民国五年十二月十六日

省长吕公望

(原载《浙江公报》第一千七百十三号,一二至一三页,训令)

浙江省长公署训令第一千八百五十三号

令警务处杭县等五县保护华商公记连陞轮船由

令警务处处长,杭县、吴兴、海盐、嘉兴、武康等县

案准交通部咨开,"据江海关监督呈称,'准税务司函,以华商公记之连升轮船变更航线,备具呈式,并缴旧照,请注册换照'等因,理合将送到之呈式旧照呈部核办前来,并据该商禀缴册照费到部。查

该轮改驶航线起苏州、讫杭州,经过横泾、吴江、湖州、新塍、海盐、嘉兴、莫干山等处,核与定章尚无不合。除由本部涂销旧照,另注新册,填就执照一纸,发交该监督转给承领,暨训令苏州、杭州各关监督查照,并分咨外,相应咨请贵省长查照,分令各该属保护,实纫公谊"等因。准此,除分令外,合就令仰该处长转令该管水警/知事妥为保护。此令。

中华民国五年十二月十六日

省长吕公望

(原载《浙江公报》第一千七百十三号,一三页,训令)

浙江省长公署训令第一千八百五十四号

令警务处准内务部咨为抚恤前吴兴县警佐张锡瓒一案由

令警务处长夏超

十二月五日案准内务部咨开,"准咨据称吴兴县知事吕俊恺呈称,'本年九月四日夜半,该县警佐张锡瓒率同巡警冯庆在县城南街地方查禁县民杨梅节家聚赌,被犯赌兵士徐优杰等将该警佐暨巡警冯庆殴伤,未致成废,拟请照章分别核恤'等因到部。查该警佐张锡瓒等因公负伤,未成残废,核与《警察官吏恤金给与条例》第五条第二款所规定之事例相符。惟张锡瓒一员系属委任警察官,照章应转呈给恤,一俟奉令照准,再行知照。其巡警冯庆一名,应准照同《条例》第八条之规定,比照附表第一号巡警之例,给与一次恤金五十元,以资抚恤。除冯庆应得恤金数目另行汇案呈报,并咨财政部外,相应咨复贵省长,将该巡警应得恤金照数给发可也"等因。准此,查此案前据该县呈请当经咨部核办在案。准咨前因,合亟令仰该处转令该县遵照分别行知发给,并录案呈报财政厅备查。此令。

中华民国五年十二月十六日

省长吕公望

(原载《浙江公报》第一千七百十三号,一四页,训令)

浙江省长公署训令第一千八百五十六号

令各县催送义务教育程序内调查册表由

令各县知事

案照部颁《义务教育程序》内调查各项表册,业经前巡按使公署转饬查填,限本年九月十日以前由县送省,并经本公署饬催在案。现在逾限已久,送到者尚仍寥寥,殊属延玩,合再令仰该知事迅即将前项册表于十二月以内赶造送核,毋再逾限干咎,切切。此令。

中华民国五年十二月十八日

省长吕公望

(原载《浙江公报》第一千七百十五号,一二页,训令)

浙江省长公署指令第五千一百九十七号

令丽水县知事

呈一件据前丽水县知事李平呈请令县拨还垫款由

呈悉。仰丽水县知事于令到后即将该前任未清垫款银一百二十八元零,如数在该县公款内拨还具报,毋再稽延,切切。呈抄发。此令。十二月十五日

(原载《浙江公报》第一千七百十三号,一五页,指令)

浙江省长公署指令第五千二百零二号

令诸暨县知事

呈一件据矿商周师濂呈请试探该县小东乡吾家坞铜岩山锌铅矿由

呈、件均悉。查阅矿区图暨履历保结,核与部定程式尚属相符,应予审定。惟该商请探矿区与葛商景伊前领矿区是否重复,其接壤距离丈尺有无在六十尺以上,并抵触《矿业条例》第十三条各款规定及别项纠葛情事,均应逐一查明。仰诸暨县知事即便遵照派委干员

驰赴该矿地详查具复,以凭核夺毋延。原呈抄发,矿图一纸随发仍缴。余件均暂存。此令。十二月十五日

（原载《浙江公报》第一千七百十三号,一五至一六页,指令）

浙江省长公署指令第五千二百零四号

令玉环县知事

呈一件呈为遵令呈复查明披山铅矿矿区情形由

呈、图均悉。该县披山矿区既系民妇李郑氏故夫李叔明呈请在先,现在复另举代表继续进行,应即将余光启呈请案暂行停止。至该代表傅一凡暨被续举,应于此次由县转令后二月以内,依照例定手续呈请本公署核办。如再稽延,定予将前准原案注销,准由矿商余光启呈请办理。仰即分别转饬知照,仍将转令日期报查。图存。此令。十二月十五日

（原载《浙江公报》第一千七百十三号,一六页,指令）

浙江省长公署指令第五千二百零五号

令财政厅长莫永贞

呈一件为杭县知事呈范家涧险塘修筑
完竣支出经费造册请分别核销由

呈、册均悉。查桩木一项,册开三十八支,计银一百五十八元,视原估每支五角,价值计逾八倍,未据声明原委,仰财政厅转令详查呈复,以凭核办。原呈抄发。来册暂存。此令。十二月十五日

（原载《浙江公报》第一千七百十三号,一六页,指令）

浙江省长公署指令第五千二百零六号

令桐庐县知事

呈一件为呈报筹议振兴蚕桑办法由

呈、件均悉。所拟办法尚无不合,应准照行。惟《章程》第九条

"出示禁止"下应加"毁损"二字,经已代为增入。又,该县将来购办桑秧,能联合邻县派员往购,需费可较节省,仰并知照。件存。此令。十二月　日

　　附原呈

　　呈为呈报筹议振兴蚕桑办法请鉴核指令遵行事。

　　案奉前民政厅第七十四号训令,拟具振兴蚕桑办法,专案呈核等因。奉此,查桐邑地处上游,蚕桑一项尚鲜讲求,一邑之中惟北乡之至德、质素两乡较为发达,体察现情,振兴蚕桑实为当务之急。查于民国四年三月间开办模范桑园一处,购种湖桑一千六百株,知事以模范桑园特为种桑之模范,仍未足以普及于全邑。复于本年三月间由官款购买湖桑一千八百株,分发各乡试种,为养蚕之准备。苗圃现正进行,一时尚无桑苗出山。《推广植桑章程》拟暂照富阳县呈奉核定办法参酌仿行,明年春期复设养蚕传习所,以研究养蚕方法,庶使一般人民晓然于养蚕之利益,而桑叶又无烦外求,提倡进行,收效似易。奉令前因,理合缮具《章程》备文呈送,仰祈省长鉴核示遵。谨呈。

　　　　(原载《浙江公报》第一千七百十三号,一六至七页,指令)

浙江省长公署指令第五千二百零七号

令旧严属督查员姚复学

　　呈一件呈为说帖关旧严属各县实业情形由

　　呈、件均悉。察阅该员陈述经过各县考察情形,足征留心实业,深堪嘉许。所请将模范桑园、森林苗圃、养蚕传习所等,令县遍劝各都图庄管绅董自行试办,以为民望,办法用意尤为宏远。候照抄说帖通令各县查照,分别举办可也。件存。此令。十二月十五日

　　　　(原载《浙江公报》第一千七百十三号,一七页,指令)

浙江省长公署指令第五千二百一十九号

令缙云县知事

呈一件为送劝学所所长及劝学员履历并预算表由

呈、件均悉。应准照办。仰即将发去任命状转令祗领,仍俟《施行细则》颁到再令开办。件存。此令。十二月十五日

计发任命状一件。

（原载《浙江公报》第一千七百十二号,二一页,指令）

浙江省长公署指令第五千二百二十八号

令临海县知事

呈一件为临海县志书无从购寄由

呈悉。该县志书既据称绅董之家尚有藏本,其非绝少流传可知,仰仍设法觅购,径寄部中,并呈报本署备查。此令。十二月十五日

（原载《浙江公报》第一千七百十二号,二一至二二页,指令）

浙江省长公署指令第五千二百三十九号

令高等检察厅长殷汝熊

呈一件呈德清管狱员杨庸升撤任遗缺以孙兆兰接充由

呈悉。仰候转咨司法部查核备案。此令。十二月十五日

（原载《浙江公报》第一千七百十三号,一七页,指令）

浙江省长公署指令第五千二百四十号

令高等检察厅长殷汝熊

呈一件呈报永康管狱员吴鼎调任遗缺以叶作藩接充由

呈悉。仰候转咨司法部备案。此令。十二月十五日

（原载《浙江公报》第一千七百十二号,二二页,指令）

浙江省长公署指令第五千二百四十一号

令余姚县审检所

呈一件呈报刘沛坤家被劫一案履勘情形由

呈及单、表均悉。仰即迅行会督营警严密侦缉,务将案内赃盗悉获,诉办具报。此令。单、表存。十二月十五日

（原载《浙江公报》第一千七百十二号,二二页,指令）

浙江省长公署指令第五千二百四十三号

令高等检察厅长殷汝熊

呈一件呈请修正县知事罚俸修监暂行简章由

如呈修正,仰即通令各县知照。此令。十二月十五日

附原呈

呈为修正《县知事罚俸修监暂行简章》呈请鉴核转咨事。

案查《高等审判厅办事权限条例》,已奉申令废止,所有各县管狱员用撤惩奖、监狱行政及检察部分之经费,收支预算、决算,诉讼成绩造报等事,划归职厅主管接办,曾于十一月六日呈报钧长备案,并通令各县知事查照各在案。兹准同级审判厅函送《县知事罚俸修监暂行简章》过厅,自应继续办理。惟查前项权限既经划归职厅主政,该《简章》内载"高等审判厅"及"巡按使"字样自不适用,凡有"高等审判厅"五字应改为"高等检察厅",又"巡按使"三字,应改为"省长",庶于名义相符,应即修正,以便施行。除《简章》前经同级审判厅分呈有案不另抄送外,所有《修正县知事罚俸修监简章》以便施行缘由,理合备文呈请钧长鉴核转咨备案,并祈指令祗遵。谨呈。

（原载《浙江公报》第一千七百十五号,一八至一九页,指令）

浙江省长公署指令第五千二百四十四号

令高等审判厅长

呈一件呈转报余姚审检所判处盗犯金增林

死刑添附意见请察核由

呈及供、判均悉。该犯金增林即景正林，结伙行劫事主张镜如、陈惠和各家，既据供认不讳，实犯《刑律》第三百七十三条各款之俱发罪，原判按照《惩治盗匪法》第三条第五款处以死刑，尚无不合。至该犯途劫王谢氏一案，据呈系由前任知事陈国材讯办。查陈前知事系于民国元年十月间到任，迄今未及五年，该犯既系该知事判罪，其执行完毕释放后，扣至再犯之时，并未逾越五年，已可概见，原判认为累犯，亦无错误，应准照判执行。仰即转行遵照，仍饬将行刑日期具报备考。此令。供、判存。十二月十五日

（原载《浙江公报》第一千七百十二号，二二页，指令）

浙江省长公署指令第五千二百四十五号

令高等审判厅厅长范贤方、高等检察厅检察长殷汝熊

呈一件呈复嘉兴张莲芳等电请移转管辖

一案请毋庸议由

如呈办理，仰即转行该所遵照。此令。抄件存。十二月十五日

附原呈

呈为会衔呈复事。

十一月二十七日案奉钧长训令第一五四六号内开，"据嘉兴县公民张莲芳等电称，'杜检察审理姚伯门及恶棍张接负诬控串讼希图赖债一案，迹近狥法'等情，除原电已据并呈毋庸抄发外，案关请求移转管辖，合行令仰该两厅查明，依法办理。此令"等

因。奉此,查此案前据该民等分电到厅,当由职审厅派委学习专审员陈乐均前赴该县调查。兹据该员报告,"乐均奉令遵于本月二十四日下午赴嘉,二十五日上午赴审检所。适知事及承办是案之杜检察均因公下乡,询之各专审员均称未曾接洽,即刻离所,复于下午三点钟赴所,遇杜卫,询以此案真相及办理经过情形,并索阅卷宗。据称,'我本政务助理,此案姚百门以刑事起诉,故知事委代办理。至于真相,已多方侦查明确。缘姚百门年老无子,惟一侄姚炳章,人极昏庸,有本地讼棍张莲芳、葛勉之等,于去年串哄他与百门争产涉讼,即此案之合同、票据亦因是而生。其合同系胜诉报酬之事由,及价额票据系报酬金之凭票,后由叔侄在上诉审和解了案,而合同、票据仍在该讼棍之手,遂黏呈草合同及票据收条各一纸,以张莲芳、葛勉之诱立笔据,请求追还等情起诉前来。及姚炳章夫妻状称,与叔无涉,请求免诉,知事批斥不理,复经姚百门迭次请求及葛、张辩诉到所,于九月三十日讯问一次。姚炳章之妻潘氏供称,合同、票据系氏夫受张莲芳、葛勉之欺,且并未具状等词。张莲芳供称,草约业经涂销,票据是姚炳章向孙良玉之借款,与本案无涉等词。葛勉之由其子代理,供略同前。此后知事委我办理,经我出外密查,始知葛、张二人已将票据交与孙良玉,作为债权者自称介绍。因此案真相已得,预备提起公诉。十一月七日票传各当事人到案讯问,令张、葛等缴呈笔据,乃彼等自知无可遁饰,竟张皇拍电,混淆观听,等语,当将此案全卷检交参阅。乐均检查原卷,姚百门于本年八月九日状诉葛勉之、张莲芳诱立伊侄笔据,意图诈财,称'胞侄炳章素来浪费,向民索钱劝解后,始悉误听该无赖张莲芳、葛勉之唆讼,竟立有不正当之报酬金合同契约一纸,并票收据一纸,由侄媳潘氏检交甥孙张深负转交与民,载明报酬金十分之二成半以五千元合算,适符收据上一千二百五十元之数请求追还云云,并黏有草约一纸、票据收证一纸,另抄附呈'。由知事批饬姚炳章自行呈诉后,二次请求批准传讯。八月二十九日姚炳章夫妻状称前因,胞叔百门监护图吞诉讼一案,因无诉讼能力,托人辅佐,伊因案败诉,恨及辅佐,与伊无干"等情,请求免诉。至九月十九日葛勉之、张莲芳辩称,辅佐诉讼原是实在,须姚炳章到案质讯自明,令姚百门越权控诉,请求撤销云云。九月三十日讯问一次(笔录另抄附呈)。十月二日葛张状称,前辅佐报酬是草约,早已涂销,收条系孙良玉债权关系,与此事无关(按与九月三十日供词相同)。并称,孙良玉票据内若有报酬二字,情愿受罚,请传姚炳章到案质讯云云(按合同系草约,仅载二成半作报酬,另有票据一纸载明一千二百五十元)。至十月二十日孙良玉以票据一千二百五十元,系张莲芳、葛勉之、杨少卿为中,向民借款,不容牵涉,除民事部分另行起诉外(查孙良玉至今尚无民事起诉,特证明),与葛张无关等情具状参加。十一月七日由杜委代检察票传一干人证讯问,各人供词略同。九月三十日笔录(另抄附呈)。乐均纵观全卷情形,其合同草约系张莲芳中人葛勉之代笔,恍惚另有一对手人,乃票据收证系葛、张二人具名,是此票确交葛、张二人无疑。后因姚百门起诉而票款无着,将票据交孙良玉伸出债权,自己为介绍,与合同分离,确有线索可寻。检查既毕,即行回寓。二十六日下午一点钟,复赴县公署面询张知事兼检察,据述与杜委代检察正复相同。案情既明,遂即趁车回厅。除销去委差外,所有奉令调查各缘由,理合备文报告,仰祈厅长察核施行"等情,并附呈供词钞本二纸,契约、票据、收条钞本共一纸前来。厅长等会同查核该张莲芳、葛勉之似不免有诈欺情事,现在案经该厅审理,并无《刑诉律》(草案)第十九条第二项第二款情形,似无移转管辖之必要。奉令前因,理合将委员报告并钞同供词、契约、票据、收条及毋庸移转管辖情形,会衔备文呈复,仰祈钧长鉴核施行。谨呈。

（原载《浙江公报》第一千七百十三号,一七至一九页,指令）

浙江省长公署指令第五千二百四十七号

令高等检察厅长殷汝熊

呈一件温岭审检所呈报张亨保被江三妹豆等

枪毙验讯情形由

呈及格结均悉。仰该厅转饬该所,迅将被告江三妹豆等查提到案,提同在押江湾四妹,并传集尸亲人证,研讯确情,依法办理具报。此令。格结存。十二月十五日

（原载《浙江公报》第一千七百十三号,一九至二〇页,指令）

浙江省长公署指令第五千二百四十八号

令崇德县审检所

呈一件呈报房鹤高等两家被劫勘讯情形由

呈及图、表、册均悉。盗匪连劫两家,不法已极,仰即迅行会督营警严缉案内正盗真赃务获,诉办具报,一面先查明盗匪姓名、年貌、籍贯,呈候通缉,切切。此令。图、表、册存。十二月十五日

（原载《浙江公报》第一千七百十三号,二〇页,指令）

浙江省长公署指令第五千二百四十九号

令财政厅长莫永贞

呈一件海盐公民蒋宝镕为该邑地丁

未照歉案缓征请饬厅委查晓谕由

呈悉。各属灾歉案核定后,应将都图村庄、亩分、户名及蠲缓粮额分别详细布告,《征收章程》中已明白规定,海盐地丁近年历办歉缓,何以不遵章宣布。据称该县地丁并未缓征,是否属实,案关浮收

租税,仰财政厅迅即切实查明,具复核夺。来呈已据声明分呈有案,不复抄发。此令。十二月十五日

（原载《浙江公报》第一千七百十五号,一九页,指令）

浙江省长公署指令第五千二百六十四号

令海盐县知事

呈一件呈为造送调查实业报告书由

据呈已悉。察阅调查实业报告书,尚属详晰,应准汇案核办。至书末条陈弛禁新沙口,事关重大,自应审慎周详,候体察地方情形,再行派员查复核办。其车站开辟市面一节,既关商业利益,应即悉心劝导,实力进行,俾便观成而收实效。书存。此令。十二月十六日

（原载《浙江公报》第一千七百十三号,二〇页,指令）

浙江省长公署指令第五千二百七十四号

令昌化县知事

呈一件为造送调查实业报告书由

呈及报告书均悉。候汇案核办,仍仰查照报告书结论情形随时悉心劝导振兴,俾收实效。书存。此令。十二月十六日

（原载《浙江公报》第一千七百十三号,二〇页,指令）

浙江省长公署指令第五千二百七十五号

令德清县知事

呈一件为造送调查实业报告书表由

呈及书、表均悉。应准存候汇办,并仰查照报告书结论情形悉心劝导,务收实效,是为至要。书、表均存。此令。十二月十六日

（原载《浙江公报》第一千七百十三号,二一页,指令）

浙江省长公署指令第五千二百七十六号

令象山县知事

呈一件为呈模范桑园改择地点并请
准拨用准备金以资开办由

呈、图均悉。查来图未据注明四至、毗连界址,是否与县署基地连接,抑系余地,仰再详细查明另绘图说三份,连同《推广植桑章程》呈候核办。来图暂存。此令。十二月十六日

附原呈

呈为呈报模范桑园现改择县署右侧荒园,绘图呈核,并请在民国四年份准备金项下准给银五十元以资开办事。

本年十一月二十二日奉钧长第三六五四号指令,知事呈复办理蚕桑情形由,内开,"呈悉。查振兴蚕桑事属积极行政,该县既由模范桑园办理入手,未始非慎重之道,应即编成育蚕栽桑新法,分赴各乡讲演劝导,一俟风气稍开,即行筹设蚕桑传习所,以期普及而图振兴。至讲桑分种,查有前据富阳县知事拟具是项章程,经本公署酌加修正,刊登第一千六百七十五号《公报》,堪以参照遵办,仰即知照。此令"等因。奉此,查前代理廖知事详请以东门外耤园耤田藉作模范桑园①,拟具办法饬委蚕桑学堂毕业生朱葆华经理,并详准指拨开办、经常各费。知事回任后,又经催该经理认真筹办,并据领款筹备去后。旋据该经理面称,"该处地气卑湿,时虞水涝,于种桑不甚相宜,再四思维,苦无相当地点。兹择定县署右侧有荒园一块,系属官产,地颇爽暖,面

① 前代理廖知事,指廖立元,民国五年五月十七日至民国五年六月一日代理象山县知事。参见浙江都督吕批《为代理象山县知事廖立元呈报交卸日期由》,载《浙江公报》第一千五百二十七号,二二至二三页。

积五亩三分一厘,但瓦砾堆积,地势高下不平,雇工划除,核实估计至少非五十元不可。"知事拟请在民国四年份准备金项下开支。奉令前因,除令该经理编成《育蚕栽桑新法》,分赴各乡讲演劝导,并遵照改定富阳县章程办理外,合将改择桑园地点情形,并请给银筹备缘由,备文呈报,仰乞钧长察核赐令祗遵。再,东门外耤田耤园因不适用,已由就地居民认买,呈报财政厅在案。合并声明。谨呈。

（原载《浙江公报》第一千七百十四号,一四页,指令）

浙江省长公署指令第五千二百九十号

令警务处长夏超

呈一件呈修正警备队装械器具保存规则由

呈及《规则》均悉。所拟《修正浙江警备队装械器具保存规则》准予公布施行,仰即印发所属警备队一体遵照。此令。《规则》一本存查。十二月十六日

修正浙江警备队装械器具保存规则

第一条　本队各区、营、哨所有公给一切装械器具等件,均应遵守本规则办理。

第二条　本规则规定各项装械器具保存年限如左:

金石类

洋号　十年　行军锅　十年

饭盒　十年　水壶　　十年

布革类

背囊　　六年　皮背带　六年

皮腰带　十年　皮弹盒　十年

皮弹带　二年　布单衣裤帽　二年

布棉衣裤帽　二年　呢雨衣　四年

油布雨衣　　三年　篷布鞋　一年

绊腿布　　　一年

第三条　在保存期限以内，一切装械器具应由该管长官随时检查，是否适合保存方法，并负完全责任。

第四条　装械器具在保存期内遗失或损坏，除属于第五、第六两条规定所许者外，均须按照原价赔偿，并予相当惩罚。

第五条　装械在保存期内遗失或损坏，有左列情事之一者，得免处罚或赔偿，并得予补给或修理之。

一、事起仓猝不及提防（如天灾、地变等是），致将装械毁坏时；

一、时机紧急地形阻碍（指战时言），非将装械遗弃，不能达克敌致果目的时。

遇发生以上情形时，须得在事证明人一名以上证明，方为有效。

第六条　在保存期内遗失或损坏，有左列情事之一者，经该管长官查明属实，认为因公误失或误损者，得按照保存期限之远近递减原价成数赔偿或赔修之。

一、执行公务过忙时，致将装械脱落或损伤；

一、野外演习及捕获盗匪时，误将装械失落或损伤。

第七条　布类军装保存照规定年队匀分三期，其在第一期内损失者，应照原价赔偿，在第二期内者，照原价赔偿三分之二，在第三期内，照原价赔偿三分之一。

第八条　金革类装械保存照年限匀分，如在第一年内损失者，应照原价赔偿，以下规定年限内损失者，照原价按年递减赔偿。

第九条　枪枝手弹保存不善，致令锈坏碰损，不堪射击者，除严重处分外，并责令按照原价赔偿。

第十条　本规则自奉省长批准宣布日起施行有效。

第十一条　本规则如有未尽事宜,得由警务处长呈请省长核准修正。

（原载《浙江公报》第一千七百十四号,一五至一六页,指令）

浙江省长公署批第一千一百二十二号

原具呈人候补县知事宋化春
　　　　呈一件请给假回籍措资由

准假三月。此批。十二月十四日

（原载《浙江公报》第一千七百十三号,二二页,批示）

浙江省长公署批第一千一百二十三号

原具呈人松阳叶士龙等
　　　　禀一件请求该县知事权行留任由

禀悉。查该县知事余生球因案撤任,业经遴委妥员前往接替矣。所请应毋庸议。此批。十二月十四日

（原载《浙江公报》第一千七百十三号,二二页,批示）

浙江省长公署批第一千一百三十号

原具呈人定海陈庭幹等
　　　　禀一件禀控韩士衡充该县教育主任毫无经验请予撤换由

禀悉。查韩士衡被杨锐暨王永旺等控诉各案,应否受刑事制裁,自有法律解决。又,查韩士衡系充定海县视学员,所称现充教育主任一节,本公署无案可稽,本应毋庸置议,惟据称该员于教育上毫无学识经验,则委充视学,亦属非宜,究竟如何,候令行定海县知事查复核办可也。此批。十二月　日

（原载《浙江公报》第一千七百十七号,一九一六年十二月二十四日,二〇页,批示）

浙江省长公署批第一千一百三十一号

原具呈人瓯海道署裁员郭燮钧

　　禀一件为裁缺已久请予提前委用由

禀悉。查现在本公署裁汰人员之际，被裁各员尚属无法位置，所请提前委用一节，应从缓议。此批。十二月十五日

（原载《浙江公报》第一千七百十三号，二二页，批示）

浙江省长公署批第一千一百三十六号

原具呈人周师濂

　　呈一件呈请在诸暨县小东乡吾家坞
　　铜岩山试探锌铅矿一案由

呈、件均悉。查阅矿区图暨履历、保结，核与部定程式尚属相符，应予审定。惟该商请探矿区与葛商景伊前领矿区是否重复，其接壤距离丈尺有无在六十尺以上，并抵触《矿业条例》第十三条各款规定及别项纠葛情事，均应逐一查明，仰诸暨县知事即便遵照派委干员驰赴该矿地详查具复，以凭核夺。此批。十二月十五日

（原载《浙江公报》第一千七百十三号，二二页，批示）

浙江省长公署训令第一千八百五十八号

令各县知事准教育部咨审定讲演
参考用书书目仰转行遵照由

令各县知事

案准教育部咨开，"查前据通俗教育研究会详送该会讲演股议决之审核讲演参考用书议案，业经本部核准，并函致商会，传知各书店，将所编各种关于讲演各书送部审定。旋据商务印书馆等先后禀送此项书籍多种，均经发交该会分别审核在案。迭据该会呈报审核情形，

并将审定合于讲演参考用各书开具清单汇送到部。查此项书籍,或阐明学理,或劝导社会,以供讲演时之参考,洵称合用。相应钞录清单咨送查照,即希转饬所属讲演机关酌量采用"等因,并附清单到署。准此,除分令外,合就照钞清单,令仰该知事即便转行所属公私立各讲演机关一体遵照。此令。(刊登《公报》,不另行文)

附抄清单。

中华民国五年十二月十六日

省长吕公望

讲演参考用书书目

自助论	商务印书馆出版	一册
卫生治疗新书	同上	一册
鼠疫	同上	一册
经济概要	同上	一册
公民鉴	同上	一册
地方自治精义	同上	一册
地方行政要义	同上	一册
蒙师箴言	同上	一册
小儿语述义	同上	一册
伊索寓言	同上	一册
中国风俗史	同上	一册
上海通商史	同上	一册
丁格尔步行中国游记	同上	一册
模范军人	同上	八册

续　表

生理学问答	同上	一册
农话	同上	一册
普通博物问答	同上	一册
新社会	同上	三册
新说书	同上	三册
少年丛书	同上	十四册
常识谈话	同上	五册
伊索寓言演义	同上	一册
卫生新论	中国图书公司出版	一册
雷电志异录	同上	一册
通俗教育谈	同上	一册
幼儿保育法	同上	一册
中国商业史	同上	一册
中国工业史	同上	一册
国耻小史	同上	一册
经济原论	同上	一册
上下古今谈	文明书局出版	四册
儿童修身之感情	同上	一本
儿童教育鉴	同上	二本
稽者传	同上	一本
公民模范	中华书局出版	一册
母道	同上	一册

续 表

勤俭论	同上	一册
实业家之修养	同上	一册

（原载《浙江公报》第一千七百十四号，一九一六年十二月二十日，三至六页，训令）

浙江省长公署训令第一千八百五十九号

令高审厅据萧山审检所电呈请将盗匪潘大猪等

四名处以死刑由

令高等审判厅长范贤方

本月十二日据萧山审检所快邮呈称，"盗犯潘大猪、韩景元、杨连生（即小高生）、应方海等四名供认迭次行劫不讳，请依照《惩治盗匪法》第三条第五款处以死刑"等情。据此，除电复照准外，合行令仰该厅查照。再，原电业据分呈该厅有案，不另钞发，合并知照。此令。

中华民国五年十二月十六日

省长吕公望

（原载《浙江公报》第一千七百十四号，六页，训令）

浙江省长公署训令第一千八百六十二号

令嘉善县知事将习艺所所长周锡骥撤差

另行遴员荐请核委由

令嘉善县知事

前据委员赵叔泉查复该所办理不善各情前来，业经前民政厅令由该知事严饬该所长照限切实整理在案。兹复据密查员复称，该所长周锡骥对于所务废弛如故，显系不知振作，应即立予撤差，另由该知事查照前民政厅通令遴选妥员，呈候核委，以示惩诫而资整理。为此令仰该知事遵照办理,毋稍徇延,切切。此令。

中华民国五年十二月十六日

省长吕公望

(原载《浙江公报》第一千七百十五号,一二至一三页,训令)

浙江省长公署训令第一千八百六十四号

令浙江修筑省道筹办处修正该处简章并刊发钤记由

令浙江修筑省道筹办处

案准省议会咨开,"本月三日准省长咨交《浙江修筑省道筹办处简章》,并附经费概算表到会,当经付会讨论审查修正,于本月十一日三读通过,相应另缮清摺咨送,希即公布"等因,并送清摺一扣过署。准此,除公布外,合行抄发原摺随文令仰该处长遵即查照办理。再,该处定名既经变更,钤记亦应由署另行刊发,领到后旧钤记即行撤销。此令。

计附清摺一扣、钤记一方。

中华民国五年十二月十六日

省长吕公望

浙江修筑省道办事处简章 附表

第一条　本处办理修筑浙江省道事宜。

第三条第四项改正

一、关于保管文书、缮校公文、编制图表、收发文件事项(第七项删去)。

第六条　处长、委员、工程师,由省长委任现职人员兼充,其余工程员、书记、会计、司书各员,由处长选定相当人员充任,并呈报备案。

第八条　处长秉承省长命令督率所属各员办理一切事务。

第九条　评议员评议关于修筑省道事宜。

第十五条　本处每月经费另表定之。

第十八条　关于募捐、赏罚、军警协助收用土地及评议等规则,另定之。

第十九条　本简章自公布日施行。

(按,此项《简章》已见十一月二十一日本报指令门,兹将修正文补登,余不赘录。再,第五条后列职员,工程司应改工程师。阅者注意。)

(原载《浙江公报》第一千七百十四号,六至七页,训令)

浙江省长公署指令第五千三百二十六号

令警务处处长夏超

呈一件绍兴县呈报警备队什兵驻扎
白洋西塘下沙地情形由

查此案业据前警政厅呈报,当经指令函复各在案。据呈前由,仰该处督饬该地方营警随时认真办理。此令。呈抄发。十二月十六日

附原呈

呈为呈报事。

案奉钧署第一一四二号训令,以准江西戚省长函开①,"绍兴县白洋西塘下之沙地,距海滨数十里,本年沙地棉花歉收,饥民蠢动,地势散漫,数十里之间,既无兵队,亦无警察,匪徒横行无忌,自应预为防范,饬县会商就近警备队查照办理,具复核夺"等因下县。奉此,遵经知事函商警备队第三区二营管带高绍基,请其酌度情形拟定复办去后。旋准函复,"以通盘筹画,拟将原驻

---

① 戚省长,戚扬(1860—1945),字升准,浙江山阴(今绍兴)人。

绍邑平水哨队移驻义桥,并由该哨队内拨什兵数名,再由瓜沥哨队拨兵数名,合计八名,前往白洋西塘下沙地驻扎,以资镇慑。一候冬防告竣,即回原防。并声明呈请本区统部指令到营,再行函达"。续于本月十八日准高管带函,"以奉到本区统部指令,准由瓜沥第四哨派兵一棚,令干练之什长带驻西塘下,以资熟悉,再由临浦哨队移拨一棚填防瓜沥,嘱下即转知西塘下预备兵房,以便出驻"各等由过县。又经知事令行安昌警佐遵照,迅即转知西塘下士绅,将应用各兵房妥速预备,以便屯驻,一面仍将办理情形飞速呈报,以凭转呈去后。兹据该警佐邵耀辛呈复,"以遵即前往西塘下,通知戚、冯二士绅预备兵房,当经租赁西塘下塘脚下楼屋一间。正在准备之际,指派哨队已到该处,即行进屋驻扎"等情前来。除由知事指令该警佐再行一并派警随时巡逻协力防护外,奉令前因,理合将此案商筹情形备文呈报,仰祈省长鉴核转咨施行,实为公便。谨呈。

(原载《浙江公报》第一千七百十四号,一六至一七页,指令)

浙江省长公署指令第五千三百三十四号

令警务处长夏超

呈一件警备队呈报三区三营一哨三四两棚
移驻新昌黄泽镇到防日期由

据呈已悉。仍仰督饬加意巡防。此令。十二月十六日

附原呈

呈为警备队第三区第三营一哨三、四两棚移驻新邑黄泽镇到防日期报请察核备案事。

本年十一月二十七日,据警备队第三区统带洪士俊呈称,"窃照本年十一月二十一日,据第三营管带王国治呈称,'案照新

昌之黄泽镇,前奉钧部指令将驻晋溪之兵队克日移防黄泽,仍令兼顾晋溪一案,即经转令第一哨哨长齐昌伍克日遵照移防去后。兹据该哨长报称,已于本月十七日拔队移驻黄泽镇,据经呈请核转前来'等情。据此,查此案前据该管带呈复前来,即经据情转复在案。据呈前情,理合备文呈报,仰祈察核备查"等情。据此,查是案前经饬据该统带查复,曾经指令并分呈在案。兹据前情,除分呈外,理合备文呈报,仰祈省长察核备案。谨呈。

（原载《浙江公报》第一千七百十四号,一七至一八页,指令）

浙江省长公署指令第五千三百三十九号

令警务处长夏超

呈一件呈遵令拟议义桥劫案疏防官长办法由

呈悉。吴祖芳应予记大过一次,仍督同所属,暨撤差留缉之万增等,务将是案正盗真赃依限严缉,务获解报。此令。十二月十六日

（原载《浙江公报》第一千七百十四号,一八页,指令）

浙江省长公署指令第五千三百四十一号

令警务处长夏超

呈一件警备队呈报三区一营三哨三四
两棚移驻崧厦到防日期由

据呈已悉。仍仰督饬加意巡防。此令。十二月十六日

附原呈

呈为警备队第三区第一营三哨三、四两棚移驻崧厦到防日期报请察核备案事。

本年十一月二十七日,据警备队第三区统带洪士俊呈称,"窃照统带前经呈请将第一营三哨三、四两棚驻防上虞谢家塘附

近王宅之兵队移驻崧厦防卫一案，业经具文呈报，一面令行该营第三哨哨官李刚迅即饬派该哨哨长谷乐之克日率队移防去后。兹据该哨官报称，'已于本月十三日，由哨长谷乐之由王宅率领三、四两棚移往崧厦驻防，报请核转前来'等情。据此，除指令妥为防卫外，理合备文呈报，仰祈察核备查"等情。据此，查是案前据该统带呈请，当经饬将到防日期具报备查在案。兹据前情，除指令妥为防卫并分呈外，理合备文呈报，仰祈省长察核备案。谨呈。

（原载《浙江公报》第一千七百十四号，一八至一九页，指令）

浙江省长公署指令第五千三百五十八号

令警务处长夏超

呈一件江山县呈报赣边栾匪情形并会哨办法由

查此案前准江西督军李、省长戚电咨，当经电令统带刘凤威速派吕管带，会同该县暨常、开各县扼要堵剿，并饬与赣边各军队长官遇事接洽并知照该处各在案。据呈会哨办法，仰警务处核饬遵照。呈抄发。此令。十二月十六日

附原呈

呈为呈报江、玉交界匪徒潜匿，定期会哨以重防务事。

窃知事于十一月二十五日准江西玉山县知事函称，"江山大阳桥与玉山毗连地方，现有匪徒聚集一二千人，携有枪械，希图大举情事，当经会营派人前往侦探，一面筹备防范兜拿，惟究应如何会商办理之处，用特密函驰询"。同日又准驻玉江西省防陆军第二团三营函称，"顷闻贵县防军调省，边境空虚，所有一般伏莽并前由玉山窜匪已久之巨魁栾思德等乘隙谋乱，屯集浙赣毗连等处，挟有枪械，勒买票布，纠同至一千余人，亟图蠢动。似此情形，实与地方大有妨碍，若不预为拿办，殊非慎重治安之道。

况时届冬令,宵小益多,敝营现已派探分途侦察,一有发现,立刻痛剿。惟该匪等狡猾成性,利用疆边,动辄此拿彼窜,捕获实属维艰,特此奉约会商办理"各等因到署。准此,查大阳桥地方系属江山仕阳乡,离城约六十里,该处有第四、第五国民学校两所,先是二十四日两校长来函称,"敝乡与常、玉毗连,往来行人络绎不绝。突于本月二十二日有玉邑溃匪向近处地方经过,人民殊多惊骇,校长等亦不胜骇异,学童未能到齐,竟至停课一日,现已照常上课,地方安静如常"等语。知事当经派警前往调查,实情尚未回报。接准前函,即行飞函警备队迅往查拿,并拟定自十二月一日起至明年一月末日止,每逢一、六等日,派警前往大阳桥地方与常、玉两县军警会哨一次,已函知常、玉两县知事查照办理,以重防务。又,风闻此次玉山探得栾思德有连络旧部买放票布,其旧时什长郑长瞎住居大阳桥之郑村,与栾思德时通音信,又有玉山人祝某曾在彼处演说,造谣煽乱,聚集二三百人情事。本月二十二日玉山军队至大阳桥郑村拘去六人,内有刘家旺一名,素与匪徒为伍,是以当时居民亦有纷纷逃避等情。除饬警密查,妥为防范并拿办外,理合备文呈报,伏乞省长指示机宜,以便遵行。谨呈。

（原载《浙江公报》第一千七百十四号,一九至二〇页,指令）

浙江省长公署指令第五千三百六十二号

令宣平县知事

　　呈一件送县立高等小学校五年度管教员学生一览表由

察阅来表,核与三年一月间所颁表式不符,应发还重造,仰即转令遵照。此令。十二月十六日

计发还表四纸。

（原载《浙江公报》第一千七百十四号,二〇页,指令）

浙江省长公署指令第五千三百六十五号

令平阳县知事

呈一件为国民学校酌放稻假请示遵由

查国民学校本得酌放夏假、秋假,并缩短年暑、春假日期。据呈应准照办,仰即转令知照。此令。十二月十六日

（原载《浙江公报》第一千七百十四号,二〇页,指令）

浙江省长公署指令第五千三百六十六号

令金华县知事

呈一件送各高小学校成绩表由

查抽查成绩一案,业饬暂停,各该校学生成绩册毋庸呈送,应仍照向章于办理毕业后,将履历分数填表送核可也。册发还。此令。十二月十六日

计发还表册八本。

（原载《浙江公报》第一千七百十四号,二〇页,指令）

浙江省长公署指令第五千三百八十五号

令富阳县知事

呈一件请委任劝学所所长开送履历由

呈、摺均悉。查所址一节,业据该县呈经前民政厅核准有案。惟职员薪、公各费,未据前钱塘道核转。前据该县呈复兴革事宜案内称,拟于地丁带征附捐,已批令专案呈由财政厅核令遵照在案。至《劝学所规程》第四条第一项所称,地方教育事务,系指劝学所、学务委员等关于执行地方学务者而言,教育会职员不在其列,所有所长一职并应另选合格人员呈候委核,仰并遵照。此令。十二月十六日

计发还履历一份。

（原载《浙江公报》第一千七百十四号，二一页，指令）

浙江省长公署指令第五千三百八十六号

令孝丰县知事

呈一件送教育成绩展览会章程规则由

是项章程、规则本应先期呈候核定，现在会期已过，姑予备案。件存。此令。十二月十六日

（原载《浙江公报》第一千七百十四号，二一页，指令）

浙江省长公署指令第五千三百九十七号

令乐清审检所

呈一件呈报鲍思柳被陈立塘等殴伤跌毙相验情形由

呈及格结均悉。仰即迅将被告陈立塘等严提到案，传同告发人鲍思柳暨尸亲人证讯明致毙确情，依法诉办，毋稍枉纵。此令。格结存。十二月十六日

（原载《浙江公报》第一千七百十四号，二一页，指令）

浙江省长公署指令第五千三百九十八号

令财政厅长莫永贞、高等审判厅长范贤方、高等检察厅长殷汝熊、永康县知事张元成

呈一件永康知事历陈办理司法困难情形

请予变通并于署内组织行政会议由

呈悉。查县知事执行检察职务，如有不得已事故，本可于掾属中遴选通晓法律之员委任代理，所请特设帮办检察一节，应毋庸议。惟《审检所办事细则》第六条规定，代理权仅限于拘役、罚金案件，知事身兼政务，恐于诉讼进行亦多妨碍，应否酌议变通，前据丽水知事呈

请,业经令行高等审、检厅核议具复在案。应俟各该厅议复到后,再行核饬遵照。其余所陈各节,尚有理由,应如何划清权限,妥定办法,仰财政厅暨高等审、检两厅会同妥议,呈候核明,通令遵行。该县行政会议究系如何组织,并仰将详细办法呈报备核,切切。此令。呈抄发。十二月十六日

（原载《浙江公报》第一千七百十四号,二一至二二页,指令）

浙江省长公署指令第五千三百九十九号

令高等检察厅长殷汝熊

呈一件呈嘉兴县疏脱盗犯一案该县知事请免议由

呈悉。嘉兴监狱此次疏脱囚犯,该县知事张梦奎到任未久,政务殷繁,未及兼顾,尚系实情。既据获到屠得福等三名,尚能力图奋勉,应准如呈免议,仍责成将在逃各犯勒限严缉务获,送究具报,仰即转行遵照。此令。十二月十六日

（原载《浙江公报》第一千七百十四号,二二页,指令）

浙江省长公署批第一千一百三十九号

原具呈人永康黄朝荣

呈一件呈哨官金汉仁违法逮捕伪造供词请查究由

查此案前据东阳县知事呈报,业经令行高等检察厅转饬该县移询永康县查明羊臣汉获案缘由,并勒限严拘被告黄阿娜等到案研讯确情,按律究办在案。据呈各情,究竟该民及黄阿娜父子有无纠众抢掳、砍毙幼孩情事,哨官金汉仁曾否伪造供单,仰候令厅饬县迅行查讯明确,依法办理,呈报察夺。该民应即自行赴县投案,静候质讯,毋得违延,致干缉究,切切。此批。十二月十五日

（原载《浙江公报》第一千七百十四号,二四页,批示）

浙江省长公署批第一千一百四十二号

原具禀余杭县人方瑞生

呈一件为缴价处驻办员鲁坚措照不交

意图干没屯田一案乞澈究由

察阅粘抄,杭县训令所叙,鲁坚复函据称,"方锦堂、方荣根两户屯田系于本年三月十七日遵章召卖,该民托其代办,已在召卖之后,方禹鼎户下原有屯田仅二亩五分,其余五亩系属补报,作为安顿方锦堂等户家属之用"等语,核与该民前呈"于展限二月期内交付价银及方禹鼎户下之屯田五亩,均系祖遗"等情,大相径庭。究竟前项田价系何日交付,有无取得收条或其他证据,着再明白另呈,并检方禹鼎户历年完饷串票同送察夺。此批。黏抄附。十二月十五日

（原载《浙江公报》第一千七百十四号,二四页,批示）

浙江省长公署批第一千一百四十三号

原具呈人海盐县公民蒋宝镕

呈一件为盐邑地丁未照歉案缓征请饬厅委查晓谕由

先后来呈均悉。候令行财政厅切实查明复夺。此批。十二月十五日

（原载《浙江公报》第一千七百十五号,二三页,批示）

浙江省长公署批第一千一百五十三号

原具呈人西教士慕恒立、中教士童道法等

禀一件禀请通饬各县出示保护教民由

据禀已悉。候通令各县知事遵照办理可也。此批。十二月十六日

（原载《浙江公报》第一千七百十五号,二三页,批示）

浙江省长公署批第一千一百五十四号

具禀人张鸿洲等

禀一件为盐警非法搜索骚扰民间请核办由

禀悉。候行两浙盐运使署查明核办。此令。十二月十六日

（原载《浙江公报》第一千七百十四号，二四页，批示）

浙江省长公署咨财政部

咨行商品陈列馆未便拨给旗营地亩另觅相当官地由

浙江省长公署为咨行事。

本年十二月十一日准大部咨开，"据浙江财政厅呈称，'奉省公署训令内开，据杭县知事呈称，案准清理杭县官营产事务所所长抄知，奉财政厅批清理杭县官营产事务所所长呈准杭县函，奉民政厅选择旗营地亩以便拨充商品陈列馆一案缘由，奉批：旗营地亩曾经报部有案，碍难准予拨用等因，抄知过县，理合备文呈报等情。查此案据前民政厅呈明筹设商品陈列馆必要情形，并以建筑该馆地点于西湖新市场，拨用官地为宜，已饬县查明相当地亩，绘图送核，以便请拨等情，经咨准省议会议决咨复，因议定人员、经费不敷分配，又经咨请复议，一俟复议咨行到署，该馆即当着手择地建筑。又，查该县前次遵择地址，绘图呈经前民政厅以所择地址尚欠冲要，令再另勘各在案。兹据前情复查，迎紫路有一七五号及一七六号官地一方，合计八亩九分二厘，尚合建筑该馆之用。除指令外，合亟令仰该厅长分别转饬遵照，将该地留存备用，并即报部请拨等因到厅。查旗营地亩前官产处曾经呈报在案，能否拨用之处，厅长未敢擅专，理合呈请鉴核示遵'等情到部。除批：'呈悉。查旗营地亩值价甚巨，未便准予拨给，致妨收入。惟商品陈列馆既经省议会议决，有设立之必要，应由官产处另觅相当官地拨给该馆，以备建筑之用。除咨省长外，仰即遵照。此令'

印发外,相应咨请贵省长查照,分别饬遵可也"等因。准此,查筹设商品陈列馆,直接劝商,间接劝工,影响于实业界者,至为深远。西湖新市场自开辟以来,酒馆茶楼而外,无一正当商业,市面至今未见兴盛,致购买场中地亩者亦不甚踊跃,故拟移设商品陈列馆于新市场,馆中附设劝工场所,招致正当商店来场营业,于发达市场、振兴工商,实为一举两得,业于是案提出交议时说明理由,准省议会咨送议决案到署,经登报公布在案。是该馆非特有设立之必要,且设立必在新市场,案经执行,似不能以地价问题轻予移易。准咨前因,除训令清理浙江官产处转知清理杭县官营产事务所,仍将迎紫路一七五号及一七六号地亩迅行拨定,以备建筑外,相应抄录议案一份,备文咨送大部,请烦查照施行。此咨

财政总长

　　附钞件(见本年十月二十九日本报"公布"门)。

浙江省长吕公望

中华民国五年十二月十六日

(原载《浙江公报》第一千七百十五号,一九一六年十二月二十一日,三至四页,咨)

浙江省长公署咨督军署

咨送省道筹办处简章由

　　浙江省长公署为咨行事。案查《浙江修筑省道筹办处简章》前经咨交省议会议决,兹准咨复,已于本月十三日三读通过,缮摺咨送前来,理合照抄送请贵署察照。再,该处定名亦经会议改为办事处,合并声明。此咨

浙江督军

　　计咨送清摺一扣(已见昨日本报"训令"门)。

浙江省长吕公望

中华民国五年十二月十八日

（原载《浙江公报》第一千七百十五号，四页，咨）

浙江省长公署咨督军署

据修筑省道筹办处长呈请调用吴鼎薛冏二员充调查委员由

浙江省长公署为咨行事。案据浙江修筑省道筹办处处长吴秉元呈请调用吴鼎、薛冏二员充该筹办处调查委员等情到署。查吴鼎等二人均系陆军人员，相应备文咨请贵督军查照，转令该员遵照到差任事，实纫公谊。此咨

浙江督军吕

浙江省长吕公望

中华民国五年十二月十八日

（原载《浙江公报》第一千七百十五号，四页，咨）

浙江省长公署布告第十二号

布告免试知事准内务部电未经考询免试知事
展限至明年二月十日以前赴部报到由

为布告事。

案准内务部电开，"案查第三、四届核准免试知事十月、十一月赴部报到各员，业由本部考询分发在案。兹查未经考询人员尚多，并经各省省长要求展限，特再通电展限，尽明年二月十日以前赴部报到，补行考询，逾限即将原案撤销。如有特别情形不能离职者，应呈由各省区长官电部核办"等因。准此，合行布告各该免试知事一体遵照。特此布告。

中华民国五年十二月十六日

省长吕公望

（原载《浙江公报》第一千七百十五号，二三页，布告）

浙江省长公署公布第十四号

公布省议会咨复解释推收户粮规则请更正公布由

本省长前次公布《浙江省推收户粮规则》议决案,其第五条第二项及第八条第二项条文复经咨准省议会更正及解释,兹公布之。此令。

中华民国五年十二月十八日

省长吕公望

推收户粮规则之更正及解释

第五条第二项,"推收单"三字应改为"推收证据"四字。

第八条第二项,畸零分数既以五分为起限,则凡不及五分者当以五分计算。

（原载《浙江公报》第一千七百十五号,五页,公布）

浙江省长公署指令第五千三百零九号

令浙江修筑省道筹办处处长

呈一件呈派员调查测量第二期省道

请通令各县保护协助由

呈、单均悉。候通令各该县知事遵照办理可也。此令。十二月十六日

（原载《浙江公报》第一千七百十五号,一九页,指令）

浙江省长公署指令第五千三百一十一号

令浙江修筑省道筹办处

呈一件呈请调用并添派该处委员由

呈悉。应分别咨令调用其添派额外委员一人,并准备案。此令。

十二月十六日

（原载《浙江公报》第一千七百十五号，一九页，指令）

浙江省长公署指令第五千三百一十三号

令慈溪县知事

呈一件呈报遴委掾属请注册由

准予注册。履历存。此令。十二月十六日

附原呈

呈为遴委掾属开送履历仰祈钧鉴注册事。

窃知事奉委慈邑，遵于十一月一日接印任事，所有前任掾属均已辞职他就，署中政务、财政、教育三科，自应遴员接办，以资佐理。查有萧维任品学俱优、经验宏富，堪以委充政务主任；李棣鄂计学精深、任事勤敏，堪以委充财政主任；王树标事理明通、科学深邃，堪以委充教育主任；吴明德任事稳健，章鉴学力颇深，堪以委充政务助理；卫庆镳计算精详，堪以委充财政助理；林冠贤学力颇优，堪以委充教育助理。以上各员业经知事慎重遴委，分别任用，均能称职。除各员薪俸于奉定行政经费内酌配支给另行按月造报外，所有遴委掾属缘由，理合加具考语、检同履历备文呈送，仰祈钧长鉴核准予注册，实为公便。谨呈。

（原载《浙江公报》第一千七百十五号，一九至二〇页，指令）

浙江省长公署指令第五千三百六十号

令外海水上警察厅

呈一件请将差遣蒋夒送军学补习所肄业由

呈及履历均悉。仰候咨请督军公署再行令遵。此令。十二月十六日

（原载《浙江公报》第一千七百十三号，二一页，指令）

浙江省长公署指令第五千三百七十一号

令天台县知事

呈一件为查复周陈楫等控蓝洲小学校长陈祥办学腐败由

呈悉。该校长陈祥被控各节,既据查明均属不实,应毋庸议。至贾华在校,虽系暂时息止,火食各费,均自开销。然学校究系公共机关,校章所在,职教员亦宜共同遵守,无职人员何能任意留息,仰即转行严斥,并严令加意整顿,切切。此令。十二月十六日

（原载《浙江公报》第一千七百十五号,二〇页,指令）

浙江省长公署指令第五千三百八十号

令常山县知事

呈一件呈送徐飞熊等捐赀兴学表册请核奖由

呈、摺均悉。徐飞熊应准奖给银色三等褒章,徐重稣应准奖给银色一等褒章,填明执照随文颁发,仰即查照分别转给可也。表册存。此令。十二月十六日

计发褒章两座、执照两纸。

（原载《浙江公报》第一千七百十五号,二〇至二一页,指令）

浙江省长公署指令第五千四百零一号

令高等检察厅长殷汝熊

呈一件呈报鄞县管狱员陈宗黻撤任遗缺
以永康管狱员吴鼎调充由

呈悉。永康县管狱员吴鼎,于应任氏呈控该县知事吕策贿释无期徒刑监犯应金林一案极有关系,前据该县现任知事张元成呈报该员在省就医,业经指令该厅查明寓所,勒令赴案备质在案。所陈调任鄞县一节,应俟讯明确实果与该员无干,再令赴任,并呈候转咨备案。

该员未经到任之先,由厅派员代理,仍将代理之员衔名、履历呈报备查。此令。十二月十六日

（原载《浙江公报》第一千七百十五号,二二页,指令）

浙江省长公署指令第五千四百零二号

令高等检察厅长殷汝熊

呈一件新昌知事呈周鉴松呈控潘钟杰枪毙伊母潘任氏一案潘庆仁等结求免验请核由

呈悉。已死潘任氏,据周鉴松告发,系于阴历七月初五日被潘钟杰枪伤,延至七月十五日因伤殒命。而潘庆仁等则称,系本年五月十五日因整理保卫团枪械,被潘钟杰幼子森望误伤,医愈后,于七月十六日另患痢疾身故。不但所称轰伤之人不符,而轰伤时日相差至两月之久,事关逆伦重案,如果属实,该村民万目睽睽,断难掩饰,岂有无可侦查之理?且该民既经迭次医伤医病,先后均有医生、医方可以指证,究竟当时医生系属何人,医方是否确与病症相符,药料系从何处购配,医治系何时,是否因伤殒命,抑系治愈后患痢身死,均应分别传质明确,以昭核实。至潘钟杰家内曾否藏有保卫团枪枝,五月十五日曾否在家整理,该处保卫团尤易查讯。此种重要关键,该知事并未细心研究,调查明晰,遽凭潘庆仁等一纸状词率予转呈,殊属玩忽,应即严予申斥。仍责成于文到二十日内查明此案确情,呈候核办,如再延误,定予严惩不贷,仰该厅转行遵照。此令。十二月十六日

（原载《浙江公报》第一千七百十四号,二二至二三页,指令）

浙江省长公署指令第五千四百二十二号

令警务处长夏超

呈一件呈报三区四营二哨获匪陈含章解讯情形暨将该哨官记功由

呈悉。该哨官米长胜准予记功一次,仍督饬严缉供指是案盗首

陈顺毛、岑长福等暨伙盗余赃,务获解报。此令。十二月十六日

（原载《浙江公报》第一千七百十五号,二二页,指令）

浙江省长公署指令第五千四百二十七号

令开化县知事

呈一件呈报改委教育主任请注册由

准予注册。履历存。此令。十二月十八日

附原呈

呈为改委教育主任以专责成请鉴核注册事。

案奉钧长第一二五二号训令,以"各县官治不外警察、教育、实业三大端,而尤以教育为强国基础"等语,具见我钧长慎重学务,培养人材之至意,钦佩莫名。窃知事奉令到开,所有佐治各掾属,曾经委定政务、财政主任各一员,助理各一员,其教育、实业因三等县缺,向未设有专司。知事当以学务关系,实为政治根本上最重要之事务,实业亦现今地方行政要图,不设专员,恐无以收实效而期发达,用特添委教育、实业助理各一员,附属于第一科,业皆呈报前民政厅核准在案。兹奉前因,所有教育事宜函应改委主任,以副钧长期望之心,而符职任之重。兹查原委教育助理应嵩贤,前曾历任小学校长、教员多年,具有经验,在属署襄办教育已逾半载,谨慎从公,于就地学务情形,亦称熟习,拟请即以该员改委教育主任,俾专责成而重教育,藉收驾轻就熟之效。是否有当,理合取具该员履历,备文呈请鉴核俯赐注册备案,实为公便。谨呈。

（原载《浙江公报》第一千七百十六号,一五页,指令）

浙江省长公署指令第五千四百二十九号

令镇海县审检所

呈一件呈报事主叶祖荫家被劫诣勘获盗情形由

呈及表、单均悉。仰即迅行续提该犯徐阿瑞等讯取确供,依法诉办,一面仍勒缉余犯,务获解究具报,切切。此令。表、单存。十二月十八日

（原载《浙江公报》第一千七百十五号,二二页,指令）

浙江省长公署指令第五千四百三十号

令镇海县审检所

呈一件呈报事主王奕清家被劫诣勘获盗情形由

呈及表单均悉。仰即迅行续提该犯郑之庭等讯取确供,按律诉办,一面仍勒缉未获赃盗依法解究具报。该县三日之内连出盗案,事前疏于防范,实属玩忽,姑念破案尚速,从宽免议。现值冬防时候,盗匪每易蠢动,务各振作精神,会督营警认真防缉,以寒匪胆而静地方,毋稍松懈,致干咎戾。再,嗣后境内出有盗案,应照向例,于五日内呈报,不得藉词延误,并仰遵照。此令。表、单存。十二月十八日

（原载《浙江公报》第一千七百十六号,一五至一六页,指令）

浙江省长公署指令第五千四百三十三号

令高等检察厅长殷汝熊

呈一件汤溪县知事呈报兰溪警察越境
拿赌枪毙滕关起勘验情形由

呈及格结均悉。查各县在划定警视线范围以内得以协助缉捕,本限于盗匪案件,其他行政事务仍应由本管地方官处理,以清权限。滕家圩地方虽在汤、兰两县警视线范围以内,惟究系该县辖境,且赌犯又非盗匪可比,兰溪长警擅自捕拿,以致酿成人命,殊属不合。昨

据兰溪知事呈报,已将赌犯及巡长陈武、巡警胡锦奎一并押解该县讯办,应即传集一干人证,提同该犯等讯明肇衅致毙情由,依法诉办具报,毋稍枉纵,仰该厅转行遵照。此令。格结存。十二月十八日

(原载《浙江公报》第一千七百十五号,二二页,指令)

浙江省长公署指令第五千四百三十四号[①]

令全省警务处

呈一件为兰溪县呈报游埠警察因巡逻捉赌致酿人命由

呈悉。查各县在划定警视线范围以内得以协助缉捕,本以盗匪案件为限,其他行政事务,仍应由本管地方官处理,以清权限。《章程》第一、第五等条,均经明白规定。滕家圩地方虽在汤、兰两县警视线范围以内,惟究系汤、兰辖境,且赌犯又非盗匪可比,该长警等并不知会汤邑官署擅自捕拿,以致伤毙人命。该管警佐督率无方,殊难辞咎,应依照《警察官吏奖惩规则》第八条第七款,将该警佐杨道南记大过一次,以示薄惩。巡长陈武、巡警胡锦奎,暨赌犯七名既据押解汤溪县讯办,应候令饬该县依法办理,仰该处转行遵照。此令。

附　浙江全省警务处训令第二百六十九号

令兰溪汤溪县知事奉省长指令兰溪县
呈报游埠警察因巡逻捉赌致酿人命由

令兰溪县知事兼警察所长苏高鼎、汤溪县知事兼警察所长丁燮

本年十二月十九日奉省长公署第五四三四号指令,兰溪县呈报游埠警察因巡逻捉赌致酿人命由,奉令,"呈悉。查各县在划定警视线范围以内得以协助缉捕,本以盗匪案件为限,其他行政事务,仍应由本管地方官处理,以清权限。《章程》第一、第五

---

① 本文由浙江全省警务处训令第二百六十九号析出。文内"汤、兰辖境",当作"汤溪辖境"。附件同。

等条,均经明白规定。滕家圩地方虽在汤、兰两县警视线范围以内,惟究系汤、兰辖境,且赌犯又非盗匪可比,该长警等并不知会汤邑官署擅自捕拿,以致伤毙人命。该管警佐督率无方,殊难辞咎,应依照《警察官吏奖惩规则》第八条第七款,将该警佐杨道南记大过一次,以示薄惩。巡长陈武、巡警胡锦奎,暨赌犯七名既据押解汤溪县讯办,应候令饬该县依法办理,仰该处转行遵照。此令"等因。奉此,查此案前据该兼所长暨汤溪、兰溪县兼警察所长先后呈报到处,业经分别指令在案。兹奉前因,除注册并分令外,合行令仰该兼所长即便转饬遵照。/遵照先今令饬依法讯办,并将讯办情形呈候察夺。此令。

中华民国五年十二月二十五日

全省警务处处长夏超

(原载《浙江公报》第一千七百二十三号,一九一六年十二月三十日,一七页,训令)

浙江省长公署训令第一千八百六十六号

令杭县等十五县为发第二期省道经过各县地名里程由

令杭县、萧山、诸暨、东阳、永康、缙云、丽水、云和、龙泉、庆元、兰溪、金华、武义、仙居、临海县知事

案据浙江修筑省道办事处处长呈,"以省道第二期经过各县地名里程列册,呈请转发经过各县知事,以便该办事处委员或工程师到境时互相协商,且资研究"等情,并呈送干支各路表册到署。据此,除分令外,合将该项表册二本随文令发该知事查照办理。如现在通行之路有与表内所列不同者,并即详晰呈核。此令。

计发干路表、支路表各一册。

中华民国五年十二月十八日

省长吕公望

第二期干路

杭县（凤山门外至二凉亭）钱塘江边			
由凤山门外至二凉亭 海塘	二里四分		
共二里四分			
萧山县（西兴至壕岭）			
由钱塘江边至西兴驿	四里	由西兴至永清桥	二里五分
由永清桥至蒙山大桥	三里六分	由蒙山大桥至望湖桥	三里一分
由望湖桥至萧山县西门外	三分	由县治小南门外过安宁桥至安桥	二里九分
由安桥至岳大桥	三里八分	由岳大桥至韩大桥	三里二分
由韩大桥至溪桥	五里三分	由溪桥至通江桥	三里
由通江桥至龙门桥	二里四分	由龙门桥至浴美桥	二里六分
由浴美桥至临甫市	三里七分	由临甫市至待诏桥	二里二分
由待诏桥至上石桥	六里四分	由上石桥至下蒋桥	八里五分
由下蒋桥至壕岭 高五丈六尺（诸暨交界）	五里五分		
萧山县路长六十三里			
诸暨县（壕岭至月半岭）东阳界			
由壕岭至山环市	五里六分	由山环市至思丁桥脚	五里一分
由思丁桥脚至大桥市	五里四分	由大桥市至朱村	一里七分
由朱村至新岭顶	五里八分	由新岭顶至西来庵	四里八分
由西来庵至白门市	十一里一分	由白门市至麻糍岭	八里二分
由麻糍岭至土地庙	二里一分	由土地庙至新凉亭	六里一分

诸暨县(壕岭至月半岭)东阳界			
由新凉亭至县治东门外	一里五分	由县治东门外至杨树畈村	五里
由杨树畈村至石佛潭村	四里	由石佛潭村至街市亭	七里
由街市亭至鸭塘村	一里七分	由鸭塘村至张家村	三里八分
由张家村至五灶街	六里二分	由五灶街至横山市	八里三分
由横山市至独山街	八里	由独山街至胡田墈下市	五里三分
由胡田墈下市至东察街	三里五分	由东察街至石壁脚街	五里二分
由石壁脚街至乌宕市	八里六分	由乌宕市至月半岭 (东阳县署)	三里七分
诸暨县路长一百二十七里七分			
东阳县(月半岭至长坞坑村)永康界			
由月半岭至水打应村	三里九分	由水打应村至羊角村	五里二分
由羊角村至岭北周村	五里	由岭北周村至梅坞口村	五里八分
由梅坞口村至杨梅蓬村	五里二分	由杨梅蓬村至金家庄村	四里七分
由金家庄村至五丈亭	五里一分	由五丈亭至亭塘村	三里
由亭塘村至县城北门	六里六分	由县城南门外至万年亭	四里一分
由万年亭至万元亭	五里五分	由万元亭至官清岭村	五里六分
由官清岭村至下齐村	六里三分	由下齐村至上苍冈村	四里四分
由上苍冈村至石鼓亭	五里七分	由石鼓亭至安田乌村	二里六分
由安田乌村至鲍宗桥	五里二分	由鲍宗桥至长坞坑村 (永康交界)	六里
东阳县路长共八十九里九分			

永康县(长坞坑至界牌市)缙云交界

由长坞坑村至岩前村	八里一分	由岩前村至上考村	六里八分
由上考村至三塔村	七里	由三塔村至清渭街市	三里
由清渭街市至朱明村	五里七分	由朱明村至十里亭	四里六分
由十里亭至县城小东门外	七里八分	由县城东圈门外至高镇东	四里
由高镇东至牛塘头村	四里三分	由牛塘头至李溪市	四里三分
由李溪市至石柱街	三里三分	由石柱街至前仓街	九里七分
由前仓街至界牌市 (缙云交界)	七里二分		

永康县路长七十五里八分

缙云县(界牌市至小括苍山南)丽水界

由界牌至黄碧街	二里八分	由黄碧街至贵溪铺	六里一分
由贵溪铺至黄龙铺	七里	由黄龙铺至三官桥	四里八分
由三官桥至三岭头市	二里一分	由三岭头市至县城北圈 门外	一里六分
由县城南圈门外至竞爽桥	三里七分	由竞爽桥至东渡市	二里四分
由东渡市至连珠桥	三里	由连珠桥至大岩村	三里九分
由大岩村至荆坑铺	五里	由荆坑铺至公娥突	三里七分
由公娥突至桃花岭 高一百十二丈	五里一分	由桃花岭至小括苍山南 (丽水界)	二里一分

缙云县路长五十三里四分

丽水县(小括苍山南至眠牛山脚)云和交界

由小括苍山南至三望岭	二里三分	由三望岭至菱青塘村	五里九分
由菱青塘村至却金馆汛	六里八分	由却金馆汛至俞岭	二里一分

续 表

丽水县(小括苍山南至眠牛山脚)云和交界			
由俞岭至银场村	五里	由银场村至大岭背	六里一分
由大岭背至九里村	七里八分	由九里村至五里亭	二里二分
由五里亭至县治东门外	二里五分	由县治西门外至超然亭	三里
由超然亭至杨店村	五里五分	由杨店村至沙溪亭	一里三分
由沙溪亭至石牛庄	七里五分	由石牛庄至九龙村	七里一分
由九龙村至资福村	五里五分	由资福村至下堡	四里三分
由下堡至碧湖镇	二里二分	由碧湖镇至上堡	七里
由上堡至周家村	三里九分	由周家村至宝定村	四里五分
由宝定村至大港头市	四里三分	由大港头市至玉溪村	二里一分
由玉溪村至筠溪村	四里八分	由筠溪村至眠牛山脚 (云和交界)	二里

丽水县路长一百零五里七分

云和县(眠牛山脚至大石铺村)龙泉交界			
由眠牛山脚至双港村南	三里九分	由双港村至石塘街	八里
由石塘街至蒲潭村	三里二分	由蒲潭村至石塘岭	二里六分
由石塘岭至观音殿岭 高十九丈	八里九分	由观音殿至云坛街	六里三分
由云坛街至通淳桥	八里五分	由通淳桥至象山南麓	三里七分
由象山南麓至开甲门	二里五分	由开甲门至县城音阳门	一里四分
由县城西门外至泉村	一里四分	由泉村至贵溪村	一里五分
由贵溪村至仁者桥北	四里	由仁者桥北至埠头村	三里五分

由埠头村至临海垟村	五里四分	由临海垟村至七赤镇	十里八分
由七赤镇至武溪岭麓	十三里五分	由武溪岭麓至洋水岱东南	二里六分
由洋水岱东南至大石铺村（龙泉交界）	七里		

云和县路长九十八里七分

龙泉县（大石铺村至梅镇）庆元界

由大石铺村至大石桥	三里四分	由大石桥至虎头山西北麓	七里九分
由虎头山西北麓至鸲湖村	二里一分	由鸲湖湖村至道太镇	六里五分
由道太镇至大岸白村	八里四分	由大岸白村至杨梅岭脚村	十二里
由杨梅岭脚村至凤鸣桥	七里八分	由凤鸣桥至临江村	六里九分
由临江村至县城东圈门外	五里九分	由县城南圈门外至下湾村	六里六分
由下湾村至定安桥	十里八分	由定安桥至麻皮岭	九里二分
由麻皮岭至巨田村	九里三分	由巨田村至竹州村	十里一分
由竹州村至查田市	九里五分	由查田市至黄南村	五里五分
由黄南村至小梅镇（庆元交界）	十里九分		

龙泉县路长一百三十二里

庆元县（小梅镇至福建政和界）

由小梅镇至关门坳	五里二分	由关门坳至枫树桥	四里七分
由枫树桥至伯渡村	四里八分	由伯渡村至大泽村	六里五分
由大泽村至竹口镇	九里六分	由竹口镇至驿铺亭	五里

由驿铺亭至新窑市	六里八分	由新窑市至寨后村	六里七分
由寨后村至桂发亭	四里二分	由桂发亭至同淳桥	七里六分
由同淳桥至八市镇	一里	由八市镇至五市田村	七里八分
由五市田村至程公桥	五里八分	由程公桥至县城西北门外	四里九分
由县城西门外至下庄桥	五里一分	由下庄桥至下坞村	四里三分
由下坞村至山头垟村	十一里一分	由山头垟村至黄山头村	七里七分
由黄山头村至小安村西	五里五分	由小安村西至下安溪村	九分
由下安溪村至界牌 （福建政和交界）	六分		
庆元县路长一百十五里八分			

第二期支路

兰溪县（县城东门外至界牌村）			
由县城东门外至杨士桥	五里一分	由杨士桥至石关村	二里六分
由石关村至龚塘村	四里	由龚塘村至猫儿村	二里四分
由猫儿村至板桥村	四里六分	由板桥村至界牌村 （金华交界）	三里八分
兰溪县路长二十二里五分			
金华县（界牌村至横波桥）			
由界牌村至竹马塘	五里	由竹马塘至樟伯岭	二里一分
由樟伯岭至十里铺	六里一分	由十里铺至县城西门外	六里二分
由县城南门外至金钱寺村	三里四分	由金钱寺村至后祈村	四里二分

由后祈村至西埠头村	三里四分	由西埠头村至稚畈庄	四里七分
由稚畈庄至塎灶村	二里九分	由塎灶村至杨村	三里九分
由杨村至王店村	二里九分	由王店村至罗芳桥	二里七分
由罗芳桥至横波桥 （武义县交界）	三里四分		

金华县路长五十里九分

武义县（横波桥至桐琴市）

由横波桥至岭后刘村	六里四分	由岭后刘村至清塘村	三里四分
由清塘村至云义亭	三里七分	由云义亭至后腊村	一里三分
由后腊村至桃溪村	四里一分	由桃溪村至水月庵	二里八分
由水月庵至风水庙	四里	由风水庙至县城西门外	三里二分
由县城南门外至双路亭	二里九分	由双路亭至端村	四里
由端村至泉溪村	六里八分	由泉溪村至张宅村	三里
由张宅村至丁姑桥	二里六分	由丁姑桥至东皋市	八分
由东皋市至倪桥	二里	由倪桥至桐琴市 （永康交界）	三里六分

武义县路长五十四里六分

永康县（桐琴市至风门岭）

由桐琴市至桐琴渡口	二里五分	由桐琴渡口至五锦桥	六里二分
由五锦桥至杨家庙	四里四分	由杨家庙至县城小西门外	四里四分
由县城东门外至王石里亭	六里三分	由王石里亭至金山村	四里

续　表

由金山村至鹤鸣桥	四里八分	由鹤鸣桥至寺后村	八里六分
由寺后村至古山市	七里六分	由古山市至大江畈村	三里九分
由大江畈村至黄岩口村	六里九分	由黄岩口村至青山口村	七里一分
由青山口村至闸口村	六里三分	由闸口村至唐溪村	六里
由唐溪村至上木村	三里一分	由上木村至八盆岭	七里二分
由八盆岭至双牌村	五里二分	由双牌村至新屋市	七里
由新屋市至上芦村	五里八分	由上芦村至张坑塘村	四里四分
由张坑塘村至源潭村	九里二分	由源潭村至马祥村	三里四分
由马祥村至蟠坑岭	十里四分	由蟠坑岭至考司署	七里九分
由考司署至下沙溪村	七里七分	由下沙溪村至后角村	六里九分
由后角村至丁埠头村	五里六分	由丁埠头村至黄坭口	四里七分
由黄坭口至凤门岭 （仙居交界）	八里		
永康县路长一百七十五里五分			
仙居县（凤门岭至界岭）			
由凤门岭至胡蝶岩	六里三分	由胡蝶岩至岭脚庄	七里九分
由岭脚庄至西郭垟庄	五里七分	由西郭垟庄至县城西门外	一里七分
由县城西门外至正昌堂	三里一分	由正昌堂至庆云铺	五里一分
由庆云铺至杨官镇	四里二分	由杨官镇至大路徐市	六里八分
由大路徐市至界岭 （临海交界）	十里七分		
仙居县路长五十一里五分			

续 表

临海县（界岭至县城西门外）			
由界岭至白水洋镇	一里七分	由白水洋镇至岩头五村	四里九分
由岩头五村至太尉殿东	四里二分	由太尉殿东至箬溪渡	一里二分
由箬溪渡至叶家滩	三里五分	由叶家滩至獭儿头村	七里
由獭儿头村至毛梁店	十里一分	由毛梁店至新渡	一里七分
由新渡至梅浦村	四里四分	由梅浦村至护郭岭	五里八分
由护郭岭至上津浮桥	二里五分	由上津浮桥至县城西门外	二分
临海县路长四十七里二分			

（原载《浙江公报》第一千七百十六号，一九一六年十二月二十二日，三至一一页，训令）

浙江省长公署训令第一千八百六十八号

令财政厅准省议会咨复解释推收户粮规则请更正公布由

令财政厅长莫永贞

本年十二月十三日准省议会咨开，"本年十二月五日准省长咨开，'据财政厅呈称，查公布《修正推收户粮规则》第五条，收据字样，是否即推收单之误；又第八条第二项，畸零分数五分以上，一律以亩计算等语，对于不及五分者，未经明白规定，请咨行核复等情。据此除指令外，相应咨请核复，以便令遵'等情到会。查公布《修正推收户粮规则》第五条第二项，'推收单'三字应改为'推收证据'四字；第八条第二项，畸零分数既以五分为起限，则凡不及五分者当以五分计算，业经大会解释，相应咨复省长查照，更正公布施行"等因。准此，查是案前据该厅具呈到署，即经咨请省议会核复在案。准咨前因，除登报公布外,合行令仰该厅查照,并通令各属知照。此令。

中华民国五年十二月十八日

省长吕公望

（原载《浙江公报》第一千七百十六号,一一至一二页,训令）

浙江省长公署训令第一千八百七十七号

令警务处准督军咨旅附尉官景元因败坏
军纪撤差希饬属勿予录用由

令警务处处长夏超

本月六日案准浙江督军咨开,"案据暂编浙江陆军第二师师长张载阳呈称,'据第三旅旅长韩绍基呈称,职旅旅附尉官景元自到差以来,往往不守军纪,擅自外出,近日风闻常在戏园、娼寮藉司令部名义招谣,甚复醉后滋事,殊于军队名誉攸关,拟请撤去差使,以示惩儆。是否有当,理合具文密呈,仰祈鉴核示遵等情前来。伏查军人致身报国,宜如何勤慎从公,乃该旅附不修名誉①,败坏军纪,殊堪痛恨。既据该旅长呈请到师,除指令将该旅旅附尉官景元拟即行撤差以示薄惩外,理合备文呈报,仰祈鉴核施行'等情。据此,除指令照准并通行外,相应咨行贵公署,请烦查照,希即转饬所属一体知照,勿予录用"等因。准此,合亟令仰该处通令所属一体遵照。此令。

中华民国五年十二月十八日

省长吕公望

（原载《浙江公报》第一千七百十五号,一三页,训令）

---

① 乃,底本误作"及",径改。

浙江省长公署训令第一千八百七十八号

令武义县知事准教育部咨送徐佐均
捐资兴学褒章仰转发由

令武义县知事

案准教育部咨开，"准咨武义县公民徐佐均捐资兴学，请予核奖等因，并附送事实表册到部。查徐佐均所捐银数在一千元以上，核与《修正捐资兴学褒奖条例》第二条第四项之规定相符，应准奖给金色三等褒章，以昭激劝，相应检同褒章及执照咨送查照给发"等因。准此，查此案前据该县呈由前民政厅转呈咨奖在案。兹准前因，合即连同奖品令仰该知事查照转发，并具复备案。此令。

计发褒章一座、执照一张。

中华民国五年十二月十八日

省长吕公望

（原载《浙江公报》第一千七百十五号，一三至一四页，训令）

浙江省长公署训令第一千八百七十九号

令永嘉县知事准教育部咨送潘渭璜
捐资兴学褒章仰转发由

令永嘉县知事

案准教育部咨开，"准咨永嘉县绅潘渭璜捐资兴学，请予核奖等因，并附送事实表册到部。查潘渭璜所捐银数在一千元以上，核与《修正捐资兴学褒奖条例》第二条第四项之规定相符，应准奖给金色三等褒章，以昭激劝，相应检同褒章及执照咨送查照给发"等因。准此，查此案前据该县呈请即经转咨在案。兹准前因，合即检同奖品令仰该知事查照转发，并具复备案。此令。

计发褒章一座、执照一张。

中华民国五年十二月十八日

省长吕公望

（原载《浙江公报》第一千七百十五号，一四页，训令）

浙江省长公署训令第一千八百八十五号

令财政厅各县知事为行政费计算书据等件
自令到之日起一律改送财政厅核转由

令财政厅、各县知事

案查本省各县每月收支计算核转程序，经前按署查照《审计法施行细则》分别应行核转上级官署规定办法通饬遵行，其各县行政经费自四年八月起一律改送各该管道尹核阅汇转，曾于四年十月通行遵办，并刊登第一千三百十八册《浙江公报》公布在案。本年四月因官制变更，是项计算书据各县均送前民政厅核办。现在民政厅业已遵章改组，应即仍照从前规定办法，送由财政厅分别核明，加具按语汇呈本署核转，藉符原案而免纷歧。除分行外，合亟令仰该厅长、该知事即便遵照办理毋违。此令。

省长吕公望

中华民国五年十二月十九日

（原载《浙江公报》第一千七百十六号，一二页，训令）

浙江省长公署训令第一千八百八十六号

令催各县知事征送通志局需用志书及采访册由

令各县知事

案查浙江通志局需用各县志书，节经前巡按使饬属征送，并经前民政厅迭次行催各在案。兹查各县尚未送齐，除富阳、嘉善、桐乡、吴兴、德清、象山、定海、仙居、宁海、东阳、浦江、汤溪、建德、淳安、平阳、乐清、丽水、青田、遂昌、景宁、松阳、庆元、宣平等县已报明将县志送局，泰顺县因县志无存，已报明将《分疆录》送局代用，海宁、嘉兴、武康、新昌、嵊县、临海、天台、衢县、桐庐等县均呈明确系无从征送,经饬令径函通志局查核外,其余各县应速将县志或旧时府志设法征送,一面呈报本署备核。如果该县志书确系无从觅购,亦应将详细情形分报本署及通志局查核,毋得任意延搁,致妨志务进行。再,各县采访册亦关重要,如有尚未送局或送而未齐者,并应速送通志局,以备纂修。事关全省掌故,万不准视同具文。除分令外,合即令仰该知事分别遵照办理,切切。此令。

中华民国五年十二月十九日

省长吕公望

(原载《浙江公报》第一千七百十六号,一二至一三页,训令)

浙江省长公署指令第五千四百三十五号

令警务处长夏超

呈一件为呈送省会警厅关于盔头巷建厕原卷请核办由

据前警政厅呈送省警厅关于沈少荫在盔头巷租建粪厕一案,原卷暨该处十一月二十七日呈明卷已转呈各节均悉。赵玉田再提起诉愿一案,业经本署决定除照章将决定书发交诉愿人外,合亟抄发决定书,并检同该前警厅暨省会警厅原卷一束,令发该处查照,分别存转,并饬省会警察厅查照本署决定书办理。此令。十二月十八日

计发本署决定书一件。

(原载《浙江公报》第一千七百十六号,一六页,指令)

浙江省长公署指令第五千四百五十九号

令海宁县知事

呈一件为许寅等及徐楷等各陈距离茧行里数附图说由

呈、图均悉。各县地图里数应以《水陆道里记》为较准。查核该《道里记》水陆干枝各路,许寅等所指富贵桥南设立茧行地点,距长安尚在二十里以上,惟距新准之天成行基确不足二十里。仰将富贵桥及斜桥

两地点距新准之天成行基有无抵触,究系若干里数,唐晋昌、许寅、徐楷等呈请手续完备日期查明,呈候核夺,切切。图姑存。此令。十二月十八日

(原载《浙江公报》第一千七百十六号,一六页,指令)

浙江省长公署指令第五千四百七十二号

令桐庐县知事

呈一件为四年度增设学校请核奖学务委员等由

呈及摺、表均悉。该县四年度增设高等小学及国民学校共十二所,具见该知事与各办学人员尽心职务,良堪嘉许。应将该知事并前学务委员叶恩燸、洪铎,前自治委员潘乃文,各予记功一次,以示鼓励。除注册外,仰即将发去记功状祗领,并分别转给。摺、表存。此令。十二月十八日

计发记功状四纸。

(原载《浙江公报》第一千七百十六号,一六至一七页,指令)

浙江省长公署指令第五千四百七十六号

令新登县知事

呈一件送义务教育程序内调查表册由

呈、件均悉。查县税小学费统系县教育费,应全数列入,来册仅列县立高小学校之特定补助数,殊属误会。除各表存候汇编外,事项册发还,仰即遵照更正,并添造一份,以备存转。表存。此令。十二月十八日

计发还事项册一本。

(原载《浙江公报》第一千七百十六号,一七页,指令)

浙江省长公署指令第五千四百八十六号

令龙游县知事

呈一件呈送四年度外人设立学校调查表由

呈悉。该设立人劳懋赏,既系本地人,当然与外人设立者不同,

仰即知照。表姑存。此令。十二月十八日

（原载《浙江公报》第一千七百十六号，一七页，指令）

浙江省长公署指令第五千五百零九号

令余姚县知事

呈一件为更委掾属请注册由

准予注册。清摺及履历存。此令。十二月十九日

附原呈

呈为更委及添委掾属取送履历请予鉴核注册事。

窃职署掾属各员，前经分别委任并取具履历，各加考语，呈奉核准注册在案。兹据政务助理陈启安、徐人夔二员因事辞职，所遗职务当经知事分别改委徐一藩、李士芳二员接充，以专责成。惟财政一科，事务繁多，拟添委杨步尹为财政助理，藉资臂助。除该员薪俸仍于奉定行政经费内酌量支配、按月造报外，理合将更委及添委情形开具履历并加考语备文呈送，仰祈钧长鉴核，准予注册，实为公便。谨呈。

（原载《浙江公报》第一千七百十六号，一七至一八页，指令）

浙江省长公署指令第五千五百一十号

令淳安县知事

呈一件遵章遴委掾属请注册由

奚贞祥等员准予注册。惟杨诏孙、汤骏烈两员，核与《文职任用令》不符，未便准予注册，仰即知照。清摺、履历存。此令。十二月十九日

附原呈

呈为遵章遴委掾属分配职务缮摺加考并取具履历呈请察核注册事。

　　窃知事奉钧长前在都督任内任命为淳安县知事,遵即将到任日期及履历呈报在案。兹查职署向设政务、财政两科,教育事宜由政务科兼办,阮前知事任内掾属过少①,不敷办公,且政务助理员周鸿钧久假不归,亟待改委。查自到任迄今,所有前任交留及新委各掾属均能认真办事,勤慎奉公,自应遵照《县官制条例》各县佐治掾属由知事自委详报之规定分别遴员委任,并遵令另设教育科,俾各司厥职,以专责成。兹于政务科设主任一员、助理一员,又设收发一员,专办政务事宜;财政科设主任一员,又设会计一员,庶务一员,专办财政事宜;教育科设主任一员,助理一员,专办教育事宜。除业将各员分别委任,所有薪俸遵于奉定行政经费内酌量支配按月呈报外,理合将遴委掾属姓名、职务、加考缮摺并取具履历一份,一并备文呈送,仰祈钧长察核,俯赐准予注册,实为公便。谨呈。

　　淳安县知事汤国琛谨将遴委掾属各员姓名、履历并加考语缮摺送请鉴核。

　　计开

政务主任	奚贞祥	浙江天台人	考语	品端学邃,才长心细。
政务助理	林登儒	浙江乐清人		事理通达,经验宏深。
财政主任	胡齐福	浙江绍兴人		才储经济,练达安祥。
教育主任	王衍曾	浙江平阳人		邃于教育,尤精法学。
教育助理	陈冠中	浙江平阳人		办事勤慎,俱多经验。
收发员	王凤鸣	浙江诸暨人		老练稳健,富有经验。
会计员	陈　炎	浙江平阳人		宅心光明,尤善会计。

　　（原载《浙江公报》第一千七百十六号,一八至一九页,指令）

---

　　①　阮前知事,即阮陶镕(1882—1940),号石泉,浙江乐清人。民国三年九月在任,民国五年六月交卸。

浙江省长公署指令第五千五百一十五号

令高等检察厅长殷汝熊

呈一件呈复天台县监犯越狱脱逃知事
管狱员应得处分由

如呈办理。此项罚俸银洋应列入本月分司法收入册内,具报备核。该县监狱究应如何修理,并应由该县勘明,将应需工料核实估计,绘图帖说,连同预算书,呈由该厅核明转呈察夺。仰即转行遵照,并咨财政暨高等审判厅查照。此令。十二月十九日

(原载《浙江公报》第一千七百十六号,一九页,指令)

浙江省长公署指令第五千五百一十六号

令高等检察厅长殷汝熊

呈一件呈余杭监犯脱逃该知事成健酌予处分由

如呈办理。现在该知事业已辞职,此项俸银应饬列入交代,送由新任知事接收具报。仰即分别转令遵照,并咨财政厅知照。此令。十二月十九日

(原载《浙江公报》第一千七百十六号,一九页,指令)

浙江省长公署指令第五千五百二十二号

令高等检察厅长殷汝熊

呈一件据遂安县余吴氏呈控徐花竹等
杀死伊夫余永标一案请饬县严缉由

案经前都督府批厅饬县严缉,迄今半年之久,凶犯仍未弋获,殊属泄延。据呈各情,仰该厅严令该县知事于三个月内务将徐花竹等按名缉获,诉办具报,毋再延纵干咎。此令。呈抄发。十二月十九日

(原载《浙江公报》第一千七百十六号,二〇页,指令)

浙江省长公署指令第五千五百三十六号

令海宁县知事

　　呈一件为祝景濂声明距离里数附送五里方图由

　　呈、图均悉。该县廿四都一庄业经准设久成茧行,查《海昌备志》,庄在河堂庙地方,由城至庄经过之罗家湾,当即卢湾镇,究竟卢湾镇距久成行基若干里数,应再查明,并将金石墩四周距离二十里无论邻县、本县一一绘明详图,呈复候核,仰即遵照。图姑存。此令。十二月十九日

　　　　　　（原载《浙江公报》第一千七百十六号,二〇页,指令）

浙江省长公署指令第五千五百三十七号

令海宁县知事

　　呈一件为送黄亦政开设茧行四距图说由

　　呈悉。查《海昌备志》,念四都一庄在河堂庙,即久成茧行指定地点,至廿九都三庄在石弄,即黄亦政所指设行地点,久成行基应与卢湾镇作平行线,察阅附图所标久成茧行地位略有未符,证以《水陆道里记》附图,两行相距不足二十里,且廿九都一庄距海盐界之中分桥及大桥甚近,海盐有新准茧行难免抵触。究竟河堂庙距卢湾镇若干里及袁花镇至石弄若干里[①],又石弄至中分桥、大桥各若干里,分别详查,即易明了。来呈仍属含糊,率请碍难照准。惟前据该商会呈送图说到署,经令查复核在案,姑仰并案详查具复,再行核夺。图姑存。此令。十二月十九日

　　　　　　（原载《浙江公报》第一千七百十六号,二〇页,指令）

---

　　① 卢湾镇,底本原作"庐湾镇",据上通指令及本文上文统一。

浙江省长公署指令第五千五百四十三号

令富阳县知事

呈一件为沈辅之拟设茧行补缴捐税请核准由

呈、图均悉。既据补缴捐税，呈送地图，手续已完，所指洋涨净土寺设立茧行地点，亦属合例，应予照准。仰即转饬备具陈请书录报财政厅请领牙帖。图存。此令。十二月十九日

（原载《浙江公报》第一千七百十六号，二一页，指令）

浙江省长公署指令第五千五百四十六号

令财政厅长莫永贞

呈一件据杭县呈三墩公兴茧商请将留下分行改作正行请核准由

呈、件均悉。前据该县呈称，商民余寿慈请在三墩设行地点，与原定距旧行五十里旧例相符，当经前民政厅令准给帖开设在案。兹查《水陆道里记》三墩地方距良渚、湖墅各原有茧行均不足新颁《条例》二十里之规定，何论旧例，应予注销前案。该知事不加细核，遽予照转，似属有意朦混，并应记大过一次以儆。至所请在留下开设顺兴茧行，应俟该县遵照前令，将《条例》公布后所有各商请设茧行呈县及手续完备日期列表汇呈，再行并案核办。又，杭县商会业经改组商务分所，应即撤销，不得再行具保，朦用分会名义，尤属不合，仰财政厅查照并转饬遵照。保结发还。图姑存。此令。十二月十九日

（原载《浙江公报》第一千七百十六号，二一页，指令）

浙江省长公署指令第五千五百四十七号

令财政厅长莫永贞

呈一件据义乌县呈送金志安开设茧行保结由

呈、结均悉，应予照准。仰财政厅查照填帖发县转给。结存。原

呈抄发。此令。十二月十九日

（原载《浙江公报》第一千七百十六号，二一页，指令）

浙江省长公署指令第五千五百六十一号

令新昌县知事

呈一件请改委劝学所所长开送履历并缴前发任命状由

呈、件均悉。准予改委。除缴到任命状存销外，仰将发去任命状转令祗领。履历存。此令。十二月十九日

计发任命状一纸。

（原载《浙江公报》第一千七百十六号，二一至二二页，指令）

浙江省长公署指令第五千五百六十二号

令新昌县知事

呈一件呈改委县视学填具履历请给委状由

呈、摺均悉。应准以陈恭鼎为该县县视学，任命状随发。仰即查照转给祗领，并将任事日期转报备查。履历存。此令。十二月十九日

附发任命状一纸。

（原载《浙江公报》第一千七百十六号，二二页，指令）

浙江省长公署指令第五千五百六十六号

令崇德县知事

呈一件为呈明通俗图书馆拨各费改由
公益费内支给并送细则履历由

呈、件均悉。预算应准备案。惟该馆经费，经前民政厅令饬不得在县税小学费内支给在案。据称开办费二百元，业由该前县核准在县教育费项下拨给，核与原案不符，应连同此次续拨各费一并改由公益费项下支给，以符原案。至应报事项，查《通俗图书馆规程》第三条

规定,应依《图书馆规程》第四条开列事项造册具报,其章程规则一项,并应分为《章程》《办事细则》《阅书规则》及《借书规则》,书籍卷数应开具书籍目录;又主任履历并应依《图书馆规程》第五条之规定,开明任职日期。仰即转行分别遵照改造,各缮二份呈候复核转咨。预算存。《细则》、履历发还。此令。十二月十九日

计发还《细则》、履历各一扣。

(原载《浙江公报》第一千七百十六号,二二页,指令)

浙江省长公署批第一千一百八十二号

原具呈人遂安县余吴氏

呈一件呈控徐花竹等杀死伊夫余永标一案请饬县严缉由

案经前都督府批厅饬县严缉,迄今半年之久,凶犯仍未弋获,殊属泄延。据呈各情,仰候令行高等检察厅严令该县知事于三个月内务将徐花竹等按名缉获诉办可也。此批。十二月十九日

(原载《浙江公报》第一千七百十六号,二三页,批示)

浙江省长公署批第一千一百八十四号

原具呈人瑞安应楷

呈一件呈应上舟串同寺僧将该山竹木判卖
一案请饬县移卷审理由

呈悉。既经该审检所批准吊卷核办,应静候该所核明办理,毋得越渎。此批。十二月十九日

(原载《浙江公报》第一千七百十六号,二三页,批示)

浙江省长公署批第一千一百八十五号

原具呈人上虞陈世金

呈一件呈被王承昌诬告一案请饬厅提讯由

呈悉。该民既经该县批令到庭讯问,应即回县投候传质,所请饬

厅提讯之处,未便照准。此批。十二月十九日

（原载《浙江公报》第一千七百十六号,二三页,批示）

浙江省长公署批第一千一百八十七号

原具呈人平湖胡抱一

呈一件为请在四里桥开设茧行被县压抑请饬转呈由

呈、图均悉。该商请设茧行果合《条例》,与新请各行又无抵触,应径向县署呈催转报可也,毋庸越渎,仰即知照。图姑存。此批。十二月十九日

（原载《浙江公报》第一千七百十六号,二三至二四页,批示）

浙江省长公署批第一千一百八十八号

原具呈人瑞安蔡振潘

呈一件为呈林知事违法处分涂田一案请主持决定由

呈、件均悉。查此案前据该县李知事查案呈复,已指令将林前知事准给林姓承垦案取销,收回涂地,另照《承垦条例》核定,应归何人承垦,取具呈请书等呈候核转,并牌示各关系人在案矣。仰即知照。钞件存。此批。十二月十九日

（原载《浙江公报》第一千七百十六号,二四页,批示）

浙江省长公署批第一千一百八十九号

原具呈人绍兴郑晐等

呈一件为罗晋模等办学腐败请照案执行由

呈悉。是案既经县批候催罗晋模缴契核办,如果抗延不缴,应即续呈该县催缴可也。此批。十二月十九日

（原载《浙江公报》第一千七百十六号,二四页,批示）

浙江省长公署决定书第八号

诉愿人：仇在震等。

右代表人：赵玉田，杭县人，业儒，住省城竹竿巷井字楼，门牌第十五号。

右诉愿人对于中华民国五年九月二十三日，前警政厅就该诉愿人为省会警察厅特准沈少棠即少荫在盔头巷地方建筑厕所之处分，提起诉愿，所为之决定，声明不服，再提起诉愿到本公署。兹决定如左。

主文

前警政厅所为维持原处分之决定，及省会警察厅准许沈少棠即少荫在盔头巷改良建厕之原处分，并予撤销。

本案应由省会警察厅查照该厅民国五年（原稿洪宪元年）元月二十四日暨二月十四日饬第一区五分驻所文及同年二月十一日朱长根禀批办理。

事实

本案先于民国四年十二月十日，省会警察厅据朱长根禀请，在荐桥大街附近地方即盔头巷里首建筑厕所，当经该厅以该处地点僻静，于行人、卫生两无妨碍，准予建筑。旋于民国五年（原稿洪宪元年）元月十八日，据范鹤年等绘图禀请禁止，由该厅派员复查，即以该处离大街不远，且对面亦有店铺，建筑厕所于夏季暑热之际，似不相宜，饬行第一区五分驻所转饬朱长根改筑住屋。嗣据朱长根禀请，或仍准照案加用板门，或饬传周继荣追偿损失。该厅仍复批饬改造住屋，并以据称有损失之处，并经批明"候饬该管警察所传知周继荣与该民人自行双方和议"等语在案。迨民国五年三月间，辄据朱长根禀称，加封高墙，添设板门等语，复予照准，并发图形一纸，饬令照式建筑。旋据第一区五分驻所禀复，以该民建筑厕所规模已就，照图改筑势难实行，并以据面称，墙垣加高，与卫生固无妨碍等语，复经该厅批示转饬墙垣加高，添制屏门，并拟订《取缔规则》颁发遵守。而该诉愿人等则以已经奉饬禁止在先，节次禀请禁止，该厅均以业经改良建筑等语批示，该诉愿人等因认该厅处分为不当，依法提起诉愿，经前警政厅决定维持原处分，再提起诉愿到署。

理由

查此案省会警厅原处分应行撤销与否，要以盔头巷地方建筑厕所是否相宜为断。据右事实是该处建筑厕所，省会警察厅本已于派员复查后认为不宜，饬令改造住屋。且查民国五年二月十四日，该厅饬第一区五分驻所文内并有"此次勒令朱长根改造住屋，与对面各铺大受卫生之益"等语，而朱长根奉饬后，亦有饬传追偿损失之请，是该厅谕饬朱长根改造住屋，并饬警所传知周继荣与朱长根"自行双方和议"，办法本极正当，朱长根亦复表示输服之意思。乃朱长根忽复禀请改良建筑，该厅亦辄予照准，虽经饬令加高墙垣、添设屏门，并订章发给遵行，而既已派员复查认为不宜，并饬改造住屋在先，自与当时派员复查之主旨不相贯澈，而前后命令亦不无抵牾之嫌，前警政厅受理诉愿未予详查，遽为维持原处分之决定，自不足以资折服。依上论结，特为决定如右。

中华民国五年十二月十八日

（原载《浙江公报》第一千七百十六号，二五至二六页，判词）

浙江督军公署省长公署咨陆军部

据警务处呈请警备队三区一营哨长余梦熊
遗失补官部令请转咨补给由

浙江督军公署、省长公署为咨请事。

本年十一月十一日案据浙江全省警务处处长夏超呈称，"案查前警政厅接管卷内本年十月十九日据警备队第三区统带洪士俊呈称，'本年十月十四日据第一营第二哨哨长余梦熊面称，窃于去年七月二十三日由宁坐甬兴轮船赴沪,约在半夜,讵雨骤风狂,该舟几为倾覆,被其丧命者计有一百余人之多。维时哨长幸于危急之中即奔觅桅杆,猱升而上,声嘶力竭,迨至波浪稍平,是舟浅搁崇明地方,始行获救。虽得生还,所携行李皆荡然无一存者,其中有辛亥年前江苏巡抚委任左路二营管带之札及民国元年调委沪防炮兵营营长之委状,并二年五月一日奉令补授陆军炮兵少校之部文,均于是役所失。伏噫哨长奉补实官之日①,有宋世森、王楚雄、刘义华等与同一案,不无可稽,所有被风遗失补官部文各缘由单,请补给前来'等情。据此,查该哨长于四年七月二十三日由甬江乘坐甬兴轮船赴沪,途遇飓风,部文被失,事属实在。除指令该哨长候据情转请示遵外,理合备文转呈,仰祈鉴核示遵'等情。据此,当以'该哨长补官事实由何官厅呈请,暨请补案由若何,均未叙明,未便遽予照转,指令详晰查明呈复,再行核办'去后。于本月六日复据统带呈称,'案照职区第一营第二哨哨长余梦熊前以补官部文遗失请予转请补给一案,嗣奉前警政厅指令第七一三号内开,据呈称,该区第一营第二哨哨长余梦熊补官部文遗失,请予转请补给等情,究竟当时由何官厅呈请,暨请补案由若何,均未叙明,未便遽予照转,仰即查明详晰呈复,再行核办等因,奉经转令去后。兹据该哨长复称,哨长系于辛亥九月蒙前江苏巡抚程委充江苏左路第二营管带,民国元年十月蒙前沪军都督陈调充沪军炮兵营长,二年六月奉江苏都督程令知发给陆军部令一通,案于是年五月一日奉临时大总统令陆军总长段祺瑞呈授龙因等为陆军步兵中校案内,同时保准为陆军炮兵少校等因。兹由同案获保之友人刘义华处假到部令,暨前江苏都督程令饬共二件,送请察核前来等情。据此,统带复查该哨长所呈同案获保之陆军步兵少校刘文华部令内确叙有该哨长所授官职,此外并有江苏程前都督令文,似此案情确实,应请

---

① 伏噫,疑为"伏忆"之误。

准予转请补给,用酬前勋。除将送到部文暨程前都督令文一并送请鉴核,理合备文呈请钧长鉴核,俯赐转请补给,实为公感'。计呈送少校刘义华陆军部部令暨江苏都督令文各一件到处。据此,查该哨长余梦熊前补陆军炮兵少校,于陆军步兵少校刘义华部令叙明属实。兹据呈称前情,理合连同证件备文呈请钧长鉴核转咨备查,并补给证书,俾资信守,实为公便"等语,并呈送少校刘义华补官部令暨前江苏都督令文各一件到署。据此,本署复加查核,该少校刘义华补官令内确叙有该哨长余梦熊姓名暨所授官职,至该哨长长途遇飓风部文被失,亦据查称事属实在,自应准予转咨。除指令外,相应会衔备文连同少校刘义华补官部令暨江苏程前都督令文各一件,送请察核办理,至纫公谊。此咨

陆军部

计咨送少校刘义华补官部令暨江苏都督令文各一件。

浙江督军兼署省长吕公望

中华民国五年十二月十九日

(原载《浙江公报》第一千七百十七号,一九一六年十二月二十四日,三至四页,咨)

浙江督军公署训令第六四二号
浙江省长公署训令第一八九二号

令各属保护美人余国华太太等赴浙游历由

令特派交涉员、宁波交涉员、温州交涉员、警务处处长、各县知事、暂编第一师师长、暂编第二师师长、混成旅旅长、嘉湖镇守使、宁台镇守使

本年十二月十二日准外交部咨开,"准驻京美国公使函称,'兹有本国人余国华太太等前往浙江省游历,请发给护照并转交盖印'等因前来。除由本部分别照办外,相应开具名单咨请贵省长查照,转饬保

护可也"等由,并附名单一份到署。准此,除分令外,合行令仰该

即便转令所属一体照约保护,并将该美国人等出境入境日期具报备查。此令。(刊登《公报》,不另行文)

中华民国五年十二月十九日

督军兼署省长吕公望

(原载《浙江公报》第一千七百十七号,五页,训令)

浙江督军署训令第六百四十五号

令各军队机关六年元旦前后各放假三日由

令各军队机关

案查阳历新年例假,应于一月一日前后各休假三日,经陆军部呈奉批准,登载《政府公报》通行在案。本届六年一月一日前后应行休假日期,自应照办。惟各军队、机关所有官佐士兵应由各该管长官酌定休息办法,惟每次外出人数不得逾全数四分之一,凡有应服各项重要勤务及紧要事件,仍须照常办理,以重职守,并由各该长官将规定轮流放假之部队(此二字除军队外删去)人数、日期,于本月二十六日前列表呈报本署备查。除分行外,合行令仰该   遵照办理,并转令所属一体知照(此句无所属者除去)。此令。

中华民国五年十二月二十日

督军吕公望

(原载《浙江公报》第一千七百十七号,五至六页,训令)

浙江省长公署训令第一千八百九十三号

令桐庐县知事据调查学务委员呈报该县学务情形由

令桐庐县知事

案据调查学务委员朱章宝呈称,"窃委员自奉委后,遵即前赴桐庐县着手调查,躬历四乡,曾阅二十四校。查该县教育主任孙鹏,兼

任县视学,致职务不能无旷,殊属不合。知事颜士晋,对于学务亦未能尽心办理。所赖该县旧有《考试学校规则》,今尚未弛,足以鼓励全县之小学,故各校之成绩犹有可观。前学务委员洪铎等,不时下乡劝学,并设法改私塾为学校,故该县私塾几乎绝迹。他若县立高等小学校校长潘乃文,富有经验,而且热心,其管理之严密,更属可嘉;定安乡东潘国民学校校长潘丙,教管均优,其学生成绩亦为全县国民学校之冠;龙坡国民学校教员方虹,颇有程度,教亦勤恳,其学生之秩序尤为整齐;云源国民学校校长傅史鉴、教员徐焕文,均尚能尽心教管,学生程度亦佳。

"此外,更将调查所得之情形中摘其梗概,造为报告书二种,一为一般状况,一为教育状况。一般状况内又分六目:一、地势,山川之向背、道路之便否,皆与学校之设立、文化之灌输关系綦切,故欲注意于教育之进行,不可不先明地势,因调查地势。二、人口,筹备教育,普及推广国民学校,皆以学龄儿童为标准,而学龄儿童不能离人口而独立,因调查人口。三、风俗,民德之美恶,悉由风俗所酿成,而教育所以铲除其偏颇、顽鄙之恶德,而保存其淳朴、懿粹之美德者也;夫既有事于其所成之果,宜于其造因者先加之意,因调查风俗。四、物产。五、职业,方今国家教育方针渐趋实业,而实业自其出品之一方面言之,则曰物产,自其制造之一方面言之,则曰职业,二者相为表里,不能分离;惟职业有良窳,物产有丰啬,教育之作用,即于其良者丰者,求其进步,窳者啬者,使之改良也,因调查职业及物产。六、地方自治,教育为地方行政之一,故夫学区之分画,学费之筹集,胥与自治相黏联,因调查地方自治。右之六目,皆与教育为间接关系,用略加诠释。若教育状况报告书内之五目:一、教育行政;二、教育经费;三、学校教育;四、社会教育;五、教育会;皆与教育为直接关系,其诠释从略。

"以上报告书二种,为调查桐庐所得情形中之大略。若其详细,另有挨日笔记,因字数浩繁,誊真非易,俟调查完竣后,再行删削钞呈。兹将一般状况及教育状况缮具报告书,呈祈察核"等情。据此,合将报告书抄发该知事阅看,仰即力图振作,分别查照,改良进行,切切。此令。

计抄发报告书一件。

中华民国五年十二月十九日

省长吕公望

桐庐县一般状况

一、地势。桐庐县疆域纵百三十里,横八十里。桐江纵贯南北,其俗凡在江以东之地统曰南乡,以西者曰北乡。全境多山,惟东北隅窄溪流域一带稍见平原,若腹部之桐江及西北隅之桐溪诸流域,皆峰峦重叠,又以桐溪流域其山中间有可种之地。桐江上通建德,下达富阳。桐溪上溯,达于分水。

二、人口。全县男女合计约十万上下,南乡稠密,北乡稀疏,且北乡多旧温、处等属之客民。

三、风俗。民多俭朴,惟乏进取心,故青年学子亦往往少得即止,目下在中学校肄业者,殊不多见,在高等大学肄业者,更寥寥如晨星焉。其俭朴之俗,尤以桐江迤北之南岸一带为最,其间人民颇有自治能力,区立国民学校,亦以此处为最多,大抵桐庐县之文明以此为中心点。惟其间新澳、获浦诸村民性颇强悍,近因互争水利启衅,时酿械斗。他如诉讼事件,以北乡为最多。妇女天足之风,则全县皆未萌芽。城乡士绅尚称和睦。北乡候浦等处,近有一种自嵊县窜入,专唱淫戏之小鼓班,该处妇女皆乐听之。

四、物产。南半县之桐江两岸多产石灰、柴炭,窄溪流域产草纸最盛,谷米则因人口稠密,尽足自给。桐溪流域蚕桑较富,每年蚕茧约可售洋二万余元,谷米每岁输出者亦不少。又,桐庐北隅皇甫家地方,有煤矿,前曾组织宝兴公司,从事采掘,现已停办。全县沿江之地柏树满望。

五、职业。民多业农。窄溪流域多于农隙之时制造草纸,每槽可容男女共五六人。其余一切工业,多仰给于外客,商店亦多为外地人所经营者。乡间商业以窄溪镇为第一,横村埠次之。

六、地方自治。在昔全年分为十一乡①,曰城内、钟山、质素、至德、常安、桐庐、定安、水滨、孝仁、金牛、孝泉,今之自治区域虽从新更定,将城内、孝仁、金牛、孝泉四乡画为第一区,定安、水滨二乡画为第二区,常安、桐庐、钟山三乡画为第三区,至德、质素二乡画为第四区。然人人心目中仍存一旧区域观念,即官厅行政,如分发教育费内之土产特捐一项,亦仍适用十一乡之旧区域。至若自治事宜,则自自治进行时至今,皆不甚发达,惟关于学务一部分较为出色。

桐庐县教育状况

一、教育行政

县公署教育科主任一人兼县视学,自治委员一人专办教育事务。县视学孙鹏因署中公务忙迫,不能遵章下乡视学,惟该县曾于民国二年由县、参两会议决,有《考试全县小学校成绩规则》,于每年学校年假暑假期考以前,由县署派员分往各校考试修身、国文、算术、体操等科,由教育科评定分数,以各全校学生成绩总分数之平均为各一校之成绩,分别榜示,列甲乙丙三等者为合格,拨县税小学费项下洋八百元为奖励金,以列等先后定奖励之多寡,故各校教职员咸知奋勉争腾。此法迄今行之不改,该县小学成绩之可观,全赖乎此。该县办理学务之自治委员及教育会长颇能悉心研究,黾勉从公,其对于改组私塾为国民学校一端,尤见成效卓著。

---

① 全年,疑为"全县"之误。

二、教育经费

县教育费每年约洋三千八百余元,内千元为高等小学校产息,洋二千八百余元为县税。其支配为:县立第一高等小学费洋一千八百元,县立女子高等小学费洋七百二十元,学务委员费洋二百四十元(据四年度决算),教育会费洋一百二元,县视学公费洋九十六元,联合师范讲习所费洋八百二十元。

城镇乡教育费每年约洋三千元,内一千六百元为县税项下之小学费,一千四百元为土产捐。其支配方法:县税则以八百元为补助金,按学生人数平均分配;以八百元为奖励金,按照《考试学校规则》分甲乙丙三等分配。土产捐,则以该乡所抽收者平均分配于该乡之各学校;国民学校岁出数自百元至二百元不等。此外,县立、区立各学校所收之学费,区立各校之产息及一切筹垫之款,均不在内。国民学校补助费,每学校平均得洋一角七分,以学生满二十名者为合格。奖励金,甲等每校每年得洋约十二元,乙等十元,丙等八元。

三、学校教育

一、学校。县立高等小学校一所,女子高等小学校一所,区立国民学校八十八所,国民学校附设高等小学四所。

二、教职员。区立国民学校校长多系乡董,专任经费,不谙教育;教员资格多系老儒与县立高等小学毕业二种,如一校有二教员者,则一老儒任国文、经学、修身等课,学校出身者任诸科学之课。国民学校教员年薪少者三十元,多者八十元。

三、学生。全县高等小学校及国民学校学生总数约三千名。学生作文程度尚佳,讲解亦颇明晰。

四、教科及教授。教科多注重国文、算术、修身、体操四科,其他如手工、图画、唱歌诸科,多付缺如。教授多系复式多级,然不谙复式教授法,且多用注入式,用启发式者殊不多见。

五、管理及训练。管理能依用管理法,学生应对进退,秩序并然者颇少,其余多系私塾旧式,即有尚严厉者,然殊欠活泼生气。每见学生枯坐终日,无片刻之闲,使得随意运动者。至训练一端,尤属疏忽。修身一科,多未能实地应用,不过作一种特别国文讲授而已。

六、设备。校舍多借用祠庙,国民学校新筑者绝无,光气声浪多不合宜,桌凳多不能按儿童年龄分高低备置,图书则罕见,购阅报纸者,全县不过三四校。

七、校风。各校学生服饰朴素,对于师长尚能敬尊。区立国民学校多有学生洒扫值日表,惟县立高等小学校则无之。其他课外游艺及旅行诸事多缺如。

四、社会教育

通俗讲演会派有专员,但无确实经费,故未见实行。

五、教育会

教育会有会员一百八十人,全县小学校教职员均入会。每年开会两次,其县税小学补助费定于开教育会时发给,故到会人数颇多。其经费除县税补助外,则有会员之入会费及常年会费二项,每年共可收洋二百元左右,每年支出约三百元。

（原载《浙江公报》第一千七百十七号,六至一〇页,训令）

浙江省长公署训令第一千八百九十九号

令余姚县知事准教育部咨陈继业捐赀兴学应给褒章由

令余姚县知事

案准教育部咨开,"准咨余姚县绅士陈继业捐赀兴学,自民国二年起至五年七月止,共捐银一千四百余元,咨请核奖等因,并附送事实表到部。查陈继业热心兴学,洵堪嘉许,所捐银数核与《修正捐赀兴学褒奖条例》第二条第四项之规定相符,应准奖给金色三等褒章,以昭激劝。相应检同褒章一座、执照一纸,咨请查照转给"等因。准此,查此案前据该县呈由前民政厅转呈咨奖在案。兹准前因,合即连同奖品,令仰该知事查照转发,并具复备案。此令。

计发褒章一座、执照一张。

中华民国五年十二月十九日

省长吕公望

(原载《浙江公报》第一千七百十七号,一〇至一一页,训令)

浙江省长公署训令第一千九百号

令镇海县知事据省视学呈报该县学务情形由

令镇海县知事

案据省视学谢师枋呈称,"窃视学查视镇海学务。县公署教育行政事宜,向系并入政务科办理,现在遵照省令特设专科,县知事对于教育颇见热心提倡,如县中校之改办甲种商校,城立两等小学校分并县立高小校,并创办一城立第一国民学校,既省公款,并可为全县模范。又亲至城乡各校,召集职教员暨学生,亲施训诰,实为可嘉。视学一员出发考察时,对于各校教授、管理、训练颇能注意指导。县教育经费总数共计四千十四元,城镇乡教育经费共计二万二千七百九十六元,此外县税四成小学补助费三千元。学区依照自治区分为十一区,由各自治委员兼任学董,就学儿童约计得百分之十二。本年度增设国民学校三所。教育会每年开成绩展览会一次,并有各种设施,颇见热心。惟经费无着,亟应整理会金及设法补助。县阅报社共四处,讲演所十一所,亦著成效。至各校成绩优劣,如镇海公立甲种商校,改办未久,而规模具备,校长陈麟书办事颇见认真;县立高小校,管教、训练尚称合法,惟程度颇参差不一;城立第一国民学校,校舍开敞,光线适宜,教授、管理、训练诸端,亦均合法,成绩并优;私立困勉第一国民学校,教法合度,抽问各生,并能回讲,习字姿势,教员亦能随时矫正,学生风纪,亦复整肃;第二国民并高小学校,管教尚合,成绩亦间有可观,惟教室光线微嫌不足;县立女子高小并国民学校,教授合法,学生成绩,图画、刺绣颇佳,惟授课时学生有窃笑者,管理、训练似嫌欠缺,且间有裹足未放者;私立困勉第二国民学校,教授、管理殊未妥洽,抽问各生,于书中意义均未了解,算草亦间有错误,上课下课时秩序未见整齐,就石地为操场,于卫生亦不相宜;私立便蒙国民兼高小学校,教授、管理尚可,成绩亦良,惟学生风纪殊欠整饬;私立勤稼女子国民学校,学生仅十五人,分为四级,教职员至四人之多,开支至三百金之巨,办法殊属失当;僧立普益单级国民学校,成绩平常,表簿不完备,教员二人,与单级编制不合;私立斐迪女子国民兼高小学校,教授尚属认真,成绩亦尚可观,惟学生屡有窃笑者,管理殊欠注意;私立明善国民学校,教职员任事俱见热心,学生服用均极朴实,管教亦皆得法,成绩颇有可观;城立第一单级国民学校,教授、管理、训练均极认真,抽问各生,回讲无误,惟校舍借用助海庙东边,间有闲人出入,不免有妨教授;私立觉民国民兼高等小学校,办理得法,成绩亦优,抽问各生,均见了解;私立竞进国民兼高等小学校,教授尚称合法,学生成绩亦楚楚可观,惟墙壁任意涂画,其平日管理、训练尚欠注意,表簿亦不齐全,课桌课凳间有与儿童身裁不合者,教室光线亦未明爽;公立履中国民兼高等小学校,该校高等班一、三两年生合授修身时,但依文顺解,不合修身科本旨,合课算术时,各生演习不甚纯熟,国民三、四两级生演算有私看答算之弊,抽问一、二年级各生,亦未能一律无误,且间有误甲字为乙字,认乙字为甲字者;私立敬收国民兼高小学校,教授、管理均皆合度,训练亦甚注重,成绩颇有可观,惟操场系石地,不宜卫生;乡立崇正国民学校,管教均属合法,各科成绩亦可,惟教室光线欠足,课桌课椅,亦间有与儿童身裁不称者;私立集广国民学校,一、二两年级演习加法,书字间有自右而左者,三、四两年级练习珠算,较为纯熟,惟教室未悬大算盘,于教授上尚属缺点;

区立瀣浦国民兼高等小学校,该校经费年约不敷六百元,均由校董朱燕、蔡晟筹垫,热心公益,殊属可嘉,惟检查授课簿,学生缺席甚多,教授细目、教案均未备,抽问各生,亦未能了解,高等班成绩尚佳;启文国民兼高小学校,高等部学生仅五人,成绩亦未著,国民部四、三两年生徒,手操姿势虽未合度,而精神颇足,抽问一二,两年生回讲无误者居多,检查算草,尚无错误,图画亦颇有可观;团桥第一国民学校,校舍系借用寺院,一、二、三年生教室与四年生教室前后声浪混杂,课修身时讲解详明,颇合教法,课唱歌时,节拍不甚合度,检查抄本,间有错误,体操姿势颇好,惟学生四级共九十八人,上操者只有二十二人,未免放任;私立方氏培玉国民兼高等小学校,学生成绩以高等部三、二两年生为优,高一年生,国民四、三年生,亦尚有可观,而尤以高三年生国文成绩为最,教员批改亦详明适度,至国民一年生,抽问殆遍,能回答者甚少;中兴国民学校兼高等小学校,教授、管理均能切实,训练亦颇注意,国文成绩尤为优美;私立龙山国民兼高等小学校,教授尚可;私立演进国民学校,附设半日学校,教授、管理均属合法,抽问各生,均见了解,惟坐立姿势未甚合度,礼节亦欠娴熟,训练殊欠注意。视学视察所及,除填表另呈外,理合先将大略情形呈祈察核施行"等情到署。查地方学务全在官厅与员绅同心合力,共策进行,方得日征起色。据称该知事对于教育热心提倡,而县视学与教育会亦各尽心将事,良堪嘉许,应均传谕嘉奖,以为勤职者劝。至各学校之办理合法者,如公立甲种商业学校、城立第一国民学校、私立困勉第一国民学校、私立明善国民学校、城立第一单级国民学校、私立觉民国民学校兼高等小学校、私立敬收国民学校兼高等小学校、中兴国民学校兼高等小学校,并各传谕嘉奖,用资鼓励。其余应行改良各校,应照原呈所指,分饬切实整顿,力求改进,毋得再任贻误。至瀣浦学校校董朱燕、蔡晟既各年垫款项,如系捐款,应由该县查照《捐赀兴学条例》造册呈候核奖。合就令仰该知事分别遵照办理。此令。

中华民国五年十二月十九日

省长吕公望

（原载《浙江公报》第一千七百十七号，一一至一三页，训令）

浙江省长公署训令第一千九百零五号

令催财政厅迅将本年七月至九月止各统捐局

征收银数分别盈绌列表呈送察核由

令财政厅长莫永贞

查本公署前因察阅各统捐局近来每月所报征数，大抵短绌者居多，甚有短至三四成以上者，谓无隐漏，殊难凭信，非照例严加考核，分别惩处，不足以重权政，即经令饬先将本年七月至九月止三个月各统捐局所征款项，详列比较表，于文到五日内呈送察核在案。迄今兼旬，未据呈复。合行令催该厅迅即遵照前令克日详细列表呈送核夺，其绌收确有特别原因及收数有盈者，亦应于备考内明晰声叙，以凭分别核办，藉昭公允，勿再片延，切切。此令。

中华民国五年十二月十九日

省长吕公望

（原载《浙江公报》第一千七百十七号，一三至一四页，训令）

浙江省长公署指令第　号①

令警务处长夏超

令全省警务处核议景宁县知事兼所长请奖警佐何绣林由

呈悉。该景宁县警佐何绣林，究应如何奖励之处，仰该处长照章核办，令遵具报。此令。原呈抄发。

---

① 本文由浙江全省警务处训令第二百二十一号析出。

附　浙江全省警务处训令第二百二十一号

令景宁县知事兼警察所长奉令核议
该兼所长请奖警佐何绣林由

令景宁县知事兼警察所长余光凝

本年十二月十八日奉省长指令,该县兼警所长呈请核奖警佐何绣林由,奉令内开,"呈悉。该景宁县警佐何绣林,究应如何奖励之处,仰该处长照章核办,令遵具报。此令。原呈抄发"等因。奉此,查核抄呈胪陈各节,该警佐维持地方秩序安宁,均属警员应尽之责,既非确有优美成绩之可指,即未便特予优奖,致启幸进之风,如果确能奉公勤慎,始终不懈,应俟年终甄别时,再行酌量奖励,所请应毋庸议。除呈复外,合行令仰该兼所长遵照。此令。

中华民国五年十二月二十日

全省警务处处长夏超

（原载《浙江公报》第一千七百十七号,一五页,训令）

浙江省长公署指令第五千五百六十七号

令於潜县知事

呈一件送五年度第一期县税小学费分配各表由

呈、表均悉。应准备案。惟会计年度现又变更,来表已改为四年第二期,应将存县一份照改,仰即知照。表存。此令。十二月十九日

（原载《浙江公报》第一千七百十七号,一六页,指令）

浙江省长公署指令第五千五百七十九号

令庆元县知事

呈一件送义务教育程序内调查表册由

呈、件均悉。查区教育费筹集状况,但据叙明某区筹集若干元,系从何项款源筹集,以及经理状况,均未据分别说明,应将事项册发

还一份,仰即逐一查明补填备核。馀件存。此令。十二月十九日

计发还册一本。

（原载《浙江公报》第一千七百十七号,一六至一七页,指令）

浙江省长公署指令第五千六百零六号

令省立第七师范学校

呈一件呈送五年度管教员学生

一览表请察核由

呈、表均悉。查第二号学生一览表式,系呈报收受转学生时填用之,而转学学生必须原校性质相符、班次衔接者,方可收受,与缺额时之招收插补性质,全不相同。朱锡桢、刘朝揆、盛美鼎等三名,既系四月间招补预科生缺额,本应当时即用第一号表呈报,现在逾时已久,应改用第三号表补报。至本科新生,照章本有与预科毕业同等学力者一项,郑萃徵、章毓梧二名,据呈称情形,仍系本科新生,不能填用第二号表,应仍遵前令,改填第一号表内。原表发还,仰即分别遵照改造复送。此令。十二月十九日

计发还表二份。

（原载《浙江公报》第一千七百十七号,一七页,指令）

浙江省长公署指令第五千六百零八号

令富阳县知事

呈一件为呈送模范养蚕场预算章程等清摺由

呈、件均悉。查前按署饬设养蚕模范场,原为民间仿办起见,必须办理得人,获有实利,方可动人观听。该县来岁拟办是项场所,应将拟养蚁量及预计收入茧量等逐一详细计画,连同所需经费及《章程》分列表摺,并呈候核。来摺所列预算经费,既仅支出各总数,《章程》亦欠详细,未便遽予照准。至场中养蚕事宜,既遴有确具蚕业学识之办事员督同男女蚕工办理,亦毋庸再设场长,以免推诿,仰即查

照遵办,缮送《推广植桑章程》存查。余件发还。此令。十二月十九日

(原载《浙江公报》第一千七百十七号,一七至一八页,指令)

浙江省长公署指令第五千六百零九号

令鄞县知事

呈一件为呈江浙渔会改组浙海渔会录送章程由

呈、件均悉。查江浙渔业公司附设渔会,《章程》未据并报,内容若何,本署无案可稽。惟该公司办理渔会,如果未洽众情,在会各渔商渔户尽可要求改良,即欲另树一帜,亦应由各渔商渔户联名呈请核办,不能即以未准立案之董事等名义具呈。察核拟订《章程》,尤欠切实详细,所请碍难准行。仰即查照,并转令各原具呈人知照。录送《章程》发还。此令。十二月十九日

(原载《浙江公报》第一千七百十七号,一八页,指令)

浙江省长公署指令第五千六百一十号

令制造水产品模范工厂

呈一件据呈为遵令复勘厂地亩分绘图连同
工程计画送请核示由

呈及图说均悉。仰即拟具《投标章程》及最高标价限度呈候核夺。图说均存。此令。十二月十九日

(原载《浙江公报》第一千七百十七号,一八页,指令)

浙江省长公署指令第五千六百一十一号

令建德县知事

呈一件呈为造送调查实业报告书由

呈及报告书均悉。应候汇案核办,仍仰查照报告书结论情形,悉心劝导振兴,俾收实效。报告书存。此令。十二月十九日

(原载《浙江公报》第一千七百十七号,一八页,指令)

浙江省长公署指令第五千六百一十二号

令天台县知事

　　　　呈一件呈为造送调查实业报告书由

　　呈、图及报告书均悉。应候汇案核办,仍仰查照报告书结论情形,多方劝导,务期振兴,以厚民生。图及报告书均存。此令。十二月十九日

　　　　（原载《浙江公报》第一千七百十七号,一八至一九页,指令）

浙江省长公署指令第五千六百一十四号

令松阳县知事

　　　　呈一件呈为造送调查实业报告书及图表由

　　呈及图表、报告书均悉。应候汇案核办,仍仰查照报告书结论情形,悉心劝导振兴,以利民生。图表及报告书均存。此令。十二月十九日

　　　　（原载《浙江公报》第一千七百十七号,一九页,指令）

浙江省长公署指令第五千六百一十八号

令财政厅长莫永贞

　　　　呈一件平湖县商会电为货物捐特加水利费

　　　　　　请将旧有二成附捐豁免由

　　电悉。原有之货物附加税,系拨充地方公用,与此次特加水利费同关紧要,未便率准豁免。仰财政厅即饬平湖县知事转行该商会知照。此令。十二月十九日

　　　　（原载《浙江公报》第一千七百十七号,一九页,指令）

浙江省长公署批第一千一百九十号

原具呈人鄞县陆有章

　　　　呈一件为与蒋延龄寺产纠葛一案请饬照约履行由

　　查是案据该县复称,"据蒋延龄呈,以是项和约订立后,又向原中声

明撤销,究竟是否确已取销,或已由原中声明作废,须俟传集人证讯明呈报"等情,当经令饬迅即传讯复夺在案,仰即知照。此批。十二月十九日

（原载《浙江公报》第一千七百十七号,二〇页,批示）

浙江省长公署批第一千一百九十一号

原具呈人瑞安林川等

呈一件为项恺嗾使林孟明诬告东南校长鲍衡扣留证书由

呈悉。业经令县查复,应俟复到核办。此批。十二月十九日

（原载《浙江公报》第一千七百十七号,二〇页,批示）

浙江省长公署批第一千一百九十二号

原具呈人绍兴陆庆华等

呈一件为赁租东山校田被金寿嵩朦追重还田租请饬返还由

已于周祖勋词内批示矣。此批。十二月十九日

（原载《浙江公报》第一千七百十七号,二〇页,批示）

浙江督军吕函云南督军署参谋长庚

为函复赞成编印会泽史略寄题词由[1]

径复者。昨准电开,"已将会泽平生事实编为《史略》[2],以慰国人钦慕,并嘱题词"等因。推会泽之功绩,成诸公之撰述,足传信史,昭示来兹。用寄题词一方,俾申钦企,寄请察存,是所忻幸。

---

① 参谋长庚、会泽分别指庚恩旸、唐继尧。庚恩旸(1883—1918),字泽普,别号墨江枫渔,云南墨江人。日本陆军士官学校毕业。同盟会员。民国元年三月平定黔乱,改组贵州军政府,举唐继尧为都督,庚为参谋长。南北议和,继任贵州都督府参谋长兼军务处长。唐继尧(1883—1927),又名荣昌,字蓂赓,云南会泽人。清末云南新军管带。辛亥革命期间,受蔡锷指派率军援黔,讨平黔乱,被推为贵州都督。民国二年秋,继蔡锷任云南都督。

② 此书定名《再造共和唐会泽大事记》,民国六年三月由云南图书馆发行。参见卷首插页。

专复，即颂

台祺，惟照不具

吕公望拜启

凌烟勋史。奉题蒉公督军史略。吕公望。

（原载《浙江公报》第一千七百十七号，二一页，函牍）

附 云南庾恩旸来电

农商部谷总长，司法部张总长，请并转孙总长伯兰，李省长印泉，李督办子畅，上海梁任公先生、岑西林先生、章太炎先生、章行严先生、李协和先生、吴稚晖先生，陈督军，陈督军，刘督军、任省长，吕督军，罗督军均鉴：

会泽唐都督蒉赓以护国一役首先发难，为时推许。海内外之闻风向慕者，钦其勋名，弥欲知其历史，往往函电交驰索取。事当非之，暨无以餍崇拜之心，与之又恐涉标榜之嫌。恩旸窃以为共和再造，万国属目，虽曰天心，讵非人力？倘乘此国人钦慕之切，将乃公平生事实编叙流播，俾一般有志救国之士，益以观感而兴起焉，所获不已多乎！恩旸与公交契有年，始终共事，就躬亲目睹者，为《史略》一小册。惟自愧不文，无以彰美传盛。诸公与会泽或患难提携、有袍泽之谊，或声气应求、联缡纮之欢，皆具世界之眼光，更秉如椽之手笔。如蒙赐以叙文、题词，则龙门声价必增十倍矣。幸鉴区区，仁聆明教。云南督军署总参谋长兼第三师长、前护国警卫军总司令庾恩旸等同叩。元。印。（中华民国五年十二月十三日）

（原载《浙江公报》第一千七百十七号，二二页，云南来电）

浙江省长公署通告

乐清县知事钱沐华呈报于本月一日由大荆公毕回署，再于四日续赴西乡募债验契,署务委实业主任储时敏、警佐厉乃德暂代。

余杭县知事洪钟电呈于本月九日准前任知事成健卸交前来,即于是日接印视事。

萧山县知事王右庚电呈于本月九日下乡催粮、募债、禁烟,并巡阅团防、考察各校,署务委第一科主任董祖羲暂代。

遂安县知事千秋鉴电呈于本月九日下乡募债、禁烟、督催粮契、调查学堂,署务委政务主任王思敏、警佐钱智泉暂代。

（原载《浙江公报》第一千七百十七号,二三页,通告）

浙江省长公署咨省议会

为答复提出庆丰关设立统捐分局质问一案
令厅转行杭县统捐局查办舞弊员役由

浙江省长公署为咨行事。

本年十二月十五日准贵议会咨送张议员若骝等提出"关于庆丰关地方设立统捐分局事项质问书一件,请烦如期答复"等由,准此。查浙省统捐增设分局理由,业于贵议会沈议员宏燮质问案内明晰咨复。凤山门庆丰关分局上年据铁路统捐总稽查何联芳以在该处发现红牛皮、柏油等大宗货物迂道绕漏,呈请财政厅增设分局,以杜闸口、南星混漏入城之弊,当经该厅以凤山门一区未经设有稽征局所,各货迂绕自不仅红牛皮、柏油等货,所陈各节,显有情弊,饬令杭县统捐局查明。复称设局查验,以庆丰关为最要地点,复经该厅批准设立各在案。至火腿、方肉等项每件捐洋二角,白油并各油货每担五分,其他山货各捐四五分不等,甚至一票分售二处,种种不合,实堪痛恨。除令财政厅转行杭县统捐局查明严禁,并将舞弊员役撤换外,应请原提出之议员检集证据,以凭送交司法官厅从严究办,以儆效尤。为此备文咨请贵议会查照。此咨
浙江省议会

浙江省长吕公望

中华民国五年十二月二十日

（原载《浙江公报》第一千七百十八号，一九一六年十二月二十五日，三页，咨）

浙江省长公署咨省议会

为答复质问关于二三年度发给图书馆前馆长
钱恂承领补抄缺本书经费银案由

浙江省长公署为咨行事。

本月十八日准贵会"咨送秦议员枬等提出关于二、三年度发给图书馆前馆长钱恂承领补抄缺本书经费银案质问书一件，请查照如期答复"等由。准此，查前项《四库全书》缺本抄补之难，系因手续繁重，一时不能告成，其抄书事务则并未停止，仍由钱前馆长照案办理，即前发款银，仍须照案支用，未能缴还，列为岁入。至此项经费关系地方公款，自当如原质问书限期缴书，并令将支出报销册据依照原案分别年度一并造报，业已文催钱前馆长查照办理矣。准咨前由，相应依期答复，即希查照。此咨

浙江省议会议长

浙江省长吕公望

中华民国五年十二月二十日

（原载《浙江公报》第一千七百十八号，三至四页，咨）

浙江省长公署训令第一千九百零六号

令特派交涉员准审计院咨应即将本年
十一月以前计算书据速送由

令特派交涉员

本年十二月十二日准审计院咨开，"案照京外各机关每月收支计

算书据,均应按期咨送本院审查,历经办理在案。兹查有浙江交涉署以及所属各外交机关,所有应送五年十一月以前各月计算书据,多未造送,本院无凭审查,相应咨行贵省长饬知该署暨所属各机关一体遵照赶速补送"等由。准此,查该署前项计算书据已据造送至本年八月份止在案。兹准前由,合行令仰该员即便遵照办理毋延,切切。此令。

中华民国五年十二月十九日
省长吕公望

(原载《浙江公报》第一千七百十八号,五页,训令)

浙江督军公署训令第六四九号
浙江省长公署训令第一九一六号

令各属保护英国柯约翰赴浙游历由

令特派交涉员、宁波交涉员、温州交涉员、警务处处长、各县知事、暂编第一师师长、暂编第二师师长、混成旅旅长、嘉湖镇守使、宁台镇守使

本年十二月十一日准江苏省公署咨开,"案据特派江苏交涉员杨晟呈称,'顷准英国总领事函,以英商柯约翰赴江苏、浙江、安徽游历,缮给护照请盖印前来。除将护照印发外,理合呈请省长察照,转饬各属,俟该英商到境呈验护照时,照约保护'等情。据此,除训令各属保护并分咨外,相应咨请贵省长查照,希即转行各属照约一体保护"等由。准此,除分令外,合行令仰该   即便转令所属一体照约保护,并将该英人等出境入境日期具报备查。此令。(刊登《公报》,不另行文)

中华民国五年十二月二十日
督军兼署省长吕公望

(原载《浙江公报》第一千七百十九号,一九一六年十二月二十六日,四页,训令)

浙江督军公署训令第六五〇号
浙江省长公署训令第一九一五号

令各属保护英巡捕威理逊凯乐等赴浙游历由

令特派交涉员、温州交涉员、宁波交涉员、警务处处长、各县知事、暂编第一师师长、暂编第二师师长、混成旅旅长、嘉湖镇守使、宁台镇守使

本年十二月十一日准江苏省公署咨开，"案据特派江苏交涉员杨晟呈称，'顷准英国总领事函，以英巡捕威理逊、凯乐携眷汉乐亨、柯铁司赴江苏、浙江游历，缮给护照请盖印前来。除将护照印发外，理合呈请省长察照，转饬各属，俟该英捕到境呈验护照时，照约保护'等情。据此，除训令各属保护外，相应咨请贵省长查照，希即转行各属照约一体保护"等由。准此，除分令外，合行令仰该　　即便转令所属一体照约保护，并将该英人等出境入境日期具报备查。此令。（刊登《公报》，不另行文）

中华民国五年十二月二十日

督军兼署省长吕公望

（原载《浙江公报》第一千七百十九号，四至五页，训令）

浙江督军公署训令第六五一号
浙江省长公署训令第一九一四号

令各属保护英伙狄腊钩赴浙游历由

令特派交涉员、温州交涉员、宁波交涉员、警务处处长、各县知事、暂编第一师师长、暂编第二师师长、混成旅旅长、嘉湖镇守使、宁台镇守使

本年十二月十一日准江苏省公署咨开，"案据特派江苏交涉员杨晟呈称，'顷准英国总领事函，以永明保险公司英伙狄腊钩赴江苏、浙

江游历,缮给护照请盖印前来。除将护照印发外,理合呈请省长察照,转饬各属,俟该英人到境呈验护照时,照约保护'等情。据此,除训令各属保护外,相应咨请贵省长查照,希即转行各属照约一体保护"等由。准此,除训令外,合行令仰该　　即便转令所属一体照约保护,并将该英人等出境入境日期具报备查。此令。(刊登《公报》,不另行文)

中华民国五年十二月二十日

督军兼署省长吕公望

(原载《浙江公报》第一千七百十九号,五页,训令)

浙江督军公署训令第六五二号
浙江省长公署训令第一九一三号

令各属保护日人水谷诚造等赴浙游历由

令特派交涉员、温州交涉员、宁波交涉员、警务处处长、各县知事、暂编第一师师长、暂编第二师师长、混成旅旅长、嘉湖镇守使、宁台镇守使

本年十二月十一日准江苏省公署咨开,"案据特派江苏交涉员杨晟呈称,'顷准日本国总领事函,以陈龙/水谷诚造/李万赴江苏、浙江、福建/江苏、浙江、安徽、湖南、湖北、四川、福建、山东、直隶/江苏、浙江、福建、广东游历,缮给护照请盖印前来。除将护照印发外,理合呈请省长察照,转饬各属,俟该日本人到境呈验护照时,照约保护'等情。据此,除训令各属保护并分咨外,相应咨请贵省长查照,希即转行各属照约一体保护"等由。准此,除训令外,合行令仰该　　即便转令所属一体照约保护,并将该日人等出境入境日期及在境行为具报备查。此令。(刊登《公报》,不另行文)

中华民国五年十二月二十日

督军兼署省长吕公望

(原载《浙江公报》第一千七百十九号,六页,训令)

浙江督军公署训令第六五三号
浙江省长公署训令第一九一二号

令各属保护日商八并增太郎赴浙游历由

令特派交涉员、温州交涉员、宁波交涉员、警务处处长、各县知事、暂编第一师师长、暂编第二师师长、混成旅旅长、嘉湖镇守使、宁台镇守使

本年十二月十四日准福建省长公署咨开,"案据特派福建交涉员王寿昌呈称,'准日本斋藤领事函开,日商八并增太郎欲往福建、浙江、江西、广东等省游历通商,执照一纸,请加印送还给执等因前来。除将执照盖印送还,照请日本领事转告该日商前往各处游历,不得任意测绘外,理合呈请察核,俯赐分咨保护'等情。除分行外,相应咨请贵省长查照,饬属一体照约保护为荷"等由。准此,除分令外,合行令仰该 即便转令所属一体照约保护,并将该日商出境入境日期及在境行为具报备查。此令。(刊登《公报》,不另行文)

中华民国五年十二月二十日

督军兼署省长吕公望

(原载《浙江公报》第一千七百十九号,六至七页,训令)

浙江督军公署训令第六五四号
浙江省长公署训令第一九一一号

令各属保护英人罗斯波等赴浙游历由

令特派交涉员、温州交涉员、宁波交涉员、警务处处长、各县知事、暂编第一师师长、暂编第二师师长、混成旅旅长、嘉湖镇守使、宁台镇守使

本年十二月十一日准江苏省公署咨开,"案据特派江苏交涉员杨

晟呈称,'顷准英国总领事函,以海龙洋行代表罗斯波赴江苏、江西、安徽、湖南、湖北、四川、云南/英捕头施帝尔、英巡捕抛瓦乐赴江苏、浙江游历,缮给护照请盖印前来。除将护照印发外,理合呈请省长察照,转饬各属,俟该英人到境呈验护照时,照约保护'等情。据此,除训令各属保护并分咨外,相应咨请贵省长查照,希即转行各属照约一体保护"等由。准此,除分令外,合行令仰该   即便转令所属一体照约保护,并将该英人等出境入境日期具报备查。此令。(刊登《公报》,不另行文)

中华民国五年十二月二十日

督军兼署省长吕公望

(原载《浙江公报》第一千七百十九号,七页,训令)

浙江督军公署训令第六五五号
浙江省长公署训令第一九一〇号

令各属保护日人相川次平赴浙游历由

令特派交涉员、温州交涉员、宁波交涉员、警务处处长、各县知事、暂编第一师师长、暂编第二师师长、混成旅旅长、嘉湖镇守使、宁台镇守使

本年十二月十四日准江苏省公署咨开,"案据金陵关监督兼江宁交涉员冯国勋呈称,'十二月一日准驻宁日领事高尾亨函开,据敝国人相川次平禀称,现由南京前赴江苏、浙江、安徽、山东等省游历,并执照一张,请盖印发还,以便转给等因。准此,除已将执照盖印发还日领,并属转告该日人游历到境时,先将执照呈验,询明内地情形,再行前往外,理合具文呈请省长饬登省《公报》行知地方官,俟该日人游历到境时妥为保护,实为公便'等情。据此,除训令各属保护并分咨外,相应咨请贵省长查照,希即转行各属照约一体保护"等由。准此,除分令外,合行令仰该   即便转令所属一体照约保护,并将该日人

出境入境日期及在境行为具报备查。此令。（刊登《公报》，不另行文）

中华民国五年十二月二十日

督军兼署省长吕公望

（原载《浙江公报》第一千七百二十号，一九一六年十二月二十七日，四页，训令）

浙江督军公署训令第　　号①
浙江省长公署训令第　　号

令各属为本月二十三日国庆放假一日补令查照备案由

令各属

照得共和再造，始于云南首义之日。顷准云南督军电告，于本年十二月二十三日庆祝，本省自应仿行。除通令外，仰即遵照，届期放假一日，举行庆祝，并转饬所属一体知照毋违。此令。

附　浙江高等检察厅训令第一号

令各属为本月二十三日国庆放假一日补令查照备案由

令浙江第一高等检察分厅，浙江第二高等检察分厅，杭、鄞、金、永四地方检察厅，杭县监狱

案奉浙江督军公署、浙江省长公署训令，内开，"照得共和再造，始于云南首义之日。顷准云南督军电告，于本年十二月二十三日庆祝，本省自应仿行。除通令外，仰即遵照，届期放假一日，举行庆祝，并转饬所属一体知照毋违。此令"等因。奉此，合亟补令该厅、该监狱查照备案。此令。（刊登《公报》，不另行文）

中华民国五年十二月三十日②

高等检察厅长陶思曾

（原载《浙江公报》第一千七百二十八号，八页，训令）

---

① 本文自浙江高等检察厅训令第一号析出。
② 三十日，底本如此，疑为"二十日"或"十三日"之误。

浙江督军公署训令第六四七号
浙江省长公署训令第一九〇七号

令各属据嘉湖镇守使呈为盗首赵跨子吴老五二名
罪情重大请准悬赏通缉分别咨令由

令浙江陆军第一师师长、浙江陆军第二师师长、浙江陆军混成旅旅长、宁台镇守使、浙江全省警务处处长、宪兵营营长、特编游击队营长、浙江高等审判厅长、浙江高等检察厅长、各县知事

本年十二月十五日据嘉湖镇守使王桂林呈称，"窃查长兴县属水口镇保卫团枪械及公成等九家商店被劫一案（文云见本日'咨文'门），以期弋获而安地方"等情，并开附该盗首等籍贯年貌到署。除指令照准暨分别咨令通缉外，合亟令仰该　　即便查照，饬属一体侦缉，务获解办。此令。

计开名单（见本日"咨文"门）。

中华民国五年十二月二十六日

督军兼署省长吕公望

（原载《浙江公报》第一千七百二十二号，一九一六年十二月二十九日，七页，训令）

浙江省长公署训令第一千九百一十八号

令各官署省辖各机关应将收支计算
遵照修正各条分别办理由

令各官署、省辖各机关

查本省各官署及省辖各机关收支计算核转程序，曾经前巡按使于四年四月间明定办法通饬遵照在案。现在道尹业已裁撤，司法、警政各官署亦稍有变更，自应将前项核转手续妥为修正，通行遵守，以归划一。除分行外，合行令仰该　　即便遵照后开各条分别办理毋违，

切切。此令。(刊登《公报》,不另行文)

中华民国五年十二月二十日

省长吕公望

计开:

甲　各地方官署及省辖各机关于每月终五日以前编造次月支付预算书,连同请款凭单,送请财政厅查核发款后,呈部核转,即由该厅编造发款简明表,呈本公署查核(《审计法施行规则》第一条第二项)。

乙　各官署、各机关应于每月经过后十五日内编造上月收入计算书,按照后开办法分别呈送(《审计法施行规则》第二条)。

(一)各县公署所收地丁抵补金及他项杂税,报由财政厅汇呈核转;

(一)各县审检所及高等分厅、地方分厅司法收入,分别咨呈高等审检厅汇呈核转;

(一)各捐局收入,报由财政厅汇呈核转;

(一)省辖内务、教育、实业各机关各项收入,直接送本公署查核;

(一)各警察厅、警备队、县警察所各项收入,均报由警务处核转,警务处各项收入直接送本公署核转。

丙　各官署、各机关,应于每月经过后十五日内编造上月支出计算书,连同证凭单据及收支对照表,按照后开办法分别呈送(《审计法施行规则》第二条)。

(一)各县公署行政经费计算书等呈送财政厅核阅后,加具按语,汇呈本公署核转;

(一)各县审检所及高等分厅、地方厅司法经费计算书等分别咨呈高等审检厅核阅后,加具按语,汇呈核转,其有预算外之

支出,应另册呈明各该厅核定后,呈请本公署转办;

（一）各县警察所计算书等呈送警务处查核,加具按语,呈请核销;

（一）省会、宁波警察厅,内河、外海水上警察厅,各区警备队,模范警备队计算书等,均呈送警务处核阅后,加具按语,呈送本公署核转,警务处计算书送本公署核转;

（一）省辖内务、教育、实业各机关计算书等,均直接呈送本公署核转;

（一）各征收捐局计算书等,呈送财政厅核阅后,加具按语,呈送本公署核转。

丁　各官署、各机关所编预算书、计算书、对照表等,均应查照审计院颁式办理,不准稍有参差。

戊　各县公署所编各种计算书,均应分别备文呈送,不得并案办理。

己　各县地丁特捐（旧县税）附税及抵补金、附捐及地方固有款项,每月收入支出,均应按照乙、丙两条期限造册呈送本公署查核。

（原载《浙江公报》第一千七百十八号,五至七页,训令）

浙江省长公署训令第一千九百二十三号

令叶绪耕准督军署咨该矿商订购炸药
俟购定起运有期再请验放由

令矿商叶绪耕

查该矿商前呈以"向汉阳钢药厂订购炸药,请给护照"等情,当经转咨准给领用在案。兹又准督军署咨开,"准咨以'象西铜矿向汉阳钢药厂订购炸药,咨请发给护照'等因,当经填给护照一纸,咨送转给,并咨请陆军部转咨迅令各关验放在案。兹准陆军部咨复到署,以

'此项炸药现虽拟购,尚未订定,应俟赴厂购定后起运有期,再行报部,以便转咨验放,庶免歧误,相应咨复,查照饬知'等因。准此,相应咨请贵公署查照,即希转令该矿经理知照"等因。准此,合行令仰该矿商即便知照。此令。

中华民国五年十二月二十日
省长吕公望

（原载《浙江公报》第一千七百十八号,七页,训令）

浙江省长公署训令第一千九百二十六号

令财政厅答复省议会提出庆丰关设立统捐分局质问
一案令厅转行杭县统捐局查办舞弊员役由

令财政厅长莫永贞

本年十二月十五日准省议会咨送张议员若骝等为庆丰关地方设立统捐分局事项提出质问案,内有"该分局经过客货,如火腿、方肉等项每件捐洋二角,白油并各油货每担五分,其他山货各捐四五分不等,至有一票分售二处"等语。如果属实,殊为玩法已极,合亟令仰该厅迅即转行杭县统捐局严切查禁,并将舞弊员役分别撤惩,毋得徇庇干咎,切切。此令。

中华民国五年十二月二十日
省长吕公望

（原载《浙江公报》第一千七百十八号,七至八页,训令）

浙江省长公署训令第一千九百二十八号

令松阳县知事据巡长詹刚禀为未肯白纸盖戳致
被知事发押又嘱程德利诬告拿赌私收罚金求饬释由

令松阳县知事钱世昌

十二月七日案据该县警察所巡长詹刚禀称,"前知事兼警察所长因克扣恩饷,被警佐举发,事与巡长风马无关,乃所长力图报复,节次畏逼警察签名盖戳,冤诬警佐擅离职守,未得如愿。十一月六日特假补给恩饷具领胁迫诸警连盖名戳两颗,一系白纸,未省作何用途,已被逼取大半,巡长以白纸未肯盖戳之故,十八日被逮发押,业已禀明在案。讵至二十五夜一句钟时,忽将巡长上下衣服剥脱,直至五句钟时,险受冻杀,逼取元电,系由警佐骗取领饷,巡长并不知情,切结转押看守所。恨犹未已,买嘱行丐无赖程德利诬告巡长从严拿赌,私取罚金洋六元,即用十六日所取警察裘海山白纸名戳填作巡长借用罚金收条,更串革警程怀邦伪证,竟以莫须有三字,结成不白之冤,必置死地后已。惟有急求省长公鉴"等语。据此,查此案前据该县警佐何光耀呈报,节经令饬该知事并案查办具复在案。据禀前情,合再令仰该知事迅予秉公查明办理具复毋延,切切。此令。

中华民国五年十二月二十日

省长吕公望

(原载《浙江公报》第一千七百十八号,八页,训令)

浙江省长公署指令第五千六百二十七号

令财政厅长莫永贞

呈一件嘉善县知事樊光为前任交册内动支县税
有未呈明及报销者开摺请示由

呈悉。摺开动支县税各项,多有未经呈明及报销之款,自应由该卸任知事分别专案呈请准销之后,始可列入交册。仰财政厅迅速查案核明,转行该县前后任遵照。此令。摺存。十二月二十日

(原载《浙江公报》第一千七百十八号,一一页,指令)

浙江省长公署指令第五千六百四十二号

令财政厅长莫永贞

呈一件平湖县知事呈为具报禁革类似庄架陋规

一案情形并抄送布告稿由

呈及布告均悉。该县架册既未吊齐，应即勒限呈缴具报，倘敢抗违，或查有索费情弊，务须依法严惩，勿稍宽纵，切切。仰财政厅转饬遵照。此令。布告稿存。十二月十九日

（原载《浙江公报》第一千七百十九号，一七页，指令）

浙江省长公署指令第五千六百五十二号

令青田县知事

呈一件为呈报前议会议长等由公益费内借支

银元七十元作为筹备之资请先予支销由

据呈已悉。查地方自治迭由本署电促中央回复旧制，均以应俟《县自治制》草案拟就，提经国会议决颁行。本月十二日又接中央同项电复，业已咨转省议会，并公布知照有案。是地方自治是否仍用从前旧制，抑或另行他种制度之处，既难悬揣，对于该县旧县议会，自难准其支借款项。仰该知事除即向前县议会议长将前由县税公益费项下所支银七十元妥速收回，以重公款外，并将关于自治上应需经费迅行筹备妥洽，俾便一奉明令即行举办，以副本省长尊重民治之至意，应即遵照办理毋违，切切。此令。十二月二十日

（原载《浙江公报》第一千七百十八号，一一页，指令）

浙江省长公署指令第五千六百五十八号

令财政厅长莫永贞

　　呈一件呈为具复黄岩县请解释《修正地丁滞纳
　　处分暂行法》业经指令在案由

据呈已悉。此令。十二月二十日

附原呈

呈为具复事。

　　案奉钧长指令，黄岩县呈为奉颁《修正地丁滞纳处分暂行法》及《抵补金滞纳处分暂行条例》尚有疑义请指示由，奉令："既据分呈，仰财政厅核明令遵，仍具复备查。此令"等因。奉此，查此案前据该县并呈到厅，当以"查《修正地丁滞纳处分暂行法》第二条之截征日期，应仍适用《修正征收地丁暂行章程》第九条之规定，至该县抵补金既系随同地丁分忙征收，其滞纳处罚自应分忙执行。元、二、三年积欠银米加罚之数，现既回复原案，应即查照公布案办理"等语指令在案。奉令前因，除令遵外，理合具文呈复，仰祈钧长鉴核。谨呈。

　　　　（原载《浙江公报》第一千七百十八号，一一至一二页，指令）

浙江省长公署指令第五千六百五十九号

令财政厅长莫永贞

　　呈一件为镇海闽船验费拨归自治征收
　　一案据情声复并附清摺由

呈、摺均悉。闽船验费，既经该县前自治会议决，并由县转呈核准有案，姑仍照旧征收，余俟各该县查复后，呈候察夺。此令。摺存。

十二月二十日

附清摺

谨将镇海城自治征收闽船验费一案照录清摺,呈送鉴核。

计开:

镇海城自治议事会议长刘郇、副议长朱钦文呈,"查《城镇乡地方自治章程》第三十七条,议事会议决事件由议长、副议长呈报该管地方官查核后,移交城镇董事会或乡董按章执行"等因。兹敝会于十一月二十八日开临时会议决号台规费改充自治经费案一件,理合照章呈请,即祈监督核准,以维自治而符定章。此呈

镇海县知事刘

计附拟拨号台规费改充自治经费议决案一件。

刘　郇　朱钦文

拟拨号台规费改充自治经费案

理由

案号台规费为地方陋规之一,查前次都督通令,业将一切陋规悉行革除,此项规费当然在革除之列。惟现下本城自治经费多未确定,既有此项规费,自应先行改充,盖以地方之陋规,办地方之公益,在民间仍照向例,无负担之增加,在公家有此的款,庶充分以进行。费挽彼注此之手续,得弊兴利之实效①,事无有逾于此者。此本议案之所由提议也。

办法

一、号台规费仍照向例征收,不得增减。

二、此项规费仍由地方官征收,按月照给董事会。

三、征收公费由规费内扣除之,但不得逾二十分之一。

四、本议案经监督核准后,以阳历五月一日为实行之期。

---

① 底本"得""弊"之间有脱字。

镇海县知事刘批：

呈及议决案均悉。县台规费划归地方收入，拨充自治机关之用，事属可行，希候呈报财政司暨民政司核示可也。抄由发。

浙江财政司批：

既据并呈，仰候民政司批示遵行。此批。抄由发。

浙江民政司长褚批①：

据呈城自治议会议决号台规费改充自治经费，原属可行。惟查《城镇乡自治章程》第九十七条，附捐由该管官厅征收，汇交董事会，此项规费既非附捐，应由城董事会按章征收，仰即妥议办理，仍候财政司批示可也。此缴。议决案存。

（原载《浙江公报》第一千七百十八号，一二至一四页，指令）

浙江省长公署指令第五千六百六十号

令财政厅长莫永贞

呈一件全浙典业公会呈为当票贴用印花可否

暂照元年公布税法办理请咨部核复由

呈悉。当票贴用印花，在未经国会议决以前，能否暂照元年公布税法办理，既据径呈，应候财政部批示遵行。仰财政厅转行知照。此令。呈抄发。十二月二十日

（原载《浙江公报》第一千七百十九号，一七页，指令）

浙江省长公署指令第五千六百六十一号

令财政厅长莫永贞

禀一件据旅甬侨民许祥林等为请饬鄞县

取销台象白肉进口征收税以恤商艰由

禀悉。此案前据林瑞珍等电禀到署，即经令饬查办在案。据禀

---

① 民政司长褚，指褚辅成(1873—1948)，字慧僧，浙江嘉兴人。宣统三年十一月，浙江光复，任浙江军政府民政司司长。

前情,仰财政厅一并查明核办,具复察夺。此令。禀抄发。十二月二十日

（原载《浙江公报》第一千七百十八号,一四页,指令）

浙江省长公署指令第五千六百六十二号

令财政厅长莫永贞

呈一件呈为查明鄞县征收屠宰税情形暨由厅核饬遵办各节由

呈悉。猪类屠宰税由个人包认,本属无此办法,现在该县城厢各肉铺,既已改归县署派员直接征收,其余乡镇各屠户,自应一体照办,不得再行包认,致滋流弊。大捐名目,亦即严行禁革,以杜中饱。仰即转令该县知事遵照,并饬将确实宰数从速查明,造册呈报,并将牛羊两税现办情形一并附复核夺。此令。十二月二十日

附原呈

呈为遵令查明鄞邑征收屠宰税情形暨由厅据呈核饬各节仰祈鉴核事。

案奉省长第七一九号训令,"钞发鄞邑肉业复顺等号请照包瑾甫认数认办屠宰猪税一案原呈,饬即转行该县查明,据实具复核夺"等因。奉此,查此案前据该肉业等禀同前由到厅,当以"所禀各节,究系如何情形,未据该县呈报,无凭察核",即经钞禀训令鄞县知事查明复夺在案。奉令前因,又经转令并案查复去后。兹据该知事祝绍箕呈称,"窃维征收捐税,最防中饱;欲除中饱,先破把持。查鄞邑屠宰税内猪类每年以一万四千六百六十七头计算,每头三角,合银币四千四百元,又附捐每头二角四厘五毫,合银币三千元,原不及屠宰数之半。诚以创办伊始,屠户散处城乡,而所宰之数难免挂漏,拟于各屠业中招一领袖,以调查所得之数,责成该商包认,每年平均缴解,庶无短绌之虞。缘有洪显扬,本非肉业,凭借司事之名包认猪、羊两税,订定一年为期。另

以牛税一项，招商陈菊如认办。所以如此着手者，前知事原图执简驭繁，而该商等罔知体恤，误为本业本认也。知事到任之后，仍旧办理。迨本年七月将届期满，别商希图加数包办，知事初无成见，以为与其更新，毋宁就熟，当传洪显扬询其能加若干，以便继续而杜藉口。讵料该商狡猾异常，答云尚须请减。旋竟施其破坏伎俩，联合猪肉铺环求核减，表示猪羊税非洪不办。在肉铺则恐易人加税，甘受播弄，不知洪显扬之把持愈以显露，若听其长此盘踞，势必征收国税操之若辈之手，大足以阻碍新税之进行。适有商人包瑾甫请'加缴每年一百二十元认办，另在盈余项下乐输公益费五百元，并愿将陈菊如退办之牛税一并按缴'等情。知事察核之下，知该商籍隶本县，尚谙商情，窃思公益费既出乐输，贫儿院开办经费正虑无米难炊，藉可听候拨用，且陈菊如退办牛税，因受洋商抗缴影响，年照认额须捐二三百元之巨，该商愿尽义务，似此一举数得，既有能力征收，亦何乐而不为，经给发示谕承办。洪显扬知中饱已破，唆动抗捐，甚将包瑾甫收税已过之帐暗向钱庄驳回。包瑾甫呈验证据，果然确实，彼此互讦，迁延两月，详细调查，均系洪显扬串同得泰肉铺从中作祟，包瑾甫迭被玩拒，对各肉铺联络不暇，尚何苛扰可言？探厥原因，包瑾甫初因现在贴水奇重，拟改收现，以资弥补；洪显扬据以结合肉铺，不曰加税，即曰苛扰，或请传讯，或称储款待缴，始终想达其本业本认之目的而后已，无论若何中饱，若何把持，使官厅充耳不闻而后快。知事一意持平办理，总以此项税款，增则肉商担其义务，减亦肉商沾其实惠，为主无不可俯顺其请。若城厢肉铺藉口包商苛扰，则改由本署派员照上年洪显扬之数直接征收，四乡零星之户仍由包商妥为办理，自当无口可藉，否则即系抗税，再难姑容，庶儆把持。现在已将城厢各猪肉铺八、九月屠宰税收起，众无异词。其包瑾甫认加及认缴公益费，据呈已无盈余,恳乞免缴,应予批准,以免赔累。惟查屠宰猪羊均有附捐,向由城自治收充办学经费核准有案,乃肉业公所又另立大捐名目,分四季向猪肉店征收,每猪一头,计洋三分,城厢一隅,竟以二万七千七百九十口计算,并未呈准有案。据称洪显扬经手时,概为肉业公所司事等薪水及杂项费用。知事澈底调查,殊有假公济私、损害正税情弊,迭经饬传呈出证据,迄今延未遵送,容再谕催,务求翔实,如应蠲免,即行布告。再,洪显扬把持此税,人所共知,自应另营别业,嗣后不准包揽各项捐务,以杜将来。所有整顿屠宰税,万无本业本认之理,暨现在照常征收缘由,是否有当,呈祈察核转呈"等情。据此,厅长复查部颁《屠宰税简章》,凡屠宰猪牛羊,本应逐日清晨,由征收所查验之后,方准出售。嗣经张前厅长以逐日查验委琐烦扰,是以详准略仿营业税办法,按各屠户约计宰售只数,分别认定纳税确数,意在免除逐日查验之烦,原所以体恤商情,并非准由个人包认,再由包认之人向逐户征收,致滋包揽把持、藉捐肥私之揽弊。乃各县于变通认缴本意率多误会,又值开办之初,征收烦难,辄予个人或一户包认,希图省事,以致争包认视为利薮,税款、屠商交受其损。该县前报年宰猪类一万四千六百六十七只,暨据声称不及屠宰数之半,即应重行挤查,以祛隐匿。况包瑾甫认办时,竟声明在盈余项下乐输公益费五百元,试问各户按只照率认缴,有何盈余可言?其历来隐匿侵蚀,情弊显然,岂仅年加一百二十元所能济事?现据声称,该县城厢各肉铺改由县署派员直接征收,办法甚是,至乡镇屠户,亦应由县派员直接征收,其实在穷乡设摊零售之户,或由就近乡警,或自治团体带收。至扼要整顿之法,首在调查确实宰数,以凭按只计税。应即从速复查,究竟城厢与四乡年各宰猪若干只,迅速分别造册呈报,一面核实征解其屠宰牛羊两税,现在究竟如何征收,亦即报明办理。至此项屠宰税,现已带征附捐,岂容别立大捐名目，自应立即严行禁革，晓谕各肉商知照，以杜中饱而维正税。除指令该知事遵照外，理合备文呈复，仰祈钧长鉴核示遵。谨呈。

（原载《浙江公报》第一千七百十八号，一四至一六页，指令）

浙江省长公署指令第五千六百六十三号

令嘉兴县知事

呈一件呈报遴委掾属请注册由

涂任等员准予注册。惟张咸相一员资格，核与《文职任用令》不合，未便照准，仰即知照。履历及清摺存。此令。十二月二十日

附原呈

呈为遴委掾属造具履历送请察核注册事。

窃知事蒙钧长委署嘉兴县知事，遵于本年十月一日接任视事，业经呈报在案。所有袁前知事原委各佐治员，历经考察成绩，分别去留，自应遵照《县官制组织条例》第七条之规定遴委接充。惟查袁前知事分设政务、财政两科，教育即隶入政务之内，仅设助理一员，以专其事，殊非注重教育之道。兹知事察看情形，拟设政务、财政、教育三科，政务设主任一员、助理四员，财政设主任一员、助理五员，教育设主任一员、助理一员，其实业暂隶政务科内，指定一员，以专责成。此外设收发一员，藉资臂助。除分别委任，并取具各该员履历、加具考语，缮摺呈送外，理合备文呈报，仰祈钧长察核，准予注册，实为公便。谨呈。

嘉兴县知事张梦奎，谨将委任各佐治员加具考语，缮摺呈送，仰祈鉴核。

计开：

政务主任涂　任　品学兼优、经验宏富。

财政主任石尹谐　心精力果、计学湛深。

教育主任张传琨　学优才裕、饶有经验。

政务助理许崇巚　学识优长、才具练达。

　　　　傅典煌　老成练达、为守兼优。

　　　　杜　卫　法学湛深、通达事理。

　　　　唐文骏　明达事理、勤慎从公。

财政助理蒋璧辉　经验颇富、学有专长。

　　　　赵瑞藩　精明干练、遇事有为。

　　　　叶润芬　局度安详、才具开展。

　　　　胡振雄　专办验契事宜,考语:才学并茂、经验亦深。

　　　　傅玉林　专办会计事宜,稽核详明、无忝所司。

教育助理曹葆辰　事理明达、克勤厥职。

（原载《浙江公报》第一千七百十八号,一六至一八页,指令）

浙江省长公署指令第五千六百六十四号

令天台县知事

　　　呈一件遵令委任教育主任请注册由

应准将前报之政务主任王庆槐等一并注册,仰即知照。履历存。此令。十二月二十日

　　　　　　　　　附原呈

呈为遵令委任教育主任取具履历,仰祈鉴核注册事。

案于本年十一月十九日奉钧长训令第一二五二号,内开,"照得现在学务委员撤销,劝学所未成立,责任全在县署,应将教育特别设立一科,遴选师范毕业生或中学以上毕业生充任,并将详细履历报查"等因。正在核办间,又奉钧长指令第四二一八号,内开,"天台县知事呈一件为呈报委任掾属请注册由。查各

3237

县学务委员均已裁撤,劝学所尚未成立,所有教育行政事务,自应由县署特设专科办理,以资进行,业经通令在案。该县除政务、财政两科,并不另设办理教育人员,殊属非是,仰即查照前令,另行改组,呈候核夺。履历暨清摺暂存。此令"各等因。奉此,自应遵照办理。兹查浙江高等学校毕业生曹谦品端学粹、掌教有年,核与中学以上毕业资格相符,堪以委任教育科主任,理合取具该员履历,备文呈报,仰祈钧长鉴核,准予注册,实为公便。再,前经呈报政务助理祝诩,现已改委教育助理,合并声明。谨呈。

谨将委任各掾属加具考语,缮具清摺,送请鉴核。

计开:

王庆槐,才长心细,为守兼优,委任政务主任员。

胡达韶,心精力果,计学尤深,委任财政主任员。

葛友仁,学有专长,经验亦富,委任政务助理员。

祝诩,敦品励学,恂愊无华,委任政务助理员。

邵宗谦,明体达用,稽核尤工,委任财政助理员。

(原载《浙江公报》第一千七百十八号,一八至一九页,指令)

浙江省长公署指令第五千六百六十八号

令高等检察厅长殷汝熊

呈一件据江山县呈复查明峡口礼贤等

乡命案均经呈报高检厅由①

呈悉。仰该厅转令该县迅将峡口、礼贤各乡命案,备具格结,补报备核。嗣后遇有命案,并应分呈本署查考,毋得违误,切切。此令。呈抄发。十二月二十日

(原载《浙江公报》第一千七百十八号,一九页,指令)

---

① 命案,底本脱字,依正文补。

浙江省长公署指令第五千六百六十九号

令第一区警备队副官单平

呈一件呈遂昌县胡福昌霸占田亩

县署延不判决请饬速判由

呈及黏抄均悉。候令高等审判厅转饬该县审检所迅速依法办理可也。此令。黏件存。十二月二十日

（原载《浙江公报》第一千七百十八号，一九页，指令）

浙江省长公署指令第五千六百七十七号

令高等检察厅长殷汝熊

呈一件据萧山金陈氏呈钱莲德等枪毙

伊子金仁有一案请饬县缉办由

呈悉。查此案前据该氏具呈，当以钱莲德父子有无教唆情事，该氏子仁法现在何处，有无被逼议和等事，令厅饬县确切查明，呈复察夺，一面并将朱七十、场差阿福二名，勒限严缉在案。据呈各情，仰该厅转令该县迅行查照前令，分别办理具报察夺，毋再违延，切切。此令。呈抄发。十二月二十日

（原载《浙江公报》第一千七百十八号，一九至二〇页，指令）

浙江省长公署指令第五千六百七十八号

令高等审判厅厅长

呈一件据德清姚大炳续呈专审员

违法执行一案请准理由

呈及由单均悉。究竟本案审理情形如何，手续有无错误，仰高等审判厅转饬该所录案具复，以凭察夺。此令。呈抄发。由单存。十二月二十日

（原载《浙江公报》第一千七百十八号，二〇页，指令）

浙江省长公署指令第五千六百八十号

令兰溪县知事

呈一件为呈定期改组农事试验场并送简章及
拟筑石坝图说等件由

呈、件均悉。所拟农事试验场简章大致尚妥,惟逐年办理成绩,
应于每年终督饬详具报告,呈候查核。至拟筑石坝,既为预防水患起
见,借用经费又拟以该场逐年农产物收入弥补,亦属可行。至坝身是
否全用毛石堆砌,上下各阔若干,及借用经费究须几年可以弥补清
楚,来呈均未据叙明白,尚欠切实,应再补查呈明,以凭核夺,仰即遵
照。来件并存。此令。十二月二十日

（原载《浙江公报》第一千七百十八号,二〇页,指令）

浙江省长公署指令第五千六百八十六号

令第五模范缫丝厂

呈一件呈为造送七月至十月收支册由

呈、册均悉。仰即造具各月分支出计算书、收支对照表,连同单据
黏存簿一并送核。再,会计年度业经改定公布,本年六月分结存银数不
得列入七月份支出计算书内,并仰知照。册存。此令。十二月二十日

（原载《浙江公报》第一千七百十八号,二〇页,指令）

浙江省长公署批第一千一百九十三号

原具呈人遂昌郑汝贤等

呈一件为僧观法藉仁一校争拨西明悟性两庵产县查不实由

已于徐则性前呈内明白批示矣[1],仰即知照。此批。十二月十九日

（原载《浙江公报》第一千七百十八号,二一页,批示）

---

[1] 此批未见刊登。

浙江省长公署批第一千一百九十八号

原具呈人第六区第四支栈酒类查缸员杨锐

呈一件为韩士衡教唆张连科纠众

抗查一案请予律办由

此案已由该查缸员提起上诉,事隶司法范围,韩士衡是否确有教唆情事,应由司法官厅审查认定,依法办理,该查缸员尽可自向司法官厅申请调查,毋庸来署歧渎。此批。十二月十九日

（原载《浙江公报》第一千七百十八号,二一页,批示）

浙江省长公署批第一千一百九十九号

原具呈人武义县徐有容

呈一件为辩明前充征收主任并无舞弊情事

请饬传原告澈究虚实由

呈悉。该民前充征收主任时,如无舞弊情事,何致遽被发押,着静候讯办,毋庸砌词上渎。此批。十二月十九日

（原载《浙江公报》第一千七百十八号,二一页,批示）

浙江省长公署批第一千二百号

原具禀人旅甬侨民许祥林等

禀一件为请饬鄞县取销台象白肉

进口征收税以恤商艰由

禀悉。此案前据林瑞珍等电禀到署,即经令饬查办在案。据禀前情,候令行财政厅一并查明核办,具复察夺。此批。十二月二十日

（原载《浙江公报》第一千七百十八号,二一页,批示）

浙江省长公署批第一千二百零一号

原具禀人海盐县丈量讲习所毕业生张先坤等

禀一件禀为资格相符请分发各县清丈局分别录用以资历练由

禀悉。该生等既系海盐县丈量讲习所毕业,现在该县清丈事宜正拟继续进行,尽可前往呈请效用,所请应毋庸议。此批。十二月二十日

(原载《浙江公报》第一千七百二十号,一九一六年十二月二十七日,一四页,批示)

浙江省长公署批第一千二百零二号

原具呈人张睿府

呈一件为请求录用由

呈悉。查现时投效人员实繁有徒,苦无相当差事可以位置,来呈请求录用,可毋庸议。此批。十二月二十日

(原载《浙江公报》第一千七百十八号,二二页,批示)

浙江省长公署批第一千二百零三号

原具呈人德清姚大炳等

呈一件续呈专审员违法执行一案请准理由

呈及由单均悉。究竟本案审理情形如何,手续有无错误,候令高等审判厅转饬该所录案具复,再行察夺。此批。由单姑存。十二月二十日

(原载《浙江公报》第一千七百十八号,二二页,批示)

浙江省长公署批第一千二百零四号

原具呈人萧山金陈氏

呈一件呈钱莲德等枪毙伊子金仁有一案请饬县缉办由

呈悉。查此案前据该氏具呈,当以钱莲德父子有无教唆情事,该氏

子仁法现在何处,有无被逼议和等事,令厅饬县确切查明呈复察夺,一面并将朱七十、场差阿福二名,勒限严缉在案。据呈各情,仍候令行高等检察厅转令该县迅行查照前令,分别办理具报察夺。此批。十二月二十日

（原载《浙江公报》第一千七百十八号,二二页,批示）

浙江省长公署批第一千二百零五号

原具呈人绍兴杨缪氏

呈一件呈吴传忠盗卖田亩一案请求明令指示以便遵循由

呈悉。察阅粘抄,此案于民国二年二月间经绍兴县法院阙席判决,三年十二月间被告吴传忠等向绍兴县署声明窒碍,又经该县决定驳回,事隔二年,何以该县忽又更为审理,撤销原判,究竟详情如何,既据向高等审判厅上诉,候令该厅依法办理可也。此批。十二月二十日

（原载《浙江公报》第一千七百十八号,二二至二三页,批示）

浙江省长公署批第一千二百零七号

原具呈人诸暨蒋寿彭等

呈一件为请在暨邑设厂制硝由

呈悉。案关军火,候据情咨请督军署核复,再饬遵照。此批。十二月二十日

（原载《浙江公报》第一千七百十八号,二三页,批示）

浙江省长公署批第一千二百一十一号

原具禀人温岭林高蹈

呈一件为警佐张翀私侵捐款一案请先撤任提省追缴由

禀悉。案经令县讯办,仰即遵照前批,携同掷还簿据投县,听候侦查,秉公办理,毋得逗遛屡渎。此批。十二月二十日

（原载《浙江公报》第一千七百十八号,二三页,批示）

浙江省长公署批第一千二百一十三号

原具呈人遂昌程国明等

呈一件为与仁一校争西明悟性两庵产一案委员偏护妄详由

已于前呈内明白批示矣，仰即查照。此批。十二月二十日

（原载《浙江公报》第一千七百十八号，二三页，批示）

浙江省长公署批第一千二百一十四号

原具呈人缙云陈缵琳等

呈一件为朱钟奇等抢收校租捏情诬控由

呈悉。查是案前据该县呈报，业经饬严追究办在案，仰即知照。此批。十二月二十日

（原载《浙江公报》第一千七百十八号，二三页，批示）

浙江省长公署咨农商部

为矿务技术员兼办矿务文件以节虚糜咨请查照由

浙江省长公署为咨行事。

案据本公署矿务技术员李彬、钮翔青呈称，“窃技术员等于本月十四日奉钧长训令第一七六四号，内开，‘照得矿务技术员李彬，现准部咨，仍回原差，自应准其继续供职，所有本省前派之调查陈廷维应即撤销，另候任用。又矿务重在调查，本省既有技术员两人，以后应轮流以一员出外调查，一员留署办公，所有矿务文件，即由技术员主办，其原办矿务之实业科员，亦即撤销，另候任用。至本省已发现之矿山，究有几处，已未有人探采及探采之成绩如何，并由该技术员赶紧列表呈核。除分行外，仰即查照办理’等因。奉此，员等自应遵令办理。惟查部定《矿务职守规则》第五条，技术员应办事项为查勘、调查、化验及其他关于矿业之技术，所有办理矿务文件另规定于事务员

职守之内,员等现既主办矿务文件,是以技术员而兼理事务员职守,理应呈请钧长咨部陈明,是否有当,仰祈鉴核"等情。据此,查本省矿务事件尚属清简,技术员二人本多余暇,实无另设事务员之必要,是以前令该技术员以一人轮流出外调查,一人在署兼办文件,以节虚糜。据呈前情,相应备文咨请贵部查照备查。

此咨

农工商部

浙江省长吕公望

中华民国五年十二月二十一日

（原载《浙江公报》第一千七百十九号,一九一六年十二月二十六日,三页,咨）

浙江省长公署训令第一千九百二十九号

令警务处据瑞安郭弼等呈为粪桶加盖归
并便所及各县建设寄厝所各办法由

令警务处长夏超

案据瑞安贫儿院教员郭弼等以"促进卫生事业,高尚人民思想"等语呈请前来,并粘说帖一纸到署。据此,查所呈各节,有无可采,除批示外,合行抄发原呈,连同说帖,令仰该处察核,以备采择。此令。

计发抄呈及说帖各一件。

中华民国五年十二月二十日

省长吕公望

附原呈

具呈人:瑞安县公民林大经、郭弼、孙延第、孙延楷。

呈为促进卫生事业,高尚人民思想事。

窃闻国于大地以强大称者凡八,日本以外,莫非白皙人种。

间尝求其故，知非无由，盖以摄生有道，强健自期。西哲有言，强健之精神，寓乎强健之体魄，人智于以日灵，科学于以发达，其体魄胜于我者倍蓰，其科学胜于我者亦倍蓰。日人虽以倭闻，而喜洁性成，其国人每以好浴自夸，其体魄之强且健，不愧倭少精悍之称。反顾我国，私人卫生，从不致意，姑可缓论。而公众卫生，废弛亦如之。大邑通都，积威劫持，守法从律，或当不鲜，亦有愚氓，敢为尝试，下之若穷乡僻壤，更无论矣。即就省城以论，为吾省长驻在之区，咫尺密迩，情形当可较悉。而农夫运粪，必至亭午，污气腾蒸，不可向迩，不幸微菌散逸，袭人疾疫，瘟疫必将踵接，而腐鼠投弃，苍蝇争吮，病菌得媒妁以传达，人身有微隙而被乘，不成大害，亦云几希。杭城为吾浙省首善之区，全省观瞻所系，卫生事业犹复若是，自郐以下，更可知矣。

民等住居瑞安，尝历旧杭宁绍台府属，请就见闻，一沥陈之。我国农业肥料唯赖便泌，农家恃以为生，珍之若命。四万万生灵仰食如天固已，时近代之新知，背世运之进步，而常见一里之内，必有一坑，苍蝇遂得中饱，虫赖以成全，粪虫一变即为苍蝇，病毒传达，佚驾光电。更有露天不盖，如葵向日，粪虫产生之力，虽藉阳光而稍减，蒸腾为气之量，将温度而益多，为害之烈，均有可言。卫生不讲，于斯可见。此其一也。

更有河滨停棺，圬枢不葬，其为害毒，抑甚前者。古者天子七月而葬，诸侯五月，大夫三月，士逾月。近代习气，丧葬之礼唯尚繁文，风水之说更扬其波，有以厚葬需费停枢十年，有以未得牛眠阅经数世。遂至停枢之数日益月增，朽毁未埋，时复屡见，甚有舁置城濠之滨，不加禁止①，一遇涨水，流浸及棺。夫有孔者，物理公性，岂陈死人，能不腐流，以水流之地，为陈尸之场，饮

---

① 不加，底本原作"不如"，径改。

之者，究其源，无异食菌自毙。虽以气候佳良，水沸菌毙，不致遽成大患，以祸地方，积之岁久，疫疠横行，中智以上，皆能虑及。此其二也。

综上二端，荦荦大者，既为害有必至，祸有足虑，更就污秽不治，贻害人民思想者一尘清听。夫山谷之民，倔强傲岸，滨海之邦，民情活泼。以拿破仑之雄威，瑞士不夷为藩属，以土耳其之凶悍，黑山终保其自由，山之功也。以美洲之闭塞，披其荆棘，以印度之庞大，使为臣妾，海之功也。即在吾国之山谷之民，骁悍不驯，海隅各地，擅长商贾，乃知孟母之迁为有卓见，高山仰止，亦情所必至也。由斯以言，人所居处，影于精神者甚大。今乃国民宅处，至为污秽，世所期望，然复甚殷。嗟夫嗟夫，倒行求前，非但不进，必将却居极境，退处穷途。

溯自吾省长莅任以来，凡百庶政，积极进行。上陈二者，或人之意，视为数千年之习惯，积重难返，非人民祈望最殷之政，以为不急。然以数千年专制政体，且碎于一击，谓难返者何？云增进幸福，人民祈望最，又非持之有理。民等愚昧，敢谓不然。实以地方官吏为省长之耳目，多事因循，不图兴革，使此二者未筹善后，此为主因，可以无疑。凡上所陈，对于国民自身图谋幸福固已，略述梗概，更思海通以来，西人旅居吾土，穷乡僻壤有其足迹，名虽为传道，实事兼问俗。使其睹此怪状，摄影携归，彼邦人士必将嗤我野蛮，国际信任，足为阻碍。客岁我国鸡蛋销售美洲，彼邦论事之徒有谓，食蛋而生毒，不可食，至著为论说，传之一国。此种恶状，固已昭示西土。呜呼！及今而图，已悔噬脐，更事因循，未卜如何。绣鞋三寸，罗致陈列，豚尾盈尺，把玩笑谈。天福中华，已成陈迹，仅供考古，犹不为病。独此现象，日接眼帘，未闻议及，良可太息。民等默察时运，忧心如惔，优胜劣败，已为公例。方今列强环伺，国危一发，群讲强兵，皆期救国。

独于卫生事业,极与强种问题有关者,视若罔睹,地方官吏不能辞责。然困迫为今大患,筹此二者,不可无财,迟迟不发,其以此欤? 谨具说帖,兼筹并顾,倘有可采,幸赐观览。谨呈。

(原载《浙江公报》第一千七百十九号,七至九页,训令)

浙江省长公署训令第一千九百四十六号

令各属准税务处咨为华洋商轮配置军械及
甲船托由乙船运交办法由

令杭海关监督、浙海关监督、瓯海关监督、各县知事、警务处

十二月十一日案准税务督办孙咨开,"案查前据粤海关监督来呈,以准江门关税务司函称,'往来香港、江门之英商大利轮船驶抵本口,载有代交往来澳门、江门之英商华新轮船护船,快枪十杆、子弹一千五百颗,此项军火并无护照,随运进口,经关暂行扣留,应否准其移交应用,应请速复'等语。监督当查《改订枪弹进口新章》第三款甲、乙、丁各条,应照章扣留入官,经函复江门关税务司查照定章办理,并照函英总领事查照。旋奉署督军龙函开,'华新英轮所带枪枝、子弹,经英总领事证明,系为该轮自卫之用,似与私运军火不同,应暂行送由英领事转交华新轮船领回。一面将本案缘由呈请税务处核办,并妥定章程'等因,监督业已遵照办理在案。惟究应如何办理,应请核明指令祗遵"等情。本处当以此案往来澳门、江门之英商华新轮船配置护船枪械,由大利轮船驳交,既系为自卫之用,势难拒绝。该监督未将详情呈请核示办法,遽援渺不相涉之《枪弹进口新章》第三款甲、乙、丁三条,予以扣留入官办理,实有未合,既经龙前署督军函由该监督送交英领事转交领回,应即无庸置议。至此后无论华洋商轮配置护船军械,亟应明定办法,俾资遵守。爰由本处参照成案,拟订办法,并抄录原呈咨行陆军部查酌核复去后。兹准陆军部咨复称,"来咨所拟,凡华洋商轮须配置军械,以为护船之用者,华商应将情由禀由地

方长官核准后行关,给予牌照,方许配置。每船所配各色枪枝至多不得逾十枝之总数,子弹不得逾二千颗之总数,但遇必须逾额添置时,亦可由地方长官酌夺情形,准予通融办理。洋商除禀由该管领事照会地方长官核办外,余均与华商无异。倘甲船军械须托由乙船运交者,该商并须于具禀时据实声明,由地方长官另发一护照,以为准予乙船带运该项军械进口之凭证,并转行进口之海关知照。其余一切事宜仍照向来办法办理。惟各关发给此等新配军械牌照,须由该管监督每月汇报一次,由本处转咨陆军部查核。以上办法,甚属周密,本部应表赞同,应咨复查照'等因前来。查前项华洋商轮配置护船军械给领牌照,暨所配枪弹额数,并甲船托由乙船运交军械各办法,既经部、处商准同意,应即作为定章。除分行外,相应咨行贵省长查照,希即转令所属遵办可也"等因。准此,除咨复并咨行督军,暨通/分令各县知事/关监督/关监督暨通令各县知事外,合亟照章刊登《公报》,令仰该监督/知事/处一体遵照。此令。(刊登《公报》,不另行文)

中华民国五年十二月二十一日

省长吕公望

(原载《浙江公报》第一千七百十九号,一〇至一一页,训令)

浙江省长公署训令第一千九百五十号

令各县知事转令所属学校购用教科书由

令各县知事

案据上海商务印书馆经理高凤池呈称,"敝馆出版小学、中学、师范、商业及女学校各种教科图书,送经教育部审定公布,并承钧署叠次通饬采用各在案。惟查敝馆新出教科各种图书,经续奉教育部审定者凡数十种,现在年假已届,转瞬春季开学,各校正在选择用书之际,设非有详备之目录,恐无以应需要而便检查。敝馆用将最近奉部审定及前经审定各种教科图书分别类目,摘叙部批,印成清摺,附呈察阅。恳祈俯赐核准,迅予饬发所属,转饬各校遵照采购"等情。据此,除批示并分令外,合即令仰该知事转行境内各学校一体知照。此令。(刊登《公报》,不另行文)

省长吕公望

中华民国五年十二月二十一日

(原载《浙江公报》第一千七百十九号,一一页,训令)

浙江省长公署指令第　号[①]

令警务处长夏超

据兰溪县呈前警队队长刘迪光缉捕得力

颇著勤劳请注册任用从优奖励由

所呈该前县警队队长刘迪光劳绩,查案尚属相符,应如何从优奖励、注册任用之处,仰警务处酌核办理,令遵具报。此令。抄呈及履历发。

附　浙江全省警务处训令第二百二十二号

令长兴县知事为前警队队长刘迪光缉捕

得力请注册任用从优奖励由

令长兴县知事魏兰

本年十二月十八日奉省长指令,据该县呈前警队队长刘迪光缉捕得力颇著勤劳请注册任用从优奖励由,内开,"所呈该前县警队队长刘迪光劳绩,查案尚属相符,应如何从优奖励、注册任用之处,仰警务处酌核办理,令遵具报。此令。抄呈及履历发"等因。奉此,查该前县警队队长刘迪光,既据该知事呈报平时教练各警整肃有方,缉捕盗匪颇著勤劳,应准以哨长记名任用,以

---

① 本文由浙江全省警务处训令第二百二十二号析出。

资奖励。除注册外,合行令仰该知事转令知照。履历存。此令。

中华民国五年十二月二十日

全省警务处处长夏超

（原载《浙江公报》第一千七百十九号,一三页,训令）

浙江督军署训令第　号①

准陆军部咨快利轮船前装军队人数过多
有碍行驶请饬查照制限由

令警务处长夏超

本月十四日准陆军部咨开,"准税务处咨,据江海关监督呈称,本年九月二十一日准职关税务司欧森函称,快利轮船船主送来英文抗议书一件,系为该船前装军队人数过多,于行船有碍之故,咨请转令所属各军队,嗣后遇有需用轮船输送事件,须按照该船原定重量额数装运,毋得再有前列行动"等情,并照录原附快利轮船船主致税务司抗议书一纸到署。合亟粘抄原咨暨抗议书令仰该处长转令所属遵照。此令。

附　浙江全省警务处训令第二百二十四号

令各属奉督军训令准陆军部咨快利轮船前装军队
人数过多有碍行驶请饬查照制限由

令区统带、警察厅长、兼警察所长

本年十二月十六日奉督军训令内开,"本月十四日准陆军部咨开,'准税务处咨,据江海关监督呈称,本年九月二十一日准职关税务司欧森函称,快利轮船船主送来英文抗议书一件,系为该船前装军队人数过多,于行船有碍之故,咨请转令所属各军队,嗣后遇有需用轮船输送事件,须按照该船原定重量额数装运,毋得再有

---

① 本文由浙江全省警务处训令第二百二十四号析出。

前列行动'等情,并照录原附快利轮船船主致税务司抗议书一纸到署。合亟粘抄原咨暨抗议书令仰该处长转令所属遵照。此令"等因。奉此,合行粘钞原咨暨抗议书令仰该统带、该厅长、该兼所长即便转行所属一体遵照。此令。(刊登《公报》,不另行文)

计钞陆军部原咨暨抗议书各一纸。

中华民国五年十二月二十日

全省警务处处长夏超

陆军部原咨

陆军部为咨行事。

准税务处咨开,"据江汉关监督呈称,'本年九月二十一日准职关税务司欧森函称,快利轮船船主送来英文抗议书一件,系为该船前装军队人数过多,于行船有碍之故,合将原书钞录送请查阅核办到署,当经钞送汉口镇守使查照在案。兹于十一月十六日准该税务司函称,案查本年九月内曾据快利船主送来英文抗议书一件,系为该船前装军队人数过多,于行船有碍之故,当于是月二十一日钞录原书送请核办在案。兹奉总税务司饬即转达请将前所录送之该船主抗议书径呈税务处转送陆军部查核等因,合即函达,请烦查照办理,见复为荷等因。准此,除函复外,理合照钞原书呈请转送陆军部查核'等情,并附原书前来。查快利轮船客位额数,据抗议书所载只一千一百六十七人,今据声称该船每次装兵均过三千余人,以致所备之救生艇亦已装满人,额既逾两倍有奇,如遇不测,何堪设想?此等举动实与人道、航律均大为不合,应请贵部严加取缔,以免将来再有此等行动"等因,并附钞该船管驾抗议书到部。查轮船装载重量原有一定额数,无论搭客、载兵,均须按照该船原定重量数目装运,庶免意外危险。如该抗议书内所称每次装兵人数均超过原定额数两倍有

奇，匪特于航律不合，且不免以身尝险，应即通行严禁，以戒将
来。相应将该抗议书印刷一份，一并咨行贵督军，转令所属各军
队，嗣后遇有需用轮船输送事件，务须按照该船原定重量额数装
运，毋得再有前列行动为荷。此咨

浙江督军

陆军总长段祺瑞

照录原附照译快利轮船主致税务司抗议书

径启者。兹因快利轮船装运军队人数过多，于行船有碍，特具
抗议书，送请查办。查该船凡遇装兵，即该船上下各舱大餐间、房
间、统舱等处，均行装满，以致行船大有不便，即该船所备之救生艇
等亦已装满，倘遇不测，即不能将该艇等落下救护。本船主特请贵
税务司查照，迅赐取缔办法，以免危险。再，本轮额数只装一千
一百六十七人，但每次装兵均过三千余人。合并声明。此颂

公安

快利船主启

（原载《浙江公报》第一千七百十九号，一三至一五页，训令）

浙江省长公署指令第五千六百八十七号

令瑞安县知事

呈一件为呈复购秧分种另行预算指款请核示由

呈悉。据称县属蚕校尚未发达，与各处情形不同，骤令缴价，深
恐无人顾问，核尚属实，姑准暂行购秧分给，免其缴价，以示提倡。惟
给领各户，应照寿昌县所拟办法，仍令酌缴保证金存县，并于年内将
拟种桑树地点、亩分及需秧数目，报由本区绅董汇报县署核定，分给
总数、筹款派员采购，或联合邻近县分办理，以重公款而免流弊，仰即
查照拟具详细章程呈候核定遵办。至模范桑园，原为民间仿办起见，

全在办理得宜,不在多设数处,且已办园地尚未全垦,县西空地应再缓辟,其请拨垦费,未据详具预算,无从复核,亦难遽准,并仰知照。此令。十二月二十日

（原载《浙江公报》第一千七百十九号,一七至一八页,指令）

浙江省长公署指令第五千六百九十号

令第三模范缫丝厂

呈一件呈为造送九月分收支册由

呈、册均悉。仰即造具各月份支出计算书、收支对照表,连同单据黏存簿,一并送核。再,会计年度业经改定公布,本年六月分结存银数不得列入七月分支出计算书内,并仰知照。册存。此令。十二月二十日

（原载《浙江公报》第一千七百十九号,一八页,指令）

浙江省长公署指令第五千六百九十七号

令警务处长夏超

呈一件呈警备队三区一营哨长余梦熊

遗失补官部令请转咨补给由

呈及证件均悉。准予转咨办理。此令。证件存送。十二月二十日

（原载《浙江公报》第一千七百十九号,一八页,指令）

浙江省长公署指令第五千七百一十四号

令两浙缉私嘉湖分统赵廷玉

呈一件呈缉获莱地私盐群起反对陈明原委请鉴别是非由

据呈已悉。此案前据嘉兴公民潘保身、张鸿洲等一再禀控①,暨嘉兴县知事呈报情形,并准省议会咨送张议员立质问书到署,当经函

---

① 此案,底本误作"此悉",据文意径改。

致两浙盐运使查办,并准两浙盐运使先后函报,已派两浙缉私统领查复再行核办各在案。如果该分统专为缉私起见,实无骚扰情事,应静候查明确情,秉公究办。所请令嘉兴、嘉善两县知事出示布告一节,暂无庸议。此令。十二月二十日

(原载《浙江公报》第一千七百十九号,一八页,指令)

浙江省长公署指令第五千七百二十八号

令汤溪县知事

呈一件请电部将劝学所施行细则从速颁布由

呈悉。查是项《劝学所施行细则》早经教育部拟订呈准,惟此项《细则》关联地方自治,现在有无修正之处,自应静候教育部通咨到后,一体遵办。所请电商速颁,应毋庸议。此令。十二月二十一日

(原载《浙江公报》第一千七百二十一号,一九一六年十二月二十八日,一九页,指令)

浙江省长公署指令第五千七百二十九号

令绍兴县知事

呈一件据周祖勋呈金寿嵩朦追田租一案请饬返还租款由

呈悉。是项校租究竟应归何人承收,仰绍兴县知事查明核办复夺。此令。呈抄发。十二月二十一日

计抄发原呈一件。

(原载《浙江公报》第一千七百十九号,一八至一九页,指令)

浙江省长公署指令第五千七百三十一号

令鄞县知事

呈一件据张世枏等呈拟将鄞东校产变价移建

县立第二高小校舍分办国民高小由

呈悉。察阅意见书,所拟办法尚属正当,仰鄞县知事并交自治委

员等邀同各该校长妥议具复核夺。此令。原呈并意见书抄发。十二月二十一日

计钞发原呈及意见书各一件。

（原载《浙江公报》第一千七百十九号，一九页，指令）

浙江省长公署指令第五千七百三十四号

令瑞安县知事

呈一件呈送林洵捐赀兴学事实表册请核奖由

呈、册均悉。该校长捐赀兴学，历久不渝，洵堪嘉许。仰再将事实表册补造一份，呈候转咨核奖可也。表册存。此令。十二月二十一日

（原载《浙江公报》第一千七百十九号，一九页，指令）

浙江省长公署指令第五千七百三十六号

令余姚县知事

呈一件为暂由公益费补助教育会经费请核示由

据呈已悉。该县教育会经费无着，据请暂在公益费内酌给补助，尚属可行，仰即拟定补助数目，呈候察夺。至教育行政会议，系官厅应办事务，据称催促该会进行，殊属不明权限，应即由该知事召集办理，仰并遵照。此令。十二月二十一日

（原载《浙江公报》第一千七百十九号，一九至二〇页，指令）

浙江省长公署指令第五千七百三十七号

令瑞安县知事

呈一件呈遵令补报四年度第一学期社会教育一览表由

呈、表均悉。应准备案。惟教育会为研究教育机关，该会会长何得长久外出，任令会务停滞，应即转行该会认真办理。讲演所为通俗教育重要事务，现在学务委员既经裁撤，亦应遵照定章设立专所，以

资启导。仰即分别遵照。表存。此令。十二月二十一日

（原载《浙江公报》第一千七百十九号，二〇页，指令）

浙江省长公署指令第五千七百四十二号

令新登县知事

呈一件为新设县立第二高小校筹定款项

并送简章预算校图请立案由

呈、件均悉。应准备案。惟预算表"职教员膳金"，应遵照上年通饬，并入"薪水"之内，毋庸另列项目，仰即遵照，并录报财政厅备查。件存。此令。十二月二十一日

（原载《浙江公报》第一千七百十九号，二〇页，指令）

浙江省长公署指令第五千七百四十五号

令省立甲种水产学校

呈一件呈送改造三月至六月收支册表及支出计算书据由

呈、件均悉。应准分别照销存转，其六月分结银一百六十二元三角四分四厘，应缴还分金库，并分报财政厅备查，以清年度。仰即遵照，并补填收支对照表各一份送署备查。再，查阅三月份报册，有会客室铺桌用花漆布一丈八尺，须银六元六角之巨，实属耗费。际此物力维艰，凡属在公人员均宜力崇节俭，况学校为施行教育之地，该校又为实业学校，将来毕业生徒均须供职实业、社会，校内一切设备，尤应力矫浮华，养成学生朴实习惯，俾使适应职业。此次姑准照销，嗣后关于购置、消耗、杂支各款，务应切实撙节，删减浮费，藉以添备图书、器械及实习费用，总期学校多一分正当开支，即教育多收一分实效，仰并遵照，切切。件存送。此令。十二月廿一日

（原载《浙江公报》第一千七百十九号，二〇至二一页，指令）

浙江省长公署指令第五千七百四十七号

令丽水县知事

　　呈一件送义务教育程序内调查表册由

　　呈、件均悉。查区教育费筹集状况一项，仅称由各该校自行筹集，究竟所筹集者系何项款源，其经管机关及经理方法详情若何，均未据一一说明，无凭考核。应将事项册发还查明补填，并加造一份送候再核。表存。此令。十二月二十一日

　　计发还事项册一本。

　　　　　　（原载《浙江公报》第一千七百十九号，二一页，指令）

浙江省长公署指令第五千七百五十六号

令永嘉县知事

　　呈一件据胡肇封等呈为徇私选举教育会长
　　　　　请派委查明撤消由

　　呈、件均悉。查教育会会长应由会员选举，并非有入会资格者，均有选举之权，据呈殊属误会；惟会长期满辞职，应自向会员报告，其开会改选，亦应仍由原会长召集，但于选定以后，呈报官厅备案。据黏送该县布告，亦属手续错误。惟布告所叙教育会原函，业已破缺，究竟系何实情，应仰永嘉县知事迅速查案具复候夺。件存。此令。原呈抄发。十二月二十一日

　　　　　　（原载《浙江公报》第一千七百十九号，二一页，指令）

浙江省长公署指令第五千七百五十八号

令宁海县知事

　　呈一件呈报遵设教育专科遴委办理请注册由

准予注册。履历存。此令。十二月二十一日

附原呈

呈为遵令特设教育专科遴委办理仰祈鉴核事。

窃奉钧署第三二四三号指令,知事呈一件为遴委搽属请注册由,奉令:"呈及清摺、履历均悉。教育行政并入政务办理,纯是一种消极主义。现既以教育为要图,该管官吏自当特别注重,况学务委员已经裁撤,劝学所又未成立,全县教育之进行,均由县署负责,因事设职,自应另置教育一科。仰即重行改组,遴委熟谙教育人员,呈候核夺。应协恭履历发还。余均存候注册。此令"等因。奉此,仰见钧署重视教育,励策进行,伏读之余,莫名悚佩。溯自知事抵任以来,对于教育随时考察,无如宁邑教程风气未尽开通,教育会、县视学之外,区学各董,均未设置,城区县校规模具备,办理一切,成绩尚优。此外,各乡之校虽然不乏优良,间有争捐而设,偏趋形式,诸待改革,节由知事遇案下乡,随时随事设法整顿,并拟将各区学董次第遴委。一面改组教育行政会议,选定热心教育人员,集思广益,力谋适当进行,藉期逐渐发达,业已先后呈报在案。维教育一科,另设自易,求材殊难,既须本身资格相当,又必本地学情谙悉,如果仅恃限定之资,稍差经历,诚恐办理转多隔阂,致与实际无益。兹查有应协恭品学纯粹,饶有经历,堪以委充教育主任。又查有涂寿铭学有根据,办事耐劳,堪充教育助理。除分别委任外,理合将教育设科遴委缘由,连同各员履历,一并备文呈报,仰祈钧长察核俯赐,准予注册施行。谨呈。

(原载《浙江公报》第一千七百十九号,二一至二二页,指令)

浙江省长公署指令第五千七百五十九号

令绍兴县知事

呈一件呈报遵设教育一科并改组各科委派人员请注册由

阮彬华既尚未就劝学所长之职,应准暂行委充教育主任,与李森

等一并注册。惟胡鼎芬一员，核与前据呈报注册之吴鼎芬姓氏不符，因何错误，应即呈复核夺。履历存。此令。十二月二十一日

附原呈

为呈报事。

案奉钧署第一二五二号训令，以"现在学务委员撤销，劝学所未成立，责任全在县署，令将教育特别设立一科，遴员充任，并将详细履历报查"等因。奉此，遵查绍邑公署教育事宜，原系附属第一科即政务科办理，设有助理二员，专办教育行政事务，勤慎供职，尚无贻误。兹奉前因，自为郑重学务，力促进行起见，知事应即遵办。查县署原设四科，一政务、二财政、三司法、四总务。兹拟分别改组，除司法一科早经改组审检所不计外，其政务、总务、财政三科，仍照常设立，另行添设教育一科，合共四科。一曰政务科，办理原有政务（除教育科事件）事件；二财政科，办理原有财政事件；三教育科，办理关于教育事件；四总务科，办理原有总务事件。其各科主任，除财政科照旧以吴泽埁充任外，政务科原设之主任李守振业经辞职，以总务科原有主任李森调充，总务科主任以原设司法科主任龚廷鹗调充，至教育科主任自应另行遴委充任。知事查现奉核准委任之劝学所所长阮彬华，因《劝学所办事细则》未奉颁到，尚未就职，堪以暂行委充，俾收驾轻就熟之效，将来该所成立，即可饬令仍回原职。各科助理，除财政照旧外，其余并就原有各科人员分别指派，以陆凝、陈龙翰为政务科助理，胡鼎芬为总务科助理，任堃、金树棠为教育科助理，用专责成。除各项调派人员均系详定在职继续任事，不复另送履历，以免重复外，所有遵令特设教育科并改组各科委派人员缘由，理合备文呈报，并将阮彬华一员履历附缮同送，仰祈省长鉴核俯准分别注册，实为公便。谨呈。

（原载《浙江公报》第一千七百十九号，二二至二三页，指令）

浙江省长公署指令第五千七百七十四号

令上虞县知事

　　呈一件为转送县商会修正章程及职员表由

　　呈、件均悉。察阅该县商会改正章程，仍多未妥，应按照《修正商会法》第五条左列各款，分章分条，以清眉目。又，该县百官亦改组商会，则该县商会所辖区域，应与百官商会协议划明，不得仍以全县各市镇为范围。至关于调处工商业者争议一条，应加入"未设商事公断处以前，得遵照《商事公断处章程》及《细则》调处，俟公断处呈准成立，由公断处办理"等语，仰即转行遵改，另缮二份送核。《章程》发还，表存。此令。十二月二十一日

　　　　（原载《浙江公报》第一千七百二十一号，一九页，指令）

浙江省长公署指令第五千八百零九号

令高等检察厅长殷汝熊

　　呈一件临安审检所呈报陈登火家被劫并丁水古被戮毙命由

　　呈悉。该匪等抢掳衣物、戳伤事主，并将丁水古戳伤毙命，实属凶恶已极，仰该厅转令该县迅即会饬营警勒限侦缉，务获究报，毋得延纵干咎。再，陈登火家被劫，未据填表具报，殊属疏漏，并饬补报备核。此令。格结存。十二月二十一日

　　　　（原载《浙江公报》第一千七百十九号，二三页，指令）

浙江省长公署指令第五千八百三十二号

令公立图书馆长

　　呈一件为年假闭馆拟照各校改用阴历并将

　　夏秋冬三节放假加入规则请核准由

　　据呈已悉。查上年规定各校放假办法，阳历年假系自一月一日

起,放假五天,阴历岁杪系放寒假,并非年假,来呈稍有错误。惟放假期内,住居省垣之教员及学生正可利用此不上课之日期阅览,书籍未便停止借阅,应除阳历元日及春、夏、秋、冬四节日,暨国庆等纪念日外,一律借阅,不得停止,仰即遵照改正,并将《阅书规则》妥速改订呈候,一并交议。此令。十二月二十一日

附原呈

呈为年假闭馆,拟照省城各校改用阴历,并将夏秋冬三节闭馆加入《规则》,呈请示遵事。

窃本馆年假闭馆,按照《规则》,岁首自一月一日至八日,岁末自十二月二十六日至三十一日,历经遵办在案。惟社会习惯,仍用阴历度岁,故当阳历岁末岁首闭馆期间,社会求阅书借书而不可得,及阴历岁末岁首开馆期间,本馆又求阅书借书人而不可得。此《规则》与事实适相左也。查省城各校年假,民国四年即参照部咨改用阴历,阳历仅放一月一日一天,阴历则自十二月某日起放三星期,本馆拟亦仿行,于阳历一月一日闭馆一天,阴历自十二月二十六日起闭馆二星期。似此变通办理,于法定假期并不加长,于阅借诸人较为便利。如蒙核准,再将《规则》第十七条修改呈核。又,春、夏、秋、冬四节,案照前大总统通令,各机关俱休息一日,本馆当然从同。惟事实上虽已照行,《规则》上尚无规定,除春节即阴历元旦,现年假拟改阴历,无庸再列春节外,其夏、秋、冬三节闭馆,亦拟加入《规则》,以资遵守。是否有当,理合呈请钧长察核示遵。谨呈。

(原载《浙江公报》第一千七百二十一号,二〇页,指令)

浙江省长公署批第一千二百一十六号

原具呈人绍兴周祖勋

呈一件为金寿嵩朦追田租一案请饬返还租款由

呈悉。是项校租究竟应归何人承收,仰绍兴县知事查明核办复

夺。此批。十二月二十一日

（原载《浙江公报》第一千七百十九号，二五页，批示）

浙江省长公署指令第五千八百一十五号

令高等检察厅长殷汝熊

呈一件临安县呈报陈祖仁家被劫勘验情形由

呈悉。该县上月吴永祥等家被劫，迄未据报获犯，现又迭出抢案，事前既疏于防范，事后又毫无捉获，实属疏误，应即先予严行申斥，仍责成督率营警迅将各案赃犯缉获归案，讯明究报，毋再延纵干咎，切切。仰该厅转令遵照。此令。单、表存。十二月二十一日

（原载《浙江公报》第一千七百二十号，一二页，指令）

浙江省长公署指令第五千八百一十六号

令高等检察厅长殷汝熊

呈一件据温岭陈继呈王守楷等将继父戳毙请求法办由

呈悉。此案前据该县呈报，业经指令督率协哨将指控王守楷等上紧侦缉，务获到案，依法讯究在案。迄今日久，尚未缉获一犯，殊属玩延。仰该厅转令该县迅予勒限侦缉，务获办报，毋得延缓干咎。此令。呈抄发。十二月二十一日

（原载《浙江公报》第一千七百二十号，一二页，指令）

浙江省长公署指令第五千八百一十八号

令矿务技术员李彬、钮翔青

呈一件呈为兼办矿务文件请咨部备案由

呈悉。仰候咨部备案可也。此令。十二月二十一日

（原载《浙江公报》第一千七百十九号，二四页，指令）

浙江省长公署批第一千二百一十九号

原具呈人鄞县张世杓等

呈一件为拟将鄞东校产变价移建县立
第二高小校舍分办国民高小由

呈悉。察阅意见书,所拟办法,尚属正当,仰鄞县知事并交自治委员等邀同各该校长妥议具复核夺。此批。意见书存。十二月二十一日

（原载《浙江公报》第一千七百十九号,二五页,批示）

浙江省长公署批第一千二百二十一号

原具呈人永嘉胡肇封

呈一件为徇私选举教育会长请派委查明撤消由

呈、件均悉。查教育会会长应由会员选举,并非有入会资格者均有选举之权,据呈殊属误会;惟会长期满辞职,应自向会员报告,其开会改选,亦应仍由原会长召集,但于选定以后,呈报官厅备案。据粘送该县报告,亦属手续错误。惟布告所叙教育会原函,业已破缺,究竟系何实情,应仰永嘉县知事迅速查案具复候夺。件存。此批。十二月二十一日

（原载《浙江公报》第一千七百十九号,二五页,批示）

浙江省长公署批第一千二百二十四号

原具呈人杭县李虎臣等

呈一件拟在临平五杭村开设美纶茧行
请求核准并将怡昌盛茧行驳斥由

呈悉。查此案前据杭县呈明,该商具呈到县,经批准并饬补完手续。乃该商延不遵办,稽祖槐具呈较后,而手续完备在该商之先,请

核示办法前来。经以"稽祖槐手续既先完备,如查明地点合例,应予转呈候核"等语指令在案。该商迟延自误,所请应毋庸议。此批。十二月二十一日

（原载《浙江公报》第一千七百二十一号,一九一六年十二月二十八日,二六页,批示）

浙江省长公署指令第五千八百二十一号

令鄞县知事

呈一件呈复办理假冒外商牌号一案情形由

呈悉。据称"第一六五四号《浙江公报》到达后,因载有打捞野水荷花办法,当即发交县属西乡自治办公处开会筹议仿办,是以对于示禁假冒外商一案,未及办理"等情。查打捞野水荷花,固为地方要政,而假冒外商牌号,国信所关,两案既刊登同册,断无见彼不见此之理,来呈未免故为饰词。公布要案,既不留意于先,尤复讳饰于后,殊属不合,应予记过一次,以示薄惩。嗣后对于《公报》公布之件,务须悉心体会,毋得疏忽,切切。此令。十二月二十一日

（原载《浙江公报》第一千七百二十号,一九一六年十二月二十七日,一二至一三页,指令）

浙江省长公署指令第五千八百二十三号

令黄岩县知事

呈一件据普济校长阮其蓬等呈屠宰税征收员
黄宝周藉词抢捐教育主任喻时敏袒护由

据呈是否属实,仰黄岩县知事迅速查案核办复夺毋延。此令。原呈抄发。十二月二十一日

（原载《浙江公报》第一千七百二十号,一三页,指令）

浙江省长公署指令第五千八百二十六号

令永康县知事

呈一件为县立中校长黄云书辞职拟以楼对旸充任请鉴核由

呈及履历均悉。应准照委，任命状随发，仰即转发给领。履历存。此令。十二月二十二日

附发任命状一件。

（原载《浙江公报》第一千七百二十一号，一九页，指令）

浙江省长公署指令第五千八百二十八号

令诸暨县知事

呈一件请委任劝学所长并拟以学务委员原薪移充所用由

呈、件均悉。应予照准，仰将发去任命状转令祗领，仍俟《施行细则》颁到后，再将该所成立。摺存。此令。十二月二十一日

计发任命状一纸。

（原载《浙江公报》第一千七百二十号，一三页，指令）

浙江省长公署指令第五千八百四十六号

令长兴县知事

呈一件为请添招常驻团丁月饷在抵补金特捐项下开支由

据呈于冬防期内拟添招常驻团丁，月饷在抵补金特捐项下开支等情，核与《保卫团条例》及《施行细则》不符，且该县自各团酌拨补助，招募侦探及常驻团丁之后，加以所有水陆警队，是已足资防御，何得再逞危词，希拨饷款，致耗公帑而图卸责。所请应毋庸议，仍仰该知事督率原有警、团严密防范，毋稍疏虞干咎，切切。此令。十二月二十二日

（原载《浙江公报》第一千七百二十四号，一九一六年十二月三十一日，九页，指令）

浙江省长公署指令第五千八百五十号

令特派交涉员

呈一件呈请通令各县于教堂投税换契时慎重办理由

据呈已悉。仰候通令各县知事遵照办理。此令。十二月二十五日

（原载《浙江公报》第一千七百二十一号，二〇至二一页，指令）

浙江省长公署指令第五千八百八十八号

令警务处长夏超

呈一件呈据警备队四区统带查复六营管带陈朝杰被控一案由

呈悉。准如所拟办理。此令。十二月二十五日

附原呈

呈为呈复事。

案查接管卷内温岭县金文治等禀控警备队第四区第六营管带陈朝杰种种违法一案，经前警政厅指令该区统带详晰复查，并先行据情呈复在案。兹据统带复称，"伏查该管带陈朝杰被控各节，均在未曾并区以前，统带实无所用其回护，控情以贿纵为重，当奉饬时，统带适因巡防亲至温岭，或会县传询原告，或分起查察案情，皆出自讹传，遂致启人误会。实则所控得贿各情，均不真确，统带就事论事，随已分款呈复在案。兹奉钧令，遵即委派职区差遣员乐占元驰往温岭，详细调查复候呈转去后。本月六日据差遣员乐占元复称，如奉查凶犯陈元伦，由大溪哨官陈寿松拿获，因事主方思金等以案经和解具结保释，命案凶犯，何以任令由哨私自结释，究竟当时该管带如何详报销案一节。查得该营三哨哨官陈寿松，于四年三月间拿获陈元伦即元能一名，当据事主方思金挽同地绅到哨求保，以此案正凶实系陈元芳，该凶未获，先将

陈元能逮案,全家必遭其累,因出具切结,并挽地绅连环具保。该哨官以事主既出求保,且系指陈元芳为正凶,遂信为真,即在哨准其保释,而详细调查,其中却无得贿情弊。旋因被控,奉镇守使张查①,该哨官始行报告营部,当经陈管带严加申斥,并一面吊取方思金等保结,详由陈统领转详镇署,一面勒限该哨官陈寿松于本年八月一日拿获是案凶首陈元芳一名解县,于九月二日由温岭县知事详准按律枪毙,有案可查。此外,别无详报销案之事。

"又,奉查路边庄陈合斌家被抢拔人一案,逸匪已否全数缉获,如何结办,亦应详晰声复一节。查得本年三月间,路边庄陈合斌家被匪掳拔二人一案,系新河哨防地,经该营四哨哨长应福瑞先后将被拔难民陈合桂、陈人炽二名追回给领,三月十六日经二哨哨官黄成云拿获案内匪犯杨世纶即三老官一名,解营咨县讯办。复经陈管带分饬严拿。又据四哨哨长应福瑞于十七日拿获案内匪犯徐梅玉即芋荁箬水一名,又东乡保卫团获匪李千成即李千茂二头及李滥户玉二名。此案逸匪先后获到四名,均送温岭县讯供,现尚管押监狱。合并声明。

"又,奉查兵士周云飞究竟何时开革离营一节。查得该营二哨四棚伍长周云飞,于五年四月三十日,因不守规则汰革,所遗伍长缺即以本哨二棚正兵王大周提升,递遗正兵缺即以四棚副兵颜义宽升补,递遗副兵缺五月一日以余丁戴锦溶补充。该兵周云飞于本年四月三十日开革离营,与蔡子云来结讼,确在出营之后,并访闻讼案已经和息,周云飞于七月一日由县交保开释。

"又,奉查该管带陈朝杰将柯培青退回之妾,雇为女佣,现尚在寓,已属不知远嫌,被控后犹不自退,实属不顾人言一节。查得该女佣业经陈管带辞歇,差遣员到温后明查暗访,陈管带寓中

---

① 镇守使张,指张载阳(1873—1945),字春曦,号暄初,浙江新昌人。宣统二年(1910)毕业浙江武备学堂,民国三年七月至民国五年八月任台州镇守使。

现无其人等情,开摺具复前来。

"除查明路边庄陈合斌家被抢案内逸匪已获四名,兵士周云飞系本年四月三十日革汰离营及该管带所雇女佣亦已辞歇等三案,既据查明事实相符,毫无遁饰,应恳免予议处外,该营三哨哨官陈寿松获犯不报,私自开释,虽取有事主地绅保结,亦尚无得贿情事,如援法律,以相纠正,该哨官暨该管管带不无应得之咎。惟台防哨官长以什长提升者居多,以缉捕得力与否,甄别优劣,短于学识,无可讳言。且此案曾已控奉前镇守使张饬经陈统领步棠转饬管带陈朝杰吊取结状详送查考,原情未究,该哨官又即遵限将正凶陈元芳捕获送县,详请按律惩办,似可以功抵过。乃因重被控讦,迭奉严查,应将复查陈管带被控各节,遵经派员复查明确缘由,并该哨官不谙法律,暨该管管带失察于前,应如何量予处分之处,理合备文呈请察核"等情。除以"既据派员复查该管带陈朝杰被控各节,或由县署办理有卷可查,或奉镇守使查报有案,尚无遁饰,本应免予置议。惟该营第三哨哨官陈寿松获犯不报,私自结释,殊属违法,本应严惩,姑念据查尚无得贿情弊,并已将凶陈元芳遵限获案律办,从宽着照《警备队官佐奖惩章程》第八条第二项规定,将该哨官陈寿松记大过一次;该管带陈朝杰失于觉察,咎无可辞,着即一并申斥,以示薄惩"等语指令印发外,理合备文呈复,仰祈钧长察核示遵。谨呈。

（原载《浙江公报》第一千七百二十一号,二一至二三页,指令）

浙江省长公署指令第五千八百九十三号

令黄岩县知事

    呈一件呈购缉花会犯钟文顺不敷赏金

    请将陈能尧缴案洋移用由

呈悉。查方前知事于交代外存银十元,既系陈能尧缴案作为购线缉匪专款,何以至今并未动用,来呈未据将缘由声叙明晰,未便率准移拨。至该知事悬赏购缉花会犯钟文顺一名,事前未据呈准有案,此项赏银本难准予开支,姑念该县花会充斥,亟应严禁,钟文顺既系听筒首犯,情罪较重,除房屋变价银二十元外,其不敷银十元,应准在他种赌案没收项下如数移拨,专案呈销。嗣后遇有此种悬赏案件,均应先期呈准,以昭郑重,仰即遵照。此令。十二月二十五日

（原载《浙江公报》第一千七百二十一号,二三页,指令）

浙江省长公署指令第五千九百号

令高等检察厅长殷汝熊

呈一件呈送十一月分刑事诉讼案件月报表由

呈、表均悉。仰仍督饬将未结各案赶速清理,毋稍稽压。此令。表存。十二月二十五日

刑事诉讼案件月报表 五年十一月分　浙江高等检察厅

案件	总　数			已　　　结						未　结	
	旧受	新收	计	送审	发还	移送他管	其他	中止	计	调查中	计
控诉	一一	六一	七二	五四	七	一			六二	一〇	一〇
上告	四	一八	二二	一	三	一三	一		一八	四	四
复判	六	一八	二四	一五	一	二			一八	六	六
其他之事件	二	七	九	七	二				九		
计	二三	一〇四	一二七	七七	一三	一六	一		一〇七	二〇	二〇
备考	查上告栏移送他管一三件及其他一件,均系呈送总检察厅核办之件,合并声明。										

中华民国五年十二月八日

高等检察厅长殷汝熊

杭县地方检察厅长陈毓璿代行

统计主任书记官来复吉

（原载《浙江公报》第一千七百二十一号，二三至二四页，指令）

浙江省长公署指令第五千九百一十五号

令永康县知事

呈一件呈报遴委掾属请注册由

马载扬等员准予注册。惟汪念勋、朱珍、吾佩铭三员资格，核与《文职任用令》不符，未便照准，仰即知照。履历及清摺存。此令。十二月二十五日

附原呈

呈为报明事。

窃知事奉委署理永康县缺，业将到任日期及履历呈报在案。兹查职署向设政务、财政两科，旧有掾属均于吕前知事交卸日辞职，当由知事查照《县官制条例》之规定，分别遴员委任，各司厥职，以专责成。兹于政务科设主任一员、助理一员、收发一员，财政科设主任一员、助理一员、会计一员，教育科设主任一员、助理一员。除将各员薪俸于奉定行政经费内酌量支配，按月呈报外，理合将遴委掾属姓名、职务，加考缮摺，并取具履历，一并备文呈送，仰祈钧长鉴核，俯赐准予注册，实为公便。谨呈。

永康县知事谨将遴委掾属姓名、职务，加考缮摺，送请察核。

计开：

马载扬　学识优长，经验宏富。委任政务主任。

沈宝鼎　勤慎稳练，品学兼优。委任财政主任。

朱　伟　才具开展，学识优长。委任教育主任。

严大伦　练达安详，长于计学。委任财政助理。

童授袁　办事热心,颇有经验。委任教育助理。

（原载《浙江公报》第一千七百二十四号,一九一六年十二月三十一日,九至一〇页,指令）

浙江省长公署指令第五千九百一十六号

令青田县知事

呈一件为遵设教育主任请注册由

如呈注册。履历存。此令。十二月二十五日

附原呈

呈为呈报遵设教育主任并开送履历仰祈鉴核注册事。

案奉钧署令开,"县知事从前兼理审判,于行政事务,往往藉口不暇兼顾,不能积极进行。数年以来,庶政毫无起色,顾瞻前途,殊堪浩叹。现在审检所业已成立,县知事仅兼检察,职务较简,则于行政事务已无不暇兼顾之虞,自应责成各县知事,将警察、教育、实业三大端,切实整顿,其教育一端为强国基础,尤应格外注意,特设一科,遴选师范毕业生或中学以上毕业生充任,并将详细履历报查"等因下县。奉此,自应分别遵照办理,以仰副钧长刷新吏治、勤求民隐之至意。除警务、实业两端,业由知事转令警佐并各都自治及造林委员,农商会、平民习艺所会所长等分别认真办理,多方劝导,设法振兴。嗣后仍应随时督率劝导,总期见诸实行,不敢稍涉疏懈,一转了事,徒托空言外,所有应设教育主任一员,查有前充县属学务委员孙如侃,系浙江第十一中学校毕业生,曾充浙江第十一师范学校舍监,并县属倡明初高小学校教员等职,上年五月经知事详委任学务委员后,平日在职对于境内社会教育及学校教育,均能认真提倡,不遗余力,以之继充教育主任,自属游刃有余,易收驾轻就熟之效。奉令前因,理合取具该员履历,并将遵令整理警察及实业大概情形并案呈报,仰祈钧长察核注册,指令下县备案,实为公便。谨呈。

(原载《浙江公报》第一千七百二十四号,一〇至一一一页,指令)

浙江省长公署指令第五千九百二十一号

令第九联合县立师范讲习所所长

呈一件并请将优异生奖励金提先给发由

呈悉。查优异生免费办法,业经省议会否决,并经本公署刊登《浙江公报》在案。所请应毋庸议,仰即知照。此令。十二月二十五日

(原载《浙江公报》第一千七百二十四号,一一页,指令)

浙江省长公署指令第五千九百四十五号

令桐乡县知事

呈一件据习艺所所长呈为销路阻滞请通令
各县转行演讲所编稿讲演以利营销由

查前据该知事详,"请将该所卷烟通饬各县,晓谕商民,广为代售"等情前来,即经前按署明白批复在案。兹据该所长呈称,"销路阻滞,检呈成品,请予审查,通令各县转行演讲所编稿讲演,以利营销"等情。审查所呈各件,质美而味纯,装品亦属适合时宜,具见该县知事及该所长能尽厥职,实堪嘉许。特将该县知事余大钧记常功一次,该所长黄安澜记大功一次,以资奖励。除注册外,并填发记功状二纸,仰即分别祗领具报。至所请"通令各县转行演讲所编稿讲演,以利营销"一节,一俟该县将讲演稿拟就呈核后,自应准照办理,以广推行而挽利权,仰即知照。此令。十二月二十五日①

(原载《浙江公报》第一千七百二十一号,二四页,指令)

---

① 十二月,底本脱作"十月",径补。

浙江省长公署指令第五千九百二十八号

令松阳县知事

呈一件为呈送五月至十一月份拟编讲稿请鉴核由

呈、稿均悉。查各月讲稿,应按月先期拟送,核定发还,再行遵照讲演,早经前巡按使署通行遵办在案。该县五月以后讲稿,何以迟至今日始行呈送,实属藐玩,应将该所所长严予申斥,以示儆戒。来稿姑准备案。嗣后各月讲稿,务须饬令遵照办理,毋得再有违误,切切。讲稿存。此令。十二月二十五日

(原载《浙江公报》第一千七百二十四号,一一页,指令)

浙江省长公署指令第五千九百三十一号

令桐庐县知事

呈一件送义务教育程序内调查表册由

呈、件均悉。查县教育费概略,应将县有学款全数分别收入支出,逐一叙明种类、数目,来册仅填支出,即县税小学费一项,亦未完全,殊属错误。近三年各比较表,不附列于事项册后,亦属误会。应分别查明补填更正,并将事项册加造一份,以备存转,仰即遵照。表册发还。此令。十二月二十五日

(原载《浙江公报》第一千七百二十四号,一一页,指令)

浙江省长公署指令第五千九百三十六号

令象山县知事

呈一件送义务教育程序内调查表册由

呈、件均悉。查事项册,县教育费误将区私立校各款列入,应行剔除。又,区教育费筹集状况,仅称由各校自行筹款,究竟所筹集者系何种款项,并经理状况若何,均未叙及,并应查明补填。原册发还,

仰即分别遵办,并将册加造一份送候分别编转。表存。此令。十二月二十五日

计发还册一本。

（原载《浙江公报》第一千七百二十四号,一一至一二页,指令）

浙江省长公署指令第五千九百三十九号

令第九联合县立师范讲习所

呈一件为沥陈办理情形请鉴核由

呈悉。查本公署提交预算案,该所预算系截至明年三月为止,均照现行概算数核列,至所称试习期,当然在修业年限之内,据呈系属误会,仰即知照。此令。十二月二十一日

（原载《浙江公报》第一千七百二十号,一三页,指令）

浙江省长公署批第一千二百二十八号

原具禀人萧山瑞茂祥等

禀一件禀为盐兵缉私开枪激变请分饬查办由

据禀是否属实,候行文两浙盐运使澈查核办。此批。十二月二十一日

（原载《浙江公报》第一千七百二十号,一四页,批示）

浙江省长公署批第一千二百二十九号

原具呈人温岭陈继

呈一件呈王守楷等将继父戳毙请求法办由

呈悉。此案前据该县呈报,业经指令督率协哨将指控王守楷等上紧侦缉务获到案,依法讯究在案。迄今日久,尚未缉获一犯,殊属玩延,仰候令厅转令该县迅予勒限侦缉,务获办报可也。此批。十二月二十一日

（原载《浙江公报》第一千七百二十号,一四页,批示）

浙江省长公署批第一千二百三十号

原具呈人阙张氏

　　呈一件呈故夫阙麟书身后萧条再请破格抚恤由

据呈已悉。已于前禀明白批示矣，仰即遵照。此批。十二月二十一日

　　（原载《浙江公报》第一千七百二十号，一四页，批示）

浙江省长公署通告

　　分水县知事李洣呈报于本月三日由乡公毕回署。

　　象山县知事张鹏霄呈报于本月二日由乡公毕回署。

　　安吉县知事姜若呈报于本月六日由乡公毕回署。

　　上虞县知事张应铭呈报于本月十三日下乡催粮、募债、禁烟、巡防，署务委财政主任王稼暂代。

　　寿昌县知事金兆鹏呈报于本月五日下乡禁烟，催办水利、苗圃、公债、验契，署务委专审员杨宝善暂代。

　　东阳县知事俞景朗呈报于本月四日禁烟、验契，并考察学务，催办积谷，署务委民政科主任陈弃暂代。

　　桐庐县知事颜士晋电呈于本月十二日由省公毕回署。

　　云和县知事王志鹤电报本月八日下乡募债、验契，考察学务，职务委财政主任胡诗焯暂代。

　　高等审判厅长经家龄呈报于本月十三日到厅接任视事。

　　代理松阳县知事钱世昌电呈于本月十二日抵任接印视事。

　　乐清县知事钱沐华呈报于本月六日续由西乡公毕回署。

　　永嘉县知事郑彤雯呈报于本月十日下乡查禁烟苗，署务委政务主任胡嵩寿暂代。

　　东阳县知事俞景朗呈报于本月十一日由乡公毕回署。

　　浦江县知事张鼎治呈报于本月十二日起因病请假十天在署调

治,职务分别委员暂代。

富阳县知事陈融呈报于本月十二日由省公毕回署。

寿昌县知事金兆鹏电呈于本月十二日由乡公毕回署。

（原载《浙江公报》第一千七百二十号,一六页,通告）

浙江省长公署咨复省议会

查明省城因利局各前局长任内倒帐暨王前局长亏短
数目咨请查照其盐务外销暨学堂经费两项息款
已令财政厅严切追还由

浙江省长公署为咨复事。

本年十二月十八日准贵议会咨开,"案照本省五年度地方岁入预算书,业经本会审查,据查得因利局长任内亏短及倒帐款数,应请详细列表报告。又,五年度岁入第三款盐务外销息款内有实欠未缴,无息可收,原本银四千五百两;又学堂经费息款内,有实欠未缴,无息可收,原本银二千元;应请严饬追还。相应咨行查照,分别□□"等因。准此,除盐务外销暨学堂经费两项息款系财政厅主管,应令由该厅严切追还外,相应将省城因利局各该前局长任内倒帐暨王前局长亏短数目开列清单,备文咨复贵议会,请烦查照。此咨
浙江省议会议长

计附清单。

浙江省长吕公望

中华民国五年十二月　日

兹将省城因利局各前局长任内倒帐暨王前局长亏短数目开列清单,送请公鉴。

计开:

（甲）亏短项下

一、王前局长交卸，短交银二千二百八十三元一角。

前件已迭饬该员原籍吴兴县知事查明家产，发封备抵，一面并经查明该员避匿地点，咨请苏省长官转饬沪海道尹商准驻沪领事协缉在案。合应声明。

（乙）倒帐项下

一、王前局长任内倒帐银七千一百二十九元九角。

前件据该局郭前局长呈明，以王前任经手借款单据已缺失不齐等情，其中有无弊混，应俟将该员缉获到案后，从严根究。合应声明。

一、郭前局长任内倒帐银二千九百十二元九角；

一、蒋前局长任内倒帐银三百五十元。

共计银一万零三百九十二元八角。

两共银一万二千六百七十五元九角。

（原载《浙江公报》第一千七百二十一号，一九一六年十二月二十八日，四至五页，咨）

浙江省长公署咨教育部

据海盐县知事呈为该县澉浦国坊朱陆氏
捐资兴学请予褒奖由

浙江省长公署为咨行事。

案据海盐县知事朱丙庆呈称，"该县澉浦国坊朱陆氏以故夫遗产田四十二亩五厘、楼屋一所，于前清光绪年间禀请，于氏故后，悉数捐充澉浦蒙养学堂经费，曾由县通详立案。今朱陆氏已于本年五月病故，即由嗣子朱步清准照遗嘱将该田房单据一律交由该区学董收管拨入，现改为区立第一国民学校经费。查该故妇朱陆氏以私人固有不动产捐充办学，所捐田屋折合价银计四千六百余元之巨，急公好义，洵属难能。理合开具事实表册，呈请转咨核奖"等情。查该故妇朱陆氏捐资原案,虽在前清,而实行捐助则在本年五月,似应仍照《修正捐资兴学条例》给予褒奖,藉资鼓励。据呈前情,相应检同表册,咨请大部察核施行。此咨

教育总长

计送表册一份。

中华民国五年十二月二十二日

浙江省长吕公望

（原载《浙江公报》第一千七百二十一号,五至六页,咨）

浙江省长公署咨省议会

为准军署咨复及水利委员会呈复测量余姚
牟山湖各情形并抄送各件由

浙江省长公署为咨行事。

案查前准贵议会咨送童议员养正等提出关于测量牟山湖事项质问书一件到署,即经将事由军署主政各情形先行咨复,并咨请军署将现在办理是案情形见复及令知水利委员会检送测量该湖报告图说各在案。兹据水利委员会呈复,"奉查余姚牟山湖前奉督军饬派职会技士及第三测量队会同陈、周二参谋前往测勘,业将该湖水利情形并工程计划绘具图说,呈奉督军指令,'呈及图、书等均悉。仰候转令第五十旅旅长参酌核办可也。图、书等均存。此令'等因在案。兹奉令知前因,理合检同图说备文呈送,仰祈察核施行"等情,并附牟山湖图说各一件。正在核办间,又准军署咨复内称,"准咨查前都督府为国防计画筹备营舍,因余姚县之牟山湖面积辽阔,适于建筑,并该湖水涸时虽为旱地,一遇山水暴发,立成湖荡,自应派员查明该湖山水最大时水量若干,应如何开浚湖道,分蓄水量,能使一方面不致妨碍水利,一方面划出一大部分之平地,以为建筑营舍之用,以及开浚湖道、填高平地之各项工程,均须先为预计。当经分饬前都督府参谋陈最及

第二十五师参谋周亚卫二员前往查勘筹划,并饬浙江水利委员会技正林大同派该会得力测量人员随同该参谋等前往该湖详细测量,以凭核办去后。旋据水利委员会技正林大同呈报测量告竣,绘具图说及报告书等附送来署。据称,'查得该湖关系水利至为重要,惜年久不治,蓄泄已失其宜,若择湖中原有涨地,划作军事用地,即以浚湖之土,以培高之,湖基虽减,水量已增,水利、军事并顾兼筹,计无善于此者。如以用地不足为虑,则此湖三面环山,沿山之陆地尚多,并有私垦农田,亦可由官厅酌量收回,以为建筑营舍之用。沿山农田地势居高,地基坚固,施工较易,技正曾偕同五十旅旅长潘国纲前往该湖察勘形势,亦主张利用湖中二千亩之涨地作为操场,另价购山脚农田为建筑营舍之用'等语。并报告书内载,'该湖历时既久,山谷沙土随溪流冲积,湖底愈冲愈广,愈积愈高,洎今淤塞状况根据闸槛而比较之,全湖淤高自二呎乃至六呎,甚至凄凄一片,有如荒郊,港水竭而湖水亦涸,港水大而湖水亦溢,旱不资灌,潦不尽蓄,有湖竟若无湖'各等情。据此,本署为军事、水利并顾起见,即转令第五十旅旅长参酌核办。复据第二十五师师长张载阳呈称,'据职师步兵第五十旅旅长潘国纲呈称,本月十七日上午旅长会同林水利局长及测量员等,由杭前赴牟山湖实行视察。实勘得该湖改造营地,驻扎陆军,实极适宜。但培土开河,工程过大,经营不易,惟有用渐进经营之法,先利用其一部充作操场,于该湖之滨高地购买足敷一旅营房基地,建筑房舍,俟得此基础之后,再利用兵士与土工逐渐工作,开辟完善,则事半功倍矣。然就水利上而言,其湖中有一处已成草地,今即利用此部,于该湖容量毫无关系也。兹谨就管见所及,拟具节略,连同略图,备文呈请鉴核赐转施行。再,附图仅制有一张,核后仍请发还等情,并呈送略图一纸、节略一扣前来。师长详加复核,尚无不合。理合将略图、节略,备文呈送,仰祈督军鉴核施行。其略图一纸仍请发还,以资转给。合并呈明。计呈略图一纸、节略一扣'等情。据此,本署查核该旅长所呈各节,尚属可行,准照勘定牟山湖西湖岙地方,先行筹建,业已训令余姚县知事,并转令该旅长派员会同商订购地办法,呈核照准,暨分令该知事及该旅长派员会同丈查,照民价分别购地,筹备建筑各在案。兹准前因,相应将办理是案详细情形,并抄录五十旅旅长视察牟山湖营地情况、意见节略,咨复贵公署查核办理。再,水利委员会技正林大同测量报告书等,既经贵公署令知该会检送,自无庸抄附。合并咨明"等因,并附抄节略一纸。查该湖淤塞已久,按照军署来咨内开,"据该会报告,全湖淤高,自二呎乃至六呎,甚至凄凄一片,有如荒郊,港水竭而湖水亦涸,港水大而湖水亦溢"各情,已失蓄泄之用,而建造营舍,又非若开垦成田,水旱资其灌溉,湖中水量虑有增减,且现既仅就湖中常年水不泄及之已涨草地填高,用作操场,其营房等先行在西湖岙平坦高地筹建,于农田水利尤无妨碍,相应检同送到牟山湖图,并照抄潘旅长原陈节略及水利委员会测量报告书,咨请贵议会查照。此咨
浙江省议会

计附抄件并图一纸。

浙江省长吕公望
中华民国五年十二月二十二日

（原载《浙江公报》第一千七百二十一号,六至八页,咨）

浙江省长公署咨农商部

准咨复限制茧行一案经会议决据丝绸机织联合会
电请维持是否确有窒碍请查核见复由

浙江省长公署为咨复事。

准咨开,"浙省省议会议决《茧行条例》八条,咨送到部。正核办间,复据上海江浙丝绸机织联合会来电,略称,'浙省开放茧行,改原有《条例》五十里一行为二十里一行,并无限制要求之规定,原料悉数输出,丝绸业及机织工匠生计顿绝,请拯救电止缓行'等情,是否于事

实上确有窒碍情形,请查核见复"等因。准此,查《浙省茧行条例》前经行政公署订定颁行,原以限制茧行,维持丝绸业为职志,数年以来,民间饲蚕日盛,而茧行因《条例》限制,不克比例增加,遂致供过于求,茧商因而垄断,重秤抑价,无所不为。本年茧市以后,迭据各属商民沥陈限制流弊,谓不设法开放,将见蚕业萎靡,日归退化,言之具理。惟是《条例》施行已久,一旦尽决藩篱,在蚕户未尝不欢欣鼓舞,而民间缫丝尚未改良,万一所产之茧尽数流出境外,机坊撩户,仰给无由,歇业停工,为害正亦不浅,是则欲行开放,非于蚕户、丝绸各业兼筹并顾,万难草率着手。又经分饬各县征集绅民意见,讨论日久,真理自明,治本之策,在于发达蚕桑,改良丝织,就地产茧,务使就地缫丝,以为最终之目的。而为一时调剂起见,仍在茧行地点,宽其限制,聊资宣泄。前民政厅本此主旨,订定茧行丝厂各《条例》。正在复议核行间,适省议会先期召集,因案关工商业利害甚巨,又以议决单行《条例》,本属省议会职权,当即提交集议。此省议会议决《茧行条例》之由来也。

总之,实业幼稚时代,商人既无远大眼光,只顾目前之利,官厅不为提倡,则坐待衰亡,提倡稍涉矜张,则群起反对,甚且不惜曲说危词,根本破坏。昔子产治郑,谤议纷起,愚民难与图始,自古已然,于今为烈。他不必论,即如前行政公署订定是项《条例》时,丝茧各业,亦何尝不禀电纷驰,争来阻泥。曾几何时,而结果乃适相反,是其明证。故此次改订《条例》,尤不能不斟酌尽善,期无遗憾。省议会第一次议决,限制十里,开放太骤,容不免如丝绸机织联合会电虑各情;若照复议议决,限制二十里,仍取消其分行、分庄,核与本公署提出原案适合,征之事实,当无窒碍,矧蚕桑事宜正在尽力提倡,计日程功,尚非难事。案经依法公布执行,万难以该联合会片面之词轻予变更。准咨前因,相应备文咨复大部,请烦查照备案。再,《丝厂条例》本届省议会召集临时会,又已提出,合并声明。

此咨

农商总长

浙江省长吕公望

中华民国五年十二月二十二日

（原载《浙江公报》第一千七百二十一号，八至九页，咨）

浙江省长公署咨省议会

为咨明官商合办浙海渔业公司缘由请追认由

浙江省长公署为咨行事。

案查《浙江省官商合办浙海渔业有限公司暂行简章》，业经汇案送请贵议会议复在案。兹查该公司之设立，系前行政公署为振兴浙海渔业、提倡远洋捕鱼起见，于民国三年二月拟订《试办浙海渔轮暂行条例》，函由前浙江审计分处复准照办，复经拟订《简章》呈奉农商部核准备案后，一面筹拨官款五万元，另招慎生鱼行等商股三万元，合共资本银八万元，在上海恒祥机器厂订造渔轮一艘，命名"府浙"，价计规银四万八千两，分期交付；一面与各股商代表陈巨纲面商妥洽，所有应付渔轮价款，除官款五万元外，不足之数，即按期由商股股款内补足。嗣于同年十一月，渔轮工竣下水，在沪试车，经前按署派员验收。后开行至甬，由甬放洋捕鱼，亦经报部有案。并先期于十月，由前按署饬委各股商照章公举之陈巨纲为该公司总理、张岳年为该公司协理，刊给木质公司图记一颗，在镇海组织公司。又陆续饬委金百峰为官股查账员，毛雍祥、周继潆、赵楣三员为官股董事，与商股选举董事董振三、陈岘卿，查账员董以生，会同办理。董事及随时查账事宜，自开办至今，共计结账两次。第一届结账，自公司开办起，至旧历乙卯年三月底，渔轮停捕，担任巡护止；第二届自旧历乙卯年四月朔，至丙辰年四月六日停捕止。虽中因开办时放洋已迟，又停捕巡护，种种耗费，第一届系照四厘缴息，第二届收支尚有不敷，据请免

3283

息。然从前浙海距港口较远之处,每逢渔汛时,有据报外国渔轮游弋拦捕鱼鲜情事,自该公司成立"府浙"放洋以来,尚无发见,于挽回利权、维持渔业,不无裨益。相应照录原订《试办浙海渔轮暂行条例》,及送函前浙江审计分处并咨报农商部各原文,咨请贵议会追认,仍希见复施行。此咨

浙江省议会

计附抄件。

浙江省长吕公望

中华民国五年十二月二十二日

(原载《浙江公报》第一千七百二十一号,九至一〇页,咨)

浙江省长公署咨教育部

准咨据永嘉教育会呈请将劝学所施行细则
照批通行成立请酌核办理由

浙江省长公署为咨行事。

案准大部咨开,"据永嘉县教育会会长张勋呈称,'浙省各县均已筹定劝学所地址、经费,并委定所长,恳迅将《劝学所规程》《施行细则》照批通行,俾早成立'等情到部。查《劝学所规程》早经颁行,其《施行细则》亦经订定公布。该员所称,'浙省学务停滞,必劝学所早日成立,乃足以资补救',不为无见。如果委派所长、筹拨经费,业经就绪,自可及时开办,以策进行。相应据情,咨请酌核办理"等因,并抄原呈到署。准此,查劝学所为县地方学务之枢纽,于教育前途关系至巨,自应早日成立。前准咨颁《规程》,即经前巡按使署、前民政厅暨本公署督率各县筹拨经费、所址,并先后委定所长在案。惟该所一应职权,必根据于《施行细则》,而执行之事务,又多与县自治会相关。现在浙省各级自治节准省议会咨催召集。前奉国务院电,亦谓"县自治制草案业经编订,不久交议颁布"。前项《劝学所施行细则》虽早经

大部订定,并呈奉批准由部通行遵照,登载本年五月《政府公报》。然所载者,系大部原呈及《细则》草案,浙省固未准咨,即嗣后各月《政府公报》亦未见登有大部通行前项《细则》之件。如果先行成立,则将来县会复设,遇有权限抵触之时,势必以是项《细则》并未奉部通行,不能发生效力为辞,将争议纷起,莫由解决。准咨前因,惟有仍请大部将前项《施行细则》迅予照批通行,俾资依据。此咨

教育总长

浙江省长吕公望

中华民国五年十二月二十五日

（原载《浙江公报》第一千七百二十一号,一〇至一一页,咨）

浙江省长公署训令第一千九百五十二号

令警务处为发该处办事细则由

令警务处长夏超

案照《浙江全省警务处暂行章程》暨各项《任用条例》及该处《办事细则》,业经令发该处遵照在案。据该处长面陈,前发该处《办事细则》有窒碍难行之处,殊属实情。兹仍将该处所拟《办事细则》合行令发该处长即便遵照,督率所属遵照办理毋违。其前发之《办事细则》即行作废。此令。

计发《浙江全省警务处办事细则》一份。

中华民国五年十二月二十一日

省长吕公望

浙江全省警务处办事细则

第一条　本处除按照《浙江全省警务处暂行章程》分科办事外,各科中应就掌管事务之性质分设数股,由各科科长呈明处长,指派科员办理各该股事务,而负其责。

第二条　本处各科遇事务繁多时,得由各科科长呈明处长,酌派他科科员襄助办理。如本科内各股遇事繁多时,得由科长指派他股股员襄助之。

第三条　本处遇临时发生特别重要事件,处长得指定职员专司其责。

第四条　本处处长室、参议室、秘书室及各科,各派助理员一人,承上官之命,助理一切事务。

第五条　本处另设缮校室,专供各缮校员缮写文件之所,由总务科长呈明处长,指派助理员一员,秉承科长稽核各缮校之勤惰,并负核对专责。《缮校室办事规则》另订之。

第六条　本处另设管卷室,由总务科科长呈明处长,指派助理员一人,秉承科长管理本处卷宗事宜。《管卷室办事规则》另订之。

第七条　本处每日办公时间定为七小时,其起止时刻由处长酌定揭示,但遇有必要时,得由处长、参议、秘书或科长临时酌令提早或延长之。

第八条　本处收到公文,由总务科收发股摘由登簿,注明收到月日,编列号数,黏附由签,按照本处《暂行章程》规定权限,分别加盖某科及要件、常件等戳记,汇送参议核发各科,由科注明到科日期,登记收文簿,分配各股办理;其有关于机密要件,由参议提出,送请处长核发秘书或各科办理,并于收文簿内加盖提出呈阅戳记,以备查考。

第九条　凡关涉两科以上之文件,应按其事之性质偏重某科者,即分配于某科,会商有关涉之他一科办理。

第十条　凡秘书及各科承办文件,要件不得逾一日,常件不得逾三日,但须调查讨论及其事之性质绝非一日或三日内所得办竣者,不在此限。

第十一条　秘书及各科承办文稿,限每日上午八时汇送参议复核,呈送处长核判,但遇紧要事件,得随时办理提送核判。

第十二条　各项文稿送经处长判定发还后,交由缮校室缮正、校对,摘由登簿,送由总务科监印股盖印,转送收发股标封发递,并将到文簿内号数注销,发由管卷室分别编档。

第十三条　凡文稿送核时,除有原文者将原文粘附外,如有关系旧案,应检齐案卷另封标明,随稿附送。

第十四条　凡公文仅须存查,不必办稿者,须由主管员签明缘由,登入存查簿内,送呈处长、参议检阅盖章后,送由总务科收发股于到文簿上加盖存查戳记,再行归档。

第十五条　凡奉省长交办文件,应由主管科提前赶办,不得延误。

第十六条　凡警务上重大事件,遇必要时,须以省长名义行之者,由处长陈明后饬科办稿,即于文首加入"案据警务处呈请"事样①,由处长先行核明盖章,送请省长核判印发。

第十七条　凡省公署收到关于警务文件,概由省长交处核办,应分别重要、寻常,或以省长名义行之,或以警务处长名义行之。如应以省长名义行之者,由处拟稿,送请省长核判;应以处长名义行之者,即于文首加入"奉省长交办某某一案"字样。

第十八条　警务所属荐任官及以荐任待遇各职官关于任免奖惩事项,除按照定章办理外,但遇必要时,须以省长名义行之者,得由处拟具办法,陈明省长后,饬科拟办,送请省长核判印发。

第十九条　凡奉省长交办文件,应由处另立到文簿,摘由编号,登入该簿内,以便查考。

第二十条　警务处拟办稿件,经省长核判后,发由警务处缮校室缮正,另登送签簿内,送由省公署校对盖印、标封寄发,仍将

---

① 事样,疑为"字样"之误。

原稿发由警务处另档存储,以便检查。

第二十一条　本处总务科收发股于每月终将本月份收到各项文件分别查明,销号存查,未办件数汇列一览表,并将未办文件摘录案由、注明到文日期及分发某科拟办等项,开列清单,一并送呈参议阅核。

第二十二条　本处各项文稿,凡主稿及核定人员,均各署名盖章,负其责任。

第二十三条　本处密要电报,由总务科主管员译出后,摘由登簿,注明收到月日时刻,编列号数,黏附由签,直接呈送处长、参议核办,不必按照第八条分配。明电则仍分别寻常、紧要,随文送阅。

第二十四条　秘书及各科承办文稿,遇有应行公布者,先于稿内加盖"公布"戳记,送经处长核定后,另录一份,送由总务科摘由编号,登入公布文件册内,即将该件送至公报处发刊,翌日核对《公报》无讹,于册内加盖"已登《公报》"戳记,每月终送由总务科长核存。

第二十五条　各科应就主管事项分别造具统计表簿,送由总务科汇编。

第二十六条　本处以左列日期为休假日:

一、民国光复纪念日;

二、南北统一纪念日;

三、星期;

四、四节日;

五、其他法令所定之休假日。

第二十七条　本处总务科收发股于休假日仍须酌留人员管理收发事宜,其余各科每日亦须轮派一员值日。

第二十八条　本处秘书及各科各设考勤簿一本,置于各值日员处,各科职员按日到处亲填"到"字及时刻,约距规定到处时刻一点钟内,将簿送参议阅讫盖章,月终呈送处长查核。

第二十九条　本处职员遇有事故不能到处时,应于前一日声叙事由,呈请处长核准,发由参议填明考勤簿,以备查核。倘未经核准,即行离职者,以旷职论。

各职员请假,每月不得过三日,但有特别事故,呈经处长许可者,不在此限。

第三十条　本处职员在办公时间概不见客,但因公调见者,不在此限。

第三十一条　本细则自核准之日实行。

(原载《浙江公报》第一千七百二十一号,一二至一五页,训令)

浙江省长公署训令第一千九百五十九号

令各县知事于教会购地投税换契时慎重办理由

令各县知事

案据外交部特派浙江交涉员林鹍翔呈称,"查教堂在内地购置公产,载在《约章》,势难禁阻,但外人未悉内情,往往受莠民愚弄,以致发生种种纠葛。前清时外务部虽经提议,教堂置产,先行呈报地方官查明办理,旋经外交团反对,此议以教堂在内地购置公产为《约章》所许,无呈地方官之必要,格而未行。咨呈以来,教堂购产日增月盛,而地基纠葛之案,亦层出迭见,不可究诘。推原其故,多由于奸民诱惑,教士因以为利,而教士又不甘受误买盗买之名,以致发生种种障碍。然使教堂果无明确证据,犹可据理与争,该管领事虽或袒护教堂,终不能置公理于不顾。无如迩年教堂争地之案,多已投税纳粮,过户领契,外人一经执有印契,即视为铁证。查照《登记法》第七条第一、二两项,虽载明'强占冒认,或盗卖盗买,以及以多报少者,虽经朦混登记,一经查明,或被人告发,其登记为无效'等语,但此种法令只可施之于本国人民,对外似难发生效力。盖以外人不谙内情,恃官厅为之保护,故视官厅之印信极为可靠。倘官厅所给之印契可以随时取销,则外人对于官厅之信用,必视为无足重轻,推波助澜,流弊胡底?方今列强环伺,交涉棘手,所赖以维持者对外之信用耳。信用一失,交涉益无从措手。此特派员所熟筹审虑,不得不亟思补救者也。查教堂置产,照约应于契内注明'教堂公产'字样,与民人置产本有区别,至所购或为庙产,或为地方公产,更不难一考而知。拟请钧署通令各县知事,遇有教堂购地之案,于投税换契时,亟为查明所购基地确无别项纠葛,再行给契过户,既不可颟顸从事,亦不可故为延搁,俾教士无所藉口。即使教堂偶有误买之案,然既未执有印契,自可据理力争,不至酿成交涉重案。特派员预杜民教争端起见,谨陈管见,是否有当,统候酌夺施行,实为公便"等情到署。据此,除分令外,合行令仰该知事遵即督率办理契税人员随时留心,遇有教堂购地投税换契案件,务即切速查明受买之地有无纠葛,再行办理。知事接近地方,情形较易明确,万勿大意,致滋纠葛干咎,切切。此令。

中华民国五年十二月二十五日

省长吕公望

(原载《浙江公报》第一千七百二十一号,一五至一六页,训令)

浙江省长公署训令第一千九百六十号

令检定小学教员委员会准教育部咨规定师范讲习所
及前清简易科毕业生检定办法由

令检定小学教员委员会会长

案准教育部咨开,"案查本部解释赣省检定委员会质疑案内,曾将高等师范暨前清优级师范选科专修科学生认有《检定小学教员规程》第一条之资格,准充高等小学校教员,并咨各省查照办理在案。此外,师范讲习所及前清师范简易科均为造就小学教员而设,惟办法略有不同,兹当筹备检定小学教员之际,此项毕业学生资格,亟应分别规定,以凭办理。凡照《师范规程》第六十五条之规定,所设各讲习所,其讲习期在二年以上者,准于五年内充国民学校正教员,在一年以上者,准于三年内充国民学校副教员,均自毕业之日起算。其毕业在施行检定期以前者,应自该地方施行检定之日起,在规定年限以内,均无庸加以检定。但该管长官或省、道、县视学等视为必要时,亦得检查其毕业证书。至前清师范简易科,凡满二年,毕业考列中等以上各生,应受无试验检定,其检定合格者,准自施行检定之日起,于五年内充当高等小学校教员。其二年简易科之考列下等者,或不满二年之简易科,及不满一年之师范讲习所各毕业生,均应遵照《检定规程》经受试验检定后,方准充当某项教员,以免冒滥而重师资。相应咨行查照办理"等因。准此,合就令仰该会长遵照办理。此令。

中华民国五年十二月二十五日

省长吕公望

(原载《浙江公报》第一千七百二十八号,一九一七年一月九日,三页,训令)

浙江省长公署训令第一千九百六十一号

令高检厅准司法部咨复《甄用管狱员章程》
除第四条外余应如咨备案由

令高等检察厅长殷汝熊

本月十五日准司法部咨开,"准贵公署咨开,'据高等检察厅呈称,依照《甄用管狱员章程》审查资格,并分场试验,核定去取,计免试合格人员十五员,试验及格人员七十九员,理合造送各员姓名、履历清册各二份,并抄送《甄用章程》一份,呈请鉴核备案,并转咨司法部等情。除指令并留提名册二份备阅外,相应咨送查核备案'等因到部。查改良监狱,全恃得人,管狱员系委任职,任用之时自应遵照文职任用各令办理。该厅所拟《甄用章程》意在格外慎重,除第四条应改为'曾充推、检或典狱长、看守长一年以上者,得全免试验'外,余应如咨备案,相应咨复贵公署查照,并转令该厅遵照"等由。准此,查此案前据该厅呈送,业经指令并转咨司法部查核在案。兹准前由,合行令仰该厅遵照。此令。

中华民国五年十二月二十五日

省长吕公望

(原载《浙江公报》第一千七百二十一号,一六至一七页,训令)

浙江省长公署训令第一千九百七十一号

令警务处准陆军部咨行湘省官商合股设局
办磺运销各省应准试办由

令警务处长夏超

十二月四日案准陆军部咨开,"前十月内准湖南督军感电称,'据矿务总局会同磺业公会呈请,公商合股设局,提炼硫磺,运销东南七省,应准试办。请部核准立案,并分电沿江各省督军、省长查照'各等因一案。查此案曾于民国三年六月,据湖南磺业公会会长廖树勋禀请在湘设立总局,在鄂设转运局等情,当经详细批示,并行湖南前将军查复有案。当以'硫磺因向有省禁,以致土物滞塞,异物畅销,本部自民国以来,对于土物取提倡明办,以化省界,对于异物取繁重手续,以期渐减。此次湘省电请公商合股设局请予核准立案,并分电沿江各省查照'等因。于十一月一日及六日两次咨询农商部意见如何,请速核复,以凭办理去后。旋准农商部咨开,'叠准咨称,请对于湘省所请官商合办设局提炼硫磺运销沿江各省一案意见如何,速核见复等因。查此案关于官商合股一事,核与定例,尚无不合,自可照准。惟提炼硫磺运销各省,事关军用,是否可行,相应咨请贵部主持办理,并希见复'各等因。准此,查湘省硫磺因禁滞销,自应量予提倡,藉资抵制。惟合股设局,办磺运销各省,究竟有无把握,本部无从悬揣,且鄂省产磺亦富,磺价亦不甚昂,是以沿江各省向系参用湘鄂及洋磺,惟闽浙则多用洋磺,现在省禁固宜化除,磺事亦须谋整理。既据湖南督军电称前情及农商部咨请主持前来,应即准予试办。除咨湖南督军转令切实试办及咨农商部并分行外,相应咨请查照"等因。准此,除咨行督军外,合亟令仰该处通令所属一体知照。此令。

中华民国五年十二月二十五日

省长吕公望

（原载《浙江公报》第一千七百二十一号,一七至一八页,训令）

浙江省长公署批第一千二百三十八号

原具呈人温岭陈合斌等

呈一件呈控陈管带庇匪不拿县知事获匪不办请查究由

呈、结均悉。事关盗匪连劫两家,并复掳人勒赎,案情重大,前据该县呈报,此案盗犯约有三十余人,现虽获到李滥户玉、李千仁、杨西能等三名,尚属少数,候令警务处转令驻扎该县陈管带迅行会同警所上紧严缉,务将是案逸盗真赃悉获,解究具报。至李滥户玉一名,前据该县知事备具供、判,呈由高等审判厅转呈到署,当经本署审核,原判审理尚欠详慎,指令饬县查明具复察夺在案。迄今日久,未据呈复,实属玩延,并候令厅转饬该县审检所,于文到十日内,查照前令指示各节,查讯明确具复察夺。一面并将李千仁、杨西能二名迅速提讯究办,以寒匪胆。此批。十二月二十五日

（原载《浙江公报》第一千七百二十一号,二六页,批示）

浙江省长公署批第一千二百三十九号

原具呈人余姚徐金福

呈一件呈胡国钿弹毙伊嫂徐钟氏一案现已缉获请饬县速办由

呈悉。凶犯胡国钿既据缉获案,迄今两月,何以该知事并不讯明诉办?所陈如果属实,殊属玩延。仰候令行高等检察厅转饬该县迅予提犯,研讯明确,按律诉究具报。其丁阿治一名,曾否判决确定,并

候令厅饬县录案具复,再行察办,着即知照。此批。十二月二十五日

（原载《浙江公报》第一千七百二十一号,二六至二七页,批示）

浙江省长公署批第一千二百四十二号

原具呈人绍兴郑廿三等

呈一件呈为郑五九霸产涉讼一案请求核断由

案经终审判决,依法不能再理,所请碍难照准。此批。判决副本及继书均发还。十二月二十五日

（原载《浙江公报》第一千七百二十一号,二七页,批示）

浙江省长公署批第一千二百四十三号

原具呈人缙云张陈光

呈一件呈伊弟张陈银被前缙云县知事刘景辰冤杀一案请究办由

呈悉。查此案前准督军署将全卷咨送到署,当经本公署审核,事属军事范围,应仍由陆军审判机关办理,以符事实,将原卷咨还在案。据呈各情,仰即自赴督军署呈请核办可也。此批。十二月二十五日

（原载《浙江公报》第一千七百二十一号,二七页,批示）

浙江省长公署批第一千二百四十六号

原具呈人候补知事喻荣华

呈一件为请给假回籍省亲由

准假三月,仰将起程日期呈报备查。此批。十二月二十五日

（原载《浙江公报》第一千七百二十一号,二七页,批示）

浙江督军公署省长公署咨苏皖两省督军公署省长公署

据嘉湖镇守使呈为盗首赵跨子吴老五二名罪情

重大请准悬赏通缉分别咨令由

浙江督军公署、省长公署为咨行事。

本年十二月十五日据嘉湖镇守使王桂林呈称，"窃查长兴县属水口镇保卫团枪械及公成等九家商店被劫一案，前据业经电准枪毙之盗犯熊老大、洪老三、刘麻皮子、赵必信等四名供称，此案确系赵跨子、吴老五为首，并称本年四月间水口大劫案亦系该二盗首为首，当即讯取年貌，饬探侦缉，尚未弋获。查该盗首赵跨子、吴老五，为浙、苏、皖三省边界著名巨盗，宜兴、溧阳、广德等县均闻出有巨案。今复在长兴二次为首肆劫，情凶罪重，洵非寻常盗犯可比。若听其逍遥法外，不但吾浙地方受害，即苏、皖二省，亦均遭荼毒，亟应设法侦缉，以除巨憝。该盗首行迹遍历三省，互界各县，出没无常，非悬巨赏，不能缉获。拟援《积匪巨盗悬赏购缉办法》第二条，每名准予悬赏三百元，倘或缉获，并拟援照《办法》第四条，准于长兴县正税项下拨款给领，令由该县知事专案分报核销。如蒙核准，即请咨请苏、皖二省督军令属侦缉，并通令本省各属一体协缉，一面仍由职署严督水陆营警加严侦缉，以期弋获而安地方"等情，并开附该盗首等年貌、籍贯到署。除指令照准暨分别咨令外，相应咨请贵署查照，转饬所属一体协缉，务获解办，至纫公谊。此咨
江苏督军、江苏省长
安徽督军、安徽省长

督军兼署省长吕公望
中华民国五年十二月二十六日

计开：

赵跨子，年三十余岁，河南光州人。身长而肥，有辫。常往江苏宜兴清水堡北洋埭孙元坤家，现闻逃安徽广德等处。

吴老五，即胡老五，年三十余岁，河南光山县人。面黑身小，无须无辫。常在江苏宜兴张渚、罗埠等处，现闻亦逃广德等处。

（原载《浙江公报》第一千七百二十二号，一九一六年十二月二十九日，五至六页，咨）

浙江督军公署训令第六六三号
浙江省长公署训令第一九七八号

令各属保护日人黄玉树赴浙游历由

令特派交涉员、温州交涉员、宁波交涉员、警务处处长、各县知事、暂编第一师师长、暂编第二师师长、混成旅旅长、嘉湖镇守使、宁台镇守使

本年十二月十八日准江苏省公署咨开，"案据特派江苏交涉员杨晟呈称，'顷准日本国总领事函，以黄玉树赴江苏、浙江游历，缮给护照请盖印前来。除将护照印发外，理合呈请省长察照，转饬各属，俟该日人到境呈验护照时，照约保护'等情。据此，除训令各属保护外，相应咨请贵省长查照，希即转行各属照约一体保护"等由。准此，除分令外，合行令仰该　　　即便转令所属一体照约保护，并将该日人出境入境日期及在境行为具报备查。此令。

中华民国五年十二月二十五日

督军兼署省长吕公望

（原载《浙江公报》第一千七百二十二号，七至八页，训令）

浙江省长公署训令第一千九百七十九号

令各县知事准教育部咨送戒吸鸦片浅说令转发参考由

令各县知事

案准教育部咨开，"案据京师模范通俗教育讲演所呈称，'案奉第五十七号训令，案查本月十九日奉大总统令，鸦片流毒垂数十年，腾笑环球，重为国僇。有清之季，幸赖士庶之呼号，邻邦之协助，订期禁绝，限以十年。民国代兴，厉行前政，禁种、禁运、禁吸，具有专条，有司考成，视为殿最。比年以来，中外会勘，差无訾议，万国禁烟会既声明限制洋药商业，各省又经后先停运，足见与国善意，望我富强。凡

我国人，允宜急起直追，自湔前耻。乃者订约之期不日届满，自今以往，时不再来，深虞猾吏舞文，奸商玩法，或托词稽征罚款，或私自存土运销，阳假官符，阴扬毒焰，一隅横溃，功败垂成。是负友国之盛心，而失人民之责望。用特重申前令，着内务、司法两部行知各该地方官吏，恪遵禁令，严切进行，其有犯种、运、售、吸诸罪者，并由法庭从重惩治，仍责成教育部转饬各讲演社，编具《浅说》，悉力开导，俾得父诏其子，兄勉其弟，晓然利害，毋蹈刑章。本大总统为民除害，不惮烦苛。如有蔑视禁令者，惟有执法以绳其后，不容遗孽再毒新邦。懔之毋忽等因。奉此，合行令知该所，仰即遵照办理等因。奉此，遵即编具《戒吸鸦片烟浅说》，实力讲演。兹将所编《浅说》排印，冠以大总统命令，制成小册，以资应用。理合呈送大部备案，并请分送各省暨京师各机关，以广传播而资参考。此册共制一千本，今送上五百本，余存所备用'等情。据此，查该所编印《戒吸鸦片浅说》，尚称妥适，相应检同三十册，咨送分发各讲演机关作为参考之用"等因。准此，合将原送《浅说》刊登《公报》，令仰该知事查照转行各讲演机关一体参考讲演。此令。（刊登《公报》，不另行文）

计抄《浅说》（列"附录"门）。

中华民国五年十二月　日

省长吕公望

（原载《浙江公报》第一千七百二十二号，八至九页，训令）

浙江省长公署训令第一千九百九十号

令高检厅准司法部咨复吴温等充管狱员均准备案由

令高等检察厅长殷汝熊

案准司法部咨开，"为咨复事。准先后咨开，'据高等检察厅呈称，委任管狱员请转咨备案'等情到部。经本部复核无异，吴温充平湖县管狱员，何葆铭充东阳县管狱员，俞廷猷充龙泉县管狱员，胡起岐充天台县管狱员,陈震南充玉环县管狱员,蒋烈充嘉兴县管狱员,余鉴成充青田县管狱员,孟照鉴充金华县管狱员,潘庆璜充衢县管狱员,均准备案。相应咨复贵省长查照转饬遵行"等因。准此,合行令仰该厅知照。此令。

中华民国五年十二月二十六日

省长吕公望

(原载《浙江公报》第一千七百二十二号,九页,训令)

浙江省长公署训令第一千九百九十一号

令高检厅准司法部咨复施敬等接充管狱员准备案由

令高等检察厅长殷汝熊

案准司法部咨开,"为咨复事。准咨开,'据高等检察厅呈称,遂安县管狱员曾植恩撤任,遗缺委施敬接充;余杭县管狱员庞扬畔撤任,遗缺委王万里接充'等情转咨到部。经本部复核无异,应准备案,相应咨复贵省长查照转饬遵照"等因。准此,合行令仰该厅知照。此令。

中华民国五年十二月二十六日

省长吕公望

(原载《浙江公报》第一千七百二十二号,九页,训令)

浙江省长公署训令第一千九百九十八号

令外海水警厅赶速知照商民陈俊笏领回被劫矾朱由

案准福建省长公署咨开,"前据贵省水警陈常益沁电开,'商民陈俊笏报告有船三艘装矾四百七十三包,表里有新合丰印,停泊阳城,被口操闽音盗匪罄劫,杀毙一名'等语,当经令饬沿海各营、县查拿,并电复在案。兹据莆田县知事刘荫榛呈称,'查此案先经知事访闻县辖淇沪村,有蔡天华、黄乌孙等抢劫洋面船货情事,立即督带差警亲往该处查拿,随获黄天顺、林齐、林杏、蔡盛、林春芳、黄护、林成七名,并起出大小货船、匪船各一艘,矾朱八十一包,表里印有新合丰字号,土麻二捆各赃。讯据黄天顺等供称,此次起出船货,委系蔡天华、黄乌孙等所劫,林姓并无帮同为匪等语。查询该乡长,供亦相同。自应将林齐、林春芳、林成、林杏四名交其房长林波等保回安业,以示区别。又,黄护一名,经乡长黄庆贺供称,平昔安份好人,具结担保,应即一律释回,免滋拖累。惟该犯蔡天华、黄乌孙均已远扬,一时骤难弋获,而蔡盛、黄天顺二人系属盗犯父兄,难免嫌疑关系,自应均留跟究,以昭慎重。所有起出船货,当经饬派差警押驶涵江,暂交警察所长收管,听候处分去后。正在具文呈报间,蒙饬前因,知事伏查此次县辖淇沪村所起船货内有矾朱八十一包,表里印有新合丰字号,其为浙江平阳商民陈俊笏被劫赃物,确凿无疑。惟起获包数与原电不符,显系该匪分船劫抢各处,消没所致。惟现据涵江警察所长呈称,该船破坏不堪,由淇沪驶至三江口,已湿坏矾朱八包、土麻一捆,若不将该矾赶速发卖,万一海潮漏湿,暴雨猝来,势必全数湿化,血本无归,可否由官代卖之处,请示前来。知事察核所禀,系属实情,当即饬令估价尽数解县,存候交领。至商船一艘,日久亦恐霉坏,不堪驶用,匪船一号拟即变卖充公,应否饬传事主来闽领回,抑如何办理之处,除饬差警严密查拿蔡天华等务获讯供拟办外,理合具文呈报察核'等情。除指令该船业已破坏不堪,应转饬涵江警察所起获等货移运该所,妥慎保存待领,一面仍严缉蔡天华等务获归案究办外,相应咨请贵省长查照办理,并希见复为荷"等由。准此,除咨复外,合行令仰该厅转令该管水警赶速知照商民陈俊笏,将起获矾朱等物前往领回,切切。此令。

中华民国五年十二月二十七日

省长吕公望

(原载《浙江公报》第一千七百二十三号,一三至一四页,训令)

浙江督军公署指令会字第二五七八号
浙江省长公署指令会字第五六四八号

令嘉湖镇守使王桂林

　　呈一件为盗首赵跨子吴老五二名罪情重大

　　　　请准悬赏通缉由

　　据呈已悉。该盗首赵跨子、吴老五二名,准各悬赏洋三百元购缉,获案后,即由长兴县正税项下照拨核销。除分别咨令通缉外,仰该镇守使督饬水陆营警加严侦缉,务获具报。此令。十二月二十六日

　　　　　　（原载《浙江公报》第一千七百二十二号,一五页,指令）

浙江省长公署指令第五千九百四十七号

令清理官产处

　　呈一件为报奉部令商品陈列馆拨用旗营地亩一案由

　　呈悉。查此案前准部咨,当以"案经执行,碍难移易"等语咨复,并令行该处查照各在案。仰仍遵办毋违。此令。十二月二十六日

　　　　　　（原载《浙江公报》第一千七百二十二号,一五页,指令）

浙江省长公署指令第五千九百五十号

令海宁县知事

　　呈一件为许寅等开设寅记茧行并无违例由

　　呈悉。该商许寅等请在富贵桥东村王家滨头地方开设寅记茧行,既据声明地点,核尚合例,应予照准。仰即转饬遵照,并录报财政厅备案请帖。此令。十二月二十六日

　　　　　　（原载《浙江公报》第一千七百二十二号,一五页,指令）

浙江省长公署指令第五千九百五十一号

令财政厅长莫永贞

呈一件为呈据新市统捐局电奉令带征浙西

水利费一案请核示各办法由

呈悉。查此项附捐议决修正案，既指明运丝、经丝，并无用丝名目，自可专就运丝、经丝征收，其丝包斤数，当然应照向章计算，其不足八十斤，或八十斤有余者，亦应照章比照办理。至烟叶一项，原案并未特列一条，自应仍照百货办理。仰即转令各该捐局遵办。此令。

十二月二十六日

（原载《浙江公报》第一千七百二十二号，一五至一六页，指令）

浙江省长公署指令第五千九百五十三号

令衢县知事

呈一件该县教育会陈会长呈振兴蚕业请饬县改良办法由

呈悉。振兴蚕业，应从灌输知识入手，自是确论。惟女子性质尤近蚕桑，本公署业准省议会议决筹设省立女子蚕业讲习所，为各地办理蚕业传习所及模范养蚕场之预备。所请饬即改办长期传习所之处，暂从缓议。至据称该县所办短期传习所，仍以土法从事等情，如果属实，殊未妥善。查前民政厅通令筹议振兴蚕桑办法案内，曾经抄发省立甲种蚕业学校毕业各生名册，以备酌量选聘，并责成认真办理。嗣据呈复，复经本公署指令，会商汪绅庆和切实计划呈核各在案。该县自应遵照办理，期收实效，不得敷衍塞责，致辜众望而碍进行。仰衢县知事查照遵办，并转该会长知照。此令。十二月二十六日

（原载《浙江公报》第一千七百二十二号，一六页，指令）

浙江省长公署指令第五千九百五十四号

令桐乡县知事

呈一件为遵令检送各商请设茧行地图由

呈、件均悉。查该县各商先后请设茧行,共有九家之多,惟龚启祥请在庙簟设洪盛茧行,王兆麟请在玉溪镇设兆丰茧行,沈承志请在泾塘桥设成昌茧行,吴兴咸请在新桥设振昌茧行,核尚合例,应先照准。余如后珠村及亭子桥两地点与嘉兴新塍、海宁富贵桥各新请茧行相距甚近,又横棣与隆兴桥两处,既互相抵触,且距王店亦不及二十里,均未便照准。至金昌运请在濮院镇设同昌茧行,前据该县来呈,业经令行查复在案,应俟复到再行核夺。仰即分别转饬遵照,并将已准各行录报财政厅备案给帖。附件均存。此令。十二月二十六日

(原载《浙江公报》第一千七百二十二号,一六页,指令)

浙江省长公署指令第五千九百五十六号

令高等检察厅长殷汝熊

呈一件卸任武康知事宗彭年呈明陈凤笙家
被劫案内各项费用请准销由

呈悉。此案悬赏银元已准支销,其余侦查、迎提等费,应就该公署杂支项下开支。所请照数核销一节,碍难照准。仰高等检察厅转令该卸任知事知照。此令。十二月二十六日

(原载《浙江公报》第一千七百二十二号,一七页,指令)

浙江省长公署指令第五千九百六十二号

令高等检察厅长殷汝熊

呈一件桐庐县呈修理监狱墙屋开摺请核销由

呈悉。该县修理监舍,未据呈请核准,遽行动支,殊属不合。册

列各款是否核实,仰该厅核明令遵具报。此令。十二月二十六日

(原载《浙江公报》第一千七百二十二号,一七页,指令)

浙江省长公署指令第五千九百六十五号

令高等检察厅长殷汝熊

呈一件武义县知事呈知事兼理检察困难情形由

据陈知事兼理检察事务,诸种困难,尚属实在情形,应如何设法变通,仰该厅会同同级审判厅协议具复候夺,并先转令知照。此令。

十二月二十六日

附武义县知事刘应元原呈

呈为知事兼理检察职务办事困难,谨陈管见请核示事。

窃维司法本有独立之精神,法律乃专门之学问,欲组完善之法庭,须用合格之人才。县知事出身不尽由于法校,其任用又不出于一途,前此兼理司法,手续较简,又有承审员为之赞助,尚可勉为。今则审检所既已成立,审判、检察形成对待,免诉、起诉,名目繁多,以行政人员兼理司法,骤律以法院之程序,手续容有不完备之处,专审员而贤也,尚可从容协商,折衷至当,其不肖者,则肆意刁狡,龃龉横生,其影响且及于诉讼。此难于兼理者一也。审检所本混合机关,而办事手续则又不能强为混合,审判有应理之讼牍,检察有应办之稿件,鸿沟既已划分,责任自归专属。书记如非上驷,批稿必由自拟,法理未熟,处分或虞失当;精神既纷,烛察亦恐难周。此难于兼理者二也。知事职务本极繁赜,催科既须下乡,查勘动须亲往,或一出而数日,或一日而数出,而法庭办事规程,凡遇刑事、婚姻、继承等事,均须检察官亲自莅庭,一案或至数次,一日或竟数往。前奉省长通令,有知事不得已事故,不能莅庭时,得委员代理。但则例又有罚金、拘役

之限制，凡刑事案件有处罚金、拘役者，十无一二，委代亦属偶然，终日仆仆，耗精神于陪审，而应办公务转多旷废。此难于兼理者三也。前奉高审厅通令，有罪证确凿，或案情重大，证据未完全者，均须补具起诉正文，请付预审，嗣又奉八八九通令，以设一专审之处，不适用预审制度，致有专审员且将已起诉之案件，亦行驳回。似预审一职遂为检察官之专任，专审员仅核起诉之准驳，不审案情之事实，而检察官之地位，似处于专审员之属下，办理既觉混合，诉讼亦碍进行。此难于兼理者四也。审检所事务，于检察官有同负责任之名，又有归专审员主管之规定，审理案件于检察官有纠正之名，又有不得干预审判之明文，以致所内用人行政，一切事务均惟专审员之调度，检察官不能侵其主管之权，设有偾事，又或同行受过，负虚名而受实责。此难于兼理者五也。

近闻各县知事每因无暇自拟稿批，辄另请司法科员专任其事。但所延不得其人，谳狱亦滋流弊。窃谓与其多方迁就，不能树独立之精神，如何截然划分成完全之机关？在知事兼理检察之规定，不过因经费困难，为一时权宜之计，然而权利与服务本相对待，知事既不兼理司法，职务自较简单，亦不应坐享厚糈。拟请钧长俯鉴下忱，令高检厅另派检察官一员，所有俸薪即由知事俸内拟减五六十元，移作检察官俸给，不另开支，以符预算。或令通省一律照办，庶法庭尽合格之人才，而司法有完全之基础。知事一介庸愚，罔识忌讳，谨举经历困难之境，据实沥陈，是否有合，伏乞钧长指令祗遵，实为公便。除并呈高审检厅外，谨呈。

（原载《浙江公报》第一千七百二十二号，一七至一八页，指令）

浙江省长公署电嘉兴县知事

据冯张氏等电被冯阿八等劫去糙米二百余石请饬缉究由

嘉兴县张知事：据该县石佛寺冯张氏、冯陆氏电称，"氏家于十七号上午十时,被著匪冯阿八等二十余人蜂涌进内,劫去糙米二百余石,冯陆氏被殴受伤,乞饬营、县会缉"等情。案关盗匪白昼抢劫,拒伤事主,如果属实,该管兵警所司何事,殊难辞咎。仰即迅行驰往验勘具报备核,一面会督营警严缉正盗真赃,务获究报。省长。有。印。(中华民国五年十二月二十五日)

(原载《浙江公报》第一千七百二十二号,一九页,电)

浙江省长公署通告

遂昌县知事沈士运电呈于本月三日由乡公毕回署。

云和县知事王志鹤电呈月本月十二日由乡公毕回署。

建德县知事夏曰璈呈报于本月十一日由省公毕回署。

奉化县知事屠景曾电呈于本月覃日公毕回署。

金华县知事钱人龙呈报于本月十五日亲赴东乡,与义乌、浦江等县会哨,并顺道查勘各乡烟苗,署务委政务主任姚维宽暂代。

慈溪县知事林觐光电呈于本月十六日由沪募债公毕回署。

萧山县知事王右庚电呈于本月十七日由乡公毕回署。

兰溪县知事苏高鼎呈报于本月十七日由省公毕回署。

(原载《浙江公报》第一千七百二十二号,一九至二〇页,通告)

浙江省长公署公布第十六号

公布省议会议决浙江修筑省道收用土地条例由

省议会议决《浙江修筑省道收用土地条例》,兹照《省议会暂行法》第三十七条之规定公布之。特此公布。

中华民国五年十二月二十七日

浙江省长吕公望

浙江修筑省道收用土地条例

第一条　修筑省道,收用土地,以必需应用为限。

第二条　收用土地之种类如左：

一、官产；

二、民产。

第三条　官产由县知事查明后，呈请省长转饬主管官厅拨用。

第四条　民产由县知事查明后，向产主收买，如有愿作为捐助者，照《募捐条例》办理。

第五条　为收用准备，施行测量或检查，有除去土地上障碍物之必要时，由知事于五日前通知业主。

第六条　土地应收用者，由省道办事处委员绘具图说，通告县知事将业主姓名及应用亩分即行榜示并通知业主。

第七条　业主接到通知后，不得将土地售与他人，或用为建筑、埋葬及其他一切设备之物。

第八条　收买土地之价，由县知事委托募捐董事向业主商定，如有争议时，组织评价会评定之。

第九条　评价会会员，由县知事遴选本地公正绅董十人以上充之。

第十条　评价会开会时，以县知事为主席。

第十一条　评价会之议决，以过半数定之可否，同数取决于主席。

第十二条　评价会开会时，业主或关系人得到会陈述意见。

第十三条　土地收用后，其粮赋由公家负担之。

第十四条　收用土地内有建筑物须迁让者，由县知事于三月前通知业主迁让，其费用及损失由收用者支付之。关于前项有争议时，适用第八条至十一条之规定。

前项之费用及损失，业主愿作为捐助时，照《募捐条例》办理。

第十五条　收用土地内建筑物，如系官产，适用第三条之规定。

第十六条　本条例施行细则,由省长定之。

第十七条　本条例自公布日施行。

(原载《浙江公报》第一千七百二十三号,一九一六年十二月三十日,五至六页,公布)

浙江省长公署公布第十七号

公布省议会议决浙江修筑省道奖励条例由

省议会议决《浙江修筑省道奖励条例》,兹照《省议会暂行法》第三十七条之规定公布之。特此公布。

中华民国五年十二月二十七日

浙江省长吕公望

浙江修筑省道奖励条例

第一条　本条例为奖励修筑省道出力人员及捐助经费者而定。

第二条　凡关于修筑省道应给奖励之人员如左:

一、县知事;

二、各县绅董;

三、修筑省道办事处职员、工程事务所职员及监工员等附属于内;

四、各县商民;

五、各县军警。

第三条　各县知事应得奖励之劳绩如左:

一、劝募得力者;

二、征集夫役裨益工作者;

三、指挥短期刑监犯工作办法合宜者。

第四条　各县知事具有前条各项之一者,由办事处汇报省长,核给奖励如左:

特别奖励：勋章、中央奖章、本省奖章、勒碑记功、升级；

寻常奖励：本省奖章、记升、记功状、传谕嘉奖。

第五条　各县绅董、商民应得之奖励劳绩如左：

一、自行捐助以为提倡者；

二、热心劝募捐项较多者；

三、担任修筑省道若干里丈者。

第六条　各县绅董、商民具有前条各项之一者，由县知事查明呈报办事处汇呈省长核给奖励如左：

特别奖励：勋章、中央奖章、本省奖章、勒碑记功、匾额；

寻常奖励：本省奖章、匾额、传谕嘉奖、特制奖品。

第七条　办事处及工程事务所职员等在二年以上办事勤慎、确著成绩者，由办事处分别呈报省长核给奖励如左：

特别奖励：勋章、中央奖章、本省奖章、勒碑记功、升级加薪；

寻常奖励：本省奖章、记功状、传谕嘉奖、特制奖品。

第八条　各处军警应得奖励之劳绩如左：

一、办事处职员或县知事因关于修筑省道事项得其协助较为出力者；

二、遇有特别事发生，弹压勤慎处置得当者。

第九条　各处军警具有前条各项之一者，由各该长官会同县知事查明，汇报办事处转呈省长核给奖励如左：

特别奖励：中央奖章、本省奖章、升级加薪；

寻常奖励：本省奖章、记功状、记升、传谕嘉奖、特制奖品。

第十条　凡捐助在一万元以上者，由省长呈请中央给予勋章。

第十一条　凡捐助在五千元以上者，由省长呈请中央酌给奖章。

第十二条　凡捐助在一千元以上者，由省长酌给奖章；其捐助在一千元以下者，亦得由省长酌量给予本省奖章或匾额。

第十三条　凡捐助田地、房屋、材料等项者，概照时值估计，其奖励查照第十、第十一、第十二条办理。

第十四条　凡捐助在一千元以上，经募在五千元以上者，除照章给奖外，并于道路就近之站勒碑记功。

第十五条　凡担任修筑省道一段，其经费在五千元以上者，如系个人捐筑，即用该捐筑人名将其修筑一段定名为某某路；如系团体或一乡合资捐筑，即用某团体或某乡为名。

第十六条　本条例自公布之日施行。

（原载《浙江公报》第一千七百二十三号，七至八页，公布）

浙江省长公署公布第十八号

公布省议会议决浙江修筑省道募捐条例由

省议会议决《浙江修筑省道募捐条例》，兹照《省议会暂行法》①第三十七条之规定公布之。特此公布。

中华民国五年十二月二十七日

浙江省长吕公望

浙江修筑省道募捐条例

第一条　捐之种类如左：

一、现金；

二、材料；

三、修筑省道必须收用之田地等；

四、担任修筑省道若干丈之一切费用；

五、人工。

第二条　募捐人员如左：

---

① 底本脱"暂行法"三字，径补。

一、以县知事为募捐主任；

二、以各地方公正绅士为募捐董事。

第三条　募捐主任由省长委任。

第四条　募捐董事由募捐主任遴选各地方公正绅士，呈请省长委任。

第五条　募捐主任对于本县募捐事务须负完全责任。

第六条　募捐董事分任城镇乡募捐事务。

第七条　募捐应用簿籍如左：

一、募捐三联收据簿，由省长公署编号盖印，颁办事处分发各募捐主任转颁各募捐董事，其样式如左：

此一联留存县署备查

备查	今收到 　　　　君捐助修筑省道银　元　角　分正。 此存。 　　年　月　日　县募捐主任 　　　　　　　　　募捐董事
字第	此联给纳捐人收执　　　号
收据	今收到 　　　　君捐助修筑省道银　元　角　分正。 此据。 　　年　月　日　县募捐主任 　　　　　　　　　募捐董事
字第	此联缴呈省署　　　号
存根	今收到 　　　　君捐助修筑省道银　元　角　分正。 此存。 　　年　月　日　县募捐主任 　　　　　　　　　募捐董事

二、募捐日记簿由募捐主任制备、盖印，颁发各募捐董事，其式样如左：

年 月 日	地名	姓名	须填注材料数量，或田地亩分，或人工数目，或修路丈数与里数等。	估实洋	收据字号
同上	同上	同上	同上	同上	同上
同上	同上	同上	同上	同上	同上

第八条　募捐董事分赴各处劝募，经人民认捐交款后，当给予省颁收据。

第九条　凡人民捐助材料或田地者，收据上当注明某项材料之量数或田地之亩分，并估计时值，填注银数。

第十条　凡人民担任修筑省道若干里丈之一切费用者，估计其修筑经费，通知募捐主任填给收据。其捐助人工者，亦照此办理。

第十一条　各募捐董事当于每月末日将收款总数汇报主任一次，并将收据存根及所收捐款随收随时附缴，惟乡区道路遥远者，得由募捐主任酌量变通办理。

第十二条　各县募捐主任应将已收捐款连同收据存根按月缴呈办事处，汇报省长公署备查，并将捐助人姓名、捐数及收据号数登载《浙江公报》。

第十三条　各募捐董事于募捐停止后，当将募捐收据簿与日记簿，于十日内一律呈由主任于一个月内转呈办事处汇缴省长公署。

第十四条　募捐主任应将捐款人姓名与所捐数目按月分别城镇乡榜示。其榜示式样列后：

```
某县知事兼修筑省道募捐主任榜示事。
    今将本月分收到   城   镇   乡捐助修筑省道经费等项,地名、数目、收据
字号开列于后,须至榜示者。
    计开:
    地名
    姓名  种类及数目  收据号数
    同    同        同
    同    同        同
    以上共捐
    以上每月份总共收到
                年    月    日
```

右贴某处

第十五条　募捐人员如有勒捐索诈或侵蚀捐款情事,应照《刑律》罚办。

第十六条　本条例自公布日施行。

（原载《浙江公报》第一千七百二十三号,八至一二页,公布）

浙江省长公署指令第　号①

令警务处长夏超

　　黄岩县知事呈复查明孔妹儿年貌籍贯请通缉由

呈悉。该犯孔妹儿年貌、籍贯,既据查明补报,仰警务处、高等检察厅饬属查照,严密侦缉,并候咨请奉天省长转令营口地方各营警协缉解究可也。此令。呈抄发。

附　浙江全省警务处训令第二百九十五号
令各属奉省长令发黄岩县呈查明孔妹儿年貌籍贯请通缉由

　　令各警察厅长、各区统带、各县知事兼警察所长（除黄岩外,杭、鄞、永嘉三县不兼所长）、永嘉警察局长

　　本年十二月十五日奉省长令,发黄岩县知事呈复查明孔

———————————

① 本文由浙江全省警务处训令第二百九十五号析出。

妹儿年貌籍贯请通缉由，奉令内开，"呈悉。该犯孔妹儿年貌、籍贯，既据查明补报，仰警务处、高等检察厅饬属查照，严密侦缉，并候咨请奉天省长转令营口地方各营警协缉解究可也。此令。呈抄发"等因。奉此，除分令外，合行黏抄，令仰该厅长、该统带、该知事兼所长、该局长即便查照，督属一体严密侦缉，务获解究具报毋延。此令。（刊登《公报》，不另行文）

中华民国五年十二月二十六日

全省警务处处长夏超

附黄岩县原呈

呈为查明孔妹儿年貌，请赐通缉事。案查访闻侯德华因奸被杀身死一案，当经勘验明确，并将犯妇侯陈氏依法起诉。访查孔妹儿即竹三逃至杭州、营口等处地方，报请咨缉在案。一面悬赏督警调查年貌，从严踊缉。兹查明孔妹儿，系黄岩人，现年二十八岁，身中面白，略有麻无须。除仍饬警加紧侦缉务获究办外，理合备文呈请省长察核，分咨饬缉解黄讯办，实为公便。除呈高等审判厅、高等检察厅外，谨呈。

（原载《浙江公报》第一千七百二十三号，一八至一九页，训令）

浙江省长公署指令第五千九百六十六号

令高等检察厅长殷汝熊

呈一件黄岩马钦芳禀伊侄马绍忠

被杨宗汉诬陷县不速办由

呈悉。此案早经前巡按使批令该县知事集案讯明核办，并查明杨宗汉有无私招土兵情事，详复核夺在案。迄今日久，尚未遵办，殊属玩延。仰该厅转令该县迅予提案诉究具报，毋再延宕干咎，切切。

此令。十二月二十六日

（原载《浙江公报》第一千七百二十三号，二〇页，指令 批示）

浙江省长公署指令第五千九百七十一号

令衢县知事

呈一件呈送监狱工场出品由

呈悉。该工场所出各品，尚均适用，初办得此，洵堪嘉许。惟纸、粉两类制造未及精工，木椅则欠坚固，仰再认真督率，务求完美，至为切望。此令。附件存。十二月二十六日

（原载《浙江公报》第一千七百二十四号，一二页，指令）

浙江省长公署指令第五千九百七十四号

令烟酒公卖局、景宁县知事

呈一件景宁县呈报畲民纠众闹捐殴警毁栈办理情形由

呈悉。该畲民等藉闹捐为名，胆敢纠众殴警毁栈，实属蛮横已极，仰即迅将滋事首要各犯，严提到案，按律讯办，以儆不法。经理员叶蔚办理捐务过于操切，亦有未合，应否撤换，并仰烟酒公卖局查明办理具复备核。此令。呈抄发。十二月二十七日

（原载《浙江公报》第一千七百二十三号，二〇页，指令 批示）

浙江省长公署批第一千二百五十号

原具呈人寿成云

呈一件呈送遵批修正私立浙江女子体操讲习所简章请备案由

呈、摺均悉，应准备案。《简章》存。此批。十二月二十五日

（原载《浙江公报》第一千七百二十四号，二〇页，批示）

浙江省长公署批第一千二百五十二号

原具呈人黄岩马钦芳

呈一件禀伊侄马绍忠被杨宗汉诬陷县不速办由

呈悉。此案早经前巡按使批令该县知事集案讯明核办,并查明杨宗汉有无私招土兵情事,详复核夺在案。迄今日久,尚未遵办,殊属玩延。仰候令厅转令该县迅予提案诉究具报可也。此批。十二月二十六日

（原载《浙江公报》第一千七百二十三号,二〇页,指令 批示）

浙江督军公署训令第六七二号
浙江省长公署训令第一九九三号

令各属保护德人纪尔臣赴浙游历由

令特派交涉员、温州交涉员、宁波交涉员、警务处处长、各县知事、暂编第一师师长、暂编第二师师长、混成旅旅长、嘉湖镇守使、宁台镇守使

本年十二月十九日准广东省长公署咨开,"现据潮海关监督兼汕头交涉员呈称,'本年十一月六日准驻汕德国领事照会内开,现据本署管理官纪尔臣禀称,拟由汕头前往广东、福建、江西、浙江省四地方游历,请领护照等情前来。据此,相应缮发游历护照一纸第一号,备文照送贵兼交涉员查照,请烦加盖关防送回,以便转给该管理官收执前往游历等由,附护字第一号护照一纸到署。准此,除将该护照加盖关防送回转给外,理合呈报察核饬行各属按约验放保护,并请转咨福建、江西、浙江省长查照,实为公便'等情。据此,除分别咨行查照外,相应咨会贵省长,希为查照,令行所属一体按约保护为荷"等由。准此,除分令外,合行令仰该　　即便转令所属一体照约保护,并将该德人出境入境日期具报备查。此令。

中华民国五年十二月二十七日

督军兼署省长吕公望

（原载《浙江公报》第一千七百二十四号，一九一六年十二月三十一日，四至五页，训令）

浙江督军公署训令第六七三号
浙江省长公署训令第一九九二号

令各属保护日斯国人费赉赐赴浙游历由

令特派交涉员、温州交涉员、宁波交涉员、警务处处长、各县知事、暂编第一师师长、暂编第二师师长、混成旅旅长、嘉湖镇守使、宁台镇守使

本年十二月二十日准江苏省公署咨开，"案据特派江苏交涉员杨晟呈称，'顷准日斯国总领事函，以商人费赉赐赴江苏、浙江游历，缮给护照请盖印前来。除将护照印发外，理合呈请省长察照，转饬各属，俟该商人到境呈验护照时，照约保护'等情。据此，除训令各属保护外，相应咨请贵省长查照，希即转行各属照约一体保护"等由。准此，除分令外，合行令仰该　　即便转令所属一体照约保护，并将该日斯人出境入境日期具报备查。此令。

中华民国五年十二月二十七日

督军兼署省长吕公望

（原载《浙江公报》第一千七百二十四号，五页，训令）

浙江督军公署训令第六七八号
浙江省长公署训令第二〇一六号

令文武各机关为六年元旦应行庆贺典礼由

令文武各机关

照得六年元旦应行庆贺典礼，凡在省文武按照附发礼节单所定各官届期就省城陆军同袍社举行庆礼，所有驻扎省内外各军队及省

外文武各官应在各该公署驻所悬挂国旗暨大总统肖像，于是日上午带领所属向上行三鞠躬礼，军队则官长撇刀，士兵举枪，并奉乐三番，以志庆贺。除分行外，合行令仰该　　遵照办理，并转令所属一体遵照。此令。

附发礼节单一份（省城以外各机关不发）。

中华民国五年十二月二十八日

督军兼署省长吕公望

（原载《浙江公报》第一千七百二十四号，五至六页，训令）

附　浙江督军副官处函

致在省文武各机关为元旦庆典应各就

本机关举行并宴会亦从缓办由

径启者。顷奉谕，"天降大雪，似非一两日所可消霁，所有六年元旦庆典，前经通知在省文武各官，就陆军同袍社举行。诚恐届时道路泥泞，加以地僻，城南各官往来不便，应各就本机关驻所恭行庆祝。至元旦之集合宴会，亦从缓办。饬即通告"等因。除分函外，特亟函达台端，并请转告所属一体知照是企。专此，顺颂公祺

督军署副官处启

十二月二十九日

（原载《浙江公报》第一千七百二十四号，二一页，函牍）

浙江督军公署训令第六七九号
浙江省长公署训令第二○一七号

令文武各机关为新年不得广征游宴由

令文武各机关

照得在省文武各官每届新年春酒往还，几无虚日，在各官虽因终

岁从公,藉兹岁首以联宴饮之欢而笃同寅之谊,似不可少,抑知此项无谓之酬应,若竟彼此过从,实属旷时废事,糜费金钱。况职官无故不得广征游宴,曾经诰诫在案。近以新年将届,亟应通令各文武除于元旦日由本督军兼省长邀集在陆军同袍社公宴一次外,各该员不得再藉春酒名义互相招邀,以除陋习而期俭约,是为至要。合行通令该并转令所属一体遵照。此令。

中华民国五年十二月二十八日

督军兼署省长吕公望

(原载《浙江公报》第一千七百二十四号,六页,训令)

浙江省长公署训令第二千零零四号

令汤溪县知事据委员查复该县习艺所暨因利局情形由

令汤溪县知事

案据委员黄人俊查复该县平民习艺所暨因利局情形,并附摺册等件到署。查该所设置科目太觉烦琐,且木、漆两科仅有艺徒三名,另设专科究嫌浮费,应将该两科一律停办,专办棉织等科,期收实效。至事务员一职,现在各县均已裁撤,该县自应照办,所遗事务凡关于会计、文牍等事,即由所长自行兼任,其余各事,则由各该艺师分别担任,以期撙节。再,艺徒伙食,就该县情形而论,每人每日减至七分已足。来摺所称全年艺徒膳费竟有九百余元之多,实属虚糜。因利局现在业已停止出贷,所有各贷户欠缴之款,应仍责由该局长按期收清储县,不得稍有延欠。为此令仰该知事遵办具复。此令。

中华民国五年十二月二十八日

省长吕公望

(原载《浙江公报》第一千七百二十四号,六至七页,训令)

浙江省长公署训令第二千零零五号

令鄞县知事据委员查复该县习艺所情形由

令鄞县知事

案据委员王起凡呈复调查该县平民习艺所情形，并附清摺、履历等件到署。查该所所址宽阔，经常经费十分充裕，现在事务员既已裁撤，应再将各项费用切实撙节，以期腾出余款，另设织席一科，惟须仿造蕃席或东洋草席，以资改良。再，该所长朱增春，对于所务尚能措置咸宜，应即传谕嘉奖，以资鼓励。为此令仰该知事遵办具报。此令。

中华民国五年十二月二十八日

省长吕公望

（原载《浙江公报》第一千七百二十四号，七页，训令）

浙江省长公署指令第五千九百七十八号

令财政厅长莫永贞

禀一件据平阳县官中游万里禀为张知事

指示勒费违章滥税请饬维持等情由

禀悉。此案先据该县知事以"该官中分设事务所多处，朦骗乡愚，并把持垄斷，扶同匿税"等情具呈到署，业经令行该厅饬再详细呈复在案。据禀前情，仰即转令该知事，一并明白附复，以凭核办。此令。结存、禀黏均发，仍缴。十二月二十七日

（原载《浙江公报》第一千七百二十四号，一二页，指令）

浙江省长公署指令第五千九百七十九号

令财政厅长莫永贞

呈一件呈复崇德县呈请地丁滞纳处分法案

拟于下忙再行遵办一案由

据呈已悉。此令。十二月二十七日

附原呈

呈为具复事。

案奉钧长先后指令,崇德县呈请地丁滞纳处分法案拟于下忙再行遵办由,奉令,"仰财政厅核明令遵具报"等因。奉此,查此案前据该知事先后并呈到厅,当以"《地丁滞纳处分暂行法》现既回复,应即遵办,未便稍延。抵补金征费一节,仍照《征收抵补金暂行章程》第四条办理。至地丁截征日期,应以《征收地丁暂行章程》第九条所载之征收期为准"等语分别核复在案。兹奉前因,除转令知照外,理合具文呈复,仰祈钧长鉴核。谨呈。

(原载《浙江公报》第一千七百二十四号,一二至一三页,指令)

浙江省长公署指令第五千九百九十八号

令海宁县知事

呈一件为捞除野荷经费不敷请添拨款项由

呈悉。应准在公益费项下添拨银二百十一元二分八厘,并饬将长、许二区支港一律捞净,是为至要。一面仍录报财政厅备查。再,该县境内将来如再发现野荷,应由该知事及此次经办捞除人负其责任,不得以随风流至为藉口,切切。此令。十二月二十七日

附原呈

呈为据情转报仰祈鉴核准予添拨经费事。

案查宁邑野荷充塞河道,业经两次呈请拨款打捞,并于十一月七日将捞除困难情形转呈在案。兹据城区警佐张树池、自治员朱宝瑢呈称,"城区捞除野荷,自城市河至周家渡桥止一带,大河小港一律捞清,业经贵公署派员会勘呈复在案。共计捞费银一百三十七元五角二分八厘,除三次领到贵公署给洋共一百二

十元外，不敷洋一十七元五角二分八厘。兹将收支各款，造具清册，呈请核准支销。附呈领结，并祈照给，以便转发"。

又，据长安警佐周烈、自治委员沈士珉、许村区自治委员陈允鳌等呈称，"捞除野荷，遵令添雇人工，督饬逐段打捞。无如野荷随风自杭县顺流而下，捞不胜捞。现干河虽已捞净，经费实属不敷，计长安区干河自周家渡桥西起至杨家渡西报国寺止，程途一十五里；许村区自报国寺西起至盐官第一桥止，程途九里；野荷充积均有尺余之厚，每里捞工再四估计，须六十工，连船租、饭资一起包定在内，每里给洋一十八元，尚是半尽义务，共计支出洋四百三十二元，外加草辫绳索等杂费洋六元五角。除领贵公署发给洋一百元，并拨城绅徐锦荣捐助洋四十元，船户盛聚庆等捐助洋一十九元外，不敷洋二百七十九元五角，暂由委员等借垫。尚有支港二十余条，估计捞费约需八百工。现当农隙之际，拟着就地农民各尽义务，惟船租应当给发，约计需洋六十四元，连上不敷洋三百四十三元五角，委员等实无法筹集。理合据实呈报，仰祈饬发履勘添拨经费，俾得归垫，并捞除支港，以绝根株"各等情前来。据此，查捞除野荷，前经两次呈准拨款，共计洋二百二十元，均以尽数分给三区领讫。兹据该警佐暨各自治员等呈称，除城区工竣最早，不敷洋一十七元五角二分八厘外，长、许二区支港尚未捞除，已不敷洋二百七十九元五角，估计捞除支港野荷船租又需洋六十四元，共洋三百四十三元五角。知事当即派员查勘，详加察核，警佐等所呈各节，殊属实在，不敷缘由实因野荷随风自杭县流入，无可拦阻，捞不胜捞，致工资溢出预算。现在就地筹款，万分困难，与该自治员朱宝瑁、沈士珉、陈允鳌等再四磋商，除已担任劝募洋一百五十元外，城、长、许三区共计不敷洋二百一十一元二分八厘，理合据实转呈，仰祈钧长察核俯准，仍在抵补金项下六分公益费用，添拨洋二百一十一元二分八厘，以便给发归垫，并将长、许二区支港捞除尽净，勿留根株，以绝后患，实为公便。再，此次蒙准添拨后设再不敷，由知事就地筹画，不再呈请公款。所有城区、长安、许村捞除野荷工费，一俟事竣，当即汇造清册呈报，并请派委勘验，以昭实在，合并声明。谨呈。

（原载《浙江公报》第一千七百二十四号，一三至一四页，指令）

浙江省长公署指令第五千九百九十九号

令武康县知事

呈一件为呈复上柏地方行驶小轮实有妨碍由

呈悉。仰候汇案转咨可也。此令。十二月二十七日

附原呈

呈为声复上柏地方行驶小轮实有妨碍请核转事。

本年十二月十三日奉钧署第一七一三号训令，以“准交通部咨，据杭州总商会会长顾松庆等呈，商人李守勤等集股创设浅水轮船，专驶余杭、武康等处，并附章程、图说到部。查该商等所请行轮航线，一由武康县属之上柏镇至杭州之拱宸桥，经过聚宝桥、三都镇、德清县、塘栖镇等处，此项河道行驶小轮，究于地方情形有无妨碍，请分令查明具报转咨”等因转行到署。奉此，查上柏镇至拱宸桥必须经过武邑二都一带地方，该处河身狭窄，两岸皆堤，轮船往来，鼓荡河水，恐伤堤身，于水利堤岸实有妨碍。前据李守勤等具呈，当经批示在案。兹奉前因，理合呈请查核汇转，实为公便。谨呈。

（原载《浙江公报》第一千七百二十六号，一九一七年一月七日，一七页，指令）

浙江省长公署指令第六千零零三号

令财政厅长莫永贞

呈一件据瓯海关监督呈报缉获

吗啡烟片请核给奖洋由[①]

呈悉。仰财政厅查核发给,并咨由该监督查照施行。原呈抄发。此令。十二月二十七日

附瓯海关原呈

呈报瓯海关缉获吗啡烟片请照关章核给奖洋事。

九月二十一日、十二月九日先后准税务司函送,"在普济轮船搜获吗啡烟片十二盒,估值关平银十二两,应给奖银一两二钱;在广济轮船搜获吗啡烟片二十七盒,估值关平银二十七两,应给奖银二两七钱"等由。准此,除将吗啡烟片遵章存关,订期烧毁,并咨财政厅外,理合呈请钧署令知财政厅两次奖银共计三两九钱,合银元五元八角五分,照数由省库拨发,以便转给。谨呈。

(原载《浙江公报》第一千七百二十四号,一四至一五页,指令)

浙江省长公署指令第六千零零六号

令余杭县知事

呈一件据前余杭县知事成健造送八九两月

县税等项收支清册由

呈、册均悉。查九月分教育经费册"开除"项下散数内,少列银六角,是否漏误,应即另文复夺。又,八月分警察经费册"新收"项下,店

---

① 瓯海关监督,当指冒广生(1873—1959),字鹤亭,号疚斋,江苏如皋人。民国二年二月至民国六年九月任瓯海关监督。

屋捐等四款及实在项下，均未列有数目，实属疏忽已极。该前知事成健平时漫不经心，应予申斥，仰即查明各该款究竟有无收入，及"实在"项下有无存款，克日另造妥册呈送察核，余无不合。警察经费册两本发还。余存。此令。十二月二十七日

计发还清册两本。

（原载《浙江公报》第一千七百二十四号，一五页，指令）

浙江省长公署指令第六千零一十号

令财政厅长莫永贞

呈一件嘉兴县呈屠礼芳等请设各茧行
图说保结各商先后呈县表由

迭呈及附件均悉。该县各商请设茧行有二十余家之多，兹查屠礼芳拟在虹阳桥设恒丰茧行，陈源请在新塍镇设新昌茧行，吴宝善请在正家笕设正兴茧行，最为合例，应先照准。惟吴宝善所指正家笕地点与吴兴盛所指桐乡县新桥设行地点，互相抵触，该两行具呈到县日期相同。现在吴兴盛既经核准，则吴宝善自未便取消，能否妥移地点，及合股并办之处，应由该两行自行协议，呈明给帖。其陆润田等在昭四庄大收圩设顺昌茧行，究距南汇市恒裕行基若干里，应将相距水陆道里，沿途村市各各相距里数查明，呈候核夺。蒋世芳请在思古桥设兴业茧行，查秀水县图距新塍不足二十里，究竟该处距新昌行基若干里，距桐乡新准之新桥行基若干里，并仰查明复夺。至其余各地点，或与新旧各行抵触，及设在边境，未据将毗连邻县二十里地图绘呈，均难率准，仰财政厅查照转令该县分别转知。原呈五件抄发。余件均存。此令。十二月　日

（原载《浙江公报》第一千七百二十四号，一五至一六页，指令）

浙江省长公署指令第六千零一十一号

令於潜县知事

呈一件为遴委掾属取具履历请注册由

应准注册。履历及清摺存。此令。十二月二十八日

附原呈

呈为遴委掾属缮摺加考取具履历送请察核注册事。

窃知事奉委代理於潜县缺，业将到任日期呈报在案。查於署旧有掾属，郭前知事交卸后相继辞职①，当经知事酌量繁简，先行委员试办，俾专责成。时经四月，各该员均能实心办事，勤慎从公，自应遵照《县官制条例》之规定呈请注册，以重职守。兹于政务科设主任一员、助理二员，财政科设主任一员、助理一员，教育科设主任一员，又另设会计一员。除将各员俸薪仍于奉定行政经费内酌量支配按月呈报外，理合将遴委掾属姓名、职务，加具考语，缮具清摺，并取具履历，一并备文呈送，仰祈钧长鉴核，俯赐准予注册，实为公便。谨呈。

於潜县知事平智础，谨将遴委掾属各员姓名、职务，加具考语，开摺呈请鉴核。

计开：

金本荣　才识优长，明达政体，委任政务主任员。

金　煌　精谙计学，法理湛深，委任财政主任员。

谢　侠　学优才裕，经验宏富，委任教育主任员。

庄文珪　事理通达，才能称职，委任政务助理员。

高承祖　才具开展，办事认真，委任政务助理员。

---

① 郭前知事，指郭曾煜，民国四年十一月在任，至民国五年八月由平智础接任。

朱纪墉　才长心细,历练老成,委任财政助理员。

(原载《浙江公报》第一千七百二十五号,一五页,指令)

浙江省长公署指令第六千零一十二号

令分浙任用县知事冯飞昌

呈一件为呈验知事凭照附送履历请注册由

准予注册。履历存。知事凭照发还。此令。十二月二十八日

(原载《浙江公报》第一千七百二十四号,一六页,指令)

浙江省长公署指令第六千零一十八号

令玉环县知事

呈一件为造送调查实业报告书由

呈及报告书均悉。应准汇案核办,仍仰查照书末结论情形,悉心劝导振兴,毋以一纸空文了事,切切。报告书存。此令。十二月二十八日

玉环县调查实业报告书

计开:

一、关于大概情形之调查

(一)沿革

玉环古名木屿,或作木榴,亦作木陋,又谓之地肺山,孤悬海中,旧为乐清、太平两邑分辖之地。明初倭寇为患,徙民内地,久等珠厓之弃。清雍正间浙抚李卫疏请展复,设同知,专驻扎,始称玉环厅,以水道近瓯江,且多系乐清故土,故附属于温州府。光复后,废府制,遂改厅为县。

(二)疆域

玉邑东环鹿岛,西达乌洋,北至楚门、小间,南抵黄、坎二门,周围七百余里,间分三大部分,曰坎门、曰楚门、曰三盘,而三盘

又与城区隔以水,挺峙海中,旁附小岛,出入均坐民船,凡遇风浪,行驶为难,颇不便焉。全邑划分四区:一城区,以城内及南大岙乡属之;一江南区,以坎门、陈岙二乡属之;一江北区,以楚门、芳杜、盐盘、都顿等四乡属之;一海山区,以北岙、黄大岙、灵昆等三乡属之。

(三)面积

全邑辖境周围七百余里,此系依据光绪六年《县志》而言,以地属海山交错,岙岛纷繁,未经切实测量,碍难计算方里。其间田地、山荡,共占二十一万八千四百二十三亩,余均海也。

(四)户口

全邑划分四区,共计男女十二万三千八百口。江南北陆地较多,人民以农种为大多数。惟海山一带,多以捕鱼为业。就中比较,农占十分之五,渔占十分之二,工商占十分之二,学界不过十分之一,矿业则无闻焉。

(五)河流山脉

玉环城沿四面环山,外围皆海,境内并无长川巨河,间有城河、天开河等数处,亦甚窄小,藉以蓄泄山水,保障田庐而已,形近沟洫,与他处河流之可通船渡,得工业上所利用者不同。至于山脉,均属岩质,积土甚浅,兼之海风猛烈,栽种竹木不易滋长,即有天生草木,亦仅足供居民柴薪之用,对于工业无甚利用,欲求振兴,而限于地土,设法殊难焉。

(六)古迹名胜

县城西门外三里许,西青山有少霞洞,一名仙人洞,相传张少霞炼丹处,峭壁间耸然一洞,可容一人坐,旁有瀑布,颇称幽雅。又,江北芳杜钱隩有浣沙溪,林龚梅诗云:"一溪曲折水流东,洗出云罗片片红。不是西施今绝迹,世无范蠡过村中。"此外无特殊之地。旧称有郗司空别墅、林斡宅、刘元芳休休室、徐荣诗冢等处,今已不知所在,故不赘也。

（七）地势

玉环孤悬海面,地本低洼,其山隩间宽平之土,如附城南门外一带及江北之楚门地方,现在所可耕种之地,俱赖筑塘以御潮之浸灌,否则除山岙外,均为泽国矣。西南由乌洋,过黄华关,进盘石口,可至永嘉、乐清等县;西北由楚门横渡水面,仅里许,即登岸逾岭,直至温岭县城;东南则由黄、坎二门,为通海要口,出此则为大洋矣。

二、关于农业之调查

（一）农业团体

玉邑地瘠民贫,筹费甚难。前项团体尚无设立。

（二）气候

玉邑地近温带,热多寒少,最高温度为八五度,最低为四五度,湿度最高为八五度,最低为六十度。历来霜雪甚稀,惟海风浩大,枝杆较高之植物颇不利于栽种。至水旱各灾,尚较他处为轻也。

（三）土壤

全邑山多而田少,田土较肥,于栽种稻、麦等项颇称合宜。惟山土多瘠,除蕃薯外,无他物可种。即树木一项,亦只松木尚可栽植,然亦不能繁盛,以土甚浅也。其他竹木,均不适宜。统计土性,粗瘠者居十分之七,精肥者仅十分之三耳。

（四）水利

玉环河流之最著者,在城之内外有城河,由县署后山流至署西迤东,通玉环河及天开河,约长十里许,灌田约二千余亩。在塘洋者,有塘洋河,灌田约一千亩。在密莺者,有密莺河,灌田约六百左右。在大陈隩者,有陈隩河,灌田约一千余亩。在大普竹者,有大普竹河,灌田约二千亩。在青塘者,有西青河,灌田约二千亩。在江北之芳杜者,有樊河,灌田约三千余亩。在楚门者,有官河,灌田约八百亩。外此皆细小沟渠,无足数焉。其创设时代年远难稽,疏浚经费均由地方自行措资,随时洽议修补,并无专管人员,亦未有请拨官款者。

（五）农事

查玉邑气候温和,种植田稻,年可收获两次。其耕田之法,每年清明节车水灌入田内,以牛架犁翻土耙平,加以肥料,将木苗插下,名曰早禾。越两星期,早禾成活,复将田土锄松,嵌插晚禾,大加肥料,勤耘数次,不使莠蔓。至大暑节,早禾成熟,先行收获,然后将晚禾勤加培养,至霜降节后,亦可收刈矣。所有收获稻谷,俱即时除去稻杆,晒储于仓,与嘉湖等处多露积者不同。山地均种蕃薯,以夏至节下种,立冬后收起,刨切成丝晒干,名曰薯丝。乡民多藉此为粮食也。冬季田间除种豆麦外,均种草子,以作次年肥料。凡一切耕耘方法,虽仍旧习,而农民颇称便焉。

（六）农具

查玉邑向无蚕桑,一切蚕具俱无制备。垦具亦皆旧式,如犁、耙、耜、锄、刀、斧等物,均由农户招雇铁匠制造,每件价目平均值洋五角。渔具约分四季,春用流鲳网或揽钓,夏用捕鳝网或手网,秋用大网或鲜鱼罾,冬用铜丝钓或冬网、矮网,由各渔户购苎,雇工织造,其价目大网每张值洋六十元左右,小网每张二十余元,然皆旧式,并无新发明之种类。

（七）蚕桑

玉邑山多田少,山土甚瘠,栽种蕃薯,尚能滋长,植桑殊不相宜。田土虽较肥沃,以为数不多,乡民均欲种稻,以资粮食,不愿栽桑,以致蚕事向无顾问。近来官厅屡经劝导植桑,而限于地土,难期进步。

（八）林垦

查玉邑为海中孤岛,山场虽多,全露岩石,难于开垦,间有地势较平、稍有积土之处,亦均栽种蕃薯,以代民食,是以林业向属稀少。县署后有官荒山十余亩,颇含泥土,本年春经秦前知事购植松秧三万株①,作为模范森林。知事现亦善为培养,以冀茂密,约计五年后可以成材,并多方劝导各乡,凡有可以开垦之荒山,赶紧遵照设法造林。茶树一项,因海风浩大,不易发达,山陬空隙之处,即有种植,数亦甚鲜,不敷所用。

（九）渔牧

水产物以带鱼、黄鱼、鳗鱼、鲂鱼、墨鱼、鲳鱼、鰦鱼、虾、蟹、蚶、蟶等类为大宗,其收获数量、价额,年各不同,视海业之盛衰为比例,物多则价轻,少则昂,约计各产总额至多年可得百万斤,每斤值洋六分,少则五十万斤,每斤值洋一角。沿海居民皆以在海采捕水产为生计,无专筑池塘以养畜之者,其捕获之鱼类,除带鱼有用盐腌售他处外,余皆随捕随卖,为居民日常用品,无他制造方法。畜牧,惟鸡、鸭、猪、羊,各家均有豢养,以供食品,然无专以此为营业者。驴、马,则绝无所见焉。

（十）农产物

查农产物,以稻、麦、豆、落花生、芋芴、萝卜、蕃薯等为主要品,瓜果等类出产无多,其数量价目,丰歉不同。兹将年收平均数目列表如下:

类别	年收数量	每斤价目	用途	类别	年收数量	每斤价目	用途
早谷	二十万石	一分八厘	民食	晚谷	十五万石	二分一厘	民食
糯谷	十二万石	二分一厘	民食	京成	二十五万石	二分	民食
小麦	一万石	三分三厘	民食	豆	八千石	三分三厘	民食

---

① 秦前知事,指秦联元,民国四年八月至民国五年八月任玉环县知事。

续　表

类别	年收数量	每斤价目	用途	类别	年收数量	每斤价目	用途
落花生	三万斤	三分	民食	芋芳	五千斤	二分五厘	民食
蕃薯	七十万万斤	五厘	民食	萝卜	二十万斤	一分	民食
南瓜	一万二千斤	六厘	民食	冬瓜	二千斤	一分	民食

（十一）民食

查全邑民食，以蕃薯为大宗，米、麦等副之。统计所食得于本地产出者，丰年亦不过十成之七，一过荒旱，尤为拮据。历来俱由各乡民禀请官厅备文赴永嘉、乐清、泰顺等县购籴，以补不足。

（十二）农业习惯

农民佃田，先向业户订立佃契，议定租额，每亩最多纳租谷三百斤，少则二百斤，大都按期清缴，抗欠禀追等案发生甚少，足见民风尚称朴实。凡遇虫害灾病，普通均用石灰或青矾水以杀之。

三、关于工业之调查

（一）工业团体

查前项团体尚无创设，以人民多务农、渔两项为生计也。

（二）工厂

查玉邑地瘠民贫，殷富甚少，交通又极不便，一切工厂均无创设，即平民习艺所，历任皆因筹款为难，迄未举办。知事到任未久，对于是项习艺所正在竭力设法，如能筹有的款，即行呈报开办。

（三）出色之工作物

查玉邑向无工厂，现无出色工作物，可以举报。

（四）普通之工作物

查玉邑人民大半均以农、渔两项为生业，对于工作素不讲求，即民间日常用品，其制造形式亦甚粗陋。关于木工者，有床、椅、桌、凳、水车、犁耙、橱柜、桶等物。关于铁工者，有耜、锄、刀、斧、钉、锁等物。他如缝纫、油漆等工作，亦皆古朴，无新异之出品。

（五）外来之工作物

查玉邑民风俭朴，生活程度甚低，食用轻简，不事奢华。一切需品多系地方土产，惟洋油需用最多，为本地向来无有之物，他如玻璃、绸缎，虽系外来之物，而所用不甚广也。

（六）工业习惯

查民间年轻子弟投师习艺，不论何项工作，必先订立契约，以三年为限，限内随师指挥，不给工价，限满方可自由营业。至居民雇工制物，如木匠、篾作、泥水、裁缝、铁工等，每日给工膳洋三角，物料均须自备。

四、关于商业之团体

（一）商业团体。

查前项团体，如商会等向无设立，无从查填。

（二）从前商业之盛衰。

查玉邑自展复以来，地势散漫，居民愚野，且多贫困，商业向不发达，自上海、宁波至永嘉轮船，经过县南坎门地方，人民知识略开，渐设商店，然亦布置浅陋，营业不大也。

（三）现下实在之状况。

（甲）商贩之道路。南田、坎门乘轮船至上海、宁波等处，计三日可以到达；西由马道乘航船至乐清县，计水陆路一百三十里；北由楚门至温岭县，计陆路一百二十里；东属海洋，向无交通之路。

（乙）市镇之地点。全邑市镇只有三处，即城内、坎门、楚门是也。

（丙）钱币之行情。民间通用银元，每元兑制钱一千一百文，铜元作八厘，角洋作八分八厘。此据现下价目而言，平时涨落实无定数，钞票市中甚少也。

（丁）运脚价值。商家运货，除轮船装运，视货之大小轻重，随时定价，不能预计外，凡人工挑运，每百斤每天给价约四角。

（戊）入境货之大宗。查玉邑市面萧条，入境货甚少，内以洋布、羽缎二种为大宗。

（己）出境货之大宗。查出境货以带鱼、蕃薯丝二种为大宗，余如虾、蟹等类，皆在本地销售，出境甚少也。

（庚）经过货之大宗。查玉邑僻处海滨，地非冲要，无经过货品。

（辛）商业分行。查城乡商业，如南货、杂货、药铺、布庄等类，设店甚小，并无巨行大栈，经营者均系土人，无外来客民。

（壬）店栈记数。查城乡店铺南货约计大小五十家，杂货六十家，布庄三十家，药铺二十六家，染坊八家，铁店六家，铜店三家，银店十一家。

（癸）商埠。查境内并无商埠之设立，无从填报。

（四）将来发达之推测。

查玉邑地属孤岛，所有出产，除鱼、盐外，绝无所闻，且毗连之温岭、乐清等县，均可由海门、永嘉直接交通，无经过玉环之必要。由地势、民俗双方推测，将来一切商业恐不复有增高之希望也。

（五）商业习惯

查玉邑各商号购办货物，如杂货、洋货、布庄均由宁波、温岭、永嘉等县直接批发而来，并无交换代办手续，其运输亦多由陆路肩挑，轮运居少数焉。

五、关于矿业之调查

（一）前经探采之矿

无。

（二）现在探采之矿

无。

（三）未经探采之矿

查县东披山地方发现铅矿一处，由矿商傅一凡、余光启各请试探，禀奉省长令县调查呈复在案。未奉指令，尚未开办。

六、结论

玉邑僻处海滨，向系废弃之地。展复后，循次陶养，至今居民涣散，尚少殷实之家。山岙虽多，其间宽平可垦之土，尽皆栽种食物，犹虞不足，所空隙者俱系石域岩疆，不堪设法。县署后有官荒山十余亩，颇可开垦。现已栽植松秧，作为模范森林矣。外此，惟渔、盐两业出产稍丰，因势利导，视他业较为切近。盐务现奉设署专管，整理得法，当有进步。渔业一项，秦前知事陈言筹设渔轮公司，法固甚善，所虑邑中无巨商大贾，集资实为非易，官款又无可以拨助，且傍海居民专赖渔为生计，一设渔轮，恐妨其营业，反对又多，知事现正双方竭诚开导，如能就绪，再行专呈裁示遵行。

（原载《浙江公报》第一千七百二十五号，一五至二四页，指令）

浙江省长公署指令第六千零二十八号

令贫儿院院长

呈一件为呈送十一月份院儿名册请察核备案由

呈、册均悉。应准备案。册存。此令。十二月二十八日

（原载《浙江公报》第一千七百二十四号，一六页，指令）

浙江省长公署指令第六千零三十一号

令浦江县知事

呈一件为呈送十十一月份缮正讲稿及本年
十二月六年一月份拟编讲稿请分别鉴核备案由

呈、稿均悉。十二月份讲稿已酌加修改，随文发还，仰转发遵照
讲演，仍缮清二份呈送备案。至禁烟讲稿，应将是项鸦片烟对于一
己，对于社会，对于国家，种种利害，及禁令之严厉，逐一详细说明，剀
切开导，方可使听者知所警惕，不致轻蹈刑章。据送一月份说厉行禁
烟篇所引事实，已与原令讲演之旨不符，而通篇主旨以禁烟出于义
愤，尤属误会，应即发还，转令重拟送核。十、十一月份讲稿存。此
令。十二月二十八日

计发还十二月份及六年一月份讲稿二份。

（原载《浙江公报》第一千七百二十五号，二四页，指令）

浙江省长公署指令第六千零三十四号

令宁海县知事

呈一件呈报教育行政会议简章请核准由

呈、摺均悉。应准备案。惟学务委员既经裁撤，所有《简章》内第
三条戊项"及学务委员"五字应删去，又丙项"劝学所劝学员"，应改为
"劝学所长/员"，仰并遵照。摺存。此令。十二月二十八日

（原载《浙江公报》第一千七百二十四号，一六页，指令）

浙江省长公署指令第六千零四十二号

令宣平县知事

呈一件呈匪首黄桂芬远扬可否准予加重赏格由

呈悉。匪首黄桂芬两次图谋不轨，屡拿未获，应准增加赏赏洋一

百元,连前共连赏洋二百元①,以资购缉。仰即依照《积匪巨盗悬赏购缉办法》叙明赏格,呈候发登《公报》布告通缉。一面仍会督营警随时严缉,务获究报。此令。十二月二十八日

（原载《浙江公报》第一千七百二十四号,一六至一七页,指令）

浙江省长公署指令第六千零四十三号

令警务处长夏超

　　呈一件呈翊麾巡舰官兵薪饷及各月报仍由
　　第三区长造送领给一面仍归使署调遣由

呈悉。翊麾舰官兵薪饷暨各项册报,既据称,向由第三区长分别领给造送,应准仍照向章办理,以省手续。候咨行嘉湖镇守使查照可也。此令。十二月二十八日

（原载《浙江公报》第一千七百二十四号,一七页,指令）

浙江省长公署指令第六千零四十六号

令警务处长夏超

　　呈一件呈复嵊县警备队已革伍长刘清山
　　拿回之铜宝赌码已送县传讯由

呈及清摺均悉。仰仍将讯办处分情形随时转报。至哨官田瑞林记大过一次,因原呈称该哨官平日略有成绩,本省长权衡事实,姑予从宽,按照《警备队奖惩章程》第八条第一项规定,亦属无关出入,惟前警政厅先已指令,后请核示,以致两岐,应毋庸更正,仰即知照。此令。十二月二十八日

（原载《浙江公报》第一千七百二十四号,一七页,指令）

---

①　赏赏洋,前一个"赏"字疑衍。连前共连,第二个"连"字疑衍。

浙江省长公署指令第六千零四十九号

令警务处长夏超

呈一件呈报警备队四区二哨追回前劫张镜如

家案内匪械由区保存并请核赏由

据呈已悉。所有收获俄枪一杆，既据表称堪用，应准照章给予赏银十元，以资鼓励。所称马枪一枝，与前案所报之鸟枪，是一是二，俟查复转呈备核。再，查此案系三区四营二哨追获，来呈叙称转报警备队四区二哨追回前劫张镜如家案内匪械云云，谅系笔误，惟事关区域出入，除改正外，合并令知。此令。十二月二十八日

（原载《浙江公报》第一千七百二十四号，一七至一八页，指令）

浙江省长公署指令第六千零七十二号

令省地方农事试验场

呈一件兰溪县知事请令饬农事试验场

配发各项种子以资试验由

呈、单均悉。所需各项种子，仰农事试验场查照检齐，径寄该县，以凭试种，仍将检寄种类、数量及日期报查。呈、单并抄发。此令。十二月二十八日

（原载《浙江公报》第一千七百二十四号，一八页，指令）

浙江省长公署指令第六千零八十二号

令财政厅长莫永贞

呈一件据吴兴县呈为王振槐请在

杨家埠设兆丰茧行由

呈、件均悉。该商王振槐所择杨家埠设立兆丰茧行，地点核尚合例，应予照准。仰财政厅查照给帖，并转令该县知照。抄呈连同申请

书并发。余件存。此令。十二月二十八日

（原载《浙江公报》第一千七百二十四号，一八页，指令）

浙江省长公署指令第六千零八十九号

令宣平县知事

呈一件为呈送另绘苗圃林场图说由

呈、件均悉。察阅改绘图说，尚属明晰。前次册报，该经理人领用准备金银五十元，应准列销，惟林场等图说应再照缮一份呈送，以备汇转，仰即知照。件存。此令。十二月二十八日

附原呈

呈为遵令另绘苗圃森林详细图说仰祈察核事。

案奉钧长第一八二号指令知事呈一件据前民政厅转呈该县呈复种植苗木情形由，奉令，"察阅来图，殊欠明晰，仰再另绘详细图说，注明四址、弓数、亩分，连同植树种类、株数，呈候核夺。图暂存"等因。奉此，遵即将苗圃森林图说注明四址、弓数、亩分，连同植树种类、株数，分别详细另绘齐全，除呈送外，奉令前用所有另绘苗圃森林详细图说缘由，理合具文呈请钧长俯赐察核，实为公便。再，苗圃第一、第三、第四各区以及西一区，均已令饬经理人陈鹤书改种茶、桃、栗、梨等苗，合并声明。谨呈。

（原载《浙江公报》第一千七百二十四号，一八至一九页，指令）

浙江省长公署指令第六千零九十三号

令嘉兴县知事

呈一件为该县商会转据恒昌茧商略陈陈源违例
在新塍镇开设茧行请查又据丝商刘正顺等电同前情由

呈、电均悉。查前行政公署核准，高洋等遵饬移远至距新塍二十

余里之调二圩开设恒昌茧行,系由该会长于商会总理任内,据报该县王前知事转呈有案。此次乃称新塍距恒昌茧行仅十四里,指陈源等为违例,何以前后自相矛盾。在丝商等反对茧业,任意攻讦,已属非是,在该恒昌茧行,尤不应自忘前案。总之,新塍距调二圩若干里,有《水陆道里记》可证,不能信口伸缩,且恒昌行基原在调二圩,今又称在莫家笕,究竟莫家笕与调二圩,是一是二,应由该县查明具复。仰嘉兴县知事即便遵办,并分别转知。呈电并抄发。此令。十二月二十八日

（原载《浙江公报》第一千七百二十四号,一九页,指令）

浙江省长公署批第一千二百五十七号

原具呈人黄岩县商民夏宝云等

呈一件禀为征收员违章勒缴毙牛捐税请饬县讯办由

该商民等如果实系专剥毙牛,并不屠宰,该县征收员黄宝周何致勒令缴税,禀词显有讳饰,应不准行。此批。十二月二十七日

（原载《浙江公报》第一千七百二十四号,二〇页,批示）

浙江省长公署批第一千二百五十九号

原具禀人平阳县官中游万里

禀一件为张知事措示勒费违章滥税请饬维持等情由

禀悉。此案先据该县知事以"该官中分设事务所多处,朦骗乡愚,并把持垄断,扶同匿税"等情具呈到署,业经令行财政厅饬再详细呈复在案。据禀前情,候令行该厅转令该知事一并明白附复,以凭核办。此批。十二月二十七日

（原载《浙江公报》第一千七百二十四号,二〇页,批示）

浙江省长公署示

示民人沈德庆等据官产处呈复该民等佃地
纠葛一案应自向买户协商由

案据民人沈德庆等迭呈佃地被占请吊销执照一案,业经本公署先后批示,并令行财政厅查复在案。兹据该厅厅长兼清理官产处处长呈称,"奉查职处变售各项官产,大都原佃原买居多,间有非原佃承买者,均由受买之户自行理处,或由原佃向受买之户自行磋商,因原佃逾限不照章缴价,确系放弃其应得之权利,而承买者既有应承之产权,官厅亦不便再事过问。此案应由沈德庆自向买户协商,或向司法官署提起诉讼,按律判断"等情。据此,除指令外,合行示仰该民等遵照。此示。

中华民国五年十二月二十八日

省长吕公望

（原载《浙江公报》第一千七百二十四号,二一页,牌示）

浙江省长公署咨省议会

请复议《浙江丝厂条例》由

浙江省长公署为咨行事。

本年十二月二十六日准贵会咨送浙江省丝厂单行条例及《浙江水利委员会暂行章程》议决案各一件到署。准此,查本年八月间农商部曾有"嗣后关于实业制品,除有特别发明者,准予照章呈请专利外,所有特准专办区域年限之例一律废止"等语之布告,《丝厂条例》第七条规定,似与部令微有抵触。惟体察浙省丝业情形,关于专办区域年限之保护,实属必要。复经详加研究,此项保护规定尚仍有未尽周妥之处。盖浙省丝绸夙称名产,提倡丝业一方为扩张国际贸易,而他之一方则为供改良织绸之需要,拟于第七条条文下加入"但开设织绸厂请附设丝厂者,得不受本条例之限制"二十字,庶几提倡办法益臻完善,此应请复议者也。又,查模范缫丝厂案,业经贵会议决招商承办,将来商民应招承办模范缫丝厂,对于《丝厂条例》第七条规定能否适用,殊滋疑义,此应请解释者也。准咨前因,除将《浙江水利委员会暂行章程》依法公布外,相应备文咨请贵会分别复议解释,见复施行。

　　此咨
浙江省议会

浙江省长吕公望
中华民国五年十二月二十八日

（原载《浙江公报》第一千七百二十五号,一九一七年一月六日,三页,咨）

浙江省长公署咨省议会

咨复浙省地丁滞纳处分暂行条例内五字确系
六字之讹法字应改为条例二字请更正公布施行由

　　浙江省长公署为咨复事。

　　本年十二月二十六日准贵会咨开,"准咨复本会咨交《修正浙省地丁滞纳处分暂行条例》及《修正浙省抵补金滞纳处分暂行条例》议决案清摺文开,查此次摺开《浙省滞纳处分暂行条例》第二条,上忙催传期限仍系'五十日',与十月三十日咨送议决案内修正期限不符,此'五'字,是否系'六'字之笔误。又,第一条本法之'法'字,应否改为'条例'二字,相应一并咨请查照见复,以便公布施行等情到会。现经本会复核,得前项摺开《浙省地丁滞纳处分暂行条例》第二条,上忙催传期限'五十日'之'五'字,确系'六'字之讹。又,第一条本法之'法'字,确应改为'条例'二字。相应咨复,请烦查照更正公布施行"等由。准此,除将条文更正公布外,相应咨复贵会,请烦查照。此咨
浙江省议会

浙江省长吕公望

中华民国五年十二月二十九日

（原载《浙江公报》第一千七百二十五号，三至四页，咨）

浙江省长公署公布第十九号

公布省议会议决浙江水利委员会暂行章程由

省议会议决《浙江水利委员会暂行章程》，兹准《省议会暂行法》第三十七条公布之。特此公布。

中华民国五年十二月二十九日

省长吕公望

计开：

浙江水利委员会暂行章程

第一条　本会按照全国水利局咨行《各省水利委员会组织条例》设立，定名为浙江水利委员会，专管调查全省水利及工程上之规画、督促事宜。

第二条　本会设于省城。

第三条　本会员分常任会员及临时会员二种。

常任会员，额设技正一人、技士三人，并照规定以技正为主任员，均由省长委任；临时会员，均照《组织条例》第二条之二、三两项及第十条办理。

第四条　本会应设之测量队，以本省原有测绘员组织之。

第五条　本会额设雇员三人，办理会中缮写文件等事宜，其月给薪额由省长核定之。

第六条　本会办理关于调查、计画各事宜，除遵照《组织条例》规定外，均由主任员负完全责任，随时呈报省长查核。

第七条　本会各种经费，除按照《组织条例》办理外，另以预算案定之。

第八条　本会办事细则及各种规则，由主任员拟定，呈请省长核定。

第九条　本章程自公布之日施行。

（原载《浙江公报》第一千七百二十五号，五至六页，公布）

浙江省长公署公布第二十号

公布省议会咨送更正省立甲种森林学校经费预算由

省议会咨送更正省立甲种森林学校经费预算，兹公布之。此令。

计抄更正省立甲种森林学校经费预算表一纸。

中华民国五年十二月二十九日

省长吕公望

更正省立甲种森林学校经费预算表

岁　出　经　常　门		
款　　目	原预算数	更正预算数
第一项俸给	五·八一六	六·〇九六
第一目薪修	五·四五六	五·七三六
第二项办公	八〇〇	八二〇
第一目文具	八〇	一〇〇

（原载《浙江公报》第一千七百二十五号，六页，公布）

浙江省长公署公布第二十一号

公布省议会议决修正浙江省地丁滞纳处分暂行条例由

省议会议决《修正浙江省地丁滞纳处分暂行条例》，兹照《省议会暂行法》第三十七条规定公布之。此令。

中华民国五年十二月二十九日

省长吕公望

修正浙江省地丁滞纳处分暂行条例

第一条　本条例对于滞纳地丁各户已逾县知事催传期限，仍未完纳者适用之。

第二条　上忙自截征之日起立限六十日，下忙自截征之日起立限三十日，为县知事执行催传业户之时间。

第三条　县知事对于滞纳之业户，经前条规定期间执行催传后仍未完纳者，得行科罚如左：

（一）本年上忙应完之地丁，至催传期限扣满后仍未完纳者，照应完解省之数加二十分之一处罚；

（二）本年上忙应完之地丁，如过下忙催传期限仍未完纳者，加十分之一处罚；

（三）本年下忙应完之地丁，至催传期限扣满后仍未完纳者，照应完解省之数加十分之一处罚。

第四条　本法由县知事执行，并将催传起限及限满月日呈报财政厅。

第五条　前项罚金如遇地方有水旱偏灾时，县知事得酌量呈请豁免。

（原载《浙江公报》第一千七百二十五号，六至七页，公布）

浙江省长公署公布第二十二号

公布省议会议决修正浙江省抵补金
滞纳处分暂行条例由

省议会议决《修正浙江省抵补金滞纳处分暂行条例》，兹照《省议会暂行法》第三十七条规定公布之。此令。

中华民国五年十二月二十九日

省长吕公望

修正浙江省抵补金滞纳处分暂行条例

第一条 本条例对于滞纳抵补金各户已逾县知事催传期限仍未完纳者适用之。

第二条 抵补金自开征之日起,上忙三个月、下忙二个月满为截征之期。

第三条 自抵补金截征之日起,上忙立限六十日,下忙立限三十日,为县知事执行催传业户之期限。

第四条 县知事对于滞纳之业户经前条规定期限执行催传后,仍未完纳者,照应完解省之数科罚,与地丁同。

第五条 本条例由县知事执行,并将催传起限及限满月日呈报财政厅。

第六条 前项罚金,如遇地方有水旱偏灾时,县知事得酌量呈请豁免。

（原载《浙江公报》第一千七百二十五号,七页,公布）

浙江督军署训令第六百八十一号

令各师旅准陆军训练总监咨陆军各学校
中途辍学学生如资格相符应准与考由

令第一师师长童保暄、第二师师长张载阳、混成旅旅长俞炜

本年十二月二十六日准陆军训练总监咨开,"案查各学校中途辍学学生,数年以来,人数甚夥,近日纷纷禀请续学。惟查该生等辍学情由既有不同,而收容办法亦难一致。兹定明年六月间陆军第一预备学校招考新生,所有从前废学各生,除违犯校规情节较重、或因病退学、或无故潜逃、或检验体格不合志愿退学者不计外,其从前军官预备各学校招集升学不到暨请假逾限,暑假逾限,以及留学外国未毕业各生,一律准其与考,但其年龄必须在二十五岁以下,身体强健,所学课程确未荒芜者,依照下届预备学校学额选拔,分别送入相当学校

肄业。除呈报大总统、咨呈国务总理备案,并登报通告外,相应咨行查照转饬所属,如有上列资格者,其各先期来京,在本总监处报名注册,听候试验可也"等因到署。准此,除分令外,合行令仰该师长、该旅长即便查照,转令所属,如有上列资格者,务令先期赴京,至陆军训练总监处报名注册,听候试验可也。此令。

中华民国五年十二月二十九日

督军吕公望

(原载《浙江公报》第一千七百二十五号,八页,训令)

浙江省长公署训令第二千零零九号

令警务处高检厅准内务部咨行议定报馆犯罪

以经理人及编辑主任人负其责任由

令警务处长夏超、高等检察厅长陶思曾

十二月四日准内务部咨开,"准国务院咨开,'准司法部咨呈,据京师地方检察厅呈请,咨呈迅速声明报馆犯罪,应由何人负责之办法早日宣布,以维法纪而资进行等情到部。查《报纸条例》废止后,遇有报馆罪犯,办理如多为难,如原呈所称,自属实在情形,拟请提出国务会议,议定相当办法,以资救济等因。现经国务会议议定,报馆犯罪,当以该报馆之经理人及编辑主任人负其责任。除咨复司法部咨行查照,通令警察厅遵照办理'等因到部。除训令京师警察厅暨京兆尹并分行外,相应咨行查照可也"等因。准此,除分令高等检察厅、警务处遵照办理外,合亟令仰该厅通令所属一体知照。此令。

中华民国五年十二月二十八日

省长吕公望

(原载《浙江公报》第一千七百二十五号,八至九页,训令)

浙江省长公署训令第二千零十三号

令丽水县商会准两浙盐运使函复丽水县商会经费
在盐税内拨助已咨催照案签发由

令丽水县商会

案查前据商会会长金铃呈称，"商会经费奉准补助温处督销局，以'未准稽核机关定案，延不给领'等情，经据函知两浙盐运使查照办理在案。兹准函复，以查此案一再咨催稽核分所照案签发，以维地方公益在案。准函前因，除再咨催，并令温处督销局就近与收税官接洽，照案签发外，相应函复贵省长，请烦查照"等因。准此，合亟令仰该商会会长知照。此令。

中华民国五年十二月二十八日

省长吕公望

（原载《浙江公报》第一千七百二十五号，九页，训令）

浙江省长公署训令第二千零十五号

令金华县知事据委员查复该县习艺所暨因利局情形由

令金华县知事

案据委员黄人俊查复该县平民习艺所暨因利局情形到署。据此，查该县习艺所规模宏大，成品精良，深堪嘉许。该所长蒋瑞麒应予记大功一次，以资奖励，除注册外，并填发记功状一纸，仰即转给祗领具报。至事务员一职，现在各县均已裁撤，该县本难独异，惟察核该所实情，自是不同，准予特别设置。因利局现已停止出贷，所有未经收回之款，应仍责由该局长如期收清，储县听候拨用，仰并遵办。此令。

中华民国五年十二月二十八日

省长吕公望

（原载《浙江公报》第一千七百二十五号，九至一〇页，训令）

浙江省长公署训令第二千零二十四号

令财政厅准省议会咨复浙省地丁滞纳处分暂行条例内五字

确系六字之误法字应改为条例二字请更正公布施行由

令财政厅长莫永贞

本年十二月二十六日准省议会咨开，"准咨复本会咨交《修正浙省地丁滞纳处分暂行条例》议决案清摺文开，'查此次摺开《浙省地丁滞纳处分暂行条例》第二条，上忙催传期限仍系五十日（文云见本日咨文门），相应咨复请烦查照，更正公布施行'等由。准此，查是项《条例》前准议决咨送过署，当因条文内字句尚有笔误，咨请更正"在案。兹准前由，除将《条例》更正公布并咨复外，合亟令仰该厅即便通令各属一体遵办具报。此令。

计钞发清摺两扣。

省长吕公望

中华民国五年十二月二十九日

（原载《浙江公报》第一千七百二十五号，一〇页，训令）

浙江省长公署公布第二十三号

公布省议会议决浙海渔业公司暂行简章由

省议会议决《浙海渔业公司暂行简章》，兹依照《省议会暂行法》第三十七条公布之。特此公布。

中华民国五年十二月三十日

省长吕公望

计开：

浙海渔业公司暂行简章

第一条　本公司由官商合资办理，报部立案，以提倡本省渔业为宗旨,按汛在浙海洋面捕鱼及经营渔业各项事务,定名为浙海渔业公司,由省长刊给图记一颗,以资信守。

第二条 本公司先设事务所于镇海,筹设公司一切事宜,并经理修船、销鱼、配置、查察等事。

第三条 本公司先集赀八万元,分为八百股,每股计银一百元,官厅认五百股,其余三百股招商分认。

第四条 本公司股票定为一百股、五十股、十股、五股、一股五种,由公司发给,并请省长加盖印信。

第五条 官股、商股均按年六厘给息。

第六条 本公司先向上海著名工厂订造新式渔轮一艘,名曰府浙,按汛捕渔,俟有成效,再行酌量添造。

第七条 本公司应置冰厂、腌厂、卸鲜厂、腊鲞厂各一所,先向江浙渔业公司商借合用,俟营业发达,再行自立厂所。

第八条 本公司办事员役设额如左:

总理一人、协理一人、会计一人、庶务一人、厂工杂役若干人、渔轮管驾一人、副管驾一人、机匠若干人、捕鱼人若干人,其余公役水手若干人。

以上各员役月给薪资另行规定。

第九条 总理、协理,由商股中公举熟悉渔务、富有经验者各二人,禀请省长核准委任各一人。如有舞弊营私及其他不称职等事,得由董事会召集股东公决另举,呈请省长改委。

总理、协理任期均以一年为限,但得连举连任。

其余办事各员,由总协理选用,呈报省长备案。

第十条 本公司收支各款每年七月结账一次,造册呈报省长,并刊布账略宣示分送。

第十一条 本公司收入,除各项支销外,余利按二十成分派,五成分给本公司及渔轮内各办事员役之红帑,五成提存公司,预备扩充之用,十成按照官商所出各股分给之。

第十二条　本公司设查账员二人①,由省长选派一人,股商推选一人,协同查账。设董事五人,由省长选派二人,股商推选三人,照章组织董事会。

前项查账员、董事员暂不支给薪水。

第十三条　本公司凡有重要事件,须集会付议者,经董事会议决,由总协理函告各股东,定期开会议决,呈报省长备案。

第十四条　本公司各员役办事规则,由总协理规定之。

第十五条　本公司开办费及常年收入支出各费,另以预算案定之,由总协理召集股东会议决,呈报省长核准。

第十六条　本公司须用防务之军械,得呈由省长发给。

第十七条　本公司所有认定官股,如商股踊跃,能全数缴还时,得由总协理呈请省长核准,专归商办。

第十八条　本简章自公布日施行。

(原载《浙江公报》第一千七百二十六号,一九一七年一月七日,四至五页,公布)

浙江省长公署训令第二千零二十九号

令各厅处查明所属荐任职缺额类
有无分发学习或调用人员由

令财政厅长莫永贞、高等审判厅长经家龄、高等检察厅陶思曾、警务处长夏超

本年十二月二十六日承准国务院函开,"本院呈请厘定京外各官署荐任职缺依类序补办法一案,奉大总统指令,'呈悉。准如所拟办理,著即通行遵照。此令'。当经钞录原呈函达在案。惟京外各官署

---

①　查账员,底本脱"查"字,据下文补。

现在荐任职缺额数暨考试保荐或其他相当合格人员,经各长官先行调用员数,各项表册尚待查取编造,复经本院呈请,拟以民国六年一月一日为序补办法实行之期,于本月十二日奉大总统指令,'呈悉,准如所拟办理。此令'等因,相应钞录原呈,函达查照办理可也"等因,计抄原呈一件到署。承准此,除分令外,合行抄录原呈,令仰该厅、该处查照办理,并查明所属荐任职缺额数及有无分发学习或调用人员,分造表册,呈候汇案咨局。再,各官署荐任职缺依类序补办法一案,业经《政府公报》于本年十一月二十一日公布在案,仰并知照。此令。

计钞发原呈一件

中华民国五年十二月三十日

省长吕公望

附原呈

国务总理呈为荐任职缺依类序补办法,拟请定期实行事。

本年十一月十八日具呈请厘定京外各官署荐任职缺依类序补办法一案,奉大总统指令,"呈悉。准如所拟办理,著即通行遵照"等因,当即令知铨叙局遵照办理。惟自民国以来,职制之变更靡定,册籍之漏略滋多,此次厘定序补办法,允为澄清吏治之权舆,应先由铨叙局案照现行官制咨行京外各官署查取现在荐任职缺额数暨考试、保荐或其他相当合格人员,经各该长官先行调用员数,分别编造表册送局,遇有缺出送核,庶几按籍可稽,不致漫无依据。其应行手续,非旬日所能竣事,拟请以民国六年一月一日为序补办法实行之期,以便筹备而利推行。如蒙允准,即令知铨叙局遵照办理。理合呈请鉴核,训示遵行。

十二月十二日奉大总统指令:"呈悉。准如所拟办理。此令。"

(原载《浙江公报》第一千七百二十六号,六至七页,训令)

浙江省长公署训令第二千零三十七号

令各工校私立女子职业学校各工厂准湖南省长
咨胡兆麟来浙参观工校工厂由

令各工校、私立女子职业学校、各工厂

案准湖南省长公署咨开，"据湖南私立公益甲种工业附设贫民艺徒学校校长胡兆麟呈称，'窃兆麟独力创设私立工业学校，附设贫民艺徒学校及崇实女子职业学校于湖南省城，经今十载，历招贫苦生徒，不收学膳各费，原为推广生计、普及教育起见，历年款项系麟一人破产撑持，生徒毕业四千余人，颇能自谋生活。近虽私财告罄，犹不忍半途中止，致负初衷。民国四年春因校款无着，呈请教育部哀乞学款接济校需，前湖南将军汤俯察愚忱①，慷慨捐洋百圆，以资提倡。继而前湖南巡按使陶、护使严、巡按沈各捐洋百元②，俾资办理。惟兆麟自设校以来，仅授粗浅手工，尚不知改良，以求进步，抱愧殊深。伏闻湖北、直隶、江苏、浙江等省工厂林立，日新月异，麟拟前往参观，藉增学识，以便回校改良，急促进行。但该省人地生疏，恐无人指导，空劳往返。窃念钧署提倡教育，不遗余力，用敢恳咨行湖北、直隶、江苏、浙江各省长公署，转饬各工厂及各工业学校并女子职业学校查照指示，俾资考察，得以实地研究，来往川资均归自行筹备。如蒙俯允，异日敝校稍加改良，办有起色，亦出自钧署之赐也'等情。相应据情咨请查照施行"等由。准此，除分令外，合就令仰该校、该厂知照。此令。

中华民国五年十二月三十日

---

① 前湖南将军汤，指汤芗铭（1885—1975），字铸新，湖北蕲水人。民国二年十月署湖南都督兼查办使，并暂兼理民政长。民国三年六月任靖武将军，督理湖南军务兼巡按使。

② 前湖南巡按使陶、护使严、巡按沈，分别指陶思澄、严家炽、沈金鉴。陶思澄（1881—？），字紫泉，直隶大兴（今属北京）人。民国四年五月署湖南巡按使。严家炽，民国四年四月任湖南财政厅厅长，九月兼护湖南巡按使。沈金鉴（1866—1926），字叔詹，浙江吴兴人，民国四年九月至民国五年六月任湖南巡按使。

省长吕公望

（原载《浙江公报》第一千七百二十六号，七至八页，训令）

浙江省长公署训令第二千零四十号

令遂昌县知事核办该县公民黄钤等诉为
张肇文霸吞义谷经县批驳提起诉愿一案由

令遂昌县知事

据该县公民黄钤、王凯于本年十二月二十七日来署提起该知事处分该民等禀控王委德祯查办大拓义积仓谷，经董张肇文含糊具复，未予受理，认为违法，不当依法诉愿一案，业经本公署查阅书状，核与《诉愿法》规定程式不符，所有该县于王委员查复后决定处分要件，亦未据抄呈，种种手续未备，本应驳回。惟义谷关系重要，究竟张肇文有无霸吞情弊，自应澈究，未便含糊了事。合行令仰该知事查明原案，妥速处理具复，并转谕该公民等知照。此令。原书抄发。

中华民国五年十二月三十一日

省长吕公望

（原载《浙江公报》第一千七百二十六号，八页，训令）

浙江省长公署训令第二千零四十五号

令分水县据省视学呈报该县学务情形由

令分水县知事

案据省视学程钟裕呈称，"窃视学查视分水学务，该县自该知事李泺到任后，认真督饬学校，逐加推广，现在共有四十二校，较之上年增多一倍。分水地本贫瘠，有此状况，良非易事。各校内容亦渐见整顿，学生回讲一事，从前尚多含混，近则明白晓畅者，十居七八，算术、体操亦颇可观。该知事遇事下乡，随时亲赴学校查考一切。县视学邵金绥，评核纠正，亦多得当。每届年终，以视察时所定评语，印发各校成绩比较表一次,俾得互相观摩,藉资策励,办法甚善。各区学董对于筹款劝学,亦皆勤奋,而尤以伍谪、吴葆荃、范凤亭、何显庭数人最为出力。该县讲演所均由办学人员兼任,经费困难,纯属义务性质。此该县办理教育行政之大略情形也。谨查各校之办理合法者:县立高小校,管理有方,教授得法,用款亦极撙节;凤坡国民学校,学风整饬,讲解详晰,校长张鹤翔年垫款项,更为难得;琢成国民校长徐松龄,垫款办学,颇费苦心,学生皆娴习礼仪,体操活泼;西华国民学校,管教得宜,学生态度从容,复讲明晰;石柱国民学校,学生服务甚勤,答问中肯。视学综核该县各校具体情形,讲授一切,较前确有进步,惟国民校国文缀法及单级教法大都不能注意。现与知事商准,明年暑假期内办一国民教员研究会,藉资整顿。除填表续送外,伏祈钧长鉴核施行"等情到署。据称该县学务自该知事到任后,校数增多,校务亦渐见整顿,皆由该知事亲赴考查,认真督饬所致,而县视学邵金绥,学董伍谪、吴葆荃、范凤亭、何显庭,亦能各就职务,切实将事,良用嘉慰,应均传谕嘉奖。至县立高等小学校、凤坡国民学校、琢成国民学校、西华国民学校、石柱国民学校,既皆办理合法,并予传谕嘉奖,以示鼓励。其凤坡校长张鹤翔、琢成校长徐松龄,各年垫款项,尤为可嘉,如均愿作捐输,应查照《捐资兴学褒奖条例》专案呈报。至暑假教员研究会,业经前按署通饬办理,明年举办时,应令于国文缀法及单级教法加意注重为要。合就令仰该知事遵照。此令。

中华民国五年十二月三十一日

省长吕公望

（原载《浙江公报》第一千七百二十六号,八至九页,训令）

浙江省长公署指令第六千零九十五号

令上虞县知事

呈一件呈报下乡催征查烟及视察防务各情形由

查下忙开征,业已多日,该县虽因现升高涨,业户滞纳,但此系国家正供,未便任命滞延,应仍随时督催,俾有起色。公债一项,既称派额未足,亟宜认真劝募,集数报解。至称查察烟苗确无寸株片叶发见等语,查往届烟苗发生,每在春令,现方播种之始,何有株叶发见,务须严密查勘,不得敷衍了事,空言塞责,至要。至冬防现在吃紧之际,应仰督率警队加意防卫,以免疏虞,切切。此令。十二月二十九日

（原载《浙江公报》第一千七百二十六号,一七至一八页,指令）

浙江省长公署指令第六千一百零八号

令财政厅长莫永贞

呈一件为修正孝丰县所拟清查隐匿

粮赋办法开摺复请示遵由

呈、摺均悉。所送修正清查隐匿粮赋办法,事尚可行,惟此种调查事件,全在调查员选派得人,一面由县随时认真查察,否则有名无实,转滋流弊。仰即切实令行该县知照。此令。摺、表均存。十二月三十日

（原载《浙江公报》第一千七百二十六号,一八页,指令）

浙江省长公署指令第六千一百零九号

令财政厅长莫永贞

呈一件龙泉县知事范贤初为议复笋行

张赞和禀包闭牙仲一案由

呈悉。仰财政厅核令遵照。此令。十二月三十日

（原载《浙江公报》第一千七百二十六号,一八页,指令）

浙江省长公署指令第六千一百一十八号

令高等检察厅长

呈一件呈武康县请补销陈凤笙家劫案缉赏等费请予准销由

呈及册据均悉。该卸任知事详准悬赏购缉原案声明,赃盗全数

弋获者赏洋二百元,获盗过半讯系真正赃盗者赏洋一百元,嗣因案中逸犯张姚全、张茂生、林荃等未获,复于前格之外,加赏洋一百元,共准赏洋四百元。本年三月间,该卸任知事因已获盗犯四名,照前获盗过半之赏格呈请赏给洋一百五十元,业经前巡按使核准照发。其余二百五十元,赃盗既未全获,自毋庸全数发给,以符原案。至此次所报调查迎提各费,核与前项赏格绝不相干,应由该县公署杂费项下开支,以昭核实。前据该卸任知事分呈到署,业经照案指驳,令由该厅转行遵照在案,仰即知照。此令。册及收据均存。十二月三十日

（原载《浙江公报》第一千七百二十六号,一八页,指令）

浙江省长公署指令第六千一百二十八号

令永康县知事

呈一件为呈送习艺所成绩品请鉴核由

察核呈送成绩品,尚属匀整可观,仰即转令该所长认真办理,益期精进。件存。此令。十二月三十日

（原载《浙江公报》第一千七百二十六号,一八至一九页,指令）

浙江省长公署指令第六千一百三十一号

令清理浙江官产处

呈一件据呈复旧藩署二门内空地业经人民王琦缴价承买由

呈悉。查旧藩署地势闳敞,去年曾有改设巡按使署之议,将来地方官制定后,该署基或需应用,所有未经标卖各地,应即停止标卖,仰即遵照,并将已卖、未卖各地绘图呈核。此令。十二月三十日

（原载《浙江公报》第一千七百二十六号,一九页,指令）

浙江省长公署批第一千二百七十二号

原具呈人全浙典业公会

呈一件为典业规条请援案仍照原拟

　　十二十三两条分别免予合并由

　　呈悉。案经部复核准备案,所请碍难准行,仰即知照。此批。十二月二十八日

　　　　（原载《浙江公报》第一千七百二十六号,二一页,批示）

浙江省长公署批第一千二百七十五号

原具呈人邵联英等

　　呈一件呈为批饬改章仍未遵行乞令催由

　　呈悉。候令高等检察厅查照前令办理可也。此批。十二月三十日

　　　　（原载《浙江公报》第一千七百二十六号,二一页,批示）

浙江省长公署批第一千二百七十六号

原具呈人景宁叶栝英

　　呈一件呈族人叶观明被张吉生等

　　殴伤致毙知事受贿袒护请澈究由

　　查此案前据于潜县知事验明呈报,叶观明委系因病身死,并无别故。据呈各节,均属空言无据,碍难准理。此批。单姑附。十二月三十日

　　　　（原载《浙江公报》第一千七百二十六号,二一页,批示）

浙江省长公署批第一千二百七十七号

原具呈人江山姜庆源

　　呈一件呈控程知事疏脱监犯私和人命请查办由

　　呈及抄件、甘结均悉。控关官吏违法,仰即照章取具省城确实铺保,呈候核办。此批。抄件、结存。十二月三十日

　　　　（原载《浙江公报》第一千七百二十六号,二一页,批示）

浙江省长公署批第一千二百八十二号

原具呈人木智材

呈一件据呈为缕陈组织工业公会
被陈云生朦禀情形请饬县究诬由

呈、黏均悉。查此案前经本公署批饬前民政厅转令该县知事查明伍启富、金福生等借端敲诈实据,按律究办在案。现在尚未据该县知事将遵办情形呈复到署,无凭核办。据呈前情,仰瑞安县知事迅将遵照前令查办情形详细具复察夺。此批。十二月三十日

（原载《浙江公报》第一千七百二十八号,一九页,批示）

浙江省长公署批第一千二百八十六号

原具呈人童冠军等

呈一件为拟陈省立模范工场理由办法请咨会提议由

呈、摺均悉。创设省立工场为改良工艺之先导,洵属急务,惟本年度岁出入预算,业经提交省议会付议,关于巨额支款,未便再行追加,应俟将来体察情形酌核办理,仰即知照。摺存。此批。十二月三十日

（原载《浙江公报》第一千七百二十六号,二二页,批示）

浙江省长公署批第一千二百八十七号

原具呈人嵊县袁殿芳

呈一件为开茧行冤遭阻抑请令县查案给照由

呈悉。该商设行地点果与该县及邻县原有茧行距离在二十里以外,可遵照例定手续,呈县核转,仰即知照。此批。十二月三十日

（原载《浙江公报》第一千七百二十六号,二二页,批示）

浙江省长公署批第一千二百八十八号

原具呈人崇德池瀚

呈一件为和纶茧行变更地点不能生效请鉴核由

呈悉。该商拟设茧行果遵照公布《条例》及规定手续办理,经本公署核明相符,应予照准。至他商变更地点与否,固毋庸多所疑虑也,仰即知照。此批。十二月三十日

（原载《浙江公报》第一千七百二十六号,二二页,批示）

浙江省长公署批第一千二百八十九号

原具呈人丝商周崇德

呈一件为施致祥吴钧等违例请设茧行由

呈悉。查施致祥、吴钧等请设茧行,本公署自当秉公准驳,该丝商何得晓渎,所请查究之处,应不准行,仰即知照。此批。十二月三十日

（原载《浙江公报》第一千七百二十六号,二二页,批示）

浙江省长公署批第一千二百九十号

原具呈人嘉兴丝机业周铭等

呈一件蒋世芳等请设茧行地点不符请驳斥由

呈悉。查该县各商请设茧行,本公署酌量准驳,自有权衡,该丝机业毋庸多渎,仰即知照。此批。十二月三十日

（原载《浙江公报》第一千七百二十六号,二三页,批示）

浙江省长公署批第一千二百九十六号

原具呈人临安沈鄞氏

呈一件为被周永祥背拨鄞阳血食一案请速决定由

呈悉。仰临安县知事迅将辩明书连同是案卷宗一并呈送,以凭

核办。此批。十二月三十一日

（原载《浙江公报》第一千七百二十九号，一九一七年一月七日，八页，批示）

浙江省长公署批第一千三百号

具诉愿人青田陈学程

诉愿为与教育会争拨寺田办学不服县署处分由

据称因本案受屈，积成重病，致逾诉愿期间，殊无理由。况查是案，曾经前按署明白批示，该寺租系中学旧款，应由县处理在案。所请不准。此批。十二月三十一日

（原载《浙江公报》第一千七百二十六号，二三页，批示）

浙江省长公署批第一千三百零一号

原具呈人温岭夏灵训

呈一件为宗鲁校长孔昭本拖欠薪水学董徇私袒复由

呈悉。据称学董徇私袒复，呈辩严驳，究竟该县如何批驳，未据抄送，无凭核办。此批。十二月三十一日

（原载《浙江公报》第一千七百二十六号，二三页，批示）

省长公署电复崇德县知事徐肃
电请晋省面陈要公由

崇德县知事：如有要公，应呈请核示。所请晋省之处，应毋庸议。省长。艳。印。（中华民国五年十二月二十九日）

（原载《浙江公报》第一千七百二十六号，二三页，电）

浙江省长公署通告

仙居县知事孙熙鼎呈报于十二月十二日下乡查禁烟苗、催征验

契、巡视团防,署务分别委员暂代。

定海县知事张寅呈报于十二月十六日由沪公毕回署。

龙游县知事庄承彝呈报于十二月十八日由省公毕回署。

鄞县知事祝绍箕电呈于十二月十九日由沪公毕回署。

嘉兴县知事张梦奎电呈于十二月二十日由沪公毕回署。

(原载《浙江公报》第一千七百二十六号,二四页,通告)

浙江省长公署咨教育部

为咨送之江大学校及广济医学校成绩表由

浙江省长公署为咨行事。

案准大部咨开,"查本部颁布专门以上学校各种规程,原期为各校立课程、学则之纲,于繁变之中仍持统一。但各省情势不同,需要各异,本国学者、外国侨民,或徇社会之请求,或挟教育之宏愿,设立专门以上学校,课程、学则未必能与部定《规程》悉相符合,要其用意,未可尽非,其能为社会造俊才,作公校之补助者,亦正不乏。本部审量之余,以为对于此类学校,万不能全操放任主义,宜有以维持之。但学校数目、性质,亟宜详细调查,乃可筹待遇之法。用特拟定表式,如所属有上开各种学校,请贵署从速分别发交填造报部"等因。准此,查浙省前项学校,仅有之江大学校及广济医学校两校,现据依表填送前来,相应连表备文,咨请大部察核。

此咨

教育总长

计送表二纸。

浙江省长吕公望

中华民国五年十二月三十一日

校名	现设何科	曾否报部	开办年月	开办人籍贯姓名	现任校长籍贯姓名①	教员数 本国人数	教员数 外国人数	各科学生数目	经费	校址	备考
之江大学校	不分科,其学科目为:圣道、国文、英文、德文、数学、物理、化学、生理学、天文学、地质学、生物学、性理学、经济学。	未曾报部	自开办至今已六十五年,迁至杭州江干二龙头,计六年。	美国教会团体	司徒华林 美国人	十五人	十人	五十八人	二万五千元	杭州江干二龙头	查该校并设中学部

校名	现设何科	曾否报部	开办年月	开办人籍贯姓名	现任校长籍贯姓名	教员数 本国人数	教员数 外国人数	各科学生数目	经费	校址	备考
广济医学校	现设两科 (甲)医科 (乙)药科	无	前清光绪十一年	英国梅滕更	英国梅滕更	九人	五人	医科生五十三人 药科生二十九人	私费	杭州大方伯	

① 现住:底本如此,疑为"现任"之误。

（原载《浙江公报》第一千七百二十七号,一九一七年一月八日,三至四页,咨）

浙江省长公署公布第二十四号

公布省议会议决免除住屋捐一案由

省议会议决免除住屋捐一案，兹照《省议会暂行法》第三十七条规定公布之。此令。

中华民国五年十二月三十日

省长吕公望

省议会议决免除住屋捐案原咨

浙江省议会为咨行事。

案照本会叠据杭县公民代表倪在田等十人陈请书称，"查浙省征收房捐法案根据民国三年二月行政公署第七六二号训令，系沿袭清光绪二十七年全省房捐总局会司详院核定办法，光复后曾提交贵会追认，并经中央颁发《厘定国家税地方税草案》，以房捐一项列入地方岁入项下，拨充警察经费各等情，历经通行在案。是则此项捐税，既属于地方税之一，事关全省人民之负担，其征收制度当然全省从同，似无区别之可言。况前清定章其赋课之客体，仅及营业上所使用之房屋，至供住居之房屋，不问其为赁用或自用，概不课税。现既沿用旧章，则定例所关，自不能意为增加，妄为区别，更不能未经地方议会之决议而擅行加重一部分人民之负担者也。乃省会警察厅于定章外，对于省会城乡住宅若每户每月租价在三元以上者，征收房捐二十分之一，而省外各县仍照前例，并未闻有于商铺外课及住户之说。即核诸该厅会县所给之收捐联票所载，系据《整顿房捐章程》办理。然查该章第一条明定，以营业为目的之市廛为限，并无课及住户之明文。既曰营业、曰市廛，则非为营业而仅供居住之住宅，当然不在该条范围之内。该厅竟违反定章，法外苛征，致同一地方之人民,而省、县间负担显分轻重,办法自涉两歧,岂得谓为事理之平?且杭城虽为省会之区,但近年以来,民生凋敝,经济竭蹶达于极点,贫苦小民奔走终日,不得一饱,即中等之家,表面上虽觉敷余,而实际则营谋所获,入不敷支,加以铜元骤短,百物昂贵,其人民生计、社会情况,有不堪言状者;在立法原意,以为限定月租在三元以上者,大都中下之住户,即使令其负担,于理亦不为苛。此则仅务于理论而昧于事实之谈也。殊不知住屋租价虽及三元,实则户非一户,或则甲乙捅租,或则甲产而转租于乙丙,或则甲先租而转租于乙,于两间有旧厦连阡而家难举炊者,核其值固在三元以上,按其实均属贫不得生。此皆现时实情言之,诚甚悯恻。

"况住屋税之租税制度,在财政学理上以之属于收益税,因生计程度及社会经济之如何而定税率。而近世学者以其税非善制,多排斥之,是以近制,往往不认为国税,而以为地方岁入,庶得就当地之情形而定应否赋课之标准。即如英,仅课百分之三零七,法则不及百分之三,德不及百分之四,此数国人民之生活程度及经济状况高于吾国者奚啻倍蓰,而税率较轻于吾国。是以在田等对于该项苛捐,认为法外擅征,万难任其存在。合行依据《省议会法》第十五条,陈请贵会迅予提出议案,决议免除,以符定章而维民生"。

又,杭县公民代表罗登云、夏洪熙等十五人陈请书称,"窃公民等家居省会,尽纳税之义务,守先人之敝庐,自前清至民国二年,未闻住宅月需房捐者,有之自解散议会始。议会突遭解散,官厅无监督,人民无呼吁之门,而新捐税之间接取诸民者,已财尽民穷,住宅捐尤为无艺。查住宅性质与商店营业者不同,既无货物之存销,即无钱洋之交易,更无日收之利益,并无月结之盈余,则是项房捐从何取给?细阅收捐联票,刊明'住宅月租三元以上者,收二十分之一,房主、租户各半分派',并不载未有租户全捐房主之明文,则已产居住自由,月租一无所取。此照案不能收捐者一也。且自近年以来,生活程度之高,已达极点,民生半多失业,物价数倍往时,富家少而贫户多,有仰屋咨嗟、八口饔飧不继者,有掩门坐守、一身衣履难周者,虽陋室犹存,穷庐依旧,外强中干之象,长官安得而知?此原情不忍收捐者二也。若论房捐作警费,就杭城计算,大宗何止店屋捐?即三元以上之各半取捐,亦未知孤寡赤贫之苦。至屋之未租人者,无收入即无支出,而乃代估租价以捐自居之住宅,尤省会之奇闻,稽诸他省而无之,考诸外县而无之,问诸乡人而无之。吾民日处迷惘之中,至今而醒悟,况非生利之不动产,已完地丁抵补金,小民既输维正之供,大总统且令杂捐之废。此依法不容收捐者三也。

"窃以为此次推翻专制,再造共和,必有良好政体以改之,而后真正国利民福,乃待之数月,收捐照常,是将迫吾民于露宿风餐,驱吾民以巢居穴处,而捐方可免。殊不知良民按月报效,较之上下两忙正赋,年计三倍而强。数掾承祖父之遗,薄产贻子孙之累,民之憔悴于虐政,未有甚于此时。公民等因此违法收捐实属不堪负担。闻店屋捐已经贵会修正,出水火而登衽席,住宅捐尤宜免除。查《省议会暂行法》第十六条,本省单行条例,省议会有议决之权,非经省议会议决,不能发生效力。为此环乞贵议会公鉴,将请免住宅房捐一案提出通过,咨明省长察核,饬下警厅取消,勿再发生前项月捐,以苏民困"各等情到会。当经审查付议,佥谓此项住屋捐未经立法机关议决,对于人民横加负担,应免除之理由一也。于店屋捐之外征及不生利之住屋,苛细已甚,民不聊生,应免除之理由二也。省会以外既未征收,省会以内岂容独有?定则不均,于斯已极,应免除之理由三也。本会为人民代表,不能认此项未经法定之苛捐存在,于今日业经大会公决,

亟应免除,将此项住屋捐岁入数就预算内削除外,相应咨行省长,请烦查照,公布免除,以苏民困。此咨

浙江省长吕

浙江省议会议长沈定一

（原载《浙江公报》第一千七百二十七号,五至六页,咨）

浙江省长公署训令第二千零四十六号

令各县知事各学校准教育部内务部咨饬查
报告各校愿书证书贴用印花数目由

令各县知事,省立各学校校长,公立安定、宗文、法政、体育校长

案准内务部、教育部咨开,"准财政部咨,'各学校毕业证书及入学愿书照贴印花,请咨饬认真查验,并将各该学校购用税票数目及考查情形,报由贵部转咨本部备核'等因,咨行到部。相应印刷原咨咨行查照办理"等因,并附钞件到署。准此,除分行外,合即钞发原件,令仰该知事转行境内中等各学校/该校长一体遵照,并将本学年第一学期内贴用愿书证书印花银数于文到三日内呈报本署,以凭转报,毋延。此令。（刊登《公报》,不另行文）

中华民国五年十二月三十一日

省长吕公望

附财政部原咨

财政部为咨行事。

查民国四年一月十八日,呈请大总统公布之《人事证凭贴用印花条例》内载,"中学校毕业证书每张贴印花三角,专门学校以上各学校毕业证书每张贴印花五角;中学校入学愿书每张贴印花四分,专门学校以上各学校入学愿书每张贴印花一角",历经

通行遵办在案。现在学校林立，领用是项证书及愿书者日益繁夥，自应认真办理，以杜漏贴之弊。相应咨请贵部转饬官立、公立、私立各学校校长，并通咨各省长转饬各省学校校长，饬令庶务员对于前项请领证书及愿书等先缴税价贴用，后盖章发给，随时由该校长认真查验，以免疏漏，并将各该学校购用税票数目及考查情形报由贵部转咨本部备核。除分行外，相应咨请查照办理。此咨。

（原载《浙江公报》第一千七百二十七号，七至八页，训令）

浙江省长公署训令第二千零五十号

令德清县准教育部咨该县讲演所章程等项准备案由

令德清县知事

案准教育部咨开，"准咨据德清县知事呈报筹设公立通俗教育讲演所，于九月一日开办，拟送章程、办事细则、听讲规则暨讲演所长员履历到署，复核尚无不合，相应将原送章程、细则、听讲规则暨职员履历各检一份，备文咨请察核备案等因，附讲演所章程、办事细则、听讲规则、所长讲演员履历各一份到部。查该章程、细则、规则及所长讲演员履历，尚无不合之处，应准备案，相应咨请查照饬知"等因。准此，合就令仰该知事查照转知。此令。

中华民国五年十二月三十一日

省长吕公望

（原载《浙江公报》第一千七百二十六号，九至一〇页，训令）

浙江省长公署训令第二千零五十二号

令桐庐县据省视学呈报该县学务情形由

令桐庐县知事

案据省视学程钟裕呈称，"窃视学赴桐庐视察学务，该县教育行政情形,县知事颜士晋仍照前任规模办理,县视学由教育主任兼任。此次视学沂江而上,抽查各县学务,已历五处,而国民校一、二年级学生能端书文格中字及复讲时句明字晰不稍含糊者,当以桐庐为最。学生坐立之仪式,室内洒扫之清洁,各校亦颇知注重。该县高小、国民两种学校,共计九十所,生徒约三千名,视去年亦属加多。其成绩之优良者,县立女子高小并国民学校教员沈震媖,课授国文,时关合修身德目,能联络他科教材,且言辞敏活,教态甚佳。振业学校各生复讲,罗罗清疏,择要发问,答语并皆中肯。会山学校通学生在途秩序,殊见整齐,讲演各课,详人所略。以上三校,应请将校长高维勤、吴玉璁、吴绍寅及教员沈震媖等传谕嘉奖,以资鼓励。他如东潘学校,教管均佳,风纪整饬,惜国文作法未能启瀹学生思路;新泽学校,书法、讲法均极认真,惟其他科学尚欠注重。以上两校,应各力弥缺点,以期完美。其余各校,瑕瑜互见,业经面加纠正,容再列表续呈。视学综核该县办学情形,讲解一项合格者居多,惟国民各校国文缀法,除填补、问答、短论三种外,其余各法尚鲜注意,以致学生对于各项虚字往往用未得当,业经会商知事并教育会长叶恩燨、袁远等,于明年暑假期内办一小学教员研究会,专事研究国文作法及单级教法两种,届时如果实行,似于教育前途,实多裨益。是否有当,伏祈鉴核施行"等情到署。该县立女子及振兴、会山三校,据呈称成绩优良,应准将该校长高维勤、吴玉璁、吴绍寅,教员沈震媖,各予传谕嘉奖,用示鼓励。其东潘、新泽两校,既有缺点,应即由该县分饬改良,力求完善。至暑假小学教员研究会,上年业经前按署通饬举办,自应切实遵行,以期进步。合就令仰该知事遵照。此令。

中华民国五年十二月三十一日

省长吕公望

(原载《浙江公报》第一千七百二十七号,九页,训令)

浙江省长公署指令第六千一百五十四号

令警务处处长夏超

呈一件呈复查明警备队五区六营管带

张承恩前在哨官任内被控情形由

据呈管带张承恩前在哨官任内被控各节,除朱金标因妻涉讼一案外,余俱情节不符,应准免予置议。至陈从海即陈金仓,因附和周匪曾经通缉一节,本署无案可稽,仰转令详录案情呈候核夺。切结存。此令。十二月三十日

附原呈

呈为呈复事。

案查接管卷内,据永康民人陈从海及孔庆约,以张承恩前在哨官任内种种不法等情先后控奉钧长令厅查办,当经前警政厅转令警备队第五区统带迅予秉公并案查复去后。兹于十一月二十四日据该统带复称,“窃于本年十月二十八日奉钧厅训令第四四三号内开,‘本年十月十九日奉省长公署训令第八五九号内开,本月七日据永康县人民陈从海,以哨官张承恩逮捕逼勒,无家可归,叩求全营调哨,以救蚁命等语续控到署。该哨官何得挟恨逼拿,该民所禀究竟是否属实,仰该厅续令该区统带迅予并案激查,具复核夺毋延。此令。计抄发原呈县批一纸等因。奉此,合再转录抄呈县批,随令发仰该统带迅予秉公查明,并案具复,呈候核转,毋再片延。切切。此令’等因,并粘抄一件到部。奉此,前由原任刘统带转令第三营管带刘同律就近将第六营管带张承恩前在哨官任内被控各节,逐一详细密查,据实具报去后。兹于十一月三日据该管带呈称,‘窃本年十月十六日奉钧部训令第三三号内开,本年九月二十七日奉警政厅训令第二七三号内

开,本年九月二十日奉省长公署训令第五〇九号内开,案据永康人民陈从海以军官勒诈请饬县集讯律办等情前来。据此,除以据禀各节,果系实情,该前哨官殊属不法已极,惟查来禀内称,孔庆约等告发兵丁占妇案回家被该前哨官缉获毒打等语,何以孔庆约自行禀控案内并不提及,察核情词,难保有不尽不实之处,究竟如何,仰候令行警政厅转令该管统带查复核办等批示抄发外,合行抄发原禀,令仰该厅长转令该管统带秉公查复呈夺。此令等因。奉此,查本厅接管卷内并无此案,惟同日奉省长令发永康孔庆约续控兵丁奸占伊妻禀内,有张哨官恨民上控,于旧历六月二十四日督令朱金标等带同兵士数人于途中,将民擒押张村庄,擅行监禁,复敢捆送至城县营中,私刑毒虐,不可言状,因喊冤请知事开庭,面谕暂保。讵料甫出县署,又被朱金标私纠兵士数人,将民辱殴,民急回署喊救,幸蒙知事令书记官出庭喝令几句,朱金标等始行退散。嗣后迭次呈催知事,以张哨官情面碍难复讯,冤沉黑海,从此未伸等语。如果非虚,该前哨官张承恩、已革副兵朱金标实属目无法纪。奉令前因,合将陈从海抄禀一件随令发仰该统带按照控情秉公详查,据实具复,以凭核转。案关军纪,毋得瞻徇。切切。此令等因,计粘抄原禀到部。奉此,查六营管带张承恩,前在哨官任内纵容属兵朱金标奸占孔庆约妻羊氏一案,事前既不严加约束,事后又复任意袒护,业奉核记大过一次,饬令遵照在案。现在陈从海禀控各节,是否仍从孔庆约案内生出枝节,抑系另有别情,未据该民人禀控到部,无案可稽。兹奉前因,合亟抄禀令仰该管带就近详晰查明,据实具复,以凭核转,切速毋延。此令。计粘抄原禀一件等因。奉此,窃查该民等所控各款,情节纷歧,益以控涉军官违法,关系重大,自非详密调查,殊不足以明事实。管带自奉钧令,遵此按照令开禀指各节,逐项调查,更复传孔庆约来营面加询问,惟恐出入重大,研究不厌精详，故一面复令第三哨哨官董大章就地确为访查，藉资考证，兹敬就调查所得及该哨官查报各端，参互取证，认定事实，按照原控各节，分别为钧座陈之。

'查陈从海原禀指控张副官[1]，听信孔昭明证指，派兵将陈从海勒拿私刑毒打，惨苦难堪，后勒主蔡赀法经手过付洋五元，始得放回。后因知该民起诉，迭次派兵搜捕，并拦路截拿一节。查陈从海即陈金仓前因附和周匪缉拿有案，于民国三年由孔昭明密报林哨长德富逮案，继被脱逃，因得悉系孔昭明报告，挟嫌图报，截路放枪，未被伤害。孔昭明即设席投保向之理论，经地保陈好连等以理屈在陈，议令陈金仓罚洋五元，以作当日孔昭明设席之资，双方和息。陈金仓永久不付，孔昭明复控，经陆前知事传提案讯[2]，经陈金仓托郑金全等面承奉谕，仍令两造凭中和息。此陈金仓与孔昭明以前纠葛之情形也。本年六月孔昭明因事经和息，款仍未付，复就近禀诉到营，管带张承恩据禀遂派什长余仁寿前往调查。该陈金仓恐被逮案，即经乡警陈好连、公民厉圣容等调停，陈金仓自认理亏，愿遵前议，出洋五元，由其义兄蔡赀法垫出，交由乡警陈好连转交于孔昭明之岳丈陈正南手收转付。此又查明陈从海出洋五元，由蔡赀法过付于孔昭明之情形也。管带窃查该处习惯，人民遇有口角，双方即设席投中理论，曲一方均由中公议酌出洋银归直者开支席费，以为服理。此案陈从海所出之洋，系两次凭中理断，并非由张管带判罚。各该关系人切结均一致声明事由众理，似难谓为勒罚，原控情节实有不符。以上乃管带查明陈从海所控各节之实情也。

'查孔庆约续控张哨官恨民上控于六月二十四日督令朱金

---

① 张副官，疑为张哨官之误。

② 陆前知事，指陆清翰（1871—1942），号守默，江苏元和（今苏州市）人。光绪二十年（1894）顺天乡试中举人。民国三年至民国四年六月在永康县知事任上。

标等带同兵士数人于途中将民擒押张村庄擅行监禁,复敢捆送至县城营中私刑毒虐,不可言状,因喊冤请知事开庭面谕暂保,容后再复讯。讵甫出县署,又被朱金标私纠兵士数人,将民辱殴,民急回署喊救,幸蒙知事使令书记官出庭喝令退散。以后迭次呈催复讯,知事碍于情面,沉冤未伸一节。查孔庆约与兵士朱金标即朱锦标因妻涉讼一案,本年六月间因朱锦标早调三营一哨服务,前奉钧部饬令吴前管带将朱锦标开除归案,一面传齐人证送县讯办。吴管带当即遵办,一面并函致张管带就近将人证传齐,护送至县,期速讯结,孔庆约亦在其列,均由张管带送至城内三营营部,令至县署候讯,并无私刑及该民喊冤等事。即知事开庭时,孔庆约亦并不声明请验。此次管带面询该民,亦称并未毒打,伊到城时,身患痧症,由吴管带给与痧药等语。彼朱锦标已在三营,与樟相近百余里,张管带亦无在百里外派他营兵士之理。况朱已经送县归案,更无由得到该村逮捕。至奸占伊妻一层,则案经知事讯明,因媒证齐全,孔庆约复有收过朱锦标聘洋四十元之事,众证一致,故判决伊妻应归朱锦标婚娶。案经法庭判断,不服尽可上诉。至出县署被朱锦标拖住理论,由书记喝散,则有其事,并无兵士在内。且朱锦标早已开除,此乃庭讯后事,更属与营无关。此又查明孔庆约所控各节之实在情形也。

'管带窃查陈从海所控各情事,系中保处理,款又并未归营,既经各关系人切结声明,与该管带似无干涉。即谓派兵调查,该民即当时理息,军队驻防遇有就地人民口角,为之排解,免生事端,本属常事。况孔昭明系因报告而为陈从海所恨,事属因公,若竟置之不理,则以后若有借资人民之处,恐将莫人肯承于办事,殊多不便。原控谓为受贿勒罚,未免迹近诬攀。至孔庆约续控各情,关于奸占一情,则朱锦标尚在营服役,该管带疏于觉察,已奉明令记过。至催复讯,久延未审,指为碍于该管带情面所致,岂能遽为其咎?况朱锦标开除送案以后,兵籍既除,关系自绝,何来情面?该民所控,似属昧于事理。

'以上各节,均经管带确切调查,即哨官董大章报告,亦属大致相同。奉令前因,理合将查明实情,抄同原结一并据实呈复,仰祈统带察核转呈。再,陈从海现经查明即系陈金仓,前奉钧令通缉有案。该民现尚在省,应否请钧部转呈厅长就地派警缉全拿归案之处,伏乞钧裁。又,此案头绪纷杂,往返周折,致稽日时,是以稍迟呈复,合并声明'等情,并附抄呈切结二纸到部。据此,理合将该管带查明第六营管带张承恩前在哨官任内被控情形,据实呈报,仰祈厅长察核示遵"等情。据此,除以该区第六营管带张承恩前在哨官任内被控各节,既据派委查明,除"朱金标因妻涉讼一案,业经前警政厅另饬遵照外,其余情节均有不符,应准免予置议。至陈从海即陈金仓,是否附和周匪通缉有案,本处接管卷内无案可稽。现在应否缉拿,仰候转呈省长察核示遵"等语指令外,奉令前因,理合照抄切结二纸,备文呈复,仰祈钧长核示遵行。谨呈。

(原载《浙江公报》第一千七百二十七号,一三至一六页,指令)

浙江省长公署指令第六千一百六十七号

令汤溪县知事

呈一件为陈泰康拟在罗埠镇设泰和茧行由

呈、件均悉。该商陈泰康请在该县罗埠镇开设茧行,核尚合例,仰俟将该商所附保结检呈,再行核定给帖可也。件存。此令。十二月三十日

(原载《浙江公报》第一千七百二十七号,一六页,指令)

浙江省长公署指令第六千一百六十八号

令安吉县知事

呈一件据呈赵节芗请在城区设益大茧行由

呈、件均悉。该商赵节芗请在城内开设益大茧行,查与该县韩街亨大利旧行距离未及二十里,应不准行,仰即转行知照。附件发还。此令。十二月三十日

（原载《浙江公报》第一千七百二十七号,一六至一七页,指令）

浙江省长公署指令第六千一百七十号

令吴兴县知事

呈一件据呈陆树臧请在埭溪镇开设集成茧行由

呈、图均悉。该县埭溪镇地方距离德清、武康两县,核准茧行究有若干里数,仰即咨查明白,并注明辖境水陆道里,另图呈夺。附件姑存。此令。十二月三十日

（原载《浙江公报》第一千七百二十七号,一七页,指令）

浙江省长公署指令第六千一百七十一号

令长兴县知事

呈一件据呈温益成在城区设安泰茧行附送图结由

呈、件均悉。该商温益成请在县城东门外龙潭湾地方设安泰茧行,既据查明距离各行里数,符合《条例》,应予照准,仰即录报财政厅请帖转给可也。件存。此令。十二月三十日

（原载《浙江公报》第一千七百二十七号,一七页,指令）

浙江省长公署指令第六千一百七十二号

令财政厅长莫永贞

呈一件据吴兴县呈陆树基请以千金乡原准

分行改设公益利有灶茧行续送图说等请核由

呈、件均悉。该商陆树基请以千金乡原准分行改设公益利茧行，既据续送详图，核尚合例，应予照准，仰财政厅查明填帖发县转给。抄呈连同申请书、旧帖并发。余件存。此令。十二月三十日

（原载《浙江公报》第一千七百二十七号，一七页，指令）

浙江省长公署指令第六千一百七十三号

令财政厅长莫永贞

呈一件据为遵令核复南浔统捐局

呈为查填货物月报表另拟表式一案由

呈悉。仰即照拟表式呈送备查，一面即令发各统捐局及各认捐公所，自民国六年一月分起，按月依式分别查填，径呈本公署核夺可也。十二月三十日

（原载《浙江公报》第一千七百二十七号，一八页，指令）

浙江省长公署指令第六千一百七十四号

令平湖县知事

呈一件为胡抱一请在四里桥设振兴茧行由

呈、件均悉。此案已于该县呈送各商请设茧行地点总图案内明白指令矣，仰先转饬知照。件存。此令。十二月三十日

（原载《浙江公报》第一千七百二十七号，一八页，指令）

浙江省长公署指令第六千一百七十六号

令杭县知事

呈一件为丁本鑅请在西镇三家村设广大茧行附送图说由

呈、件均悉。应俟该县遵照前令，将各商呈县及手续完备日期列

表汇呈候核,其未附保结者,并检同保结汇送,仰即转行知照。图暂存。此令。十二月三十日

（原载《浙江公报》第一千七百二十七号,一八页,指令）

浙江省长公署指令第六千一百七十七号

令嘉兴县商会

呈一件转据南汇机户胡蟾香等为陆润田等
捏图滥设茧行请查办由

呈悉。查该县各商请设茧行,是否合例,按籍可稽,断不能以该机户等反对与否,有所偏徇。所请查办陆润田等设行之处,自无庸议,仰即转行知照。此令。十二月三十日

（原载《浙江公报》第一千七百二十七号,一八页,指令）

浙江省长公署指令第六千一百七十八号

令嵊县知事

呈一件为竹锦淇请在石舍庄开设仁昌茧行由

呈、图均悉。该县茧行之多为全省冠,星罗棋布,当无留此恰好地点,察阅该商竹锦淇附图,又不声明庄图及坐落方位,殊滋疑义。应由县将各商请设茧行呈县及手续完备日期列表汇呈,并绘具总图标明新旧各行地址及距离里数,送署再行核办,仰即遵照。图、结暂存。此令。十二月三十日

（原载《浙江公报》第一千七百二十七号,一九页,指令）

浙江省长公署指令第六千一百七十九号

令杭州关监督

呈一件据呈为检送贸易季册请免填输出入货物月报表由

呈、册均悉。既居声称经过该关各货物数量均详载于贸易季册

之中,应准免填月报表。嗣后每季贸易季册,仍应按期检呈,仰即知照,并咨行浙海关监督、瓯海关监督查照办理。此令。十二月三十日

(原载《浙江公报》第一千七百二十七号,一九页,指令)

浙江省长公署指令第六千一百八十一号

令平湖县知事
　　呈一件为遵令绘送各商请设茧行地点总图
　　并将呈请日期列摺请核由

呈、件均悉。查斜桥、虹霓堰两地点,与新旧茧行各有抵触,六里桥距青莲寺尚未足例定二十里,均毋庸议。俞塘桥及广陈镇两地点相距甚近,虽系同日呈县,仍当有先后之分,但广陈镇距新埭镇按照《水陆道里记》附图计算,似不足二十里之数,则俞塘桥距新埭更近,自难合例。兹查新埭至溪漾港不过六里,究竟由溪漾港过红庙渡至陈家田木桥,再由桥过玉环渡达广陈市,各若干里,应由县分别详查,并将陆伯苗及张楚英呈文到县先后一并查明,具复候核。至胡公振所指地点与陆伯苗相同,既呈请在后,当然不能照准。惟胡抱一所指四里桥设行地点,确在二十里以外,因呈请日期较后,应俟该县将陆伯苗案呈复到署,并案核办。即遵照并分别转饬知照。件存。此令。十二月三十日

(原载《浙江公报》第一千七百二十七号,一九页,指令)

致大总统国务院辞职电①

北京大总统、国务院钧鉴:公望自任事以来,心力交瘁,现脑病骤发,不堪肩重,恳请免职。所有督军事宜即日交由暂编第二师长张载阳代理,省长事宜即日交由军署参谋长周凤岐代理。吕公望叩。沁。

---

① 对此,作者明确否认。据"北京电"透露:"吕公望由金华来电,声明举代各节,由某捏名拍电,不负责任。"(原载《申报》一九一六年十二月三十日,二版,专电)可惜未披露原电,而由金华拍电,耐人寻味。辞职电未交《浙江公报》刊登。

（中华民国五年十二月二十七日）

（原载《申报》一九一六年十二月二十九日，六版，要闻二·浙省军警大风潮续纪；又见《时报》一九一六年十二月二十九日，第 版，杭州快信）

嘉兴吕公望来电一

大总统，国务总理，各部总长，副总统，各督军、省长，各护军使，巡阅使，各特别区都统，各报馆均鉴：

公望不才，兼承浙乏，半载以来，督率本省军警，拥护中央，维持秩序。凡在同袍，罔不赤诚相待。前因省会警察厅长夏超奉令升任警务处长，兼差繁多，势难并顾。当经呈准中央，以陆军少将傅其永为省会警察厅长，系为节劳勤务起见。本月二十六日，傅其永遵令就任，夏超胆敢主使驻厅巡逻队长林文忠率队凶殴，身受重伤，生死莫测。全城警察同时罢岗，并煽动省城一部分军队，乘警察纷扰之时，监守银行、电局，捏造公望辞职电文，私举师长张载阳为督军，军署参谋长周凤岐为省长，声言政府威灵不能及远，威胁利诱，以冀各界之承认。公望自愧德薄能鲜，以致仓猝之变，惊扰地方，惭愤曷极。数日以来，督率省中正当军队竭力弹压，各属闻风，一致愤慨。现正积极进行，驱除奸宄，浙局不难底定。特先奉闻，用抒远□。浙江督军兼省长吕公望叩。（中华民国五年十二月三十日）①

（原载《申报》一九一七年一月一日，三版，公电；并载于《益世报》同年一月三日，二版转三版，公电录要·浙江吕督军声明维持现状两电）

嘉兴吕公望来电二

杨护军使、时报、申报、新闻报、神州日报，各督军、省长并转各护军使、巡阅使、各特别区都统、各报馆均鉴：卅电谅达。顷奉大总统令，

---

① 发文日期，据《嘉兴吕公望来电二》"卅电谅达"一语推定。

浙事已请冯副总统查办。特闻。浙江督军兼省长吕公望叩。三十一。（中华民国五年十二月三十一日）

（原载《申报》中华民国六年一月一日，三版，公电）

浙江督军署布告第十一号

布告为浙事静候解决由

五年十二月三十日，承准国务院电开，"浙事现电请副总统就近查办，该省地方重要，治安秩序，各有责成，应由贵督军率同该参谋长等力任维持保护之责，恪遵院令，静候解决"等因。承准此，自应照办，除分电外，仰该商民人等一体知悉。特此布告。

中华民国五年十二月三十一日

浙江督军吕公望

（原载《浙江公报》第一千七百二十七号，二〇页，布告）

督军署电各机关

为准京电浙事静候解决由

第一师童师长、嘉湖王镇守使、嘉兴第一团陈团长、吴兴第二团陈团长、笕桥第三团李团长、第四团伍团长、炮兵团郝团长、骑兵第一团余团长、嘉善辎重第一营沈营长、第二师张师长、宁波顾镇守使、韩旅长、镇海炮台总台官、绍兴吴团长、建德胡团长、鲁团区司令官转特编游击队黄营长、混成旅俞旅长、宪兵营包营长、丽水兰溪团区司令官、军学补习所所长、军械总局被服厂：

府密。本月三十日准京艳电开，"华密。浙事现电请副总统就近查办，该省地方重要，治安秩序，各有责成，应由贵督军率同该参谋长等力任维持保护之责，恪遵院令，静候解决"等因。除分电并布告外，合电知照。督军吕。卅一。印。（中华民国五年十二月三十一日）

（原载《浙江公报》第一千七百二十七号，二〇页，电）

浙江省长公署训令第二千零五十五号

令德清县据省视学呈报该县学务情形由

令德清县知事

案据省视学富光年呈称，"窃视学赴德清视察学务，该县现有学校四十八所，教职员一百五十五人，学生一千九百八十七人，较之上届，均有增加。查该县教育，从前不甚发达，自知事吴嚚皋莅任后，热心整顿，教育科科长徐艾枝对于学务亦有经验，故一年之中，校增十余所，学生增三百七十余人。县视学吴兆松委任未满一年，视察已及两周，其视察各校详细切实，随时指其缺点，责令改良。以故城区、新市、钟管各校情形，较前改进，实由吴兆松指导之力居多。本届秋季，合各区学童开运动会，全县学界精神因之更形活动。邑中有县教育会一所，新市、洛舍又设分会各一所，皆向无经费，现县会已筹定鱼捐百元，会长徐师善刻已着手筹办各事。通俗讲演所于本年九月一日设立，所长由教育主任兼理，设讲员二人，业已实行讲演。阅报社城乡各有一所，阅者甚众。至该县学校情形，其优良者，除新市国民学校并高等小学校，风纪整饬，管教认真，安国乡竞化国民学校成绩甚佳，均与上届无异外，余如县立高等小学校，管理、教授均较前进步；新市镇国民学校、务本国民学校、守真女子国民学校，虽均新办，皆能秩序整齐，教态敏活；私立钟管国民学校，校长朱英热心兴学，垫款甚巨，该校成绩亦极有可观，应请钧长量予奖借，以示鼓励。至雷甸乡国民学校，校长不兼教课，以一教员兼顾两教室，校务甚形废弛；安国乡第一国民学校，校长金有铭托词迁徙，将该校停课旬余，校中虚无一人，亟应整顿。除将详情填表呈报，合将大略先行陈明，伏乞鉴察施行"等情到署。该县学务该知事既能热心整顿，而教育主任徐艾枝、县视学吴兆松，亦能各举其职，故得较前改进，良堪嘉慰，应均传谕嘉奖。至办理优良各校，既据分别查明，应将该新市国民学校并高等小学校、安国乡竞化国民学校、县立高等小学校、新市镇国民学校①、务本国民学校、守贞女子国民学校、私立钟管国民学校一并传谕嘉奖，以示鼓励。其雷甸乡国民学校与安国乡第一国民学校，既皆校务废弛，办理不合，亟应严饬改良；其安国乡第一校长托词停课，殊属荒谬，并应查明惩戒，毋稍瞻徇。合就令仰该知事遵照办理。此令。

中华民国五年十二月三十一日

省长吕公望

（原载《浙江公报》第一千七百二十八号，一九一七年一月九日，三至四页，训令）

浙江省长公署训令第二千零五十六号

令兰溪县据省视学呈报该县学务情形由

令兰溪县知事

案据省视学程钟裕呈称，"窃视学查视兰溪全境学务，该县高小及国民学校共计三百七十所，教员六百余人，学生一万三千四百余名，比较上年，共推广国民学校四十所，增学生三千数百人。此次视学所到该县各乡，与上届所经路线不同，然每遇村落较大之区，必有国民学校之设立，比户弦歌，教育可期普及。揆其学校发达之原因，多出于教育主任孙苣镐之计划，其任事五年，劳怨不辞，始终如一。知事苏高鼎，亦复热心督率，故本年校数复见增加。该县县视学赵金、朱桢元，每学期分别区域，巡环视察。赵金在职既久，情形颇熟，所有历年扩充小学等事，该员与各区学董，并前各学务委员实心劝导，均与有力。其视察各校之成绩卓著者，以县立模范国民学校教员祝家金，合授三四年级算术，每举一题，先令数生试演，次用班决法评

---

① 新市镇，底本脱"镇"字，据上文径补。下文"守贞"，正文前作"守真"。

其得失,然后再下精确之判语,颇合启发教授要旨。从善区崇本国民校长应鸿渚执务认真,教员徐树森、汪庆澜讲解明晰,各级学生复讲课本,均能虚实兼到,理明辞达。视学到时,正值秋收之际,乡村各校生多半请假,惟该校人数照常,自非平时管教有方,足使地方信仰,未易臻此。游埠区立国民兼高小校长郎克忠处理得法,秩序井然,教员章镗布衣蔬食,以节俭表率学生,又时往野田采取动植物作为标本,尤为实事求是。其他若永昌区之时习学校,各科答案大致妥适。城区之湘岩学校,作文成绩颇有可观。至板桥区养正学校、从善区指明学校,校长不兼教务,教员仅设一人,且各该教员国文毫无根底,教授均不合法,业由县署分别令饬该两校长即行添聘或撤换,以资整顿。此外,应改单级学校而办理不合者,各乡皆有,现与知事暨教育主任商定,拟请第七师范讲习所职教员等趁此寒假时间,开一教员研究会,召集四乡小学教员,授以单级教法及初学国文缀法两种,以为急则治标之计,只以教员众多,时间短促,或未能遍令入所,或入而未竟所学。该知事明年更拟特请长于单级教授一人,派赴各校巡环教导,为各校教员实地示范,以作观摩之助,此举诚为紧要,应请令饬遵办。除视察表另送外,谨呈钧鉴"等情。据此,查该县国民学校已照规定地点一律设立齐全,前据该知事绘具图表呈报前来,业经指令汇案核奖在案。兹据称发达原因多出于教育主任孙芭镐之计划,而县视学赵金、朱桢元亦相与实心劝导,应将该主任孙芭镐,视学赵金、朱桢元,均传谕嘉奖,以为勤职者劝。至办有成绩各校,如县立模范国民学校、从善区崇本国民学校、游埠区国民学校兼高等小学校、永昌区时习学校、城区湘岩学校,并应将各该校长,暨教员祝家金、徐树森、汪庆澜、章镗一并传谕嘉奖,用示鼓励。其板桥区养正、从善区指明两校,应即速事整顿,并照该视学所拟,于寒假时亟开教员研究会,以资补救。该知事所拟派长于单级教授者赴各校实地示教,自是善法,并即切实举行,是为至要,合就令仰该知事遵照。此令。

中华民国五年十二月三十一日

省长吕公望

（原载《浙江公报》第一千七百二十八号，四至六页，训令）

浙江省长公署指令第六千一百八十二号

令瑞安县知事

呈一件据木智材呈为缕陈组织工业公会

被陈云生朦禀情形请饬县究诬由

呈、黏均悉。查此案前经本公署批饬前民政厅转令该县知事查明伍启富、金福生等借端敲诈实据，按律究办在案。现在尚未据该县知事将遵办情形呈复到署，无凭核办。据呈前情，仰瑞安县知事迅将遵照前令查办情形详细具复察夺，毋稍延玩。呈及黏抄理由书均抄发。此令。十二月三十日

（原载《浙江公报》第一千七百二十八号，一四页，指令）

浙江省长公署指令第六千二百零二号

令绍兴县知事

呈一件会呈绍河行驶汽船并报告录等件请察核由

查该越安公司经行之航线，系由萧山之西兴起，至绍兴之曹娥止，是由绍至曹一段，同在呈准之列，无论长短各班，自应准其一律行驶，以便商旅。如谓有碍堤岸，则新旧两公司均在禁止之列，断无有先将此段航路划归未来之新公司，致开垄断之风，应即免予限制。如将来新公司成立有日，再行由县令其双方协议，妥定先后时间及轮流班次办法，以示平允而维航业。至贴补修塘经费一节，原为民力或有不逮，饬由各该公司在盈余项下酌提款项，以资补助起见。来件并未将应修若干丈尺及所需工费几何详晰勘估，而乃含混其词，令其每年

认缴银一千二百元，且并无已时，殊非体恤商艰之道。总之，交通事业，贵在提倡，如果查有妨碍，亦应斟酌情形，妥筹兼顾，断不能因地方少数意见，或致阻碍其营业。应由各该知事审察地势，妥为筹议呈核。来呈所称，不免有意推诿，仰即按照令指各节遵照办理，并转萧山县知事遵照。附件发还。此令。十二月三十一日

（原载《浙江公报》第一千七百二十八号，一四页，指令）

浙江省长公署指令第六千二百零九号

令财政厅长莫永贞

呈一件呈为据绍兴县知事呈复周宗旦

呈控违法殃民一案情形由

据呈已悉。此令。十二月三十一日

附抄原呈

呈为具复事。

案据绍兴知事宋承家呈称，"案奉钧厅令奉省长训令，内开'案据绍兴县公民周宗旦，以绍兴知事违法殃民，请查究改革，以苏民困等情，并附呈清摺、甘结、行情簿等件前来。查摺开各款并无确据，即所呈洋市行情簿，亦不足为切实之证明。惟既据具结呈控，合行令仰该厅即便查照摺列事实，转行该县知事据实明白具复，其关于司法各款，并仰摘录咨行高等审检厅行查复夺。此令'等因，并抄发原呈及摺到厅。奉此，除分别咨行外，合行抄发原呈及摺，令仰该知事迅即查照所控各节，据实明白具复，毋稍饰延干咎，切切。此令。计抄发原呈及摺"等因到县。奉此，仰见省长与厅长洞烛隐微，儆勉励僚之至意，下怀钦悚，曷可言宣。查奉发抄呈及摺内开，公民周宗旦原控知事抑勒洋价，纵役殃民，刮削现水各款，知事奉职无状，未能尽如人意，致受该公民

之指摘,问心虽属无他,抚衷不无愧疚。然事实具在,公理犹存,均可复按。既奉令查,知事敢不剖沥真诚,略明心迹。除关于司法各款,俟奉高等厅长行查另行具复外,谨将原控关于行政各款,缕晰陈之。

"如原摺内称抑勒洋价一节,谓绍县角洋在九分以上,县署故意短折等语。查绍邑粮柜征收洋价,向系照市核算折中酌定,悬示柜台,角洋市价随大洋为进退,大洋升水加重,角洋价亦增涨,大洋升水渐低,角洋价亦减短,均系划洋价目,若除去升水,折合现洋,每角总在八分七八厘左右,并无援照杭州市价之说。况以角洋向钱铺贴换现洋,又须另加贴水,只有抱耗,安所得利?如本年旧历二月间,时局安靖,现水尚平,至高每百元升水六元,而小洋每角市价九分二厘九七五,折合现洋只八分七厘七毫强。迨旧历四月间,现水骤涨至每百元升水十一元,小洋每角市价九分六厘三毫,折合现洋只八分六厘八毫弱。可见角洋市价之长短,虽随升水之高下为进退,然折合现洋,仍无甚出入。况钱粮本以大洋为主币,惟至小洋市价,较短时日有数百角、数千角之收入。知事为便利人民征数旺收起见,无不曲予通融,验契税、契照,粮柜一律办理,毫无强抑图利之可言。

"又原摺内称纵役殃民一节,谓催粮公役并不亲身往催,票上亦不加盖红戳,用满清差役,向业户勒索敲诈等语。查绍邑粮役原定十六名,承办旧山、会两邑催征事务,照章发给川食。本年因不敷差遣,添用十六名,现已减去八名,并无临时催粮公役之称,又无私叨都图户名之事。如谓催粮公役可以不知谁何之人任意差遣,则何庸有添用公役之举?该公民之所谓临时公役者,大抵即系添雇之公役,致滋误会。该公役等应办粮务,屡经知事谆谆告诫,复督饬征收主任员随时查察,以免需索情事。惟催粮公役只有承催之责,若屡催罔应者,另派警察往传,催粮公役断不能私押逮捕,且催票上刊明'不准需索'字样,又何至有数百文之钱粮而需数元差费之事。若如该公民之所称各节,何被害人竟无一人告发,必待该公民出为指控?惟该粮役等,现虽无勒索情事之发生,知事自当严加约束,有犯必惩,断不敢稍涉宽纵,致滋扰累。

"又原摺内称刮削现水一节,谓收入均以现大洋并八八之角洋,发给均以签洋或照市九分四五之角洋,两项比较盈余颇巨等语。查绍邑行用签洋,相沿已久,创自商店,而银行及征收机关,亦不得不随之行动,以致县署征收钱粮均搭用签洋,他如鱼捐、船捐、房捐等款,全用签洋,并无分文现洋。知事自上年十月间抵任之初,金前知事移交各款①,除正税外,所有附税杂捐,概以签洋移交。然知事窃拟力矫斯习,传知征收处,一律以现洋收缴,会计处亦一律以现洋支放。讵知支领款项者,取得现洋固甚乐从,而完纳捐税者,因此迟延观望,收数顿滞。迨会算交代之际,屡次争议,而监盘员以绍邑征收向来搭用签洋,未便强人所难,凡属附款,均以划洋移交后任,一律照转会详声明有案。而征收处以收数奇绌,一再以搭收划洋为请。其时省垣催款急如星火,情见势绌,左右为难。知事念赋税为报解要需,一经迟误,正供攸关,不得已始行变通,粮柜征收,仍搭用划洋三四成不等,核计解省款项,比照总额在七成以上,附税不及三成,所以地方支出款项只有以签洋支放。此实迫于时势上、事实上不得不然者。

"惟从前现水每百元只升一二元之谱,本年以时局不靖,银根奇紧,每百元升水至十元以上,是以领支学款,亦曾以现水之故,发生争议,控奉委员调查呈复有案。本届修理西塘、垂拱等

----

① 金前知事,指金彭年,字鸣谷,江苏吴县人。曾留学日本。民国二年十一月至民国四年八月任绍兴县知事。

工程经费,该局曾有开支现水之举,事属无可如何,而其所领经常款项,仍以现洋支放。余如警费,以警饷所关,现洋、签洋各半搭放,县警队现虽裁撤,当时所领经费,以为数尚少,全用现洋。然其款项所出,无非附税及房捐等款,来源悉系签洋,而知事未敢以稍有赔贴,执持成见。区区之衷,聊堪自信。该公民未知底蕴,误事揣测,知事诚未便谓该公民所控一无根据,然或出浮传,或由误解,事实彰彰,无可讳饰,钧明在上,谅邀洞烛。知事惟有益用砥砺,总期无负初心。奉令前因,理合备文呈复,仰祈鉴核俯赐察转"等情。据此,查该知事呈复各节,均尚实情。惟粮役需索一层,虽无切实证据,而该役等假公便己,难保必无其事,自应责成该知事随时督察,严加约束,以杜流弊。据呈前情,除令遵外,理合据情备文呈复,仰祈钧长鉴核示遵。谨呈。

(原载《浙江公报》第一千七百二十八号,一五至一七页,指令)

浙江省长公署指令第六千二百一十五号

令财政厅长莫永贞

  呈一件具复东阳县以巍山等乡离城窎远
  议令经征人掣串挨征等情拟毋庸议由

呈悉。根串分离,流弊滋大,应如该厅指令办理。此令。十二月三十一日

(原载《浙江公报》第一千七百二十八号,一七页,指令)

浙江省长公署指令第六千二百一十八号

令财政厅长莫永贞

  呈一件内河水警厅呈为具复查明曹娥
  水警办理船照情形由

呈悉。警捐、照费,应如何酌量办理,以期兼顾并筹,仰财政厅查

照本署第一六九三号训令事理,迅即会同警务处悉心核议,具复察夺,并转该警厅知照。此令。呈钞发。十二月三十一日

（原载《浙江公报》第一千七百二十八号,指令,一七页）

浙江省长公署指令第六千二百一十九号

令龙泉县知事

呈一件具报经征员吴景堂朦蔽舞弊案业经办结由

据呈已悉。此令。十二月三十一日

（原载《浙江公报》第一千七百二十八号,一七至一八页,指令）

浙江省长公署指令第六千二百二十二号

令清理官产处

电一件余姚县公民叶晋绥电为该县处分官产

并不照章程办理等情请查办由

电悉。该县处分官产因何不照定章办理,财政主任有无揽权徇私情事,仰清理官产处查明核办具报。此令。十二月三十一日

（原载《浙江公报》第一千七百二十八号,一八页,指令）

浙江省长公署指令第六千二百三十七号

令景宁县知事

呈一件送五年度各高等小学校管教员学生一览表由

呈、表均悉。查县立第二高等小学校所收新生,均未经国民学校毕业,此次姑予连同第一等校一体备案,嗣后务应遵章办理,仰即分别转行遵照。表存。此令。十二月三十一日

（原载《浙江公报》第一千七百二十八号,一八页,指令）

浙江省长公署指令第六千二百五十一号

令常山县知事

呈一件请将县税小学费分成留作奖励由

呈悉。查是项小学费本分补助、兴办两项，补助费须以成绩为准，已寓奖励之意，兴办费则使设校较少之区得所凭藉，《规程》所定，本系酌盈剂虚，双方并顾。该校长等专顾已设学校一方面，且称学区宜撤，殊属误会。至该知事拟留二成为奖励，亦于补助原意，尚欠明了，所请应毋庸议。惟所称学龄儿童数未得翔实，尚系实情，应准以各区学龄儿童数及各区在校学生数之和支配各区应得小学费数，余仍照《规程》办理，仰即遵照。此令。十二月三十一日

（原载《浙江公报》第一千七百二十八号，一八页，指令）

浙江省长公署致念劬先生函①

念劬先生阁下：

案查前巡按使公署接准大函，以"补抄文澜阁书缺本，经呈准就京借钞，并于京师设馆亲自料理"等语，当经屈前使饬知图书馆查照办理，并将该馆预算内钞书费二年度计银三千元、三年度计银一千元，先后函解台端察收应用，并请将报销册据分批造送，以清年度各在案。兹准省议会咨送秦议员枬等关于是项钞书经费提出质问，请限期缴书报销等由到署，除答复外，相应函请台端，即希将现办情形，并何时可以钞竣归馆报销，查明赐复，是所盼祷。

敬颂

公安

浙江省长公署启

---

① 念劬先生，即钱恂（1853—1927），字念劬，浙江归安（今湖州市吴兴区）人，民国元年二月任浙江图书馆馆长。

十二月三十一日

（原载《浙江公报》第一千七百二十八号，一九页，函牍）

浙江省长公署训令第二千零五十七号

令分水县据调查学务委员朱章宝呈报该县学务情形由

令分水县知事

案据调查学务委员朱章宝呈称，"窃委员自桐庐学务调查完竣后，即便顺道到分水县，着手调查，遍历四乡，阅过学校十九所。查该县民国四年春季，全县小学不过二十所，自现任知事李渼接任后，多方筹画，巡回劝导，现已增至四十所①，其偏僻之处，果不易办者，则捐廉以为之倡，且该县县立女校每年经费亏额约在二百元以外，皆由该县知事捐廉弥补之。该县县视学邵金绶，亦能悉心研究，黾勉从事。县立高等小学校校长兼县立女子高等小学校校长何一凤，系师范专门毕业，老成持重，富有经验，且该两校各教员程度亦颇佳。崇德国民学校校长郑振璋，能倾囊助款，竭力经营，故该校成绩为全邑各国民学校之冠。凤坡国民学校校长张鹤翔、儒桥国民学校校长徐罗鼎，均能专心将事，力任其难。而儒桥国民学校管教颇合法，其学生讲解课本，尤为明晰。若西华国民学校学董吴葆铨、伍謱，能筹垫经费，有志维持。云梯国民学校游戏、体操颇佳，学生亦活泼可爱。此皆成绩之较优者也。若此以外之国民学校，非困于经费支绌，即苦于教员程度太低，如云峰国民学校，经费既无着落，教员程度又卑不足道，管教尤不合法，且与就正国民学校相距不过一二里之遥，似宜令其归并，共图进步。以上各节，曾与县知事分别说明，请其速筹奖励及补救方法。所有分水县教育状况，除摘要列表报告外，理合呈祈察核"等情。

---

① 此道训令与浙江省长公署训令第二千零四十五号，同为民国五年十二月三十一日下发，分水小学校数有出入，视学程钟裕呈作"四十二所"，调查学务委员朱章宝作"四十所"。

据此,合将报告书抄发该知事阅看,仰即益图振奋,分别查照改良进行,切切。此令。

抄发报告书一件。

中华民国五年十二月三十一日

省长吕公望

报告书

分水县一般状况

一、地势。分水县疆域纵六十里,横九十里,天目溪东西斜贯东北一隅。全县山岳满布,南乡胥岭一带尤为崎岖,惟西乡前溪流域、北乡印渚溪流域,稍见平原。天目溪下通桐庐,上达於潜。目下桐、分之间,有小快船逐日开班。若前溪水涨时,小船可通至百江镇,印渚溪水涨时,小船可通至百岁坊。全县市镇以距城十五里东乡之毕浦及距城二十五里西乡之百江镇为最盛。

二、人口。全县人口约三万上下,北乡之印渚溪流域为最稠,东乡之天目溪流域次之,西乡之前溪流域、南乡之夏塘溪及歌舞溪流域为稀。且西、北两乡多旧温台属及淳安县之客民,洪阳劫后,本地人余存者仅十之一二,聚族而居者尤绝无仅有。

三、风俗。风俗素崇俭朴,且驯良易治,故诉讼事件最少,其收状数目,平均每日不满一纸,且多为山场纠葛之民事诉讼,若刑事则尤罕见。城乡士绅,亦属和睦。妇女多勤于操作,惟天足之风,仅在城稍见一二,乡下则未之见也。

四、物产。印渚溪与前溪流域产米均富,尤以印渚溪流域为全邑冠。天目溪流域则产蚕,其茧子每年约可售洋四万余元。西北乡山多荒旷,客民自由采蕨者颇多,冬时烧山之风甚盛,盖山愈烧,则蕨愈多也。他处山间有产茶叶、杉木、桐油等物,每年出口茶叶约值洋一万五六千元,杉木约值洋二万元,桐油约值洋五六千元。附郭及印渚溪流域之山麓地方,近来外国靛进口减少,种土靛之风渐渐回复,今年产额约可值洋五六千元,其靛种为细叶靛青。

五、职业。职业多务农。一切土木、裁缝、蔑作等工,多自东阳县来者。商店则多为绍兴人所开设,本地人则不见有业工商者,惟东乡招贤区地方,其人民能织麻布以供衣服。

六、地方自治。全县旧分十管,今则画为六区,在城及附郭曰城区,东北乡曰招贤区,东南乡曰永安区,南乡曰振武区,西乡曰崇文区,北乡曰生仙区。其所办事宜,除学务一部分外,余均无动静。惟近日设有清山局,清厘全邑山场,拟立禁止采蕨焚山之约,以便养林。

分水县教育状况

一、教育行政。

县公署设教育主任一人,隶属第一科之下,专办教育事务。县视学一人,专往四乡视察。知事李渼亦时时亲自下乡劝学,见学校之成绩优异者,则赠以奖励品,故各校尚知踊跃。其未有学校地方,则多方劝导其开设,故查该县民国四年春季仅二十余校,现已增至四十校。其县税小学费之分配,略仿桐庐县之考试方法,每学期中由县视学视察时随带考试,将其校内之设备、教授、管理并学生各科之成绩,与全县之学校比较,而评定其优劣,别为甲、乙、丙、丁四等,以列等之高下,定县税补助之多寡。其法亦于补助之中寓奖励之意,较之但照学生名数平均分配者,收效为著。

二、教育经费。

县教育费每年约洋二千三百余元,其收入为县税项下,约洋一千五百元,产息项下约洋六百元,知事捐廉项下约洋二百余元。其支配方法,为县立两等小学特定补助洋一千四百元,县立女子两等小学特定补助洋四百余元,联合师范讲习所洋三百元,县视学薪金洋一百九十二元,夫马费临时开支。

城镇乡教育费每年约洋五百元,其收入为县税小学费项下洋三百元,土产特捐项下约洋二百元。其支配方法,若小学费项下三百元,则按照县视学视察及考试所得之等第而分配之,列甲等者每校得洋十八元,乙等十四元,丙等十元,丁等八元。特捐项下洋二百元,亦按照县视学评定之甲乙而上下分配于各校。此外,区立各校之产息及一切筹垫之款,均不在内。

区立国民学校殊少基本金,既无祠庙公产可拨,又无土产特捐可筹。各校岁支不敷之款,均由校长或学董捐垫。

三、学校教育。

(一)学校。县立两等小学一所,县立女子两等小学一所,区立国民学校三十八所。

(二)教职员。区立国民学校校长,专任筹垫经费,不任教科。其资格,间有身业农商者。若教员之资格,则师范毕业者得百分之二强,中学毕业者得百分之四强,高小毕业者得百分之十八强,其他中等以下学校毕业者得百分之四十五弱,未入校者得百分之三十一弱,其国文教员程度均太低。

国民学校教员,年薪多者百元,少者四十元。县立高等小学校教员资格程度均颇佳,而年薪不满百元。

(三)学生。全县高小及国民学校学生之总数一千另四十三人。

学生成绩,作文尚可,惟讲解不甚明了;体操尚可观,操衣亦甚整齐。

(四)教科及教授。教科多注重国文,算术次之,修身、体操又次之,若手工、图画、唱歌等科,则不完备者居多。国文讲授多用注入式,造句方法及改作,均不甚妥善。体操普通居多,游戏次之。

（五）管理及训练。管理多用旧私塾式，学生积分簿内皆有操行一项，其功过多以勤惰为标准。修身一科，亦不过作一种特别国文讲授，若关于小学身体之发育，德性之熏陶，多不注意。有校训者颇少，即有之，亦未能切实训练。惟学生洒扫校室之风尚盛行。

（六）设备。校舍多借用祠庙，其他设备惟县立高等小学校及区立崇德、凤坡两国民学校较为完妥。

（七）校风。学生饮食、衣服尚朴素，对于师长尚能尊敬，同学亦还和睦。

四、社会教育。

通俗讲演无专员，由县视学于下乡视察时顺便讲演，并预备有讲演稿。

五、教育会。

会长由县立高等小学校校长兼任，事务所亦附设于高等小学校内，会员无定名，会费一文无着，县署亦无补助费，故无进行事项。

（原载《浙江公报》第一千七百二十九号，一九一七年一月十日，七至一一页，训令）

浙江省长公署训令第二千零五十八号

令武康县据省视学呈报该县学务情形由

令武康县知事

案据省视学富光年呈称，"窃视学视察武康县学务，查县知事邱少羽系初到任，教育主任何式琼、助理朱肇曾亦就职未久，于教育事正在着手整理。县视学潘振伦人极敦朴，任事已及二年，对于职务尚属勤恳。现有学校三十所，内七校系本年增设，教职员共五十六人，学生共九百有七人。该县自洪杨乱后户口萧条，虽距今已五十余年，而土著及客民杂居者，合计尚仅六万有奇，全县学龄儿童六千七百七十五人,不及大县一市镇之多。全县教育费,县税与各项捐款,共只四千二百数十元,困难情形已达极点。该县学校前清时仅有五处,光复后复增七处,自知事魏兰接任后,逐渐推广。惟校数日增,经费日绌,亟应各区分筹新款,方足以资维持。至其内容,在开办之始,已多勉强设立,故往往与私塾无甚悬殊。其略可观者,据视察所及,惟县立高等小学校、馀英女子国民学校、湘溪第二国民学校,办理虽未尽合法,教授均尚认真。至湘溪第一国民学校,校费较各校为优,学生到数仅三分之一,抽问课业多未明了;封禺乡第三国民学校,学生列坐错乱,无异村塾;均请饬县将各该校长严行申诫,责令改良。所有武康学务大略情形,合行上陈,伏祈鉴察施行"等情到署。查该县地方贫瘠,户口凋零,自洪杨乱后,经五十余年,元气尚未恢复,似此情形,振兴学务,诚属匪易。但教育为庶政根原,欲求地方发达,转贫为富,仍不能不藉教育一端,以图救济而资培补。况如旧处属之景宁,为本省最贫瘠之县,近两年来增设小学五十九所,筹集基本学款二万九千余元,可知事在人为,亦未必尽关地势。该知事既着手整理,但能加意提倡,则上好下甚,断不致无效果可收,务应悉心筹画,积极进行,是所厚望。余即照呈指各节分别切实办理,合令该知事遵照。此令。

中华民国五年十二月三十一日

省长吕公望

(原载《浙江公报》第一千七百二十七号,八至九页,训令)

浙江省长公署指令第　号①

令高等检察厅长陶思曾

据高等审判厅呈报新昌县审检所判决盗犯富小梅死刑缘由

呈悉。该盗犯富小梅及逸犯包老六等在途行劫,并拒伤事主余

---

①　本文由浙江高等检察厅训令第一千五百六十四号析出。

起桐等三人,实属不法已极,原判引用《刑律》第三百七十四条第一、第三两款,照《惩治盗匪法》第三条第一款,将富小梅判处死刑,尚无不合,应准照判执行,仰该审厅转饬遵照,仍将行刑日期具报。该逸犯包老六等,查均系黄岩县人,仰该检厅令饬该县迅速会派营警严密侦拿,并通令各属一体协缉。务获解究。

附　浙江高等检察厅训令第一千五百六十四号

令各属协缉新昌抢劫余起桐案内
逸盗包老六等务获解究由

令各地方检察厅、各县审检所

案奉省长指令据高等审判厅呈报新昌县审检所判决盗犯富小梅死刑缘由,令内开,"呈悉。该盗犯富小梅及逸犯包老六等在途行劫,并拒伤事主余起桐等三人,实属不法已极,原判引用《刑律》第三百七十四条第一、第三两款,照《惩治盗匪法》第三条第一款,将富小梅判处死刑,尚无不合,应准照判执行,仰该审厅转饬遵照,仍将行刑日期具报,该逸犯包老六等,查均系黄岩县人,仰该检厅令饬该县迅速会派营警严密侦拿,并通令各属一体协缉,务获解究"等因。奉此,除由本厅令行新昌县将该富小梅执行死刑外,合亟开单通令各该厅、该所查照,严密协缉,务获解究,切切。此令。

计黏抄单一纸。

中华民国五年十二月二十八日
高等检察厅长陶思曾

计开:

包老五,年约四十岁,黄岩小七岙人,身不长不矮、面方、黑无疤。

包老六,年约四十岁,黄岩小七岙人,面长、黄色癫头。

王金全,年约三十岁,黄岩西门外黄岭人,身不长、面长、黑无疤。

王麻皮,年约三十七八,黄岩小坑牌门人,身长、面圆、黑麻。

李老六,年约三十七八,黄岩小坑豆府岭头人,身长、面方、黄色、癞头。

(原载《浙江公报》第一千七百二十九号,一五至一六页,训令)

浙江督军署训令第　号[①]

令全省警务处转令各警备队出纳军械
月报表暨半年报克日造送报部由

令全省警务处处长夏超

案查各机关军械一项,应遵陆军部颁发出纳军械月报及现存军械半年报格式两种,切实按期造送本署汇咨,业经前兴武将军行署通饬遵办在案。兹查是项报表按期造送者固多,而迟延未报者亦属不少。除分令外,合亟令仰该处长迅将警备队上年十月份起至本月底止,每月出纳军械器具月报,并本年四月底止及十月底止两次现存军械器具半年报,克日造送,以凭汇咨。案关报部,毋再迟延,切切。此令。

附　浙江全省警务处训令第三百八十六号
令各区警备队统带奉督军训令警备队出纳
军械月报表暨半年报克日造送报部由

令各区警备队统带

案奉督军训令,内开,“案查各机关军械一项,应遵陆军部颁发出纳军械月报及现存军械半年报格式两种,切实按期造送本署汇咨,业经前兴武将军行署通饬遵办在案。兹查是项报表按

---

① 本文由浙江全省警务处训令第三百八十六号析出。

期造送者固多,而迟延未报者亦属不少。除分令外,合亟令仰该处长迅将警备队上年十月份起至本月底止,每月出纳军械器具月报,并本年四月底止及十月底止两次现存军械器具半年报,克日造送,以凭汇咨。案关报部,毋再迟延,切切。此令"等因。奉此,查各该区对于是项报表按期造送者固多,而迟延未报者亦属不少。除分令外,合亟令仰该统带迅即补报,以凭汇转,案关报部,毋再迟延,切切。此令。(刊登《公报》,不另行文)

中华民国五年十二月三十日

全省警务处处长夏超

(原载《浙江公报》第一千七百二十九号,一六页,训令)

浙江省长公署指令第六千二百六十七号

令丽水县知事

呈一件据马相皋呈刘毓棠等积欠租谷请饬追缴由

呈、件均悉。查是案曾经前按署批县遵办具复在案。现已日久,未据复到,应仰丽水县知事迅将办理情形呈复候夺毋延。此令。呈抄发。十二月三十一日

(原载《浙江公报》第一千七百二十九号,一七页,指令)

浙江省长公署指令第六千二百六十九号

令临安县知事

呈一件据沈酆氏呈被周永祥背拨酆阳血食一案请速决定由

呈悉。仰临安县知事迅将辩明书连同是案卷宗一并呈送,以凭核办。此令。原呈抄发。十二月三十一日

计钞发原呈一件。

(原载《浙江公报》第一千七百二十九号,一七页,指令)

浙江省长公署指令第六千三百零七号

令兰溪县知事

呈一件送义务教育程序内调查表册由

呈、件均悉。查教员表误将高小学毕业者填入其他学校毕业栏，业为改正，候分别汇编存转，仰即知照，并将存县底稿照改。件存。此令。十二月三十一日

（原载《浙江公报》第一千七百二十九号，一七页，指令）

浙江省长公署批第一千三百零四号

令原具呈人开化许炜万等

呈一件为石门第五小学校长夏锡珪觊觎四毫排捐由

呈、件均悉。应将前清王令判定原案抄送再核①。此批。十二月三十一日

（原载《浙江公报》第一千七百二十九号，一八页，批示）

浙江省长公署牌示

泰顺县知事刘钟年，因丁父艰奔丧回籍，遗缺委任朱士斌前往代理。十二月二十九日

（原载《浙江公报》第一千七百二十九号，二〇页，牌示）

浙江省长公署指令第六千二百六十二号

令云和县知事

呈一件请委任劝学所所长并拟所址改用三公庙由

呈、件均悉。应准委任饶翼为该县劝学所所长。至旧学署既须

---

① 前清王令，指王高平，光绪三十三年（1907）至宣统元年（1909）任开化县知县。

仍归县、参两议会应用,该劝学所所址并准以三公庙改拨,仰即知照,并将发去任命状转给。履历一存一发还。此令。十二月三十一日

　　计发任命状一件、附还履历一纸。

　　(原载《浙江公报》第一千七百三十三号,一九一七年一月十四日,一三页,指令)

浙江省长公署指令第六千三百一十三号

令嘉兴县知事

　　　　呈一件据自治委员陆继锋呈学龄儿童数不确

　　　　小学费分配不均请饬复查由

　　查学龄儿童调查表式业经教育部咨行商订,应俟颁布后再行复查;至分配县税小学费,可暂加入各区在校学生数,以前查学龄儿童数及在校学生数两数之和支配各区应得小学费,余仍照《规程》办理。仰嘉兴县知事查照办理,并转行该委员知照。此令。呈抄发。十二月三十一日

　　(原载《浙江公报》第一千七百三十号,一九一七年一月十一日,一八页,指令)

浙江省长公署指令第六千三百一十五号

令第十联合县立师范讲习所

　　　　呈一件为呈报优异生津贴数目由

　　据呈已悉。惟此项优异生免费办法业由省议会否决,经本公署刊登《公报》在案,嗣后应即查照停支,仰并遵照。此令。十二月三十一日

　　(原载《浙江公报》第一千七百三十号,一八页,指令)